MostUsedWords.com presents

Italian Frequency Dictionary

Intermediate Vocabulary

2501-5000 Most Common Italian Words

Book 2

First Printing, 2017

Jolie Laide LTD
12/F, 67 Percival Street, Hong Kong

www.MostUsedWords.com

Contents

Why This Book?..4

How To Use This Dictionary 7

Italian Italian Frequency Dictionary 8

Adjectives..205

Adverbs 217

Conjunctions 219

Prepositions 220

Pronouns..221

Nouns 222

Verbs 258

Alphabetical order 269

Contact, Further Reading and Resources 325

Why This Book?

Hello, dear reader.

Thank you for purchasing this book. We hope it serves you well on your language learning journey.

Not all words are created equal. The purpose of this frequency dictionary is to list the most used words in descending order, to enable you to learn a language as fast and efficiently as possible.

First, we would like to illustrate the value of a frequency dictionary. For the purpose of example, we have combined frequency data from various languages (mainly Romance, Slavic and Germanic languages) and made it into a single chart.

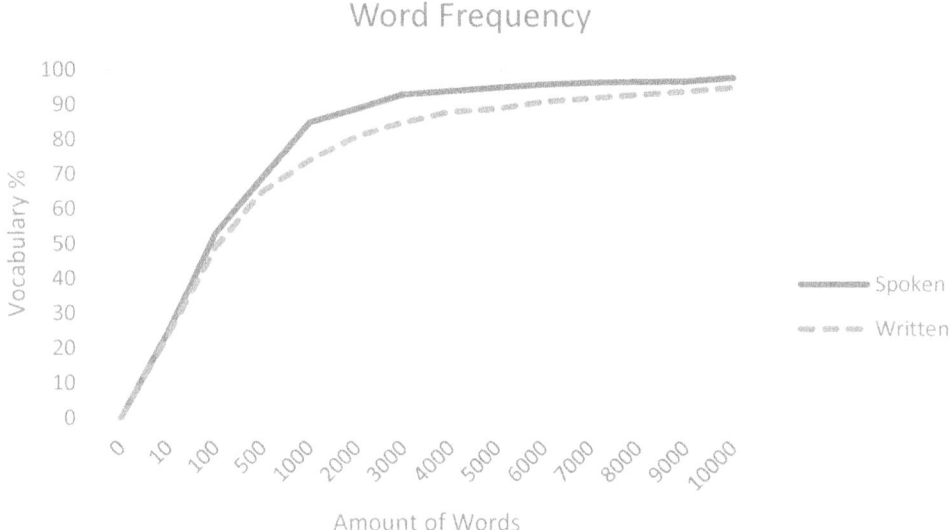

The sweet spots, according to the data seem to be:

Amount of Words	Spoken	Written
• 100	53%	49%
• 1.000	85%	74%
• 2.500	92%	82%
• 5.000	95%	89%
• 7.500	97%	93%
• 10.000	98%	95%

Above data corresponds with Zipfs law and Pareto´s law.

Zipf's law states that given some corpus of natural language utterances, the frequency of any word is inversely proportional to its rank in the frequency table. Thus the most frequent word will occur approximately twice as often as the second most frequent word, three times as often as the third most frequent word, etc.: the rank-frequency distribution is an inverse relation.

For example, in the Brown Corpus of American English text, the word "the" is the most frequently occurring word, and by itself accounts for nearly 7% of all word occurrences (69,971 out of slightly over 1 million). True to Zipf's Law, the second-place word "of" accounts for slightly over 3.5% of words (36,411 occurrences), followed by "and" (28,852). Only 135 vocabulary items are needed to account for half the Brown Corpus.

Pareto's law, also known as the 80/20 rule, states that, for many events, roughly 80% of the effects come from 20% of the causes.

In language learning, this principle seems to be on steroids. It seems that just 20% of the 20% of the most used words in a language account for roughly all vocabulary you need.

To put his further in perspective: The Concise Oxford Paravia Italian Dictionary has over 175.000 words in current use, while you will only need to know 2.9% (5000 words) to achieve 95% and 89% fluency in speaking and writing. 5.6% will net you 98% fluency in spoken language and 95% fluency in written texts. Knowing the most common 10.000 words, or 5.6%, will net you 98% fluency in spoken language and 95% fluency in written texts.

Keeping this in mind, the value of a frequency dictionary is immense. At least, that is if you want to speak a language fast. Study the most frequent words, build your vocabulary and progress naturally. Sounds logical, right?

But how many words do you need to know for varying levels of fluency?

While it's important to note that it is impossible to pin down these numbers and statistics with 100% accuracy, these are a global average of multiple sources.

According to research, this is the amount of vocabulary needed for varying levels of fluency.

1. 250 words: the essential core of a language. Without these words, you cannot construct any sentence.
2. 750 words: those that are used every single day by every person who speaks the language.
3. 2500 words: those that should enable you to express everything you could possibly want to say, although some creativity might be required.
4. 5000 words: the active vocabulary of native speakers without higher education.
5. 10,000 words: the active vocabulary of native speakers with higher education.
6. 20,000 words: what you need to recognize passively to read, understand, and enjoy a work of literature such as a novel by a notable author.

Caveats & Limitations.

A frequency list is never "The Definite Frequency List."

Depending on what source material was analyzed, you may get different lists. A corpus on spoken word differs from source texts based on a written language.

That is why we chose subtitles as our source, because, according to science, they cover the best of both worlds: both spoken and written Italian.

The frequency list is based on analysis of roughly 20 gigabytes of Italian subtitles.

Visualize a book with almost 16 million pages, or 80.000 books of 200 pages each, to get an idea of the amount words that have been analyzed for this book. A large base text is vital in order to develop an accurate frequency list.

The raw data included over 1 million entries. The raw data has been lemmatized; words are given in their root form.

Some entries you might find odd, in their respective frequency rankings. We were surprised a couple of time ourselves. But the data does not lie. Keep in mind that this book is compiled from a large amount of subtitle data, and may include words you wouldn't use yourself.

You might find non-Italian loanwords in this dictionary. We decided to include them, because if they´re being used in subtitle translation, it is safe to assume the word has been integrated into the Italian general vocabulary.

We tried our best to keep out proper nouns, such as "James, Ryan, Alice as well as "Rome, Washington" or "the Louvre, the Capitol".

Some words have multiple meanings. For the ease of explanation, the examples are given in English.

"Jack" is a very common first name, but also a noun (a jack to lift up a vehicle) and a verb (to steal something). So is the word "can" It is a conjugation of the verb "to be able" as well as a noun (a tin can, or a can of soft drink).

This skews the frequency rankings slightly. With the current technology, it is unfortunately not possible to rightly identify the correct frequency placements of above words. Luckily, these words are very few, and thus negligible in the grand scheme of things.

If you encounter a word you think you won't need in your vocabulary, just skip learning it. The frequency list includes 25 extra words to compensate for any irregularities you might encounter.

The big secret to learning language is this: build your vocabulary, learn basic grammar and go out there and speak. Make mistakes, have a laugh and learn from them.

We hope you enjoy this frequency dictionary, and that it helps you in your quest of speaking Italian.

How To Use This Dictionary

abbreviation	*abr*
adjective	*adj*
adverb	*adv*
article	*art*
auxiliary verb	*av*
conjunction	*con*
interjection	*int*
noun	*gli, i, il, le, la, lo*
numeral	*num*
particle	*part*
phrase	*phr*
prefix	*pfx*
preposition	*prp*
pronoun	*prn*
suffix	*sfx*
verb	*vb*
singular	*sg*
plural	*pl*

Word Order

The most common translations are generally given first. This resets by every new respective part of speech. Different parts of speech are divided by ";".

Translations

We made the decision to give the most common translation(s) of a word, and respectively the most common part(s) of speech. It does, however, not mean that this is the only possible translations or the only part of speech the word can be used for.

Italian English Frequency Dictionary

Rank	Italian	English Translation
	Part of Speech	Italian Example Sentence
	[IPA]	-English Example Sentence
2501	**riflettere**	**reflect**
	vb	La prassi dovrà naturalmente riflettere questa considerazione giuridica.
	[riflettere]	-What happens in practice should naturally reflect this legal interpretation.
2502	**scontro**	**clash|confrontation**
	lo	C'è stato un violento scontro di opinioni tra i due leader.
	[skontro]	-There was a violent clash of opinions between the two leaders.
2503	**seguente**	**following|next**
	adj	Il giorno seguente, Sophie pettinò e vestì la sua bambola perché i suoi amici stavano arrivando da lei.
	[segwente]	-The following day, Sophie combed and dressed her doll because her friends were coming over.
2504	**aula**	**classroom|room**
	le	Non si può fumare in aula.
	[aula]	-You can not smoke in the class.
2505	**atterraggio**	**landing**
	il	Questo aereo ha effettuato un atterraggio sicuro.
	[atterraddʒo]	-The airplane made a safe landing.
2506	**allenamento**	**training**
	lo	Joe aveva bisogno di allenamento.
	[allenamento]	-Joe needed training.
2507	**sollievo**	**relief|solace**
	il	Era un sollievo.
	[solljevo]	-It was a relief.
2508	**manetta**	**handcuff**
	la	La manetta portatile é indistruttibile!
	[manetta]	-The Handy Bundler is virtually indestructible!
2509	**scientifico**	**scientific**
	adj	Il dottor Yukawa ha avuto un ruolo importante nello studio scientifico.
	[ʃentifiko]	-Dr. Yukawa played an important part in the scientific study.
2510	**professione**	**profession|occupation**
	la	Il signor Smith è un dottore di professione.
	[professjone]	-Mr Smith is a doctor by profession.
2511	**addormentare**	**fall asleep**
	vb	Apparecchi elettrici per addormentare i neonati.
	[addormentare]	-Electric apparatus for helping babies sleep.
2512	**attrezzare**	**equip|rig**
	vb	Altre attrezzature sarebbero state destinate ad attrezzare le sale di aspetto utilizzate dagli autisti della BCE tra un viaggio e l'altro. Si trattava, secondo il ricorrente, di intrattenerli, in particolare in occasione di attese prolungate di sera.
	[attrettsare]	-Other equipment was intended for the lounges used by ECB drivers between their driving tasks, to provide them with activities, in particular during long waiting periods in the evenings.
2513	**incantesimo**	**spell|enchantment**

	il		La Principessa è stata liberata dall'incantesimo.
	[iŋkantezimo]		-The Princess was freed from the spell.
2514	**domandare**		**ask|request**
	vb		considerando che i produttori possono domandare i pagamenti compensativi nel quadro di un « regime generale » o un « regime semplificato »;
	[domandare]		-Whereas producers may apply for the compensatory payments under either the general scheme or the simplified scheme; whereas certain criteria should be common to both schemes;
2515	**single**		**single; sole**
	il/la; adj		Siamo tutte single.
	[sinʎʎe]		-We're all single.
2516	**interrompere**		**stop|interrupt**
	vb		Non voglio interrompere la missione ora.
	[interrompere]		-I don't want to abort the mission now.
2517	**forno**		**oven**
	il		Il mio fidanzato si rifiuta di usare il forno a microonde.
	[forno]		-My boyfriend refuses to use the microwave.
2518	**zampa**		**paw**
	la		Prodotti farmaceutici per la cura d'infezioni fungine di zoccolo, artiglio e zampa
	[tsampa]		-Pharmaceuticals for the treatment of hoof, talon and paw fungal infections
2519	**dose**		**dose|amount**
	la		Raddoppia la dose.
	[doze]		-Double the dose.
2520	**commedia**		**comedy**
	la		Noi eravamo tutti divertiti dalla commedia.
	[kommedja]		-We were all amused with the comedy.
2521	**sega**		**saw**
	la		Tu sei una mezza sega.
	[sega]		-You're a wanker.
2522	**boom**		**boom**
	il		La prima ragione è, innanzi tutto, il boom della crescita della popolazione nei paesi terzi.
	[boom]		-The first reason is, primarily, the increased population growth in third countries.
2523	**vicolo**		**alley**
	il		Joe venne ucciso in un vicolo buio.
	[vikolo]		-Joe was killed in a dark alley.
2524	**separato**		**separate**
	adj		Voglio che resti separato dal gruppo.
	[separato]		-I want him kept separate from the group.
2525	**segreteria**		**secretariat|secretary**
	la		La segreteria è chiusa.
	[segreterja]		-The secretariat is closed.
2526	**giuramento**		**oath**
	il		Ha detto sotto giuramento che il suo luogo di nascita è l'Italia.
	[dʒuramento]		-He said under oath that his birthplace is Italy.
2527	**ricevuta**		**receipt**

	la	C'è la vostra ricevuta.
	[ritʃevuta]	-There's your receipt.
2528	**plotone**	**platoon**
	il	È un sergente di plotone.
	[plotone]	-He's a platoon sergeant.
2529	**sole**	**sun**
	il	Sono sole.
	[sole]	-They're alone.
2530	**notevole**	**considerable**
	adj	Mary è una ragazza notevole.
	[notevole]	-Mary is a remarkable girl.
2531	**fascino**	**charm|fascination**
	il	Mi piace questo dipinto, non perché è un capolavoro ma perché ha fascino.
	[faʃʃino]	-I like this picture, not because it is a masterpiece, but because it has charm.
2532	**biancheria**	**underwear, laundry**
	la	Non puoi sedurlo con biancheria simile.
	[bjaŋkerja]	-You can't seduce him in underwear like that.
2533	**livellare**	**level|level out**
	vb	Da questo punto di vista, credo che la relazione avrebbe dovuto contenere anche una serie di obiettivi volti a livellare il grado di sviluppo dei mercati nazionali, condizione necessaria per lo sviluppo del mercato unico e, di conseguenza, del segmento dei servizi frontalieri.
	[livellare]	-From this perspective, I believe that the report should also have contained a set of objectives for leveling the degrees of national markets development, a condition required for the development of the single market and, consequently, of the segment of border services.
2534	**isolare**	**isolate|single out**
	vb[izolare]	Abbiamo fatto di tutto, l'Europa ha fatto tutto il possibile per isolare Maskadov, che tuttavia è stato eletto dal popolo ceceno in occasione di elezioni legittimate dall'OSCE. -We have tried everything, Europe did everything it could to isolate Mr Maskadov, who was nonetheless elected by the people of Chechnya during elections legitimised by the OSCE.
2535	**promozione**	**promotion|sponsorship**
	la	Joe ha avuto una promozione.
	[promottsjone]	-Joe got a promotion.
2536	**cocaina**	**cocaine**
	la	Joe si dilettava con la cocaina in gioventù.
	[kokaina]	-Joe dabbled in cocaine in his youth.
2537	**dea**	**goddess**
	la	Chi ha bisogno di una ninfa quando hai una dea?
	[dea]	-Who wants the wood nymph when you've got the goddess?
2538	**probabilità**	**chance|probability**
	le	Come sono le probabilità?
	[probabilit'a]	-How are the odds?
2539	**spezzato**	**broken**
	adj	Questa storia mi ha spezzato il cuore.
	[spettsato]	-This story broke my heart.
2540	**globale**	**global**
	adj	Pensa che il riscaldamento globale sia il risultato delle azioni umane?
	[globale]	-Do you believe global warming is the result of human actions?

2541	**posteriore** adj; il [posterjore]	**rear; hindquarters** Mentre stava facendo il bucato ha trovato un preservativo nella tasca posteriore dei pantaloni di suo figlio. -While doing the wash she found a condom in the back pocket of her son's pants.
2542	**oscurità** le [oskurit'a]	**darkness|obscurity** L'oscurità sta calando. -Darkness is falling.
2543	**round** il [round]	**round** Joe ha vinto il primo round. -Joe won the first round.
2544	**telegramma** il [telegramma]	**telegram** Mi ha mandato un telegramma urgente. -He sent me an urgent telegram.
2545	**zoo** lo [dzoo]	**zoo** Siamo andati allo zoo. -We went to the zoo.
2546	**cinquanta** num [tʃiŋkwanta]	**fifty** Quel cappello è costato circa cinquanta dollari. -That hat cost around fifty dollars.
2547	**noia** la [noja]	**boredom|bore** La noia è l'inizio di tutti i vizi. -Boredom is the beginning of all vices.
2548	**dispositivo** il [dispozitivo]	**device|gadget** Joe non vuole un iPad. Lui vuole un dispositivo portatile che supporti Flash. -Joe doesn't want an iPad. He wants a portable device that supports Flash.
2549	**salvezza** la [salvettsa]	**salvation|saving** È anche una testimonianza della nostra accettazione di Gesù Cristo nella totalità del suo mistero di salvezza. -It is also an attestation of our acceptance of Jesus Christ in the totality of his mystery of salvation.
2550	**spaziale** adj [spattsjale]	**space** Quella nave spaziale è cazzuta. -That spaceship is badass.
2551	**esprimere** vb [esprimere]	**express|voice** In mancanza di informazioni sulla causalità da parte dello sperimentatore che effettua la notifica, lo sponsor dovrebbe consultare quest'ultimo e incoraggiarlo ad esprimere un parere in merito. -In the absence of information on causality from the reporting investigator, the sponsor should consult the reporting investigator and encourage him to express an opinion on this aspect.
2552	**innamorare** vb [innamorare]	**fall in love|enamor** Se ti devi innamorare, scegli un re, se devi perdere, perdi un milione -To love no less than a queen, to lose no less than a million
2553	**progresso** il [progresso]	**progress|advance** Il progresso è inevitabile. -Progress is unavoidable.
2554	**parete** la [parete]	**wall** Grazie per aver costruito questa parete. -Thank you for building this wall.

2555	**logico**	**logical; logician**
	adj; il	È logico.
	[lodʒiko]	-That's logical.
2556	**top**	**top**
	i	Qual è la sua canzone preferita degli ZZ Top?
	[top]	-What's your favorite ZZ Top song?
2557	**fama**	**fame|reputation**
	la	È sbagliato puntare solo alla fama.
	[fama]	-It is wrong to aim at fame only.
2558	**misterioso**	**mysterious|eerie**
	adj	Era molto misterioso.
	[misterjozo]	-It was very mysterious.
2559	**sedile**	**seat**
	il	La borsa che ho lasciato sul sedile del passeggero è sparita!
	[sedile]	-The bag I left on the passenger seat is missing!
2560	**combinazione**	**combination**
	la	Io amo quella combinazione.
	[kombinattsjone]	-I love that combination.
2561	**sorprendente**	**surprising|amazing**
	adj	L'effetto della medicina era sorprendente.
	[sorprendente]	-The effect of the medicine was amazing.
2562	**vivente**	**living|living being**
	adj	È una leggenda vivente.
	[vivente]	-You are a living legend.
2563	**supplicare**	**beg|plead**
	vb	Sa di osservare i comandamenti di Dio e di fare quello che desidera il Padre suo ed è quindi libero di esprimersi e supplicare Geova.
	[supplikare]	-He knows he is observing God's commandments and that he is doing what pleases his Father, and he is therefore free in his expressions and petitions to Jehovah.
2564	**obiezione**	**objection**
	la	Obiezione!
	[objettsjone]	-Objection!
2565	**pervertito**	**pervert**
	il	Essendo un pervertito, la sua gioia nel macchiare una frase di esempio con il suo sperma per la centesima volta rimarrà con lui.
	[pervertito]	-Being a pervert, his delight at staining an example sentence with his sperm for the 100th time will stay with him.
2566	**avviso**	**notice**
	il	Il vostro avviso è contato molto.
	[avvizo]	-Your advice counted for much.
2567	**caramella**	**candy**
	la	Mia figlia vorrebbe mangiare qualche caramella.
	[karamella]	-My daughter would like to eat some candies.
2568	**pacificare**	**pacify|reconcile**
	vb	Il fatto che il governo moldavo abbia proposto al Consiglio d'Europa l'invio di un osservatore a Chisinau è uno dei rari segnali incoraggianti e speriamo che questa misura concorrerà a pacificare la situazione sul piano politico.
	[patʃifikare]	-The fact that the Moldovan government suggested to the Council of Europe that it send an observer to Kishinev is a rare sign of encouragement and we hope that this measure will help calm the political situation.

2569	**custode**	**guardian|keeper**
	il/la	Joe è un custode.
	[kustode]	-Joe is a keeper.
2570	**bestiame**	**livestock|cattle**
	il	Loro allevano bestiame e cavalli.
	[bestjame]	-They breed cattle and horses.
2571	**volpe**	**fox**
	la	Il vecchio libero la piccola volpe dalla trappola.
	[volpe]	-The old man freed the little fox from the trap.
2572	**strategia**	**strategy**
	la	Se c'è troppa carne al fuoco in un tempo troppo breve, non si può
	[stratedʒa]	determinare una buona strategia.
		-If there are too many irons in the fire in too short a time, good strategy cannot result.
2573	**fenomeno**	**phenomenon**
	il	Nel suo paese d'origine, la Francia, Macron è diventato un fenomeno
	[fenomeno]	culturale e sociale.
		-In its home country, France, Macron became a social and cultural phenomenon.
2574	**impedire**	**prevent|impede**
	vb	Joe ha provato a impedire a Jane di aprire la porta.
	[impedire]	-Joe tried to prevent Jane from opening the door.
2575	**eccezione**	**exception**
	la	Non riesce a fare un'eccezione?
	[ettʃettsjone]	-Can't you make an exception?
2576	**solare**	**solar**
	adj	L'eclisse solare è il risultato della interposizione della luna tra il sole e la
	[solare]	Terra.
		-The solar eclipse is the result of the interposition of the moon between the sun and the Earth.
2577	**anziano**	**senior; elderly person**
	adj; lo	Chi comincia a lavorare in gioventù arriva a vivere generosamente quando
	[antsjano]	è più anziano.
		-Whoever starts working in their youth, gets to live lavishly when they're older.
2578	**garantire**	**ensure|warrant**
	vb	Lo posso garantire.
	[garantire]	-I can guarantee it.
2579	**somigliare**	**resemble**
	vb	Oltre alla necessità d'armonizzare la qualità c'è anche la necessità d'evitare
	[somiʎʎare]	lo scialbore ed il rischio che le città europee inizino a somigliare l'una all'altra.
		-While there is a need to harmonize quality, there is equally a need to avoid blandness and the danger of European cities becoming images of each other.
2580	**impianto**	**plant**
	il	Come posso collegare il mio iPod all'impianto stereo di un'automobile?
	[impjanto]	-How can I connect my iPod to a car stereo?
2581	**altoparlante**	**speaker**
	il	Primo annuncio all'altoparlante.
	[altoparlante]	-First announcement by loudspeaker.

2582	**degno**	**worthy|worth**
	adj	Il suo coraggio è degno di lode.
	[deɲɲo]	-His bravery is worthy of praise.
2583	**toro**	**bull**
	il	Un toro con i pantaloni corti è scappato.
	[toro]	-A bull with short trousers has escaped.
2584	**trattamento**	**treatment|processing**
	il	Non sono abituato a un tale trattamento.
	[trattamento]	-I'm not accustomed to such treatment.
2585	**cuoco**	**cook**
	il	Joe è un pessimo cuoco.
	[kwoko]	-Joe is a bad cook.
2586	**sede**	**seat**
	la	Le coste del Golfo e quelle atlantiche sono le principali produttrici di frutti di mare e sede di sette porti importanti.
	[sede]	-The Gulf and Atlantic coasts are major producers of seafood and home to seven major ports.
2587	**ricettare**	**fence**
	vb	Si ', soprattutto perche ' Mani e ' uno di quelli che ha accettato di ricettare i gioielli.
	[ritʃettare]	-Yeah, especially since Mani' s the one who agreed to fence the jewelry.
2588	**sconfiggere**	**defeat|overthrow**
	vb	Voi non mi potete sconfiggere.
	[skonfiddʒere]	-You can't defeat me.
2589	**tristezza**	**sadness|gloom**
	la	La musica è una legge morale. Essa dà un'anima all'universo, le ali al pensiero, uno slancio all'immaginazione, un fascino alla tristezza, un impulso alla gaiezza, e la vita a tutte le cose.
	[tristettsa]	-Music is a moral law. It gives soul to the universe, wings to the mind, flight to the imagination, and charm and gaiety to life and to everything.
2590	**fagiolo**	**bean**
	il	Questo piccolo fagiolo salterino sta per diventare americano.
	[fadʒolo]	-This little jumping bean's about to become an American.
2591	**democrazia**	**democracy**
	la	In una democrazia è importante che la stampa sia indipendente.
	[demokrattsja]	-In a democracy, it's important for the press to be independent.
2592	**ditta**	**firm|business**
	la	La ditta era sull'orlo della bancarotta.
	[ditta]	-The company was on the verge of bankruptcy.
2593	**baracca**	**shack|barrack**
	la	Siete affidabili come una baracca in mezzo a un uragano.
	[barakka]	-You're reliable like a shack in the middle of a hurricane.
2594	**timido**	**shy; milksop**
	adj; il	Joe è estremamente timido.
	[timido]	-Joe is extremely shy.
2595	**grano**	**wheat**
	il	Alcune persone sono allergiche al grano.
	[grano]	-Some people are allergic to wheat.
2596	**stabilito**	**established|set**
	adj	Gli studi di biodisponibilità possono essere usati per dimostrare in quale
	[stabilito]	misura una forma o fonte nuova di un nutriente o colorante possa sostituirsi

ad un additivo equivalente già approvato o stabilito.
-Bioavailability studies may be used to demonstrate the extent to which a novel form or source of a nutrient or colorant can substitute for an equivalent additive already approved or established.

2597	**erede**	**heir**
	il/la	Essendo figlio unico, lui era l'unico erede.
	[erede]	-Being an only child, he was the sole heir.
2598	**animo**	**mind**
	il	I suoi stati d'animo cambiano spesso.
	[animo]	-His moods often change.
2599	**sirena**	**siren**
	la	Suonò la sirena.
	[sirena]	-The siren blew.
2600	**isolato**	**isolated; block**
	adj; il	Il villaggio è isolato dal resto del mondo.
	[izolato]	-The village is insulated from the world.
2601	**sprecare**	**waste|loiter**
	vb	Sto cercando di non sprecare il mio tempo.
	[sprekare]	-I'm trying not to waste my time.
2602	**greco**	**Greek; Greek**
	adj; il	Non so il francese, ancora meno il greco.
	[greko]	-I don't know French, much less Greek.
2603	**videocamera**	**video camera**
	la	Una videocamera è nell'ufficio.
	[videokamera]	-A videocamera is in the office.
2604	**chimico**	**chemical; chemist**
	adj; il	Qual è il simbolo chimico dell'acido bromidrico?
	[kimiko]	-What's the chemical symbol for hydrobromic acid?
2605	**obbligare**	**oblige|force**
	vb	Di fronte alla gravità di tali fatti, quali misure intende adottare la Commissione per ottenere la liberazione di Wang Ce e, in generale, per obbligare la Repubblica cinese a rispettare e garantire le libertà, i diritti e i principi contemplati dal Patto sui diritti civili e politici dell'ONU?
	[obbligare]	-Given the seriousness of this situation, what action does the Commission intend to take to secure the release of Mr Wang Ce and, in general, to compel the People's Republic of China to show respect for and guarantee the freedoms, rights and principles laid down in the UN Covenant on Civil and Political Rights?
2606	**ammesso**	**admitted**
	adj	Ha ammesso di aver commesso il crimine.
	[ammesso]	-He admitted that he had committed the crime.
2607	**esercizio**	**exercise|exertion**
	i	L'insegnante omise l'esercizio a pagina 21 del libro.
	[ezertʃittsjo]	-The teacher omitted the exercise on page 21 of the book.
2608	**solitudine**	**solitude|loneliness**
	la	Trascorsi quel giorno ad ascoltare la raschiatura solitaria di una penna. Durante quel periodo, di volta in volta, sentivo il cinguettio di un fringuello di Giava. Mi venne in mente che forse anche dei fringuelli di Giava cinguettavano in solitudine. Uscii sulla veranda a vedere. Tuttavia, volando avanti e indietro tra due posatoi alacremente ed incessantemente, non mostrò la minima traccia di risentimento.
	[solitudine]	

-I spent that day listening to the lonely scrapings of a pen. During that time, from time to time, I heard a Java sparrow twittering. It occurred to me that maybe Java sparrows twitter out of loneliness too. I walked out to the veranda to see. Nevertheless, flying to and fro between two perches busily and incessantly, it did not show the slightest hint of grievance.

2609	**guanto**	**glove|gauntlet**
	il	Si tolse un guanto.
	[gwanto]	-She took a glove off.
2610	**regolare**	**regular; adjust**
	adj; vb	Joe è un donatore di sangue regolare.
	[regolare]	-Joe is a regular blood donor.
2611	**sentenza**	**judgment|sentence**
	la	Completa la sentenza.
	[sententsa]	-Complete the sentence.
2612	**ritirare**	**withdraw; throw again**
	vb; adv	Dove dovrei ritirare i biglietti?
	[ritirare]	-Where should I pick the tickets up?
2613	**atterrare**	**land|touch down**
	vb	L'aquila sta per atterrare.
	[atterrare]	-The eagle is about to land.
2614	**sequenza**	**sequence**
	la	I geni consistono di una sequenza specifica di DNA.
	[sekwentsa]	-Genes consist of a specific sequence of DNA.
2615	**sbattuto**	**beaten**
	adj	Ho sbattuto le palpebre.
	[zbattuto]	-I blinked.
2616	**trasformare**	**transform|turn**
	vb	Proviamo a trasformare il tedesco in una lingua romanza.
	[trasformare]	-Let's try to convert German into a Romance language.
2617	**saggezza**	**wisdom|sageness**
	la	La saggezza non prevale sul potere.
	[saddʒettsa]	-Wisdom docs not prevail over power.
2618	**appoggio**	**support|rest**
	lo	Noi abbiamo bisogno del vostro appoggio.
	[appoddʒo]	-We need your support.
2619	**disgrazia**	**misfortune|disgrace**
	la	Ci sono state voci su una disgrazia.
	[dizgrattsja]	-There were rumors about a misfortune.
2620	**palude**	**swamp|marsh**
	la	Lui tirò un sasso nella palude.
	[palude]	-He threw a rock into the pond.
2621	**sopravvivenza**	**survival**
	la	La sua stessa sopravvivenza è più importante ora.
	[sopravviventsa]	-His own survival is more important now.
2622	**frigo**	**fridge**
	il	Cosa c'è nel frigo?
	[frigo]	-What's in the fridge?
2623	**scandalo**	**scandal**
	lo	Non ho niente a che fare con lo scandalo.
	[skandalo]	-I have nothing to do with the scandal.

2624	**sforzare**	**strain|force**
	vb	Sai, non doverti sforzare cosi ' tanto per non ascoltare.. - "BANG"
	[sfortsare]	-You know, not having to work so hard not to hear… - "BANG"
2625	**won**	**won**
	lo	Devo averlo lasciato al negozio di Hye- Won!
	[von]	-I must have left it at Hye- won' s store!
2626	**sindacato**	**union|syndicate**
	il	Questo è il suo sindacato?
	[sindakato]	-Is this your union?
2627	**realizzare**	**realize|achieve**
	vb	Pensi di poter realizzare la tua idea?
	[realiddzare]	-Do you think that you can put your idea into practice?
2628	**tennis**	**tennis**
	il	Nancy non gioca a tennis.
	[tennis]	-Nancy doesn't play tennis.
2629	**gemello**	**twin; twin**
	adj; il	Joe è il gemello di John.
	[dʒemello]	-Joe is John's twin.
2630	**pianoforte**	**piano**
	il	Joe suona spesso il pianoforte la sera.
	[pjanoforte]	-Joe often plays piano in the evening.
2631	**vitale**	**vital**
	adj	Joe non è vitale.
	[vitale]	-Joe isn't energetic.
2632	**letteralmente**	**literally**
	adv	Sappiamo che è difficile, però per piacere non tradurre letteralmente.
	[letteralmente]	-We know it's difficult, but please don't translate literally.
2633	**cancellare**	**cancel|delete**
	vb	Io sto avendo un problema a cancellare uno dei miei file.
	[kantʃellare]	-I'm having a problem deleting one of my files.
2634	**nato**	**born**
	adj	Joe è un poeta nato.
	[nato]	-Joe is a born poet.
2635	**duramente**	**hard|harshly**
	adv	Studia duramente.
	[duramente]	-Study hard.
2636	**rivolgere**	**turn|direct**
	vb	Il comitato esaminatore vuole che io abbia un contatto al quale rivolgere domande o al quale chiedere indicazioni sulla città e sulle risorse della stessa; credo pertanto che Lei sarebbe proprio quel tipo di contatto per me.
	[rivoldʒere]	-The committee would like me to have someone to whom I can direct questions or go to for guidance about the city and its resources; I believe, therefore, that you would be a very good match.
2637	**condotta**	**conduct|direction**
	la	Non è questa la condotta da tenere.
	[kondotta]	-That's no way to behave.
2638	**dettare**	**dictate**
	vb[dettare]	I contenuti della nuova politica agricola devono essere stabiliti in fretta, ossia entro la fine di febbraio; pertanto vorrei sapere se la gestione della politica spetta ancora ai Ministri dell'agricoltura o se a marzo, in occasione

del Vertice, saranno i Capi di stato e di governo a dettare il quadro finanziario. -The content of the new agricultural policy must be finalised quickly, by the end of February, and my question is: are the Ministers of Agriculture still involved in any way in determining policy, or will the Heads of State and Government set the financial framework in advance at the summit in March?

2639	**apparire**	**appear|show**
	vb	Joe provava ad apparire calmo.
	[apparire]	-Joe tried to appear calm.
2640	**coperta**	**blanket|deck**
	la	Ho dato una coperta a Joe.
	[koperta]	-I gave Joe a blanket.
2641	**polmone**	**lung**
	il	Joe ha sofferto per un polmone collassato.
	[polmone]	-Joe suffered from a collapsed lung.
2642	**allontanare**	**remove|avert**
	vb	Scusi, si può allontanare?
	[allontanare]	-Excuse me, can you move away?
2643	**dividere**	**divide|share**
	vb	Quella crisi minacciava di dividere in due la nazione.
	[dividere]	-That crisis threatened to split the nation in two.
2644	**filosofia**	**philosophy**
	la	La tua filosofia di vita è diversa dalla mia.
	[filozofja]	-Your philosophy of life varies from mine.
2645	**pasta**	**pasta|paste**
	la	Gli spätzle sono un tipo di pasta tedesca.
	[pasta]	-Spätzle are a type of German pasta.
2646	**registro**	**register**
	il	Tiene un registro di tutto quello che compra.
	[redʒistro]	-She keeps a record of everything she buys.
2647	**pilota**	**pilot; pilot**
	adj; il	Voglio essere un pilota quando divento grande.
	[pilota]	-I want to be a pilot when I grow up.
2648	**gangster**	**gangster**
	i	Amo i film di gangster prebellici.
	[gaŋgster]	-I love old prewar gangster movies.
2649	**omaggio**	**tribute**
	il	Signor Presidente, anche io vorrei rendere omaggio al coraggio e al lavoro di Shahbaz Bhatti.
	[omaddʒo]	-Mr President, I, too, wanted to pay tribute to the courage and the work of Shahbaz Bhatti.
2650	**raro**	**rare; exceptional**
	adj; il	Un'eclissi lunare è un fenomeno raro.
	[raro]	-An eclipse of the moon is a rare phenomenon.
2651	**dignità**	**dignity**
	la	Ho perso la mia dignità.
	[diɲɲit'a]	-I've lost my dignity.
2652	**nazista**	**Nazi; Nazi**
	adj; il/la	Io non sono una nazista!
	[naddzista]	-I'm not a Nazi!

2653 pagamento
il
[pagamento]

payment
Sono abbastanza pronto per il pagamento.
-I am quite ready for payment.

2654 puntare
vb
[puntare]

point|aim
Oggi ci sono le tecnologie disponibili per consentirci di puntare a soglie molto più basse e per farlo più rapidamente di quanto previsto dagli obiettivi della relazione.
-Today, technology is available that would allow us to achieve much lower thresholds, and to do so much more quickly than is envisaged by the objectives in this report.

2655 costruzione
la
[kostruttsjone]

construction|build
Mi piacerebbe sapere di più sulla tecnologia che è stata utilizzata nella costruzione delle piramidi egizie.
-I would like to know more about the technology which was used in the construction of the Egyptian pyramids.

2656 dieta
la
[djeta]

diet
Potreste, per favore, non parlarmi di torte? Sono nel bel mezzo di una dieta, e mi state facendo venire voglia di mangiarne una, sapete!
-Could you please not talk to me about cakes? I'm in the middle of a diet, and you're making me want one, you know!

2657 dentista
il/la
[dentista]

dentist
Joe è sposato con un dentista.
-Joe is married to a dentist.

2658 contattare
vb
[kontattare]

contact
Non sono sicura di riuscire a contattare Joe.
-I'm not sure I can contact Joe.

2659 certezza
la
[tʃertettsa]

certainty|assurance
È con certezza un novellino in esperanto.
-He's a newbie in Esperanto for sure.

2660 commercio
il
[kommertʃo]

trade
Assieme a Tokyo, Osaka è un centro di commercio.
-Along with Tokyo, Osaka is a center of commerce.

2661 giocattolo
il
[dʒokattolo]

toy
Lei ha comprato un giocattolo per il bambino.
-She bought a toy for the kid.

2662 favoloso
adj
[favolozo]

fabulous
Era semplicemente favoloso.
-It was just fabulous.

2663 acceso
adj
[attʃezo]

on
Avete acceso le candele.
-You lit the candles.

2664 foglio
il
[foʎʎo]

sheet|leaf
Prima di utilizzare OptiSet è necessario leggere attentamente le Istruzioni per l uso inserite nel foglio illustrativo.
-Before using OptiSet, the Instructions for Use included in the Package Leaflet must be read carefully.

2665 campana
la
[kampana]

bell
Giochiamo al gioco della campana.
-Let's play hopscotch.

2666 pestare

pound|beat

	vb [pestare]	Se necessario, sgusciare il campione e pestare i semi nel mortaio — oppure tritarli finemente — fino ad ottenere frammenti di un diametro compreso fra 2 e 4 mm. -Shell the sample if required and crush the kernels in the mortar, or chop them finely, to obtain fragments of 2 to 4 mm across.
2667	**ruota** la [rwota]	**wheel** Feci una ruota. -I did a cartwheel.
2668	**legna** la [leɲɲa]	**wood** Esca a prendere un po' di legna da ardere. -Go out and get some more firewood.
2669	**alternativa** le [alternativa]	**alternative** Hai un'alternativa. -You have an alternative.
2670	**marzo** gli [martso]	**March** Diventerà molto più caldo a marzo. -It will become much warmer in March.
2671	**detenere** vb [detenere]	**hold** Come inoltre previsto all'articolo 30.1 dello statuto, la BCE ha il pieno diritto di detenere e gestire le riserve in valuta che le vengono trasferite e di utilizzarle per gli scopi indicati nello statuto. -Article 30.1 of the Statute further provides that the ECB shall have the full right to hold and manage the foreign reserves that are transferred to it and to use them for the purposes set out in the Statute.
2672	**vaso** il [vazo]	**vase** Mia madre ha messo un grande vaso sullo scaffale. -My mother put a large vase on the shelf.
2673	**foglia** la [foʎʎa]	**leaf** Sami stava tremando come una foglia. -Sami was shaking like a leaf.
2674	**sfuggire** vb [sfuddʒire]	**escape** Non ti lasciare sfuggire l'occasione! -Don't let the chance slip!
2675	**avversario** lo; adj [avversarjo]	**opponent; opposing** Sconfisse il suo avversario alle elezioni. -He defeated his opponent in the election.
2676	**filmare** vb [filmare]	**film** Smetta di filmare. -Stop filming.
2677	**conclusione** la [koŋkluzjone]	**conclusion|finding** Come ci si arriva a quella conclusione? -How do you come to that conclusion?
2678	**mazza** la [mattsa]	**bat** Lo attaccò con una mazza da baseball. -She attacked him with a baseball bat.
2679	**doloroso** adj [dolorozo]	**painful|distressing** È stato doloroso. -It was painful.
2680	**minacciare** vb [minattʃare]	**threaten|impend** Non mi minacciare. -Don't threaten me.

2681	**ballerino**	**dancer**
	il	Il ballerino balla una danza.
	[ballerino]	-The dancer dances a dance.

2682	**mercoledì**	**Wednesday**
	il	Lavoro ogni altro giorno: lunedì, mercoledì e venerdì.
	[merkoled'i]	-I work every other day: Monday, Wednesday, and Friday.

2683	**potenziale**	**potential; potential**
	adj; il	La paura del fallimento impedisce a molte persone di raggiungere il loro pieno potenziale.
	[potentsjale]	-Fear of failure prevents many people from reaching their full potential.

2684	**suggerire**	**suggest|hint**
	vb	Posso suggerire un'altra strategia?
	[suddʒerire]	-May I suggest another strategy?

2685	**depressione**	**depression**
	la	Soffro di depressione durante l'inverno.
	[depressjone]	-I suffer from depression during the winter.

2686	**favola**	**fable**
	la	Qual è la tua favola preferita?
	[favola]	-What's your favorite fairy tale?

2687	**risparmiare**	**save|spare**
	vb	La maggior parte delle strutture è facilmente raggiungibile con i mezzi pubblici locali, ma questi mezzi di trasporto pubblico sono generalmente in ritardo e il loro costo è in progressivo aumento, per cui si consiglia di muoversi a piedi o in bicicletta per risparmiare tempo e denaro.
	[risparmjare]	-Most of the facilities are easily accessible with the local public transports, but these public transports are generally late and their cost is progressively increasing, so it is advisable to move by foot or by bicycle to save money and time.

2688	**accademia**	**academy**
	le	Revisione del sistema di gestione finanziaria (modifica degli attuali circuiti finanziari) per renderlo più uniforme ed efficace per le diverse attività svolte dall'Accademia.
	[akkademja]	-Financial management system to be reviewed (with alterations being made to the current financial circuits), to standardise the financial management of the College's various activities and make it more effective.

2689	**conflitto**	**conflict; conflicting**
	il; adj	La sua opinione è in conflitto con la mia.
	[konflitto]	-His opinion is in conflict with mine.

2690	**fondamentale**	**fundamental|basic**
	adj	Quel tessuto rosso è un "fukusa"; è uno strumento fondamentale per disinfettare l'apparecchiatura da tè.
	[fondamentale]	-That red cloth is a "fukusa"; it is a vital tool used to cleanse the tea equipment.

2691	**scout**	**boy scout**
	gli	Lei quando è diventato un boy scout?
	[skout]	-When did you become a Boy Scout?

2692	**zombie**	**zombie**
	il/la	Noi eravamo attaccati dagli zombie.
	[tsombje]	-We were attacked by zombies.

2693	**maniaco**	**maniac; maniac**

	adj; il	È un maniaco?
	[manjako]	-Are you a maniac?
2694	**spedizione**	**shipping|shipment**
	la	I prezzi includono la spedizione!
	[spedittsjone]	-Prices include shipping!
2695	**ritenere**	**believe|feel**
	vb	Anche io ritengo che debba essere riconosciuto questo merito alla nostra istituzione.
	[ritenere]	-I also believe that this action by our institution must be recalled and given credit.
2696	**pallone**	**ball**
	il	Jim calcia un pallone molto bene.
	[pallone]	-Jim kicks a ball very well.
2697	**testimoniare**	**witness|testify**
	vb	Joe acconsentì di testimoniare contro Mary.
	[testimonjare]	-Joe agreed to testify against Mary.
2698	**frutto**	**fruit**
	il	C'era veramente un'Alice, ma il Paese delle Meraviglie è un frutto dell'immaginazione.
	[frutto]	-There really was an Alice, but Wonderland is a figment of the imagination.
2699	**rischioso**	**risky|chancy**
	adj	Era rischioso.
	[riskjozo]	-That was risky.
2700	**circondare**	**surround|encircle**
	vb	Circondare la risposta appropriata.
	[tʃirkondare]	-Circle the answer which applies.
2701	**prudere**	**itch**
	vb	Mi racconto ' come l' uniforme di lana gli facesse prudere il petto, e lui dice a mio padre
	[prudere]	-He told me how the wool uniform felt rough against his chest, and he says to my dad
2702	**sfera**	**ball|sphere**
	la	Dio è una sfera intelligibile il cui centro è ovunque e la cui circonferenza non è in alcun luogo.
	[sfera]	-God is an intelligible sphere whose center is everywhere and whose circumference is nowhere.
2703	**riservare**	**reserve|keep**
	vb	Vorrei riservare tre posti.
	[rizervare]	-I'd like to book three seats.
2704	**sconfitto**	**beaten**
	adj	L'ho finalmente sconfitto.
	[skonfitto]	-I finally beat him.
2705	**guardiano**	**guardian|keeper**
	il	Il guardiano del parco ha un casolare proprio nel bel mezzo del parco.
	[gwardjano]	-The head groundsman has a cottage right in the middle of the grounds.
2706	**fotografare**	**photograph|take a picture**
	vb	Joe non vuole farsi fotografare.
	[fotografare]	-Joe doesn't want his picture taken.
2707	**mafia**	**mafia**

	la	In Germania la mafia italiana è un problema sottovalutato.
	[mafja]	-In Germany, the Italian mafia is an underestimated problem.
2708	**dimensione**	**size**
	la	È la dimensione di una macchina piccola.
	[dimensjone]	-It's the size of a small car.
2709	**marinaio**	**sailor|seaman**
	il	Diventò un marinaio.
	[marinajo]	-He became a sailor.
2710	**incantevole**	**charming|enchanting**
	adj	Mary è incantevole.
	[iŋkantevole]	-Mary is charming.
2711	**compassione**	**compassion|sympathy**
	la	Io non voglio compassione.
	[kompassjone]	-I don't want sympathy.
2712	**stabilire**	**establish|set**
	vb	Con la questione pregiudiziale, il giudice del rinvio intende conoscere i
	[stabilire]	criteri che consentono di stabilire se, ai fini della riscossione dell'IVA,

Con la questione pregiudiziale, il giudice del rinvio intende conoscere i criteri che consentono di stabilire se, ai fini della riscossione dell'IVA, un'attività di reprografia come quella di cui trattasi nella causa principale debba essere considerata cessione di beni ai sensi dell'art. 5, n. 1, della sesta direttiva, o prestazione di servizi ai sensi del successivo art. 6, n. 1.
-By its question, the referring court wishes to know the criteria for determining, for the purposes of the collection of VAT, whether reprographics activities, such as those at issue in the main proceedings, must be classified as a supply of goods within the meaning of Article 5(1) of the Sixth Directive or as a supply of services within the meaning of Article 6(1) of that directive.

2713	**vescovo**	**bishop**
	il	
	[veskovo]	

Cari fratelli, il vostro pellegrinaggio a Roma dimostra che i vincoli di comunione della Chiesa trascendono qualsiasi confine regionale o nazionale, e che il Vescovo di Roma è il garante della sua unità e l'autentico interprete delle sue richieste.
-Dear Brothers, your pilgrimage to Rome indicates that the bonds of communion in the Church transcend every regional or national boundary, and that the Bishop of Rome is the guarantor of her unity and the authentic interpreter of its demands.

2714	**solitario**	**lonely; solitaire**
	adj; il	Questo è un tratto davvero solitario di costa.
	[solitarjo]	-This is a really lonely stretch of shoreline.
2715	**figa**	**fanny**
	la	Guardi tutta la roba figa.
	[figa]	-Look at all the cool stuff.
2716	**pipì**	**wee-wee**
	la	Io mi siedo quando faccio pipì.
	[pip'i]	-I sit when I pee.
2717	**testimonianza**	**testimony**
	la	Poi John ha fornito questa testimonianza.
	[testimonjantsa]	-Then John gave this testimony.
2718	**pop**	**pop**
	adj	Dato che di solito ci sono molti siti web su qualsiasi dato argomento,
	[pop]	solitamente clicco sul pulsante "indietro" e basta quando arrivo su

Dato che di solito ci sono molti siti web su qualsiasi dato argomento, solitamente clicco sul pulsante "indietro" e basta quando arrivo su qualunque pagina web che ha della pubblicità a pop-up. Semplicemente vado sulla pagina successiva trovata da Google e spero di trovare qualcosa

di meno irritante.
-Since there are usually multiple websites on any given topic, I usually just click the back button when I arrive on any webpage that has pop-up advertising. I just go to the next page found by Google and hope for something less irritating.

2719 formazione   **training|formation**

la
[formattsjone]

Nel mondo odierno, dobbiamo dare a tutti i nostri bambini una formazione che li prepara per il successo, indipendentemente da quello che sembrano, o da quanto i loro genitori fanno, o dal codice di avviamento postale in cui vivono.
-In today's world, we have to equip all our kids with an education that prepares them for success, regardless of what they look like, or how much their parents make, or the zip code that they live in.

2720 copertina   **cover**

la
[kopertina]

Io vidi il nome di Joe sulla copertina.
-I saw Joe's name on the cover.

2721 regione   **region**

la
[redʒone]

Questa regione è completamente cambiata.
-This region has completely changed.

2722 modulo   **module**

il
[modulo]

Compili questo modulo, per favore.
-Fill out this form, please.

2723 sconvolgere   **upset|unsettle**

vb
[skonvoldʒere]

Stando alla rivista New Scientist, scoprire sistemi per non sconvolgere i ritmi giornalieri degli astronauti "sarà importantissimo per il successo delle future missioni su lunga distanza".
-According to New Scientist magazine, finding ways to keep astronauts' daily rhythms on track "will be vital to the success of future long-haul missions."

2724 osservare   **observe|see**

vb
[osservare]

A me piace osservare gli uccelli.
-I like to observe birds.

2725 tribù   **tribe|stem**

le
[tribu]

Gli europei provarono a civilizzare la tribù.
-Europeans tried to civilize the tribe.

2726 ritiro   **withdrawal|retreat**

il
[ritiro]

Mi dispiace. Ritiro quello che ho detto.
-I'm sorry. I take back my words.

2727 vergognare   **make ashamed**

vb
[vergoɲɲare]

Sono dell'idea che non ci si debba vergognare di ammettere un errore.
-In my opinion, no one should be ashamed of admitting a mistake.

2728 soggiorno   **stay|living room**

il
[soddʒorno]

Posso prolungare il mio soggiorno?
-Can I extend my stay?

2729 cicatrice   **scar|seam**

la
[tʃikatritʃe]

Avrò una cicatrice?
-Will I have a scar?

2730 invasione   **invasion|plague**

la
[invazjone]

Si dovrebbe inoltre accentuare il carattere di valorizzazione culturale dell'operazione, insieme alla convenienza economica di produrre programmi per fronteggiare un'invasione commerciale.
-The cultural development aspect of the operation should be stressed along

with the economic wisdom of producing programmes as a defence against a commercial invasion.

2731	**curiosità**	**curiosity**
	la	La curiosità uccise il gatto.
	[kurjozitˈa]	-Curiosity killed the cat.
2732	**sparatoria**	**shooting**
	la	Joe ha detto qualcosa riguardo alla sparatoria?
	[sparatorja]	-Did Joe say anything about the shooting?
2733	**trascorrere**	**spend|elapse**
	vb	Non volevo trascorrere altro tempo in carcere.
	[traskorrere]	-I didn't want to spend any more time in jail.
2734	**pendere**	**hang|tip**
	vb	Tuttavia per l&·x02BC;avvenire è auspicabile che la Commissione non
	[pendere]	faccia pendere troppo la bilancia dall&·x02BC;una o dall&·x02BC;altra parte.
		-But in the future the Commission will have to be very careful not to tip the balance decisively one way or the other.
2735	**cannone**	**cannon**
	il	E questo è un cannone!
	[kannone]	-That's cannon, sir!
2736	**sostenere**	**support|bear**
	vb	Lei continua a sostenere il progetto.
	[sostenere]	-She continues to support the project.
2737	**circolo**	**circle|club**
	il	La risposta ci porta a un circolo vizioso.
	[tʃirkolo]	-The answer leads us to a vicious circle.
2738	**dedicare**	**devote|spend**
	vb	Ho intenzione di dedicare qualche ora al giorno allo studio dell'inglese.
	[dedikare]	-I intend to devote a few hours a day to the study of English.
2739	**scotch**	**Scotch**
	lo	Joe prese fuori la bottiglia di scotch dalla sua borsa e la porse a Jane.
	[skotk]	-Joe took the bottle of Scotch from his briefcase and handed it to Jane.
2740	**tosse**	**cough**
	la	Amor, tosse e fumo, malemente si nascondono.
	[tosse]	-Love, smoke and cough are hard to hide.
2741	**vociare**	**shout**
	vb	Mi scusi, signor Presidente, ma qui sento male, dato il vocio e il rumore dei numerosissimi deputati presenti, sempre attenti ma questa volta un po'chiacchieroni.
	[votʃare]	-Excuse me, Mr President, but I feel unwell here because of the shouting and the noise from the very large number of Members present, who are always attentive but this time chattering rather.
2742	**avvertimento**	**warning|caution**
	il	Grazie per l'avvertimento.
	[avvertimento]	-Thanks for the warning.
2743	**rapido**	**quick|rapid**
	adj	Questa città ha subito un rapido cambiamento.
	[rapido]	-This town has undergone a rapid change.
2744	**molare**	**molar; molar; grind**
	adj; il; vb	Macchine utensili per sbavare, affilare, molare o altrimenti rifinire i metalli.
	[molare]	

-Machine tools for deburring, sharpening, grinding or otherwise finishing metal.

2745	**abilità**	**ability|skill**
	le	Io non ho così tante abilità.
	[abilitˈa]	-I don't have so many skills.
2746	**pescare**	**fish**
	vb	Io sono andata a pescare con lei.
	[peskare]	-I went fishing with her.
2747	**manicomio**	**asylum|madhouse**
	il	Il secolo scorso, uno come Joe l'avrebbero messo in manicomio.
	[manikomjo]	-Last century they would have just thrown someone like Joe into a lunatic asylum.
2748	**impressionante**	**impressive|striking**
	adj	L'esibizione era molto impressionante.
	[impressjonante]	-The exhibition was very impressive.
2749	**moderno**	**modern**
	adj	È un ragazzo moderno.
	[moderno]	-He's a modern boy.
2750	**letto**	**bed**
	il	Ha letto la lettera a voce alta.
	[lˈɛtto]	-He read the letter in a loud voice.
2751	**tuono**	**thunder**
	il	All'improvviso ho sentito un forte colpo di tuono.
	[twono]	-Suddenly I heard a loud clap of thunder.
2752	**compiere**	**fulfill|make**
	vb	Stava provando a compiere un esperimento in fisica.
	[kompjere]	-He was trying to make an experiment in physics.
2753	**maya**	**Maya**
	il/la	Stando al calendario maya, la fine del mondo arriverà presto.
	[maa]	-According to the Mayan calendar, the end of the world will come soon.
2754	**alquanto**	**somewhat|a few**
	adv	Ha delle buone ragioni per essere alquanto arrabbiato.
	[alkwanto]	-He has good reason to get very angry.
2755	**norma**	**standard|rule**
	la	Questa è la norma.
	[norma]	-This is standard.
2756	**massacro**	**massacre|bloodshed**
	il	La fede ci divide nelle credenze e ci unisce nel massacro.
	[massakro]	-Faith divides us in belief and unites us in slaughter.
2757	**associazione**	**association|combination**
	le	È membra di un'associazione studentesca femminile.
	[assotʃattsjone]	-She's a member of a sorority.
2758	**acido**	**acid; acid**
	adj; il	L'acido ha corroso il metallo.
	[atʃido]	-The acid ate into the metal.
2759	**inchiesta**	**investigation**
	le	Le misure istituite sono basate su un'inchiesta antidumping avviata a norma dell'articolo 5 del regolamento (CE) n. 384/96.
	[iŋkjesta]	-The measures imposed had been based on an anti-dumping investigation initiated pursuant to Article 5 of Regulation (EC) No 384/96.

2760	**tatuaggio** il [tatwaddʒo]	**tattoo** Joe ha mostrato a Mary il suo tatuaggio. -Joe showed Mary his tattoo.
2761	**suite** la [swite]	**suite** Esiste inoltre una funzione, HCD Suite, che li aiuta ad assicurarsi che tutti i partecipanti abbiano la possibilità di accesso costante al giusto materiale di formazione, in modo da ottimizzare ulteriormente le loro prestazioni. -There is furthermore, a feature called the HCD Suite that helps the HR department in ensuring all participants have constant access to the correct training material in order to further optimise their own performance.
2762	**organo** lo [organo]	**organ** Joe suona molto bene l'organo. -Joe plays the organ very well.
2763	**onnipotente** adj [onnipotente]	**omnipotent** L'IDDIO ONNIPOTENTE ha delegato certe responsabilità ad altre creature spirituali. -ALMIGHTY GOD has entrusted certain responsibilities to other spirit creatures.
2764	**squillo** lo [skwillo]	**ring** Lui le avrebbe fatto uno squillo e lei gli avrebbe risposto. -He would ring and she would respond.
2765	**durata** la [durata]	**duration|life** La guerra tra la Francia e l'Inghilterra è durata cento anni. -The war between France and England lasted one hundred years.
2766	**confuso** adj [konfuzo]	**confused|fuzzy** Lui era spesso confuso con suo fratello. -He was often confused with his brother.
2767	**sapone** il [sapone]	**soap** Sono stati inventati diversi processi per fare il sapone nel corso della storia. -Several processes for making soap have been invented over the course of history.
2768	**bagnato** adj [baɲɲato]	**wet|damp** Il mio gatto è bagnato. -My cat is wet.
2769	**individuare** vb [individware]	**identify|locate** Io non riesco a individuare il problema. -I can't pinpoint the problem.
2770	**abbraccio** lo [abbrattʃo]	**embrace** Le diedi un abbraccio. -I gave her a hug.
2771	**tortura** la [tortura]	**torture** Accetterei quella tortura di mia spontanea volontà. -I would accept that torture willingly.
2772	**fotografico** adj [fotografiko]	**photographic** Loro aprirono il loro album fotografico del matrimonio e fecero una passeggiatina lungo il viale dei ricordi. -They opened up their wedding album and had a little stroll down memory lane.
2773	**scorrere** vb [skorrere]	**slide|flow** Lui lasciò scorrere l'acqua. -He left the water running.

2774 eternità — **eternity|perpetuity**

la
[eternit'a]

È vero esattamente il contrario: non c'è niente dopo la morte. E l'eternità è sulla terra.
 -It's exactly the opposite which is true: there is nothing after death, except eternity on earth.

2775 osservazione — **observation|remark**

le
[osservattsjone]

Ha un acuto senso d'osservazione.
 -He has an acute sense of observation.

2776 colonna — **column**

la
[kolonna]

I chakra sono tutti allineati in una colonna verticale lungo la colonna vertebrale.
 -The chakras are all aligned in a vertical column along one's spine.

2777 profilare — **profile**

vb
[profilare]

Inoltre, il danno subito dai consumatori per il fatto di non poter disporre di un nuovo prodotto - vale a dire di una guida televisiva completa - per il quale esisteva una forte domanda, costituirebbe un' aggravante idonea a far profilare l' esistenza di un illecito nella politica della ricorrente in materia di informazione sui suoi programmi settimanali.
 -Moreover, the prejudice to consumers, who were denied access to a new product, namely a general television magazine for which there was a strong demand, is an aggravating factor which renders the applicant' s policy as regards information on its weekly programmes abusive.

2778 assistere — **assist|attend**

vb
[assistere]

Se tu mi potessi assistere sarebbe di grande aiuto.
 -If you could assist me, it would be a great help.

2779 conquistare — **conquer|win**

vb
[koŋkwistare]

Ci sono voluti sei anni per conquistare Costantinopoli.
 -It took us six years to conquer Constantinople.

2780 onorevole — **honorable**

adj
[onorevole]

Signor Presidente, la relazione dell' onorevole Lousewies van der Laan presenta una chiara panoramica delle misure adottate dalla Commissione europea sulla scia delle osservazioni formulate dal Parlamento europeo nell'ambito del discarico 1997.
 -Mr President, the van der Laan report gives a clear overview of the measures which the European Commission has taken further to observations made by Parliament in the context of the 1997 discharge.

2781 fulmine — **lightning|thunderbolt**

il
[fulmine]

La vita non è che un fulmine, la bellezza dura un solo giorno! Pensate ai teschi dei morti, che sono tutti uguali.
 -Life is but a flash of lightning, beauty lasts for a single day! Think about the skulls of the dead that are all alike.

2782 cera — **wax**

la
[tʃera]

Date la cera al pavimento.
 -Wax the floor.

2783 testo — **text**

il
[testo]

Il testo giornalistico non è un'opera letteraria.
 -Journalistic text is not a literary work.

2784 dannato — **damned**

adj
[dannato]

Sarò dannato se lascerò che questo mi fermi!
 -I'll be damned if I let this stop me!

2785 bottone — **button**

| | il | Non so quale bottone premere. |
| | [bottone] | -I don't know which button to push. |

2786 **orchestrare** — **orchestrate**

vb
[orkestrare]

Tuttavia, con un ampio sfasamento temporale tra i due cicli, l'orologio biologico si regolava in base alla luce, ignorando la temperatura, un'indicazione che l'orologio biologico dei moscerini può "orchestrare" in parte i cambiamenti in un ambiente multisensoriale piuttosto che trattare luce e temperatura in modo del tutto separato.
-However, with a large time lag between the two, the body clock set itself according to the light, ignoring temperature – an indication that flies' body clock can 'orchestrate' to some extent changes in a multisensory environment, rather than treating light and temperature completely separately.

2787 **condurre** — **lead | carry out**

vb
[kondurre]

È stata condannata a condurre una vita miserabile.
-She was condemned to lead a miserable life.

2788 **formula** — **formula**

la
[formula]

Il campione di Formula 1 Michael Schumacher subì un grave infortunio alla testa.
-The F1 champion Michael Schumacher sustained a serious head injury.

2789 **metropolitano** — **metropolitan**

adj
[metropolitano]

Diversi grandi progetti di ampliamento di aeroporti europei di tipo hub sono sospesi, alcuni di essi da oltre un decennio, come ad esempio l'eventuale costruzione di un terzo aeroporto a Parigi, la costruzione di ulteriori piste negli aeroporti di Francoforte e di Monaco, e la discussione Regno Unito/città di Londra sul modo migliore per ampliare le capacità in un ambiente multimodale metropolitano.
-Major EU hub airport extension projects have been put on hold, some of them for more than a decade — examples include a possible third Paris airport; additional runways at Frankfurt and Munich airports; and the UK/London discussion on how to best extend capacity in a multimodal metropolis environment.

2790 **supermercato** — **supermarket**

il
[supermerkato]

Andiamo a saccheggiare il supermercato!
-Let's go to loot the supermarket!

2791 **bimba** — **infant**

la
[bimba]

La mia nuova bimba è arrivata!
-My new baby arrived!

2792 **isolamento** — **Insulation | isolation**

lo
[izolamento]

Da quando Joe è arrivato a Guantanamo Bay è stato esposto a diverse forme di tortura: privazione del sonno, deprivazione sensoriale, temperature estreme, isolamento prolungato, mancanza di luce solare e assistenza sanitaria limitata.
-Since Joe arrived at Guantanamo Bay he has been exposed to different forms of torture: sleep deprivation, sensory deprivation, extreme temperatures, prolonged isolation, lack of sunlight and limited health care.

2793 **disturbare** — **disturb | disrupt**

vb
[disturbare]

Smettetela di disturbare vostro padre.
-Stop bothering your father.

2794 **rimediare** — **remedy | make up for**

vb
[rimedjare]

L'organismo pagatore può sospendere il sostegno soltanto nei casi in cui l'inadempienza non pregiudica la realizzazione delle finalità generali dell'operazione in questione e se si prevede che il beneficiario sia in grado di rimediare alla situazione entro il periodo massimo definito.

-The paying agency may only suspend support where the non-compliance does not prejudice the achievement of the overall purpose of the operation concerned, and if it is expected that the beneficiary is able to remedy the situation during the maximum period defined.

2795	**cuocere**	**cook**

vb
[kwotʃere]

Non posso cuocere il pane. Io non ho un forno.
-I cannot bake bread. I don't have an oven.

2796 **balena** **whale**

la
[balena]

Non ho mai visto una balena così grossa.
-Never have I seen such a big whale.

2797 **staff** **staff**

lo
[staff]

Noi abbiamo un bravo negoziatore nello staff.
-We have a good negotiator on the staff.

2798 **riavere** **get back**

vb
[rjavere]

Posso riavere il mio libro?
-Can I have my book back?

2799 **cristiano** **Christian; Christian**

adj; il
[kristjano]

Io sono cristiano, però lui è buddista.
-I am Christian, but he is Buddhist.

2800 **irlandese** **Irish; Irish**

adj; il
[irlandeze]

Un inglese, uno scozzese, un irlandese, un gallese, un gurkha, un lettone, un turco, un australiano, un tedesco, un americano, un egiziano, un giapponese, un messicano, uno spagnolo, un russo, un polacco, un lituano, un giordano, un neozelandese, uno svedese, un finlandese, un israelita, un rumeno, un bulgaro, un serbo, uno svizzero, un greco, un singaporiano, un italiano, un norvegese, un argentino, un libico e un sudafricano andarono in un locale notturno. Il buttafuori disse: "Mi dispiace, non posso farvi entrare senza un tailandese."

-An Englishman, a Scotsman, an Irishman, a Welshman, a Gurkha, a Latvian, a Turk, an Aussie, a German, an American, an Egyptian, a Japanese, a Mexican, a Spaniard, a Russian, a Pole, a Lithuanian, a Jordanian, a Kiwi, a Swede, a Finn, an Israeli, a Romanian, a Bulgarian, a Serb, a Swiss, a Greek, a Singaporean, an Italian, a Norwegian, an Argentinian, a Libyan and a South African went to a night club. The bouncer said: "Sorry, I can't let you in without a Thai."

2801 **stupidaggine** **stupidity**

la
[stupidaddʒine]

E' la sicurezza di una – permettetemi la parola – di una stupidaggine.
-It is the security of — allow me to use the word — nonsense.

2802 **costare** **cost**

vb
[kostare]

Noi dobbiamo pensare a questi piani in termini di quanto potrebbero costare.
-We must think about these plans in terms of what they would cost.

2803 **battaglione** **battalion**

il
[battaʎʎone]

Comandante del 702o battaglione d'infanteria leggera
-Commander of the 702nd Light Infantry Battalion

2804 **creazione** **creation|making**

la
[kreattsjone]

L'amore è l'unica realtà e non è un semplice sentimento. È la verità suprema che sta alla base della creazione.
-Love is the only reality and it is not a mere sentiment. It is the ultimate truth that lies at the heart of creation.

2805 **CD** **CD**

| | abr | Quel CD costa 10 dollari. |
| | [kd] | -That CD costs 10 dollars. |

2806 musicale — **musical**

adj
[muzikale]

Voi suonate uno strumento musicale, vero?
-You play a musical instrument, don't you?

2807 dozzina — **dozen**

la
[dottsina]

Io ho comprato una mezza dozzina d'uova.
-I bought half a dozen eggs.

2808 galassia — **galaxy**

la
[galassja]

Si propone una verifica di tale possibilità, consistente nella misura delle microonde della separazione per effetto Zeeman dei livelli elettronici aventi differenti orientazioni rispetto alla direzione Terra-centro della Galassia.
-A test of this possibility is proposed. It consists in the microwave measurement of the Zeeman splitting of electron levels having different orientations relative to the direction Earth-Center of the Galaxy.

2809 effettivamente — **actually|effectively**

adv
[effettivamente]

Se sembra come la guerra, se suona come la guerra e se uccide come la guerra, allora è effettivamente una guerra.
-If it looks like a war, if it sounds like a war and if it kills like a war, then it actually is a war.

2810 benedizione — **blessing|benison**

la
[benedittsjone]

Ha la mia benedizione.
-You have my blessing.

2811 elefante — **elephant**

il
[elefante]

Così è come catturano un elefante vivo.
-This is how they catch an elephant alive.

2812 gin — **gin**

il
[dʒin]

Tranne: acquaviti di frutta, acquaviti di (con il nome del frutto) ottenute dalla macerazione e dalla distillazione, Geist (con il nome del frutto o della materia prima utilizzata), London gin, sambuca, maraschino, marrasquino o maraskino e mistrà.
-except: fruit spirits, spirits (preceded by the name of the fruit) obtained by maceration and distillation Geist (with the name of the fruit or the raw material used), London Gin, Sambuca, Maraschino, Marrasquino or Maraskino and Mistrà.

2813 bistecca — **steak**

la
[bistekka]

Perché rovini la bistecca con il ketchup?
-Why do you ruin the steak with ketchup?

2814 rilasciare — **release|grant**

vb
[rilaʃʃare]

Non rilasciare quel prigioniero.
-Don't release that prisoner.

2815 profondità — **depth|deep**

la
[profondit'a]

In questo punto la profondità è bassa.
-At this point the depth is small.

2816 cascare — **fall**

vb
[kaskare]

Problemi e preoccupazioni potrebbero logorarci e, per così dire, farci 'cascare le mani'.
-Pressures and anxieties can weigh on our mind and cause our hands to drop down figuratively.

2817 collana — **necklace**

	la	Ho trovato il pezzo mancante della tua collana.
	[kollana]	-I found the missing piece of your necklace.
2818	**capra**	**goat**
	la	Io voglio essere una capra.
	[kapra]	-I want to be a goat.
2819	**campeggiare**	**camp**
	vb	Ho permesso a Joe di campeggiare nel nostro cortile.
	[kampeddʒare]	-I permitted Joe to camp in our backyard.
2820	**pirata**	**pirate|freebooter**
	il	Loro chiamarono il Presidente Roosevelt pirata.
	[pirata]	-They called President Roosevelt a pirate.
2821	**lampada**	**lamp**
	la	Aladino ha trovato una lampada magica.
	[lampada]	-Aladdin found a magic lamp.
2822	**gennaio**	**January**
	gli	Roger Miller nacque il 2 gennaio 1936 nella città occidentale di Forth Worth, Texas.
	[dʒennajo]	-Roger Miller was born on January 2, 1936 in the western city of Fort Worth, Texas.
2823	**tabacco**	**tobacco**
	il	È vero che masticavate il tabacco?
	[tabakko]	-Is it true that you chewed tobacco?
2824	**laurea**	**degree**
	la	Io ho una laurea in legge.
	[laurea]	-I have a law degree.
2825	**delicato**	**delicate|gentle**
	adj	Era un bambino debole e delicato.
	[delikato]	-He was a weak and delicate child.
2826	**ritardare**	**delay|defer**
	vb	Il brutto tempo ha fatto ritardare l'aereo.
	[ritardare]	-The bad weather delayed the plane.
2827	**azzurro**	**blue; azure**
	adj; lo	L'azzurro è il colore del cielo, e di conseguenza anche del mare, dei laghi e dei fiumi.
	[attsurro]	-Light blue is the color of the sky and, consequently, is also the color of the sea, lakes, and rivers.
2828	**salotto**	**lounge|sitting room**
	il	Noi ci siamo rilassati in salotto.
	[salotto]	-We relaxed in the living room.
2829	**pecora**	**sheep**
	la	Ovunque vada Mary, la pecora la segue.
	[pekora]	-Wherever Mary goes, the sheep follows her.
2830	**delta**	**delta**
	il	Decisi ad approfittare del tempo favorevole per predicare, alcuni si impegnarono a dare testimonianza agli abitanti delle isole del delta del Paraná, vicino a Buenos Aires.
	[delta]	-Determined to take advantage of the favorable season in which to preach, some took on the challenge to witness to the islanders in the delta area of the Paraná River, near Buenos Aires.
2831	**orbita**	**orbit|socket**

	la	Il satellite è in orbita intorno alla luna.
	[orbita]	-The satellite is in orbit around the moon.
2832	**mito**	**myth**
	il	Penso che sia un mito.
	[mito]	-I think it's a myth.
2833	**collaborazione**	**collaboration**
	la	Loro si aspettano un po' di collaborazione da lei.
	[kollaborattsjone]	-They expect some cooperation of you.
2834	**entusiasta**	**enthusiastic; enthusiast**
	adj; il/la	George è molto entusiasta del suo nuovo impiego.
	[entuzjasta]	-George is very enthusiastic about his new job.
2835	**scarica**	**discharge**
	la	La batteria dell'automobile è scarica.
	[skarika]	-The car battery is dead.
2836	**spreco**	**waste**
	lo	Spreco molto tempo a sognare a occhi aperti.
	[spreko]	-I waste a lot of time daydreaming.
2837	**occidentale**	**western; westerner**
	adj; il/la	La Francia è nell'Europa occidentale.
	[ottʃidentale]	-France is in western Europe.
2838	**illusione**	**illusion|phantasm**
	la	Le elezioni sono la più grande illusione di libertà.
	[illuzjone]	-Elections are the biggest illusion of freedom.
2839	**compare**	**gaffer**
	gli	Ogni volta che un fallimento del genere avviene in un altro reparto, sono tentata di chiamarli idioti, ma poi la gente come lei compare per dimostrare cos'è la vera idiozia.
	[kompare]	-Every time a failure like that occurs in another department, I'm tempted to call them idiots, but then people like you come along to demonstrate what true idiocy looks like.
2840	**comprensione**	**understanding|comprehension**
	la	Il cappellano ascoltò con comprensione il suo parrocchiano.
	[komprensjone]	-The chaplain listened sympathetically to his parishioner.
2841	**tesi**	**thesis**
	la	Siete troppo tesi.
	[tezi]	-You're too tense.
2842	**sostanza**	**substance|matter**
	la	Questa zuppa non ha sostanza.
	[sostantsa]	-This soup has no substance.
2843	**eccitare**	**excite|energize**
	vb	Questo e 'll mio lavoro e scopriremo cos' e ' che ti fa eccitare di brutto
	[ettʃitare]	-We' re gonna find out exactly what it is that gets you going
2844	**asta**	**rod|shaft**
	le	Il mobilio fu comprato a un'asta.
	[asta]	-The furniture was bought at an auction.
2845	**decente**	**decent|reasonable**
	adj	Non è decente ridere dei problemi altrui.
	[detʃente]	-It is not decent to laugh at another's troubles.
2846	**sciopero**	**strike**

	lo		Il sindacato annunciò uno sciopero.
	[ʃopero]		-The labor union announced a strike.
2847	**senno**	**sense|judgment**	
	il		Col senno di poi, forse non avrei dovuto postare quella foto nel mio blog.
	[senno]		-In retrospect, maybe I shouldn't have posted that photo in my blog.
2848	**guarire**	**heal|recover**	
	vb		Mi ci vorrà molto tempo per guarire dal raffreddore.
	[gwarire]		-It'll take me a long time to get over my cold.
2849	**aggressione**	**aggression**	
	le		L'aggressione tra specie diverse è orientata verso obiettivi legati alla riproduzione.
	[aggressjone]		-Interspecies aggression is oriented towards goals related to reproduction.
2850	**meccanico**	**mechanical; mechanic**	
	adj; il		Noi abbiamo un problema meccanico.
	[mekkaniko]		-We've got a mechanical problem.
2851	**economico**	**economic|cheap**	
	adj		Tutto è così economico.
	[ekonomiko]		-Everything's so cheap.
2852	**confessare**	**confess|admit**	
	vb		Non serve a nulla confessare i suoi peccati al prete se non pensa due volte prima di ripeterli.
	[konfessare]		-It's no use confessing your sins to the priest if you don't think twice before repeating them.
2853	**benedetto**	**blessed**	
	adj		Il prete ha benedetto il matrimonio della felice coppia.
	[benedetto]		-The priest blessed the marriage of the happy couple.
2854	**frontiera**	**border**	
	la		La frontiera è chiusa.
	[frontjera]		-The border is closed.
2855	**sire**	**Sire**	
	il		Anche le forze militari egiziane, sire, persiane, sicule, ecc., avevano divisioni di frombolieri.
	[sire]		-The fighting forces of the Egyptians, Syrians, Persians, Sicilians, and others also had similar divisions.
2856	**gratitudine**	**gratitude**	
	la		Io vorrei esprimerle la mia gratitudine.
	[gratitudine]		-I would like to express my gratitude to her.
2857	**tuta**	**suit**	
	la		Vorrei una tuta da ginnastica per mia sorella.
	[tuta]		-I'm looking for a gym suit for my sister.
2858	**pollice**	**inch**	
	il		Li si è colpito accidentalmente il pollice con il martello.
	[pollitʃe]		-He accidentally hit his thumb with the hammer.
2859	**vena**	**vein**	
	la		Non sono in vena di scherzare.
	[vena]		-I am in no mood for joking.
2860	**aquila**	**eagle**	
	le		L'aquila è il re degli uccelli.
	[akwila]		-The eagle is king of birds.
2861	**malgrado**	**despite; notwithstanding**	

	prp; adv [malgrado]	Sono uscito malgrado la pioggia. -I went out in spite of the rain.
2862	**pesare** vb [pezare]	**weigh** Un oritteropo adulto può pesare fino a 100 chilogrammi. -An adult aardvark can weigh up to 100 kilograms.
2863	**nominare** vb [nominare]	**appoint|name** È un paese minuscolo che la maggior parte della gente non ha mai sentito nominare. -It's a tiny country that most people have never heard of.
2864	**botta** la [botta]	**blow|hit** Questo dovrebbe dare una bella botta alla Rock, questo posto senza di noi affondera. -That oughta put a nice dent in the old Rock, this place will sink without us.
2865	**assenza** le [assentsa]	**absence** Dopo una lunga assenza, è tornato a casa. -After a long absence, he returned home.
2866	**nuovamente** adv [nwovamente]	**again** Joe è nuovamente fuori città. -Joe is out of town again.
2867	**posa** la [poza]	**pose|laying** Si sono messi tutti in posa per una foto. -Everyone posed for a picture.
2868	**torcia** la [tortʃa]	**torch** Il sole è la torcia, la lampada dell'universo, è al centro, perché quello è il posto migliore per illuminare i pianeti. -The sun is the torch, the lamp of the universe; if it is situated in the central region it's because this is the best place to illuminate the planets.
2869	**provenire** vb [provenire]	**originate|come from** Assassini e ladri possono provenire da qualsiasi angolo. -Murderers and thieves can come from any angle.
2870	**fungo** il [fuŋgo]	**mushroom** "Io sono un broccolo e assomiglio a un albero!" "Io sono una noce e assomiglio a un cervello!" "Io sono un fungo e odio questo gioco!" -"I am a broccoli and I look like a tree!" "I am a walnut and I look like a brain!" "I am mushroom and I hate this game!"
2871	**gallina** la [gallina]	**hen** Prendete un po' di latte di gallina. -Have some eggnog.
2872	**tremendo** adj [tremendo]	**terrible|dreadful** Io non raccomando di mangiare in quel ristorante. Il cibo è tremendo. -I don't recommend eating in that restaurant. The food is awful.
2873	**disperazione** la [disperattsjone]	**despair|desolation** Tamara sembrava un'anima in preda alla disperazione dato che era sempre sola, abbattuta e malinconica. -Tamara seemed like a soul in despair since she was always lonely, downcast, and melancholic.
2874	**complice** il/la [komplitʃe]	**accomplice** Era considerato un complice. -He was considered an accomplice.
2875	**volgare**	**vulgar|gross**

adj
[volgare]

Joe è volgare.
-Joe is miserable.

2876 volontario

voluntary; volunteer

adj; il
[volontarjo]

Mi serve qualche volontario.
-I need some volunteers.

2877 calibrare

calibrate

vb
[kalibrare]

Il gas di calibrazione NO è connesso all'ingresso di calibrazione del divisore di gas; un gas di azzeramento è connesso all'ingresso del diluente del divisore di gas; si usa lo stesso rapporto nominale di mescolamento di cui alla lettera b) del presente punto e si usa la concentrazione di NO prodotta dal divisore di gas per calibrare l'analizzatore CLD.
-The NO span gas shall be connected to the span port of the gas divider; a zero gas shall be connected to the diluent port of the gas divider; the same nominal blend ratio shall be used as selected in sub-paragraph (b) of this paragraph; and the gas divider's output concentration of NO shall be used to span the CLD analyser.

2878 costoso

expensive|costly

adj
[kostozo]

Quel divano è meno costoso di questo tavolo.
-That sofa is less expensive than this table.

2879 nido

nest

il
[nido]

L'uccello è nel suo nido.
-The bird is in its nest.

2880 oriente

east

il
[orjente]

Lui era interessato ai misteri dell'Oriente.
-He was interested in the mysteries of the Orient.

2881 festival

festival

il
[festival]

Lui ha organizzato un festival rock estivo.
-He organized a summer rock festival.

2882 freccia

arrow

la
[frettʃa]

Scagliò una freccia contro il cervo.
-He shot an arrow at the deer.

2883 chiusura

closing|closure

la
[kjuzura]

Ci sono solo poche conseguenze alla chiusura della mensa.
-There are only a few consequences of closing the canteen.

2884 tregua

truce|respite

la
[tregwa]

Non mi illudo che riusciremo a risolverlo noi; il nostro obiettivo sul breve termine è di raggiungere una tregua e la cessazione delle ostilità.
-I have no illusions that we will solve it now; our short-term aim is to achieve a truce and a cessation of hostilities.

2885 sorso

sip|gulp

lo
[sorso]

Joe prese il bicchiere di succo e bevve un sorso.
-Joe picked up the glass of juice and took a sip.

2886 insolito

unusual|uncommon

adj
[insolito]

Lei è insolito.
-You're unusual.

2887 gentilezza

kindness|gentleness

la
[dʒentilettsa]

Non dimenticherò mai la vostra gentilezza fin quando vivrò.
-I'll never forget your kindness as long as I live.

2888 armadietto

cabinet

il
[armadjetto]

Joe ha aperto l'armadietto delle medicine.
-Joe opened the medicine cabinet.

2889	**rapimento**	**kidnapping|abduction**
	il	Lui è accusato di rapimento.
	[rapimento]	-He is accused of kidnapping.
2890	**postale**	**postal**
	adj	L'ufficio postale è ancora chiuso?
	[postale]	-Is the post office still closed?
2891	**pugnale**	**dagger**
	il	Devi impugnare così quel pugnale.
	[puɲɲale]	-You must hold that dagger like this.
2892	**latino**	**Latin**
	adj	Quando avete iniziato a studiare il latino?
	[latino]	-When did you start studying Latin?
2893	**violare**	**violate|infringe**
	vb	Non devi violare i regolamenti.
	[vjolare]	-You must not violate the regulations.
2894	**destinazione**	**destination**
	la	Qual è la tua destinazione finale?
	[destinattsjone]	-What is your final destination?
2895	**telefonico**	**telephonic**
	adj	Controlla il numero nell'elenco telefonico.
	[telefoniko]	-Check the number in the phone book.
2896	**aumentare**	**increase|raise**
	vb	Dobbiamo aumentare i prezzi.
	[aumentare]	-We need to raise prices.
2897	**ringraziamento**	**thanksgiving**
	il	All'uscita della scuola, gli abbiamo regalato un orologio da tavolo come segno di ringraziamento.
	[riŋgrattsjamento]	-On leaving school, we presented him with a table clock as a token of our thanks.
2898	**estraneo**	**foreign; stranger**
	adj; lo	Fai attenzione a che nessun estraneo entri in questa stanza.
	[estraneo]	-See to it that no strangers come into this room.
2899	**poker**	**poker**
	il	A Joe non piace proprio il poker.
	[poker]	-Joe doesn't like poker at all.
2900	**perfezione**	**perfection**
	la	Stava andando tutto alla perfezione.
	[perfettsjone]	-Everything was going perfectly.
2901	**rappresentante**	**representative; Rep**
	il/la; abr	Lui partecipò alla conferenza come nostro rappresentante aziendale.
	[rapprezentante]	-He attended the meeting as our company representative.
2902	**raccolta**	**collection**
	la	La posta deve essere raccolta.
	[rakkolta]	-The post has to be collected.
2903	**entusiasmo**	**enthusiasm|zest**
	il	Joe annuiva con entusiasmo.
	[entuzjasmo]	-Joe nodded enthusiastically.
2904	**terrestre**	**terrestrial**
	adj	Terra e acqua compongono la superficie terrestre.
	[terrestre]	-Land and water make up the earth's surface.

2905	**cuscino**	**pillow**
	il	Joe mise la sua pistola sotto al suo cuscino.
	[kuʃʃino]	-Joe put his pistol under his pillow.
2906	**prato**	**meadow**
	il	Togliti dal prato!
	[prato]	-Get off the lawn!
2907	**divino**	**divine|heavenly**
	adj	Quel pasto era semplicemente divino.
	[divino]	-That meal was simply divine.
2908	**cellula**	**cell**
	la	In realtà esso ordina al resto della cellula: 'È arrivata l'insulina, inizia ad assorbire glucosio dal sangue!
	[tʃellula]	-It basically tells the rest of the cell, 'hey, insulin is here, start taking in glucose from the blood!'
2909	**candela**	**candle|spark plug**
	la	La candela si spense da sola.
	[kandela]	-The candle went out by itself.
2910	**battito**	**beat|beating**
	il	Il battito di Joe sta andando all'impazzata.
	[battito]	-Joe's pulse is racing.
2911	**cranio**	**skull**
	il	Un esame più attento rivelò che il cranio era stato schiacciato da qualche duro colpo.
	[kranjo]	-Closer examination revealed that the skull had been crushed by some heavy blow.
2912	**pompare**	**pump**
	vb	Lo scopo del cuore è pompare sangue.
	[pompare]	-The purpose of the heart is to pump blood.
2913	**psicopatico**	**psychopath; psychopath**
	adj; lo	Fadil è uno psicopatico.
	[psikopatiko]	-Fadil is a psychopath.
2914	**assalto**	**assault|attack**
	il	Il punto 2 (b) di tale rapporto, citato al punto 42 dell'ordinanza di rinvio, precisa in particolare: «Costituiti in un piccolo corpo, in tempo di crisi e di scarsezza di effettivi, tutti i Royal Marines devono essere in ogni momento in grado di operare in un'unità d'assalto, secondo il loro grado e il loro livello di specializzazione (...).
	[assalto]	-Paragraph 2(b) of that report, which is cited in paragraph 42 of the referring decision, states in particular that: `In a small corps, in times of crisis and manpower shortage, all Royal Marines must be capable at any time of serving at their rank and skill level in a commando unit. ...
2915	**candidato**	**candidate|applicant**
	il	Chi è il prossimo candidato?
	[kandidato]	-Who's the next candidate?
2916	**attrezzatura**	**equipment|outfit**
	le	I miglioramenti possono essere fatti pulendo gli spogliatoi, aumentando l'attrezzatura, dando tempi più flessibili e abbassando le tasse.
	[attrettsatura]	-Improvements could be made by cleaning the changing rooms, increasing the equipment, giving more flexible times and lowering the fees.
2917	**riscaldamento**	**heating**

	il	Tu sei preoccupato per il riscaldamento globale?
	[riskaldamento]	-Are you worried about global warming?
2918	**interrogatorio**	**interrogation; interrogatory**
	il; adj	L'ammissione provvisoria al patrocinio a spese dello Stato è concessa senza indebito ritardo dopo la privazione della libertà personale e, in ogni caso, prima dell'interrogatorio.
	[interrogatorjo]	-Provisional legal aid shall be granted without undue delay after deprivation of liberty and in any event before questioning.
2919	**pompiere**	**firefighter**
	il	Joe è un pompiere.
	[pompjere]	-Joe is a firefighter.
2920	**iniezione**	**injection|jab**
	la	L'infermiera mi fece un'iniezione.
	[injettsjone]	-The nurse gave me a shot.
2921	**recita**	**recital**
	la	La recita si conclude con la morte dell'eroe.
	[retʃita]	-The play concludes with the hero's death.
2922	**fascicolo**	**file|dossier**
	il	Prova di redazione in francese, sulla base di un fascicolo, destinata a valutare la capacità dei candidati di svolgere le mansioni di cui al titolo A.2 e la loro capacità di redazione giuridica.
	[faʃʃikolo]	-Drafting test in French, on the basis of a set of documents, to verify the ability of candidates to perform the duties described under Section A.2 and their legal drafting skills.
2923	**mento**	**chin**
	il	Ha il doppio mento.
	[mento]	-She has a double chin.
2924	**liquido**	**liquid; liquid**
	adj; il	Questo liquido trasparente contiene una specie di veleno.
	[likwido]	-This transparent liquid contains a kind of poison.
2925	**cauzione**	**deposit|bail**
	la	Eventualmente, cauzione e garanzie richieste.
	[kauttsjone]	-Where applicable, any deposits and guarantees required.
2926	**tonnellata**	**tonne**
	la	Io sono un vegetariano che mangia una tonnellata di carne.
	[tonnellata]	-I'm a vegetarian who eats a ton of meat.
2927	**riempire**	**fill**
	vb	È importante notare che consente loro di riempire o svuotare eventuali punti quantici semiconduttori con molti elettroni, un compito in precedenza oneroso.
	[rjempire]	-Importantly, it also allows them to fill or empty any semiconducting quantum dot with many electrons, a previously onerous task.
2928	**disordine**	**disorder|mess**
	il	La camera era in disordine.
	[dizordine]	-The room was in disorder.
2929	**schianto**	**crash**
	lo	[Schianto dello sportello]
	[skjanto]	-[Locker door slams]
2930	**indicare**	**indicate|show**
	vb	Mi puoi indicare la stazione della metro più vicina?
	[indikare]	-Can you direct me to the nearest subway station?

2931	**prenotare**	**book|bespeak**
	vb	Voglio prenotare una stanza.
	[prenotare]	-I want to reserve a room.
2932	**concludere**	**conclude|finish**
	vb	L'arbitro farà concludere la partita tra due minuti.
	[koŋkludere]	-The ref is going to end the game in two minutes.
2933	**strappare**	**rip|tear**
	vb	Joe ha provato a strappare una risposta da Mary.
	[strappare]	-Joe tried to elicit a response from Mary.
2934	**drogato**	**junkie; doped**
	il; adj	Sono un alcolizzato. Sono un drogato. Sono omosessuale. Sono un genio.
	[drogato]	-I'm an alcoholic. I'm a drug addict. I'm homosexual. I'm a genius.
2935	**schema**	**scheme|diagram**
	lo	Noi conosciamo lo schema.
	[skema]	-We know the pattern.
2936	**baffo**	**whiskers**
	il	La settimana scorsa, forse sono stato sbadato... ed uno di loro tutto ad un tratto mi ha violentemente strappato un baffo.
	[baffo]	-Last week, I guess I wasn' t on my toes...... and one of them reached out and ripped off my whisker.
2937	**eleggere**	**elect**
	vb	La stessa correzione prevista al paragrafo 3, primo comma, del presente articolo sarà applicata al numero di rappresentanti da eleggere negli Stati membri in questione.
	[eleddʒere]	-The same correction as that referred to in the first subparagraph of paragraph 3 of this Article shall be applied to the number of representatives to be elected in the Member States in question.
2938	**brandy**	**brandy**
	il	Datemi quella bottiglia. Questo "brandy" ha un buon sapore; da dove viene?
	[brand]	-Give me that bottle. This "brandy" tastes good; where does it come from?
2939	**disciplina**	**discipline**
	la	Le persone del vostro paese non hanno disciplina mentale.
	[diʃʃiplina]	-The people of your country have no mental discipline.
2940	**piattaforma**	**platform**
	la	Joe ha aspettato sulla piattaforma.
	[pjattaforma]	-Joe waited on the platform.
2941	**svizzero**	**Swiss; Helvetian**
	adj; lo	È svizzero.
	[zviddzero]	-He's Swiss.
2942	**alibi**	**alibi**
	gli	La polizia è stata in grado di verificare l'alibi di Joe.
	[alibi]	-The police were able to verify Joe's alibi.
2943	**ring**	**ring**
	il	Prima di morire vedi il ring!
	[riŋ]	-Before you die you see the ring!
2944	**laser**	**laser**
	adj	Questo è un laser potente.
	[lazer]	-This is a powerful laser.
2945	**ricchezza**	**wealth|richness**

	la	Joe ha ereditato la sua ricchezza.
	[rikkettsa]	-Joe inherited his wealth.
2946	**coordinare**	**coordinate**
	vb	Le autorità competenti degli Stati membri interessati designano un
	[koordinare]	rappresentante incaricato di dirigere e coordinare il controllo.

-Each competent authority of the Member States concerned shall appoint a representative to be responsible for supervising and coordinating the control operation.

2947	**legato**	**bound; legate**
	adj; gli	È profondamente legato a lei.
	[legato]	-He's deeply attached to her.
2948	**affamato**	**hungry**
	adj	Ero abbastanza affamato quando sono arrivato a casa.
	[affamato]	-I was pretty hungry when I got home.
2949	**fissare**	**fix|secure**
	vb	Cercai di non fissare.
	[fissare]	-I tried not to stare.
2950	**riporto**	**carry-over**
	lo	Per l'applicazione del primo comma, viene stabilito, prima del 1° ottobre,
	[riporto]	per ciascuna campagna di commercializzazione, il quantitativo garantito

nell'ambito delle quote sulla base delle previsioni di produzione, di importazione, di consumo, di ammasso, di riporto e di saldo esportabile nonché di perdita media prevista a carico del regime di autofinanziamento ai sensi dell'articolo 28, paragrafo 1, lettera d).

-For the purposes of applying the first subparagraph, for each marketing year the guaranteed quantity under quotas shall be laid down before 1 October on the basis of forecasts of production, imports, consumption, storage, carry over, exportable balance and average loss likely to be borne under the self-financing scheme within the meaning of point (d) of Article 28 (1).

2951	**antenato**	**ancestor**
	il	Antenato di Samuele.
	[antenato]	-An ancestor of Samuel.
2952	**abbaiare**	**bark**
	vb	Joe ha addestrato il suo cane ad abbaiare agli estranei
	[abbajare]	-Joe conditioned his dog to bark at strangers.
2953	**statale**	**state**
	adj	Mio padre era un impiegato statale, e anche mia madre non stava facendo
	[statale]	nulla.

-My father was a civil servant, and my mother wasn't doing anything either.

2954	**pulizia**	**cleaning**
	la	Anche se comune nei prodotti per la pulizia, l'ammoniaca è caustica.
	[pulittsja]	-Though common in cleaning products, ammonia is caustic.
2955	**ingannare**	**deceive|fool**
	vb	Sa molto bene come ingannare le persone.
	[iŋgannare]	-He knows very well how to deceive people.
2956	**dimostrazione**	**demonstration|proof**
	la	Dopo le spiegazioni introduttive, siamo entrati in una sala convegni dove
	[dimostrattsjone]	non siamo stati solo informati sulla medicina naturale cinese, ma abbiamo

anche assistito a una dimostrazione pratica.

-After introductory explanations, we entered a seminar room where we were not only informed about Chinese natural medicine, but also had it demonstrated to us in practice.

2957	**evidentemente**	**evidently|clearly**
	adv	Evidentemente lui ha fatto un errore.
	[evidentemente]	-Evidently, he's made a mistake.

2958	**premere**	**press|depress**
	vb	Premere l'adesivo, di larghezza non inferiore a · mm, per almeno · minuti
	[premere]	sulla superficie preparata nei modi di cui al paragrafo
		-This adhesive tape, which shall be at least · mm wide, shall be pressed
		for at least five minutes to the surface prepared as prescribed in paragraph

2959	**raffreddore**	**cold**
	il	Era assente per via di un raffreddore.
	[raffreddore]	-She was absent due to a cold.

2960	**impari**	**unequal**
	adj	Come lo impari l'esperanto?
	[impari]	-How do you learn Esperanto?

2961	**cenere**	**ash**
	la	Il Monte Etna ha eruttato, spedendo pennacchi di lava e cenere nel cielo
	[tʃenere]	siciliano.
		-Mount Etna has erupted, sending lava and ash plumes into the Sicilian
		sky.

2962	**infrangere**	**break|infringe**
	vb	Non è buono infrangere una promessa.
	[infrandʒere]	-It is not good to break a promise.

2963	**pulsante**	**button; pulsating**
	il; adj	Il motore si fermerà quando si preme il pulsante.
	[pulsante]	-The engine will stop when you push the button.

2964	**febbraio**	**February**
	gli	A febbraio torno a Shanghai.
	[febbrajo]	-In February I'm coming back to Shanghai.

2965	**onorare**	**honor|be honored**
	vb	Posso insegnarvi a onorare Dio.
	[onorare]	-I can teach you how to worship God.

2966	**terrorismo**	**terrorism**
	il	Nei rapporti in America, la guerrilla di resistenza dei militari iracheni è
	[terrorismo]	chiamata terrorismo.
		-In reports in America, guerrilla resistance by the Iraq military is called
		terrorism.

2967	**messicano**	**Mexican; Mexican**
	adj; il	Sono messicano.
	[messikano]	-I'm Mexican.

2968	**elementare**	**elementary|basic**
	adj	La promozione dalla scuola elementare alla scuola media è vista da alcuni
	[elementare]	come il primo passo verso la maturità.
		-The graduation from elementary school to middle school is regarded by
		some as the first step towards adulthood.

2969	**prospettiva**	**perspective|prospect**
	la	Tutto quello che sentiamo è un'opinione, non un fatto. Tutto ciò che
	[prospettiva]	vediamo è una prospettiva, non la verità.
		-Everything we hear is an opinion, not a fact. Everything we see is a
		perspective, not the truth.

2970 sconvolto
adj
[skonvolto]

upset
Perché non sei sconvolto?
-Why aren't you upset?

2971 esclusiva
la
[eskluziva]

exclusive right
Nel contesto della messa in conformità delle "convenzioni-cavo" con il quadro comunitario stabilito dal Pacchetto Telecom del 2002, tali convenzioni sono state trasformate in autorizzazioni di occupazione del demanio pubblico che comprendono clausole che riconoscono all'operatore via cavo il diritto di proprietà esclusiva sulla rete.
-As part of the process of bringing them into compliance with the Community framework resulting from the 2002 Telecoms Package, the cable agreements were converted into licences to occupy publicly-owned property by incorporating clauses which acknowledged a right of ownership on the part of cable operators without the network being shared.

2972 arrogante
adj
[arrogante]

arrogant|haughty
Quando era giovane, lui aveva un'aria arrogante.
-When he was young, he had an arrogant air.

2973 romano
adj; il
[romano]

Roman; Roman
È un nome romano.
-It's a Roman name.

2974 risparmio
il
[risparmjo]

saving
È sempre utile avere qualche risparmio su cui poter fare affidamento.
-It is always useful to have savings to fall back on.

2975 concorrere
vb
[koŋkorrere]

contribute
Questo sistema deve concorrere a realizzare una maggiore trasparenza in materia di determinazione, applicazione e riscossione delle tariffe per gli utenti dello spazio aereo.
-Such a system should help to increase transparency with regard to the determination, imposition and enforcement of charges applicable to airspace users.

2976 investigatore
gli
[investigatore]

investigator|inquirer
Lei assunse un investigatore privato.
-She hired a private investigator.

2977 sbattere
vb
[zbattere]

slam|beat
Sono andato a sbattere.
-I crashed.

2978 incapace
adj; il/la
[iŋkapatʃe]

unable; incapable person
Joe è incapace di esprimersi.
-Joe is inarticulate.

2979 menzogna
la
[mentsoɲɲa]

lie
L'amore è una menzogna.
-Love is a lie.

2980 arresto
lo
[arresto]

stop|standstill
Lei è in arresto.
-You are under arrest.

2981 inteso
adj
[intezo]

understood
Questo libro è inteso per l'insegnamento ai bambini della lettura.
-This book is designed to teach children how to read.

2982 grigio
il; adj
[gridʒo]

gray; grizzly
Perché alcune traduzioni sono in grigio?
-Why are some translations in grey?

2983	**multa**	**fine|forfeit**	
	la	Joe prese una multa di trecento dollari.	
	[multa]	-Joe was fined three hundred dollars.	
2984	**lampo**	**flash**	
	il	La lampo non si aprirà.	
	[lampo]	-The zipper won't open.	
2985	**costante**	**constant|steady**	
	adj	Siamo infastidite da quel rumore costante.	
	[kostante]	-We are annoyed at the constant noise.	
2986	**ballo**	**dance|ball**	
	il	Betty è un'insegnante di ballo.	
	[ballo]	-Betty is a dance teacher.	
2987	**chirurgo**	**surgeon**	
	il	Oltre ad essere un chirurgo, lui era anche un famoso scrittore.	
	[kirurgo]	-Besides being a surgeon, he was a famous writer.	
2988	**jazz**	**jazz**	
	il	Joe è molto interessato al jazz.	
	[dʒatts]	-Joe is very interested in jazz.	
2989	**necessità**	**need|needs**	
	la	La necessità è madre dell'inventiva.	
	[netʃessit'a]	-Necessity is the mother of invention.	
2990	**spirituale**	**spiritual|unworldly**	
	adj	Il viaggio spirituale non consiste nell'arrivare a qualche nuova destinazione, dove il viaggiatore conquista una cosa che prima non aveva o diventa ciò che ancora non era. Consiste invece nel dissipare la propria ignoranza su se stessi e sulla vita, e nella graduale crescita di quella comprensione che dà l'avvio al risveglio spirituale. Trovare Dio è raggiungere se stessi.	
	[spiritwale]	-The spiritual journey does not consist of arriving at a new destination where a person gains what he did not have, or becomes what he is not. It consists in the dissipation of one's own ignorance concerning one's self and life, and gradual growth of that understanding, which begins a spiritual awakening. The finding of God is coming to one's self.	
2991	**fisso**	**fixed; fixedly**	
	adj; adv	Ogni preposizione ha un preciso significato fisso, ma se dobbiamo usare un qualche tipo di preposizione e il senso non ci dice che tipo di preposizione dovremmo usare, allora usiamo la preposizione "je", che non ha alcun significato specifico.	
	[fisso]	-Every preposition has a definite, fixed meaning, but if we have to use some kind of preposition and the sense doesn't tell us what kind of preposition we should use, then we use the preposition "je", which has no specific meaning.	
2992	**casinò**	**casino**	
	i	Io sono andato al casinò.	
	[kazin'ɔ]	-I went to the casino.	
2993	**turista**	**tourist**	
	il/la	Quasi ogni turista porta con sé una macchina fotografica.	
	[turista]	-Almost every tourist carries a camera with him.	
2994	**radiazione**	**radiation**	
	la	A causa delle interazioni radiazione-polveri, le particelle minerali riducono la temperatura a 2 metri fino a 4 K, i flussi di calore sensibile di fino a 150 W/m2 e i flussi di calore latente di fino a 100 W/m2, a mezzogiorno.	
	[radjattsjone]		

-Due to dust-radiation interactions, mineral particles reduce the temperature at 2 meters by up to 4 K, the sensible heat fluxes by up to 150 Wm-2 and the latent heat fluxes by up to 100 Wm-2, at noon.

2995	**cemento**	**cement**
	il	Ha distrutto il blocco di cemento con un martello.
	[tʃemento]	-He broke up the concrete block with a hammer.

2996	**continuazione**	**continuation|continuance**
	la	Io penso a lui in continuazione.
	[kontinwattsjone]	-I think about him all the time.

2997	**deficiente**	**deficient; moron**
	adj; il/la	Io non sono un deficiente.
	[defitʃente]	-I'm not a moron.

2998	**venditore**	**seller|monger**
	il	Il venditore pesa il formaggio sulla bilancia di rame.
	[venditore]	-The seller weighs the cheese on the copper scales.

2999	**notiziario**	**news**
	il	Joe guardò il notiziario delle sei.
	[notittsjarjo]	-Joe watched the 6 o'clock news.

3000	**spaccare**	**split|break**
	vb	La cosa significativa, qui, non é che i corvi usino le macchine per spaccare le noci.
	[spakkare]	-So what's significant about this isn't that crows are using cars to crack nuts.

3001	**esigere**	**require|demand**
	vb	Nel caso di specie, la Commissione ritiene che il provvedimento con cui il governo ha invitato il Riksgäldskontor a prestare una garanzia di credito fosse una decisione condizionale e non attribuisse a Teracom il diritto assoluto di esigere che le venisse rilasciata la garanzia
	[ezidʒere]	-In the present case, the Commission takes the view that the Government's decision to request the National Debt Office to issue a credit guarantee was a conditional decision and did not confer on Teracom an unconditional right to request that a credit guarantee be issued to it

3002	**corea**	**chorea**
	la	Ragazzi, vi incontrerò in Corea!
	[korea]	-I'll meet you guys in Korea!

3003	**stabile**	**stable|permanent**
	adj	Il mercato non raggiunge mai un equilibrio stabile.
	[stabile]	-The market never reaches stable equilibrium.

3004	**garanzia**	**guarantee|assurance**
	la	L'onestà non è garanzia di successo.
	[garantsja]	-Honesty is no guarantee of success.

3005	**cocktail**	**cocktail**
	il	Vuoi bere un cocktail perfetto?
	[kokktail]	-Do you want to drink a perfect cocktail?

3006	**veste**	**dress|garment**
	la	Lei veste sempre di nero.
	[veste]	-She always wears black.

3007	**nauseare**	**disgust|feel sick**
	vb	Ma due tonnellate e mezzo di merda non riescono nemmeno a farti nauseare "
	[nauzeare]	-But two and a half tons of shit can' t even make you queasy. "

3008	**negare**	**deny|negate**
	vb	Devo negare la sua richiesta.
	[negare]	-I have to deny your request.
3009	**attualmente**	**currently|now**
	adv	Joe attualmente è in pensione.
	[attwalmente]	-Joe is currently retired.
3010	**rinchiuso**	**pent**
	adj	Sveglia, ti hanno rinchiuso in una torre!
	[riŋkjuzo]	-Hello? They locked you in a tower!
3011	**dipendente**	**employee; dependent**
	il/la; adj	Per un po' sono stato davvero dipendente dalla Coca-Cola, e la bevevo ogni giorno.
	[dipendente]	-For a while, I was really addicted to cola and drank it every day.
3012	**ricercare**	**search|search for**
	vb	Passò la sua vita a ricercare la verità.
	[ritʃerkare]	-She spent her life in pursuit of the truth.
3013	**impulso**	**pulse|impetus**
	il	Dopo aver impostato una teoria delle perturbazioni dipendente dal tempo adatta a questo modello, si calcolano gli elemennti della matrice di transizione per lo scattering di uno stato da parte di un'interazione esterna che cambia simultaneamente l'impulso totale e i numeri quantici interni.
	[impulso]	-After building a time-depending perturbation theory adapted to this framework, we compute the transition matrix elements for the scattering of a bound state by an external interaction, which changes simultaneously the total momentum and the internal quantum numbers.
3014	**radice**	**root|stem**
	la	La povertà è alla radice di tutti i mali.
	[raditʃe]	-Poverty is the root of all evil.
3015	**esplosivo**	**explosive**
	adj	Sembra che escano dall' utero con un giubbotto esplosivo gia ' indosso, vero?
	[esplozivo]	-It' s like they come out of the womb wearing a suicide vest, am I right?
3016	**veronica**	**veronica**
	la	E dissi, "Veronica, lo specialista di cui parlo."
	[veronika]	-And I said, "Veronica, actually.. the specialist I'm talking about."
3017	**consulente**	**consultant|counselor**
	il/la	Spesso le donne hanno il diritto a un consulente speciale durante il processo.
	[konsulente]	-Women often have the right to a special counsellor during court proceedings.
3018	**assegnare**	**assign|allocate**
	vb	Uno Stato membro non può assegnare lo stesso numero a un altro tipo di luci di ingombro, luci di posizione anteriori, luci di posizione posteriori, luci di arresto, luci di marcia diurna e luci di posizione laterali
	[asseɲɲare]	-The same Member State shall not assign the same number to another type of end-outline marker lamp, front position (side) lamp, rear position (side) lamp, stop lamp, daytime running lamp and side marker lamp
3019	**sigaro**	**cigar**
	il	Lei fumò un sigaro.
	[sigaro]	-She smoked a cigar.
3020	**offeso**	**offended**

	adj		Mi scuso se ti ho offeso.
	[offezo]		-I apologize if I offended you.

3021 routine — routine

la
[routine]

Sono stanco della routine di ogni giorno.
-I am tired of the day-to-day routine of life.

3022 vapore — **steam|vapor**

il
[vapore]

Quando l'acqua viene riscaldata si trasforma in vapore.
-When water is heated, it turns into gas.

3023 arrosto — **roast; roast meet**

adj; il
[arrosto]

Il padrone di casa solitamente scolpisce l'arrosto al tavolo.
-The host usually carves the roast at the table.

3024 canyon — **canyon**

i
[kanon]

Esemplari viventi di Osedax furono trovati per la prima volta nel 2002 dal biologo Robert Vrijenhoek, che cercava molluschi del mare profondo nel Canyon Monterey in California, Stati Uniti.
-Living specimens of Osedax were first found in 2002 by biologist Robert Vrijenhoek, who had been searching for deep-sea clams in Monterey Canyon, California, US.

3025 stupro — **rape**

lo
[stupro]

Lo stupro è un crimine orribile.
-Rape is a horrible crime.

3026 soddisfazione — **satisfaction|pleasure**

la
[soddisfattsjone]

La soddisfazione dei clienti è la nostra preoccupazione principale.
-Customer satisfaction is our primary concern.

3027 mancia — **tip**

la
[mantʃa]

Dammi una mancia.
-Give me a tip.

3028 liscio — **smooth; smoothly**

adj; adv
[liʃʃo]

È andato tutto liscio.
-Everything went smoothly.

3029 diplomare — **award a diploma to**

vb
[diplomare]

Magari ti insulteranno e si arrabbieranno tantissimo e non ti faranno diplomare o non andrai a Cabo per le vacanze di Pasqua!
-Or maybe everything can be going to shit and get very wrong and you can not graduate or not enjoy your holiday.

3030 colonia — **colony|cologne**

la
[kolonja]

Questa colonia fu fondata nel 1700.
-This colony was founded in 1700.

3031 leale — **fair|loyal**

adj
[leale]

Io sono leale.
-I'm loyal.

3032 salone — **lounge**

il
[salone]

Qualcuno lasciò il suo ombrello nel salone.
-Someone left their umbrella in the hall.

3033 salvataggio — **rescue**

il
[salvataddʒo]

Siamo in una missione di salvataggio.
-We're on a rescue mission.

3034 alfa — **alpha**

le
[alfa]

Quando due "maschi alfa" si riuniscono in un gruppo, è emozionante vedere chi prende il sopravvento.

-When two "Alpha males" come together in a group, it is exciting to see who holds the upper hand.

3035	**cassetto**	**drawer**
	il	Joe ha trovato il cassetto vuoto.
	[kassetto]	-Joe found the drawer empty.
3036	**rospo**	**toad**
	il	Lei toccò un rospo.
	[rospo]	-She touched a toad.
3037	**curva**	**curve|bend**
	la	La strada curva leggermente verso il lago.
	[kurva]	-The road curves gently toward the lake.
3038	**teso**	**tense|stretched**
	adj	Joe è teso.
	[tezo]	-Joe is tense.
3039	**chiarire**	**clarify|clear**
	vb	Prima di tutto voglio chiarire la mia posizione.
	[kjarire]	-First of all I'd like to make my position clear.
3040	**serratura**	**lock**
	la	Mise la chiave nella serratura.
	[serratura]	-He put the key in the lock.
3041	**evoluzione**	**evolution|growth**
	la	Loro si opposero alla teoria dell'evoluzione di Darwin.
	[evoluttsjone]	-They opposed Darwin's theory of evolution.
3042	**debolezza**	**weakness|debility**
	la	Voi vi state approfittando della sua debolezza.
	[debolettsa]	-You're taking advantage of her weakness.
3043	**cattura**	**capture**
	la	L'acquila non cattura le mosche.
	[kattura]	-The eagle does not catch flies.
3044	**presumere**	**assume|think**
	vb	La valutazione basata sulle informazioni riportate nel programma lascia presumere l'esistenza di un elevato rischio che i risultati del disavanzo per il periodo 2011-2013 siano peggiori di quanto previsto dal programma stesso.
	[prezumere]	-The assessment based on the information presented in the programme suggests that there are substantial risks that the deficit outcomes for the 2011-2013 period may be worse than targeted in the programme.
3045	**rossetto**	**lipstick|rouge**
	il	Sto cercando un rossetto che si abbini con questo smalto per unghie.
	[rossetto]	-I'm looking for a lipstick to go with this nail polish.
3046	**professoressa**	**schoolmistress**
	la	Perché è diventata una professoressa?
	[professoressa]	-Why did you become a teacher?
3047	**ubriacone**	**drunkard|toper**
	il	Ci sono così tanti errori in questo libro che il professore lo ha soprannominato "Edizione dell'ubriacone".
	[ubrjakone]	-There are so many mistakes in this book that the teacher has dubbed it "The Drunkard's Edition".
3048	**storico**	**historical; historian**
	adj; lo	Quale periodo storico stai studiando?
	[storiko]	-Which period of history are you studying?

3049	**alcool**	**alcohol**
	il	Joe puzzava d'alcool.
	[alkool]	-Joe reeked of alcohol.
3050	**celeste**	**heavenly|blue**
	adj	Che vestito celeste!
	[tʃeleste]	-What a heavenly dress!
3051	**assai**	**very**
	adv	Va segnalato in particolare che la cooperazione tra pubblico e privato si è rivelata assai efficace per risolvere situazioni di declino e persino di crisi del turismo in quelle destinazioni ormai mature, la cui capacità di produrre ricchezza è messa in forse
	[assai]	-It should be noted in particular that public-private cooperation has proved very effective in managing situations of decline or even crises in tourism in mature destinations that risk losing their wealth-generating potential
3052	**barista**	**bartender|barmaid**
	il/la	Dov'è il barista?
	[barista]	-Where's the bartender?
3053	**obitorio**	**morgue**
	il	Il medico ha mandato il paziente vivo all'obitorio.
	[obitorjo]	-The doctor sent the live patient to the morgue.
3054	**reporter**	**reporter**
	il/la	Sono un reporter.
	[reporter]	-I am a journalist.
3055	**brivido**	**thrill|prickle**
	il	Ho sentito un brivido di terrore attraversarmi.
	[brivido]	-I felt like a shudder was sent through me.
3056	**pasticcio**	**mess|pie**
	il	Se non volete entrare in un pasticcio, non dite nulla di male su Joe e Mary.
	[pastittʃo]	-If you don't want to get into a mess, don't say anything bad about Joe and Mary.
3057	**inevitabile**	**inevitable|unavoidable**
	adj	Joe accettò l'inevitabile.
	[inevitabile]	-Joe accepted the inevitable.
3058	**scattare**	**take|click**
	vb	Sei troppo occupato a scattare foto!
	[skattare]	-You are too busy in taking pictures!
3059	**lettura**	**reading|scanning**
	la	Le categorie BMI (sottopeso, sovrappeso o obeso) dalla tabella di lettura generale sono inappropriate per atleti, bambini, gli anziani e gli infermi.
	[lettura]	-BMI categories (underweight, overweight or obese) from general reading table are inappropriate for athletes, children, the elderly, and the infirm.
3060	**lana**	**wool**
	la	Lei sta tessendo della lana.
	[lana]	-She is spinning wool.
3061	**riposato**	**rested**
	adj	Io sono riposato.
	[ripozato]	-I'm rested.
3062	**stima**	**estimate|esteem**
	la	Non sono un esperto, quindi la mia risposta alla sua domanda è solo una stima ragionata.
	[stima]	

-I'm not an expert, so my answer to your question is just an educated guess.

3063	**rotella**	**roller**
	la	Pattini a rotelle e tavole con almeno una rotella.
	[rotella]	-Roller skates and boards equipped with at least one roller.

3064	**rottura**	**breaking|break**
	la	I motivi vanno ricercati nella particolare situazione delle persone cui è destinata la direttiva: i cittadini di paesi terzi membri della famiglia di cittadini di paesi terzi; in quanto tali, essi sono maggiormente esposti ad una precarizzazione del loro status in caso di allontanamento del richiedente il ricongiungimento o di rottura dei legami familiari con quest'ultimo.
	[rottura]	-This is justified by the specific situation of persons concerned by the provision. They are third-country national family members of third-country nationals; therefore, if the applicant is removed or if the family links break down, there is a high possibility that their status becomes weaker.

3065	**corruzione**	**corruption|bribery**
	la	La corruzione è ancora comune.
	[korruttsjone]	-Corruption is still common.

3066	**sballare**	**unpack**
	vb	Sembri drogato anche se non ti fai, amico... il potere ti fa sballare, giochi a fare il soldatino.
	[zballare]	-Fucking shooting dope without a fucking needle right now, man... getting high on a power trip, playing fucking soldier.

3067	**comico**	**comic; comic**
	adj; il	Il pubblico ha riso dell'arguzia del comico.
	[komiko]	-The audience laughed at the comedian's wit.

3068	**regolamento**	**regulation|rule book**
	il	Pertanto, conformemente alla procedura abituale prevista dal regolamento, nel corso della riunione si è giunti alla conclusione che occorrono ulteriori informazioni e/o prove e si è fissata una scadenza di 18 mesi a partire da settembre 2001 per ottenerle.
	[regolamento]	-Therefore, in line with the usual procedure under this Regulation, the meeting agreed on a conclusion (i) there is a need for further information and/or testing, and agreed on a deadline of 18 months from September 2001 to obtain this information.

3069	**virtù**	**virtue**
	le	L'onestà è una virtù capitale.
	[virtu]	-Honesty is a capital virtue.

3070	**edizione**	**edition**
	la	L'edizione più recente è stata completamente aggiornata.
	[edittsjone]	-The latest edition has been completely updated.

3071	**differente**	**different**
	adj	Cosa rende ciò così differente?
	[differente]	-What makes this so different?

3072	**mensa**	**canteen|table**
	la	Io ho pranzato alla mensa.
	[mensa]	-I ate lunch in the cafeteria.

3073	**sputare**	**spit**
	vb	Non sputare sulle pareti.
	[sputare]	-Don't spit on the walls.

| 3074 | **tacchino** | **turkey** |

il
[takkino]

Ha mai mangiato del tacchino?
-Have you ever eaten turkey?

3075 robbia — **madder**

la
[robbja]

Gli ebrei sapevano ricavare una tintura nera dalla corteccia dei melograni e una rossa dalle radici di robbia (Rubia tinctorum).
-The Hebrews could obtain black dye from the bark of the pomegranate tree and red from the roots of the madder plant (Rubia tinctorum).

3076 ammirare — **admire**

vb
[ammirare]

Io ero in grado di ammirare il suo corpo.
-I was able to admire its body.

3077 femminuccia — **softy**

la
[femminuttʃa]

Mary ha detto che Joe era una femminuccia.
-Mary said that Joe was a sissy.

3078 ira — **anger|rage**

le
[ira]

Chi è lento all'ira è migliore di un uomo potente, e chi controlla il suo spirito di uno che cattura una città.
-He that is slow to anger is better than a mighty man, and he that is controlling his spirit than the one capturing a city.

3079 insopportabile — **unbearable**

adj
[insopportabile]

Questo è insopportabile!
-This is unbearable!

3080 domestico — **domestic; servant**

adj; il
[domestiko]

Ha un pappagallo come animale domestico.
-She keeps a parrot as a pet.

3081 seminterrato — **basement**

il
[seminterrato]

Joe ha un'officina nel suo seminterrato.
-Joe has a workshop in his basement.

3082 indipendente — **independent**

adj
[indipendente]

È una pensatrice indipendente.
-She's an independent thinker.

3083 cavalleria — **cavalry|chivalry**

la
[kavallerja]

Io, certamente, non riesco ad immaginare il Commissario Kinnock al comando di una carica della cavalleria della Commissione allo scopo di sgomberare la strada LilleBruxelles.
-Of course, I do not imagine Commissioner Kinnock leading a Commission cavalry charge to liberate the Lille-Brussels road.

3084 rivelare — **reveal|detect**

vb
[rivelare]

Non dovresti aver dovuto rivelare il segreto.
-You ought not to have disclosed the secret.

3085 riunire — **gather|reunite**

vb
[rjunire]

- Riunire i principi comuni applicabili ai diritti dei passeggeri in tutti i modi di trasporto (carta dei diritti fondamentali), in particolare il "diritto ad essere informati", e chiarire ulteriormente i diritti esistenti.
-· Assemble common principles applicable to passengers' rights in all transport modes (Charter of basic rights), notably the 'right to be informed', and further clarify existing rights.

3086 recentemente — **lately|newly**

adv
[retʃentemente]

Il signor Jackson si è trasferito recentemente a Tokyo da Los Angeles.
-Mr Jackson has recently transferred to Tokyo from Los Angeles.

3087 colare — **strain|drip**

	vb	
	[kolare]	I veicoli adibiti al trasporto devono essere concepiti in modo che le feci, lo strame o il foraggio degli equidi non possano colare o cascare dal veicolo durante il trasporto.
		-The vehicles must be designed in such a way that equidae droppings, litter or fodder cannot escape from the vehicle during transportation.

3088 punire — punish
vb
[punire]
A Singapore, un modo di punire i criminali è di frustrarli o di colpirli più volte con un bastone sulla schiena.
-In Singapore, a way to punish criminals is to whip them, or hit them several strokes with a cane, on their backs.

3089 gravità — severity|gravity
la
[gravit'a]
Se puoi utilizzare la gravità per il tuo vantaggio, fallo.
-If you can use gravity to your advantage, do so.

3090 prestare — loan|give
vb
[prestare]
Tu devi prestare attenzione ai suoi consigli.
-You must pay attention to his advice.

3091 generatore — generator
il
[dʒeneratore]
Voi avete un generatore?
-Do you have a generator?

3092 perimetro — perimeter
Il
[perimetro]
Il perimetro della concessione è delimitato dagli archi di meridiano e parallelo che collegano i vertici qui di seguito definiti dalle rispettive coordinate geografiche.
-The perimeter of the area covered by this licence is made up of the meridian and parallel arcs successively joining the vertices defined below by their geographical coordinates, the original meridian being that of Paris.

3093 ramo — branch|bough
il
[ramo]
Ho abbattuto il ramo con un'ascia.
-I chopped down the branch with an ax.

3094 decollo — take-off
il
[dekollo]
Si dice che la maggior parte degli incidenti aerei avviene nelle fasi di atterraggio o di decollo.
-They say most airplane accidents occur at landing or takeoff stages.

3095 inferiore — lower; below
adj; adv
[inferjore]
Lo stipendio di un insegnante è inferiore a quello di un avvocato difensore.
-A teacher's salary is less than an attorney's.

3096 abituato — wont
adj
[abitwato]
Io sono abituato al dolore adesso.
-I'm used to the pain now.

3097 ritirato — retired
adj
[ritirato]
Ha ritirato tutto quello che ha detto.
-He took back everything he said.

3098 bussare — knock|knock at
vb
[bussare]
Non l'ho sentito bussare.
-I didn't hear you knock.

3099 scaricare — discharge|unload
vb
[skarikare]
Io sto facendo fatica a scaricare delle canzoni sul mio iPod.
-I'm having a hard time downloading songs to my iPod.

3100 ciccione — fatty
il
[tʃittʃone]
Io non sono un ciccione.
-I'm not flabby.

3101	**alleare**	**ally**
	vb	Dopo tutto, le nazioni si sarebbero potute rapidamente alleare e sterminare qualsiasi aggressore.
	[alleare]	-After all, nations could quickly unite and bring gruesome ruin to any aggressor.

3102	**armonia**	**harmony|keeping**
	le	Le formiche e le api sono esempi di industria e armonia.
	[armonja]	-Ants and bees are examples of industry and harmony.

3103	**autografo**	**autograph; autograph**
	adj; il	Potrei avere il suo autografo?
	[autografo]	-Could I get your autograph?

3104	**panno**	**cloth**
	il	Mayuko ha asciugato un tavolo con un panno.
	[panno]	-Mayuko wiped a table with a cloth.

3105	**terminare**	**end|conclude**
	vb	Ho deciso di terminare la nostra amicizia.
	[terminare]	-I've decided to end our friendship.

3106	**calzino**	**sock**
	il	Dov'è il mio altro calzino?
	[kaltsino]	-Where's my other sock?

3107	**pittore**	**painter**
	il	Un pittore dipinge il suo quadro su una tela. Ma i musicisti dipingono i loro quadri sul silenzio. Noi forniamo la musica, e voi fornite il silenzio.
	[pittore]	-A painter paints his pictures on canvas. But musicians paint their pictures on silence. We provide the music, and you provide the silence.

3108	**ubriacare**	**intoxicate|make drunk**
	vb	Si vuole ubriacare?
	[ubrjakare]	-Do you want to get drunk?

3109	**aggredire**	**attack|snap off**
	vb	(195) L'entità post-concentrazione si troverebbe in posizione tale da poter utilizzare il suo predominio in un mercato nazionale per aggredire altri mercati, che siano i mercati interni dei concorrenti o più limitati mercati geografici nei quali operano diverse imprese di gas industriali in concorrenza tra loro.
	[aggredire]	-(195) The combined entity would be well placed to use its strongholds in its home markets as a base to attack other markets, either its competitors' home markets or smaller geographic markets in which a number of industrial gases companies are competing.

3110	**progettare**	**design|devise**
	vb	Delineare il meccanismo associato all'ingresso del virus e all'infezione è necessario per progettare strategie di vaccinazione e terapie efficaci.
	[prodʒettare]	-Delineating the mechanism associated with virus entry and infection is necessary for the design of vaccination strategies and effective therapeutics.

3111	**fetta**	**slice|cut**
	la	Vuoi una fetta di pizza?
	[fetta]	-Do you want a slice of pizza?

3112	**muto**	**silent; mute**
	adj; il	Sono rimasto muto quando lei mi ha parlato.
	[muto]	-I got all tongue-tied when she spoke to me.

| 3113 | **provincia** | **province** |

| | la | Noi garantiamo il prezzo più basso per le accademie linguistiche nella provincia del Quebec. |
| | [provintʃa] | -We guarantee the lowest price in language academies in the province of Québec. |

3114 **modellare** — **model|shape**

vb
[modellare]

L'umiltà aiuta a essere come argilla morbida che Dio può modellare per farne un bel vaso; i superbi invece sono come argilla secca, indurita, che si può solo fare a pezzi.
-Humility helps a person to be like soft clay in God's hands, someone he can mold into a desirable vessel; whereas the haughty are like dry, hard clay that can only be crushed.

3115 **asciugamano** — **towel**

il
[aʃʃugamano]

Mi potresti portare un altro asciugamano caldo?
-Could you bring me another hot towel?

3116 **proseguire** — **continue|pursue**

vb
[prozegwire]

Siccome riteniamo che il sostegno al bilancio debba essere utile agli Obiettivi di sviluppo del Millennio, stiamo invitando la Commissione di proseguire su questa strada con i propri contratti OSM.
-Since we believe that budgetary support must serve the Millennium Development Goals, we are encouraging the Commission to go down this path with its MDG contracts.

3117 **movente** — **motive**

il
[movente]

Il movente per l'omicidio non è ancora noto.
-The motive for the murder is not yet known.

3118 **attivo** — **active; active**

adj; i
[attivo]

Joe è attivo nella politica locale.
-Joe is active in local politics.

3119 **pullman** — **bus**

i
[pullman]

È stato segnalato che un pullman si è scontrato con un SUV in autostrada la scorsa settimana.
-It was reported that a coach collided with an SUV on the motorway last week.

3120 **frequenza** — **frequency**

la
[frekwentsa]

Capita con frequenza in vacanza.
-It happens frequently on vacation.

3121 **collaborare** — **collaborate|contribute**

vb
[kollaborare]

Dovremmo collaborare al progetto.
-We should collaborate on the project.

3122 **lamentare** — **complain|complain about**

vb
[lamentare]

Non ti puoi lamentare.
-You won't regret it.

3123 **umile** — **humble|menial**

adj
[umile]

Sono solo un'umile insegnante.
-I am just a humble teacher.

3124 **unito** — **united**

adj
[unito]

Com'è la vita nel Regno Unito?
-How is life in the United Kingdom?

3125 **kit** — **kit**

il
[kit]

La Zecca di Kremnica sta preparando 204 500 kit di monete in euro slovacchi in tre tipi di confezioni diverse destinate ai collezionisti di monete.

-The Mint of Kremnica prepares 204 500 Slovak euro coins sets in three sorts of packaging for coin collectors.

3126	**beneficenza**	**beneficence**
	la	Dando dei contributi così corposi a enti di beneficenza fece sentire che aveva una piuma sul cappello.
	[benefitʃentsa]	-Giving such large contributions to charities made him feel that he had a feather in his cap.
3127	**fischiare**	**whistle|boo**
	vb	Joe non riesce a fischiare.
	[fiskjare]	-Joe can't whistle.
3128	**volo**	**flight**
	il	Ho dovuto prenotare un volo per lui.
	[volo]	-I had to book a flight for him.
3129	**autopsia**	**autopsy**
	la	Io vorrei una copia del rapporto dell'autopsia.
	[autopsja]	-I'd like a copy of the autopsy report.
3130	**talpa**	**mole**
	la	Senza occhiali è cieco come una talpa.
	[talpa]	-Without his glasses, he is as blind as a bat.
3131	**terremoto**	**earthquake**
	il	Un terremoto di magnitudo 5 colpì Tokyo.
	[terremoto]	-An earthquake of magnitude 5 shook Tokyo.
3132	**verdetto**	**verdict|judgment**
	il	Il verdetto era sfavorevole.
	[verdetto]	-The verdict was unfavorable.
3133	**capanna**	**hut|cabin**
	la	Questa capanna è un posto molto speciale.
	[kapanna]	-This hut is a very special place.
3134	**precisione**	**precision|accuracy**
	la	Per la precisione il pomodoro non è verdura, è un frutto.
	[pretʃizjone]	-Strictly speaking, the tomato is not a vegetable. It's a fruit.
3135	**archivio**	**archive**
	gli	Cosa c'è nell'archivio?
	[arkivjo]	-What's in the file?
3136	**macellaio**	**butcher**
	il	Sono già andata dal macellaio stamattina.
	[matʃellajo]	-I already went to the butcher's shop this morning.
3137	**certificare**	**certify**
	vb	All'inizio i pagamenti sono stati bloccati, ma dopo circa cinque settimane, l'autorità di gestione ha ripreso i versamenti e l'autorità di pagamento ha continuato, per quasi due anni, a certificare alla Commissione domande di pagamento che contenevano gravi irregolarità.
	[tʃertifikare]	-However, after about five weeks the Managing Authority commenced payments again and the Paying Authority continued certifying to the Commission payment claims containing significant irregularities for almost two years.
3138	**sottile**	**thin|slim**
	adJ	Questo libro è spesso e l'altro è sottile.
	[sottile]	-This book is thick and the other is thin.
3139	**vomito**	**vomit|sickness**

| | il | Aveva i conati di vomito e poi ha iniziato a vomitare. |
| | [vomito] | -He retched and then started puking. |

3140 calza — stocking
la
[kaltsa]
Il cappello calza bene?
-Does the hat fit well?

3141 seme — seed | pip
il
[seme]
Per gran parte del secolo scorso, la fede dell'America nella libertà e nella democrazia era una roccia in un mare in tempesta. Ora è un seme nel vento che mette le radici in molte nazioni.
-Through much of the last century, America's faith in freedom and democracy was a rock in a raging sea. Now it is a seed upon the wind, taking root in many nations.

3142 yankee — Yankee
il/la
[aŋkee]
Cordona non è quello che ha rubato un paio di paghe dagli yankee?
-Didn' t Cordona grab a coupla army payrolls from the Yanks?

3143 moro — Moor; Moorish
il; adj
[moro]
Secondo me e ' alto, moro, e attraente, ma io tendo a vedere il bicchiere mezzo pieno.
-My guess is tall, dark, and handsome, but I' m a glass- half- full kind of gall.

3144 nucleo — nucleus | heart
il
[nukleo]
La famiglia è il nucleo naturale e fondamentale della società e ha diritto ad essere protetta dalla società e dallo Stato.
-The family is the natural and fundamental group unit of society and is entitled to protection by society and the State.

3145 protagonista — protagonist
il/la
[protagonista]
Le avventure di Jack sono più sorprendenti di quelle del protagonista in molti thriller.
-Jack's adventures are more amazing than those of the hero in many thrillers.

3146 riga — line | row
la
[riga]
Io vivo a Riga.
-I live in Riga.

3147 settimo — seventh | seventh
adj
[settimo]
L'India è il settimo paese più grande del mondo.
-India is the seventh largest country in the world.

3148 scadere — expire | mature
vb
[skadere]
Nel caso dei contratti di servizio, il periodo di recesso dovrebbe scadere quattordici giorni dopo la conclusione del contratto.
-In the case of service contracts, the withdrawal period should expire after 14 days from the conclusion of the contract.

3149 riferimento — reference
il
[riferimento]
Ha fatto riferimento al mio libro.
-He made reference to my book.

3150 gelosia — jealousy
la
[dʒelozja]
La gelosia è una delle più distruttive tra tutte le emozioni umane.
-Jealousy is one of the most destructive of all human emotions.

3151 grana — grain
la
[grana]
È facile criticare, ma qui il grana non si trova tieni.
-It' s easy to criticise, but you can' t find Grana cheese here.

3152 apparentemente — apparently | supposedly

	adv	Joe apparentemente la pensava così.
	[apparentemente]	-Joe apparently thought so.
3153	**corrompere**	**corrupt|pervert**
	vb	Hanno provato invano a corrompere la testimone.
	[korrompere]	-They attempted in vain to bribe the witness.
3154	**letteratura**	**literature**
	la	La letteratura è il futuro di una nazione.
	[letteratura]	-Literature is the future of a nation.
3155	**conforto**	**comfort|encouragement**
	il	Bill voleva solo dare conforto a Monica, ma lei lo ha interpretato come un interesse sentimentale.
	[konforto]	-Bill just wanted to comfort Monica, but she interpreted it as romantic interest.
3156	**coppa**	**cup**
	la	La Coppa del Mondo di calcio femminile del 2011 terminerà a Francoforte, in Germania.
	[koppa]	-The 2011 Women's Soccer World Cup will end in Frankfurt, Germany.
3157	**marrone**	**brown; brown**
	adj; il	C'è un cagnolino marrone sotto quel tavolo.
	[marrone]	-There is a small brown dog under that table.
3158	**efficace**	**effective|effectual**
	adj	Conoscere le loro lingue non è sufficiente per comunicare in modo efficace, perché i metodi di comunicazione sono determinati dalle loro culture.
	[effikatʃe]	-Knowing their languages is not enough to communicate effectively, because the methods of communication are determined by their cultures.
3159	**tenero**	**tender|soft**
	adj	Questo manzo è tenero.
	[tenero]	-This beef is tender.
3160	**supremo**	**supreme**
	adj	Il fine supremo a cui sempre ispirò la sua azione fu il bene delle anime, in particolare del grande numero di cattolici rimasti fedeli alla Chiesa, ma in grave pericolo di progressiva scristianizzazione.
	[supremo]	-The chief goal inspiring his action was the good of souls, particularly of the great number of Catholics who had remained faithful to the Church but were in grave danger of gradual dechristianization.
3161	**rimettere**	**replace|return**
	vb	Sto per rimettere.
	[rimettere]	-I'm about to throw up.
3162	**indistinto**	**indistinct|vague**
	adj	Sistema di pooling [collateral pooling system, pooling system]: sistema per la gestione delle garanzie delle banche centrali in cui le controparti aprono conti di deposito indistinto (pool account) per costituire un insieme di attività a garanzia del complesso delle loro operazioni con la banca centrale.
	[indistinto]	-Within the minimum reserve framework of the Eurosystem, the reserve requirement of a credit institution is calculated by multiplying the reserve ratio for each category of items in the reserve base with the amount of those items on the institution's balance sheet.
3163	**delinquente**	**delinquent; tough**
	il/la; adj	In pratica, un mandato di ricerca e cattura spiccato nei confronti di un terrorista deve avere efficacia immediata e, evitando le grandi
	[delinkwente]	

complicazioni legate tuttora alle procedure di estradizione negli Stati europei, deve permettere di consegnare immediatamente tale terrorista, tale delinquente, allo Stato che ne abbia fatto richiesta e dove ha commesso i reati.
-In other words, an arrest warrant for a terrorist should take effect immediately without the need to go through the highly complex extradition process - which is still complicated between European States - so that the terrorist or criminal can be taken immediately to the State that wants them and where they have committed their crimes.

3164 tana
la
[tana]
den|burrow
Due zoologi, uno dell'Università di Essen (Germania) e uno cileno, hanno portato completamente alla luce la tana di una colonia di 26 esemplari.
-Two zoologists, one from the University of Essen, Germany, and her Chilean colleague, completely unearthed the home of a colony of 26 animals.

3165 intervenire
vb
[intervenire]
intervene|attend
È stato necessario per la polizia intervenire.
-It was necessary for the police to intervene.

3166 soffiare
vb
[soffjare]
blow
L'uomo più povero può, nel suo cottage, offrire una sfida a tutte le forze della Corona. Può essere fragile — il suo tetto può vacillare — il vento può soffiare attraverso di essa — la tempesta può entrare — la pioggia può entrare — ma il Re d'Inghilterra non può entrare — tutta la sua forza non osa varcare la soglia del palazzo in rovina!
-The poorest man may in his cottage bid defiance to all the forces of the Crown. It may be frail — its roof may shake — the wind may blow through it — the storm may enter — the rain may enter — but the King of England cannot enter — all his force dares not cross the threshold of the ruined tenement!

3167 basare
vb
[bazare]
base|be founded
In deroga al comma precedente, gli Stati membri possono basare la rettifica su un periodo di cinque anni interi a decorrere dalla prima utilizzazione dei beni.
-By way of derogation from the preceding subparagraph, Member States may base the adjustment on a period of five full years starting from the time at which the goods are first used.

3168 tessuto
il
[tessuto]
fabric|tissue
Gli scienziati studieranno anche i meccanismi chiave nel tessuto adiposo e muscolare per scoprire come funzionano questi geni.
-Scientists will also study key mechanisms in fat and muscle tissue to find out how those genes work.

3169 violazione
la
[vjolattsjone]
infringement|breach
Qual è stata la violazione?
-What was the violation?

3170 azzardo
il
[attsardo]
chance|gamble
Sami era un giocatore d'azzardo nato.
-Sami was a born gambler.

3171 defunto
adj; il
[defunto]
deceased; deceased
Questo è un dipinto del mio defunto padre.
-This is a portrait of my late father.

3172 preoccupazione
la
[preokkupattsjone]
concern|worry
Noi non abbiamo alcuna preoccupazione.
-We don't have any concerns.

3173	**duello**		**duel**
	il		Suo figlio venne ucciso in un duello.
	[dwello]		-His son had been killed in a duel.
3174	**clown**		**clown**
	i		Era pitturato come un clown.
	[klovn]		-He was painted like a clown.
3175	**panino**		**sandwich**
	il		Ti fanno il panino proprio sotto gli occhi.
	[panino]		-They make the sandwich right in front of your eyes.
3176	**fortunatamente**		**luckily**
	adv		Fortunatamente ho vinto il primo premio.
	[fortunatamente]		-Luckily, I won first prize.
3177	**ragno**		**spider**
	il		Il ragno sta tessendo una ragnatela.
	[raɲɲo]		-The spider is spinning a web.
3178	**sereno**		**clear|serene**
	adj		La notizia della sua morte improvvisa è arrivata come un fulmine a ciel sereno.
	[sereno]		-The news of her sudden death came like a bolt from the blue.
3179	**sella**		**saddle**
	la		Non mettete la sella sul cavallo sbagliato.
	[sella]		-Don't put the saddle on the wrong horse.
3180	**comporre**		**compose|dial**
	vb		Alcuni bambini pensavano di poter comporre una ninna nanna, dipingere un quadro, o fare un orsacchiotto.
	[komporre]		-Some children thought that they could compose a lullaby, paint a picture, or make a teddy bear.
3181	**descrizione**		**description|picture**
	la		Come contribuiscono gli idiomi alla descrizione e alla produzione della lingua?
	[deskrittsjone]		-How do idioms contribute to language description and production?
3182	**omicida**		**murderous; murderer**
	adj; il/la		Joe è un omicida.
	[omitʃida]		-Joe is a murderer.
3183	**facoltà**		**faculty**
	la		Le mie facoltà mentali rimanevano in animazione sospesa mentre obbedivo agli ordini dei superiori. Questo è tipico di tutti in campo militare.
	[fakolt'a]		-My mental faculties remained in suspended animation while I obeyed the orders of the higher-ups. This is typical with everyone in the military.
3184	**cognato**		**brother-in-law**
	il		Mio cognato è poliziotto.
	[koɲɲato]		-My brother-in-law is a policeman.
3185	**automobile**		**car|motor**
	le		Joe sta lavando la sua automobile.
	[automobile]		-Joe is washing his car.
3186	**valido**		**valid|effective**
	adj		Questo biglietto è valido per due giorni dopo l'acquisto.
	[valido]		-This ticket is valid for two days after purchase.
3187	**ciclo**		**cycle|circle**

	il	Il ciclo di vita degli anfibi consiste in tre stadi: uovo, larva, adulto.
	[tʃiklo]	-The life cycle of an amphibian consists of three stages: egg, larva and adult.

3188 **svoltare** — **turn**
vb
[zvoltare]

Per indicare la giusta direzione ai viaggiatori, ad esempio, la segnaletica potrebbe indicare le salite e le discese, piuttosto che di svoltare a destra o a sinistra.
-To point travellers in the right direction, for example, signs may use uphill or downhill designations rather than turn left and right.

3189 **ragionare** — **reason**
vb
[radʒonare]

Proviamo a ragionare con loro.
-Let's try to reason with them.

3190 **lealtà** — **loyalty**
la
[lealt'a]

Ammiriamo la tua lealtà.
-We admire your loyalty.

3191 **impiccare** — **hang**
vb
[impikkare]

Stanno per impiccare Joe.
-They're going to hang Joe.

3192 **sosta** — **stop|stopover**
la
[sosta]

Abbiamo fatto una sosta a Chicago.
-We had a stopover in Chicago.

3193 **dinamite** — **dynamite**
la
[dinamite]

Gestire la dinamite può essere pericoloso.
-Handling dynamite can be dangerous.

3194 **tubare** — **coo**
vb
[tubare]

Io non posso tubare come un piccione. Sono un falco.
-I cannot coo like a pigeon. I'm a hawk.

3195 **senato** — **senate**
il
[senato]

Mary fu eletta al Senato nel 2008.
-Mary was elected to the Senate in 2008.

3196 **pellicola** — **film**
la
[pellikola]

Io vorrei avere questa pellicola sviluppata.
-I'd like to have this film processed.

3197 **carbone** — **coal**
il
[karbone]

Il corvo è nero come il carbone.
-The raven is as black as coal.

3198 **segnare** — **score|sign**
vb
[seɲɲare]

Joe si scordò di segnare il suo nome.
-Joe forgot to sign his name.

3199 **opposto** — **opposite; opposite**
adj; il
[opposto]

Il Presidente Roosevelt si è opposto alla decisione.
-President Roosevelt opposed the decision.

3200 **provocare** — **cause|provoke**
vb
[provokare]

Non mi provocare.
-Don't provoke me.

3201 **aggiustare** — **adjust|fix**
vb
[addʒustare]

Si tratta di prodotti nazionali e non possiamo cercare di aggiustare le cose alla meglio introducendo definizioni ambigue, che è esattamente quello che abbiamo fatto oggi.
-These are national products and we cannot tinker with them by

introducing ambiguous definitions, which is exactly what we have done today.

3202	**corno**	**horn**
	il	Joe ha suonato una melodia folkloristica spagnola con il suo corno inglese in un ristorante cinese in Francia.
	[korno]	-Joe played a Spanish folk tune on his English horn at a Chinese restaurant in France.

3203	**artiglieria**	**artillery|gunnery**
	le	La frontiera con l'Uganda era chiusa e dalla capitale si sentiva il fuoco dell'artiglieria pesante al di là delle colline.
	[artiʎʎerja]	-The borders with Uganda remained closed, and heavy artillery fire could be heard just over the hills from the capital.

3204	**immobiliare**	**immovable**
	adj	Ha negoziato un prezzo inferiore con l'agente immobiliare.
	[immobiljare]	-He negotiated a lower price with the real estate agent.

3205	**fazzoletto**	**handkerchief**
	il	Mi può passare un fazzoletto?
	[fattsoletto]	-Can you hand me a tissue?

3206	**commentare**	**comment**
	vb	Io preferirei non commentare a riguardo.
	[kommentare]	-I'd rather not comment on it.

3207	**trasportare**	**carry|move**
	vb	Io non sarò in grado di trasportare Joe dall'altra parte del ponte.
	[trasportare]	-I won't be able to carry Joe across the bridge.

3208	**esaminare**	**examine|study**
	vb	Prima di esaminare la teoria di Emmet, dobbiamo chiarire il concetto di 'simmetria interna'.
	[ezaminare]	-Before we examine Emmet's theory, we must clarify the concept of 'internal symmetry.'

3209	**fanciullo**	**child**
	il	Dichiarazione UE su 'I diritti del fanciullo'.
	[fantʃullo]	-EU statement on 'The rights of the child'

3210	**cocco**	**coconut**
	il	Questa è una noce di cocco.
	[kokko]	-This is a coconut.

3211	**ispirazione**	**inspiration**
	le	Joe è la mia ispirazione.
	[ispirattsjone]	-Joe is my inspiration.

3212	**attirare**	**attract|catch**
	vb	Joe cercò di attirare l'attenzione di Jane.
	[attirare]	-Joe tried to attract Jane's attention.

3213	**finestrino**	**window**
	il	Joe ha tirato giù il finestrino della macchina.
	[finestrino]	-Joe rolled down the car window.

3214	**ago**	**needle**
	lo	Sei veramente un talento con ago e filo.
	[ago]	-You're a magician with a needle and thread.

3215	**bollire**	**boil**
	vb	Voi fate bollire l'acqua per cucinare le uova.
	[bollire]	-You boil water to cook eggs.

| 3216 | **massaggio** | **massage** |

	il	Lei lavora come massaggio-terapista.
	[massaddʒo]	-She works as a massage therapist.
3217	**strappo**	**strain|tear**
	lo	Le ho dato uno strappo in città.
	[strappo]	-I gave her a lift to town.
3218	**sintomo**	**symptom**
	il	Avete spesso questo sintomo?
	[sintomo]	-Do you have this symptom often?
3219	**penale**	**criminal; fine**
	adj; la	Joe ha la fedina penale sporca?
	[penale]	-Does Joe have a criminal record?
3220	**dorare**	**gild**
	vb	Forse dovresti farla dorare un po ' di più.
	[dorare]	-Perhaps you should cook it just a little longer.
3221	**trauma**	**trauma**
	il	Le ragazze presenti subirono un trauma.
	[trauma]	-The girls present received a shock.
3222	**arco**	**bow**
	lo	Noi dobbiamo recuperare l'arco di Eracle.
	[arko]	-We have to get Heracles' bow back.
3223	**trascinare**	**drag|draw**
	vb	Con questo strumento puoi ritagliare un' area rettangolare da un livello o un' immagine. Fai clic e trascina con il & LMB; per definire l' area. Quest' area è indicata da un profilo con otto maniglie. Puoi usare le maniglie per cambiarne le dimensioni dell' area da cui ritagliare l' immagine o il livello. Puoi anche fare clic e trascinare all' interno dell' area per spostare tutto il profilo
	[traʃʃinare]	-With this tool you can crop a layer or an image to a certain rectangular area. Click and drag with the & LMB; to define an area. This area is designated by an outline with · handles. You can then use the handles to change the size of the area which the image or layer is to be cropped to. You can also click and drag inside the area to move the outline in its entirety
3224	**precisamente**	**precisely|true**
	adv	Ora un pollice è precisamente 2,54 centimetri.
	[pretʃizamente]	-An inch is now precisely 2.54 centimeters.
3225	**esse**	**they**
	prn	Tutte le lingue su Google sono uguali. E alcune di esse sono più uguali.
	[esse]	-All the languages on Google are equal. And some of them are more equal.
3226	**udire**	**hear**
	vb	In modo simile le "altre pecore" non vedono l'ora di udire le parole di Gesù: "Venite, voi che siete stati benedetti dal Padre mio, ereditate il regno preparato per voi dalla fondazione del mondo".
	[udire]	-Likewise, the "other sheep" eagerly anticipate hearing Jesus' words: "Come, you who have been blessed by my Father, inherit the kingdom prepared for you from the founding of the world."
3227	**carogna**	**carrion**
	la	Oh, ma l' hai ancora questa sporca bestia!Bisognerebbe tirargli un colpo di fucile a questa carogna
	[karoɲɲa]	-You still have that filthy animal!
3228	**manica**	**sleeve|bunch**

| | la
[manika] | Inghilterra e Francia sono separate dal canale della Manica.
-England and France are separated by the English Channel. |

3229 distare — **be distant**

vb
[distare]

Il punto d'impatto deve distare al massimo 40 mm dal centro geometrico del parabrezza. La testa deve urtare la superficie del parabrezza che rappresenta la faccia interna del vetro di sicurezza quando questo è montato sul trattore. La testa deve produrre un unico punto di impatto.
-The headform weight must strike the windscreen at a point within 40 mm of its geometric centre on that face which represents the inward face of the safety glass pane when the latter is mounted on the vehicle, and be allowed to make only one impact.

3230 minestra — **soup**

la
[minestra]

Chiedetele quanta minestra vuole.
-Ask her how much soup she wants.

3231 nano — **dwarf; midget**

adj; il
[nano]

Il "lancio del nano" non è una disciplina olimpica.
-Dwarf tossing is not an olympic sport.

3232 invitato — **guest**

il
[invitato]

Io ho invitato Ken, Bill e Yumi.
-I invited Ken, Bill and Yumi.

3233 lenzuolo — **sheet**

il
[lentswolo]

Che cosa c'è sotto il lenzuolo?
-What's under the blanket?

3234 verificare — **check|verify**

vb
[verifikare]

Voglio solo verificare qualcosa.
-I just want to check on something.

3235 versare — **pour|spill**

vb
[versare]

Joe ha cominciato a versare del vino nei bicchieri.
-Joe began to pour wine into the glasses.

3236 alleanza — **alliance**

le
[alleantsa]

Barbanera ha formato un'alleanza di pirati.
-Blackbeard formed an alliance of pirates.

3237 bordello — **brothel|bawdy house**

il
[bordello]

La camera è un bordello.
-The room is a mess.

3238 infezione — **infection**

le
[infettsjone]

Sembra che lei abbia un'infezione.
-You seem to have an infection.

3239 mina — **mine**

la
[mina]

Mina viene presentata come una possibile vittima.
-Mina is presented as a possible victim.

3240 svenire — **faint**

vb
[zvenire]

Io sto per svenire.
-I'm going to faint.

3241 profitto — **profit|benefit**

il
[profitto]

Joe cercò di trarre profitto dalla tragedia creando una pagina falsa di Facebook per raccogliere le donazioni.
-Joe tried to profit from the tragedy by creating a false Facebook page to collect donations.

3242 lutto — **mourning**

	il	Non essere in lutto.
	[lutto]	-Don't mourn.
3243	**avvenire**	**future; future; occur**
	adj; il; vb	Potrebbe avvenire in qualsiasi momento.
	[avvenire]	-It may occur at any moment.
3244	**dramma**	**drama|dram**
	le	Il dramma mi portò un groppo alla gola.
	[dramma]	-The drama brought a lump to my throat.
3245	**programmare**	**program|plan**
	vb	Riesci a programmare?
	[programmare]	-Can you program?
3246	**sbarra**	**bar**
	la	Un tizio entrò in un bar, però venne colpito da una sbarra con una barretta
	[zbarra]	di cioccolato su di essa.
		-A guy entered a bar, but he got hit by a bar with a chocolate bar on it.
3247	**pisello**	**pea**
	il	All'ombra della torre pendente di Pisa siede il cantore della città,
	[pizello]	mangiando un piatto di zuppa di piselli. Dopodiché egli racconterà ai
		bambini la fiaba "La principessa sul pisello".
		-In the shadow of the Leaning Tower of Piza sits the storyteller of the
		town, eating a plate of pea soup. After that he tells some children the fairy
		tale "The Princess and the Pea".
3248	**marchio**	**brand|trademark**
	il	Che marchio di shampoo utilizzi?
	[markjo]	-What brand of shampoo do you use?
3249	**rispettabile**	**respectable**
	adj	La sua è una famiglia rispettabile con una lunga storia dietro di essa.
	[rispettabile]	-Hers is a respectable family with a long history behind it.
3250	**flusso**	**flow**
	il	Un fiume è un flusso d'acqua.
	[flusso]	-A river is a stream of water.
3251	**elettricità**	**electricity**
	la	L'elettricità è molto utile.
	[elettritʃit'a]	-Electricity is very useful.
3252	**fisicamente**	**physically**
	adv	Jekyll soffre fisicamente quando si trasforma in Hyde.
	[fizikamente]	-Jekyll suffers physically when he trasforms into Hyde.
3253	**bagagliaio**	**boot|trunk**
	il	Il mio bagaglio è nel bagagliaio.
	[bagaʎʎajo]	-My luggage is in the boot.
3254	**sottomarino**	**submarine; submarine**
	adj; il	Io non ho mai visto un sottomarino giallo in vita mia.
	[sottomarino]	-I've never seen a yellow submarine in my life.
3255	**invenzione**	**invention|fiction**
	la	Il cellulare è un'invenzione senza cui non possiamo vivere.
	[inventsjone]	-The cellphone is an invention we can't live without.
3256	**durare**	**last|continue**
	vb	Lei è davvero destinato a durare?
	[durare]	-Are you really here to stay?
3257	**grandezza**	**size|greatness**

	la [grandettsa]	I vettori non devono corrispondere a una grandezza fisica; tutto può essere uno spazio vettoriale finché l'aggiunta vettoriale e la moltiplicazione scalare vengono definite. -Vectors need not correspond to a physical quantity; anything can be a vector space as long as vector addition and scalar multiplication is defined.
3258	**sgualdrina** la [zgwaldrina]	**slut** In tiro, ma senza esagerare... e sexy, ma non una sgualdrina -Put together, but not like I tried too hard, and sexy, but not slutty
3259	**clima** il [klima]	**climate** Sono abituata al clima. -I am accustomed to the climate.
3260	**bandire** vb [bandire]	**ban|outlaw** Ci sono dei movimenti che provano a bandire la pubblicità televisiva. -There are movements to try to ban TV advertising.
3261	**sasso** il [sasso]	**stone** (Ge 40:19) Davide, dopo aver abbattuto Golia con un sasso lanciato con la fionda, prese la spada di Golia e "lo mise decisamente a morte" decapitandolo al cospetto degli eserciti di Israele e dei filistei. -(Ge 40:19) David, after felling Goliath with a stone from his sling, took Goliath's sword and "definitely put him to death" by beheading him before the armies of Israel and the Philistines.
3262	**appeso** adj [appezo]	**hanging** Julio sta oscillando sull'amaca che ho appeso sotto la vecchia quercia. -Julio is swinging in the hammock that I hung under the old oak tree.
3263	**limone** il [limone]	**lemon** Il limone è acido. -Lemon is sour.
3264	**evacuare** vb [evakware]	**evacuate** Abbiamo meno di cinque minuti per evacuare l'intero edificio. -We have less than five minutes to evacuate the whole building.
3265	**marziale** adj [martsjale]	**Martial** Joe è un artista marziale. -Joe is a martial artist.
3266	**stendere** vb [stendere]	**spread|lay** Per qualche giorno, ognuno ferma le proprie occupazioni per stendere un telo blu per terra e godersi la vista dei ciliegi mentre si mangia, si beve e spesso si canta più a lungo possibile. -For a few days, everyone stops what they're doing to spread a blue tarp on the ground and enjoy the cherry blossoms while eating, drinking, and often singing as much as possible.
3267	**orientale** adj [orjentale]	**eastern|east** Hanno perso la guerra sul fronte orientale. -They lost the war on the eastern front.
3268	**pubblicare** vb [pubblikare]	**publish|post** Non pubblicare fotografie da ubriaco su Facebook o Twitter. -Don't post drunk pictures on Facebook or Twitter.
3269	**sedici** num [seditʃi]	**sixteen** Il mio prossimo compleanno avrò sedici anni. -I'll be sixteen on my next birthday.
3270	**divorziare**	**divorce**

	vb	Pensavo che volesse divorziare.
	[divortsjare]	-I thought you wanted a divorce.

3271 insistere — **insist**

vb
[insistere]

Devo insistere.
 -I must insist.

3272 chiacchierare — **chat\|talk**

vb
[kjakkjerare]

A Robert piace chiacchierare con il suo ragazzo.
 -Robert likes to chat with his boyfriend.

3273 crescita — **growth\|growing**

la
[kreʃʃita]

Emergono sempre sfide nella vita, alcuni le chiamano problemi, gli altri opportunità di crescita.
 -Again and again there are challenges in our life. Some call them problems, others call them growth opportunities.

3274 individuo — **individual\|fellow**

il
[individwo]

Ogni individuo ha diritto, in ogni luogo, al riconoscimento della sua personalità giuridica.
 -Everyone has the right to recognition everywhere as a person before the law.

3275 recintare — **fence**

vb
[retʃintare]

Le autorità spagnole hanno informato la Commissione di aver abbandonato l'idea di estendere la pista di rullaggio dell'aeroporto, come pure l'idea di estendere e recintare l'area di parcheggio prevista nel piano dell'aeroporto, e questo proprio allo scopo di evitare ripercussioni negative sui siti Natura 2000 prossimi all'aeroporto.
 -The national authorities informed the Commission that they have abandoned the idea to extend the airport runway as well as the extension and closure of the parking area foreseen in the airport Master Plan in order not to affect the nearby Natura 2000 sites.

3276 pentagono — **pentagon**

il
[pentagono]

Nonostante il Pentagono abbia effettuato controlli incrociati su milioni di componenti informatici, la piena sicurezza non può essere garantita; né può esserlo in Russia.
 -Even if the Pentagon has double-checked millions of computer components, full safety cannot be guaranteed; nor can it be guaranteed in Russia.

3277 volto — **face; facing**

il; adj
[volto]

Non posso dimenticare il volto di Taninna.
 -I cannot forget Taninna's face.

3278 cagnolino — **puppy\|doggie**

il
[kaɲɲolino]

Ha un cagnolino nero.
 -She has a small black dog.

3279 cervo — **deer\|stag**

il
[tʃervo]

È un cervo?
 -Is it a deer?

3280 sanguinare — **bleed**

vb
[saŋgwinare]

La sua gamba ferita cominciò a sanguinare ancora.
 -His wounded leg began to bleed again.

3281 checca — **pansy**

il/la
[kekka]

Con quella checca al bancone?
 -With that little queen behind the counter?

3282 afferrare — **grab\|grasp**

| | vb | |
| | [afferrare] | Lui alzò la mano per afferrare la palla.
-He put up his hand to catch the ball. |

vb
[afferrare]
Lui alzò la mano per afferrare la palla.
-He put up his hand to catch the ball.

3283 **rombo**
il
[rombo]
diamond|rumble
Le catture detenute a bordo non devono superare il 60 % di un qualsiasi miscuglio di merluzzo bianco, eglefino, nasello, passera di mare, passera lingua di cane, sogliola limanda, sogliola, rombo chiodato, rombo liscio, passera pianuzza, lepidorombi, merlano, limanda, merluzzo carbonaro e astice.
-The catch retained on board shall consist of no more than 60 % of any mixture of cod, haddock, hake, plaice, witch, lemon sole, sole, turbot, brill, flounder, megrim, whiting, dab, saithe and lobster.

3284 **complicato**
adj
[komplikato]
complicated
Beh, è complicato.
-Well, it's complicated.

3285 **serrare**
vb
[serrare]
tighten|close
Utensili manuali per serrare e allentare collegamenti a vite
-Hand tools (hand-operated) for tightening and loosening screw connections

3286 **gioventù**
la
[dʒoventu]
youth
Ha commesso molti peccati in gioventù.
-He committed many sins in his youth.

3287 **rimandare**
vb
[rimandare]
postpone|delay
Noi dobbiamo rimandare la nostra partenza.
-We have to postpone our departure.

3288 **commento**
il
[kommento]
comment|note
Questo è il mio commento.
-This is my comment.

3289 **connessione**
la
[konnessjone]
connection|nexus
Sono sicura che c'è una connessione.
-I'm sure there's a connection.

3290 **scemare**
vb
[ʃemare]
decline
L'effetto del "boom demografico" inizierà a scemare intorno al 2030 e dovrebbe annullarsi non prima della metà del secolo.
-The demographic effect of the post-war baby boom will start decreasing at around 2030 and is expected to disappear not earlier than the middle of the century.

3291 **pepe**
il
[pepe]
pepper
Mi passi il macinino del pepe.
-Pass me the pepper grinder.

3292 **includere**
vb
[iŋkludere]
include|incorporate
Li dovrei includere?
-Should I include them?

3293 **affidare**
vb
[affidare]
entrust|leave
L'uomo, oggi più che mai, ha bisogno di conoscere Dio per affidare a Lui, in atteggiamento di fiducioso abbandono, la debolezza della sua natura ferita.
-Today, more than ever, man needs to know God in order to entrust to him, in an attitude of confident abandonment, the weakness of his wounded nature.

3294 **scarico**
lo; adj
[skariko]
exhaust; unloaded
Non li scarico.
-I don't download them.

3295	**categoria**	**category|rating**
	la	Un gruppo algebrico affine su un campo k è un funtore covariante rappresentabile dalla categoria di algebre commutative su k alla categoria di gruppi tale che l'algebra che rappresenta è finitamente generato.
	[kategorja]	-An affine algebraic group over a field k is a representable covariant functor from the category of commutative algebras over k to the category of groups such that the representing algebra is finitely generated.
3296	**vigilia**	**eve**
	la	Era molto ansioso alla vigilia dell'esame.
	[vidʒilja]	-He was very anxious on the eve of the exam.
3297	**tostare**	**toast**
	vb	Apparecchi per riscaldare, cuocere, cuocere al forno, cuocere al vapore, grigliare, friggere, gratinare e tostare da utilizzare in ambito domestico e/o in cucine industriali (compresi nella classe 11)
	[tostare]	-Apparatus for warming, cooking, baking, steaming, grilling, deep-frying, browning and toasting, for household purposes and for industrial kitchens (included in class 11)
3298	**costola**	**rib**
	la	Mi sono rotto una costola cadendo.
	[kostola]	-I broke a rib falling.
3299	**colto**	**cultured|learned**
	adj	Ha colto l'occasione di ottenere un impiego.
	[kolto]	-He grabbed the chance to get a job.
3300	**spavento**	**fright|scare**
	lo	Mi spavento facilmente.
	[spavento]	-I scare easily.
3301	**regio**	**royal**
	adj	Interrogato a tale proposito nel corso dell'udienza, l'ONP non è stato in grado di precisare la ragione per cui il regio decreto 25 giugno 1997 aveva stabilito un tasso di interesse superiore al tasso d'inflazione.
	[redʒo]	-When questioned on that subject at the hearing, the NPO was not able to explain why the Royal Decree of 25 June 1997 had set an interest rate exceeding the rate of inflation.
3302	**scortese**	**rude|impolite**
	adj	Non voglio essere scortese con lei.
	[skorteze]	-I don't want to be rude to her.
3303	**provvista**	**supply|store**
	la	Questa dotazione non è richiesta tuttavia se l'imbarcazione collocata davanti nel convoglio spinto è provvista di un'elica di prua manovrabile dalla timoneria dello spintore.
	[provvista]	-This equipment is, however, not required if the foremost craft in the pushed convoy is equipped with a bow thruster which can be operated from the steering position of the pusher;
3304	**eco**	**echo**
	gli	Non si aspetti niente di originale da un eco.
	[eko]	-Don't expect anything original from an echo.
3305	**zaino**	**backpack|pack**
	lo	Questo zaino blu è pesante.
	[dzaino]	-This blue backpack is heavy.
3306	**scacco**	**check; chess**
	lo; adj	Il talentuoso giovane giocatore di scacchi è molto audace. Lui lascia deliberatamente aperto il campo agli attacchi, si rende vulnerabile e poi da
	[skakko]	

scacco matto al suo avversario quando meno se l'aspetta.
-The talented young chess player is very bold. He deliberately lays himself open to attack, makes himself vulnerable and then checkmates his opponent when least expected.

3307	**marea**	**tide**
	la	Il naufragio della petroliera Prestige lo scorso novembre e la marea nera susseguente rappresentano certamente il maggior disastro ambientale della storia moderna della Spagna, con migliaia di persone colpite.
	[marea]	-The sinking of the Prestige oil tanker last November, and the resultant oil spill, has been, without a doubt, the greatest ecological disaster in modern Spanish history and has claimed thousands of victims.
3308	**stalla**	**stable**
	la	Nella stalla ogni animale riceve un'alimentazione adeguata secondo lo stato di ingrassamento e la data prevista di vendita.
	[stalla]	-They are led there individually rather than in groups and the hay is administered in the form of a meal so that they consume as much of it as possible.
3309	**precisare**	**specify|tell precisely**
	vb	si dovrà precisare, fra l'altro, se le autorità italiane abbiano voluto creare un diritto esclusivo di esercizio per le diciotto rotte a favore del vettore o dei vettori che hanno accettato formalmente gli oneri.
	[pretʃizare]	-In particular, it must be stated whether the Italian authorities intended to create an exclusive right to operate the 18 routes for the carrier or carriers which formally accepted the obligations.
3310	**addestrare**	**train|drill**
	vb	Addestrare all'uso del sistema RAPEX e assistere le autorità che partecipano alla rete.
	[addestrare]	-Train and assist all authorities in the network in the use of RAPEX.
3311	**scrittura**	**writing**
	la	La traduzione è il paradigma, l'esempio di tutta la scrittura. È la traduzione che dimostra più vividamente il desiderio di trasformazione che sottende ogni atto che coinvolge discorso, quel dono supremamente umano.
	[skrittura]	-Translation is the paradigm, the exemplar of all writing. It is translation that demonstrates most vividly the yearning for transformation that underlies every act involving speech, that supremely human gift.
3312	**successivo**	**following**
	adj	Joe diede le dimissioni il giorno successivo.
	[suttʃessivo]	-Joe resigned the next day.
3313	**informatore**	**informant**
	il	Joe è un informatore dell'FBI.
	[informatore]	-Joe is an FBI informant.
3314	**cerebrale**	**cerebral**
	adj	Joe ha una commozione cerebrale.
	[tʃerebrale]	-Joe has a concussion.
3315	**talvolta**	**at times**
	adv	Le persone sposate talvolta desidererebbero essere single.
	[talvolta]	-Married people sometimes wish they were single.
3316	**gabinetto**	**toilet; WC**
	il; abr	Formare un gabinetto è difficile.
	[gabinetto]	-Forming a cabinet is difficult.
3317	**curato**	**curate; tidy**

lo; adj
[kurato]
Io sto venendo curato all'ospedale.
-I'm being treated at the hospital.

3318 lotteria — **lottery**
la
[lotterja]
Noi abbiamo vinto la lotteria.
-We won the lottery.

3319 calcolo — **calculation|calculus**
il
[kalkolo]
Sono ora ampiamente usati per la comunicazione, il calcolo, e altre attività.
-They are now widely used for communication, calculation, and other activities.

3320 giubbotto — **jacket**
il
[dʒubbotto]
Metto un giubbotto antiproiettile?
-Should I be wearing a kevlar vest?

3321 pi — **pi**
le
[pi]
Nello stesso periodo, però, la loro quota di mercato è complessivamente diminuita, dal 15,4 % nel 1999 al 13,9 % nel PI.
-However, their market share decreased overall from 15,4 % in 1999 to 13,9 % in the IP.

3322 reggimento — **regiment**
il
[reddʒimento]
Comandante del reggimento speciale del Ministero dell'interno della città di Minsk.
-Commander of the Special Regiment of the Ministry of Interior of the City of Minsk.

3323 sentimentale — **sentimental|soulful**
adj
[sentimentale]
Ha pianto per tutto il film, questo svenevole vecchio sentimentale.
-He cried through the whole film, this soppy old sentimentalist.

3324 volano — **flywheel**
il
[volano]
Gli uccelli volano.
-Birds fly.

3325 giardiniere — **gardener**
il
[dʒardinjere]
Siamo giardiniere.
-We're gardeners.

3326 marcare — **mark|brand**
vb
[markare]
evitando di marcare tali ancoraggi secondo quanto indicato sotto a) o b) ma indicando chiaramente che tali ancoraggi non devono essere usati in combinazione con nessun sistema di ancoraggio ISOFIX.
-Marking such anchorages not in accordance with (a) or (b) above with a clear indication that these anchorages should not be used in combination with any ISOFIX anchorages system.

3327 investimento — **investment**
gli
[investimento]
Joe ha fatto qualche cattivo investimento.
-Joe made some bad investments.

3328 hobby — **hobby**
gli
[obb]
L'hobby di mio zio è giocare a baseball.
-My uncle's hobby is playing baseball.

3329 apparecchio — **appliance**
il
[apparekkjo]
L'apparecchio è meravigliosamente semplice da utilizzare.
-The appliance is wonderfully simple to operate.

3330 scuro — **dark|black**
adj
[skuro]
È scuro e bello.
-He's dark and handsome.

3331 raramente — **rarely**

	adv	L'ho vista raramente così calma.
	[raramente]	-I've rarely seen her so quiet.

3332 rabbino — **rabbi**

il
[rabbino]

Joe è un rabbino.
-Joe is a rabbi.

3333 grotta — **cave**

la
[grotta]

Molti pipistrelli vivono in questa grotta.
-Many bats live in this cave.

3334 drammatico — **dramatic**

adj
[drammatiko]

La smetta di essere così drammatico.
-Stop being so dramatic.

3335 costituzione — **constitution|composition**

la
[kostituttsjone]

E quando il primo americano musulmano fu eletto di recente nel Congresso, promise di difendere la nostra Costituzione utilizzando lo stesso Sacro Corano che uno dei nostri Padri Fondatori - Thomas Jefferson - teneva nella sua biblioteca personale.
-And when the first Muslim-American was recently elected to Congress, he took the oath to defend our Constitution using the same Holy Koran that one of our Founding Fathers – Thomas Jefferson – kept in his personal library.

3336 lavanderia — **laundry**

la
[lavanderja]

Domani è il giorno della lavanderia.
-Tomorrow's laundry day.

3337 ridare — **give back**

vb
[ridare]

Si tratta di azioni pensate per generare effetti concreti sul terreno e per ridare ai cittadini e alle imprese fiducia nel fatto che possono utilizzare il mercato unico a proprio beneficio.
-These actions are designed to generate real effects on the ground and make citizens and businesses confident to use the Single Market to their advantage.

3338 leggermente — **slightly**

adv
[leddʒermente]

Joe sembra essere leggermente infastidito.
-Joe seems to be slightly annoyed.

3339 scheda — **card**

la
[skeda]

Nella presente scheda riepilogativa sono contenuti a fini informativi i principali elementi del disciplinare
-This summary sets out the main elements of the product specification for information purposes

3340 riferire — **report|refer**

vb
[riferire]

A norma del secondo comma dell' art. 82, gli ispettori sono incaricati di farsi presentare, e di verificare, la contabilità di cui all' art. 79, nonché di riferire alla Commissione in merito a qualsiasi violazione.
-By Article 82, second paragraph, inspectors are responsible for obtaining and verifying the records referred to in Article 79, and for reporting any infringement to the Commission.

3341 disgraziato — **unfortunate|wretch**

adj
[dizgrattsjato]

La Commissione ha infatti inasprito le norme in materia a seguito del disgraziato incidente del 2000.
-In fact, the Commission tightened up the regulations as a result of the unfortunate accident which occurred in 2000.

3342 Pasqua — **Easter**

la [paskwa]	Asherah è il nome persiano della Pasqua. -Asherah is the Persian name for Easter.

3343 lavoretto — **chore**

il
[lavoretto]

PROVATE QUESTO: Se vostro figlio sembra restio a parlare, fate qualcosa insieme: una passeggiata, un giro in macchina, una partita o qualche lavoretto intorno a casa.
-TRY THIS: If your adolescent seems reluctant to talk, do something together—take a walk, go for a drive, play a game, or perform a chore around the house.

3344 cifra — **figure|number**

la
[tʃifra]

La cifra assegnata alle reti transeuropee è raddoppiata; quella a disposizione per l'apprendimento permanente è stata incrementata del 50 per cento, e così ora tra i 30 000 e i 40 000 giovani in più, praticamente in tutta Europa, hanno l'opportunità d'imparare.
-The amount allocated to the trans-European networks has doubled; that available for lifelong learning has been increased by 50%, so now between 30 000 and 40 000 more young people virtually right across Europe, have the opportunity to learn.

3345 spacciatore — **seller**

lo
[spattʃatore]

Lo spacciatore di droga condannato era disposto ad assecondare le autorità per avere la sua sentenza di morte ridotta ad un ergastolo.
-The convicted drug dealer was willing to comply with the authorities to have his death sentence reduced to a life sentence.

3346 scontare — **serve**

vb
[skontare]

Joe finirà di scontare la sua pena il mese prossimo.
-Joe will finish serving his sentence next month.

3347 gravemente — **seriously|sorely**

adv
[gravemente]

Dobbiamo portarlo immediatamente al pronto soccorso, è gravemente ferito!
-We have to take him to the hospital immediately; he is seriously injured!

3348 consapevole — **aware**

adj
[konsapevole]

Tu sei consapevole di qualche problema?
-Are you aware of any problems?

3349 pallido — **pale|faint**

adj
[pallido]

Sembri veramente pallido. Stai bene?
-You look really pale. Are you all right?

3350 nascondiglio — **hiding place|cache**

il
[naskondiʎʎo]

L'attore ha un nascondiglio in Colorado.
-The actor has a hideaway in Colorado.

3351 tacco — **heel**

il
[takko]

di cui la più grande altezza del tacco, compresa la suola, è superiore a 3 cm.
-With sole and heel combined having a height of more than 3 cm.

3352 inseguire — **chase|pursue**

vb
[insegwire]

Non si può inseguire un proiettile.
-You cannot chase a bullet.

3353 eccetera — **and so on; etc.**

adv; abr
[ettʃetera]

La legislazione in materia sociale, in materia di diritti individuali eccetera dovrà essere promulgata a livello sostanzialmente nazionale e non in forza di disposizioni presenti nel Trattato sull'Unione europea.
-Legislation on social issues, individual rights and so on should preferably be carried out by Member States and not through EU Treaty provisions.

3354	**avvelenare**	**poison**
	vb	Qualcuno provò ad avvelenare il cibo del nostro cane.
	[avvelenare]	-Someone tried to poison our dog's food.

3355	**ulteriore**	**further|later**
	adj	La politica è destinata a portare l'economia in un'ulteriore recessione.
	[ulterjore]	-The policy is bound to drive the economy into further recession.

3356	**hockey**	**hockey**
	il	A me piace l'hockey.
	[okke]	-I like hockey.

3357	**cronaca**	**chronicle**
	la	Non c'era alcuna possibilità che Aoun passasse sopra l'uso del cliché da
	[kronaka]	parte del quotidiano The Age e si lasciasse sfuggire l'occasione di conferire
		un certificato "Sembra Beirut" sia al testimone oculare della vicenda di
		cronaca – di cui si conosce solo il nome di battesimo, Andrew – e al
		giornalista che ha scritto l'articolo, Paul Millar:
		-There was no chance The Age's use of the phrase was going to be missed
		by Aoun, who awarded a Looks Like Beirut certificate to both the witness
		– only known as Andrew – and the journalist behind the story, Paul Millar:

3358	**furia**	**fury|rampage**
	la	A queste ultime parole, Pinocchio saltò su come una furia, prese un
	[furja]	martello dalla panchina e lo gettò con tutte le sue forze al Grillo Parlante.
		-At these last words, Pinocchio jumped up in a fury, took a hammer from
		the bench, and threw it with all his strength at the Talking Cricket.

3359	**sudore**	**sweat|perspiration**
	il	Lui può fare cinque salti mortali senza una goccia di sudore.
	[sudore]	-He can do five somersaults without breaking a sweat.

3360	**intimo**	**intimate|inner**
	adj	È un mio amico intimo.
	[intimo]	-He's a close friend of mine.

3361	**cappella**	**chapel**
	la	Quella cappella è stata costruita dagli spagnoli qualche secolo fa.
	[kappella]	-That chapel was built by the Spaniards some centuries ago.

3362	**cardiaco**	**cardiac; heart attack**
	adj; il	Spesso un attacco cardiaco arriva come un fulmine a ciel sereno.
	[kardjako]	-A heart attack often comes like lightning from a blue sky.

3363	**serial**	**serial**
	il	È una serial killer.
	[serjal]	-You're a serial killer.

3364	**fidanzamento**	**engagement**
	il	Joe ha messo un anello di fidanzamento al dito di Mary.
	[fidantsamento]	-Joe put an engagement ring on Mary's finger.

3365	**destinare**	**devote|earmark**
	vb	In particolare, rispetto al primo elemento indicato, non viene chiarito per
	[destinare]	quale ragione la mancata esecuzione del progetto, e dunque l'impossibilità
		di destinare i fondi ad altre imprese nell'ambito dello stesso programma,
		avrebbe provocato un pregiudizio alla Commissione.
		-As regards the first criterion, in particular, it is not clear why the failure to
		accomplish the project - hence the impossibility of directing the funds to
		other undertakings under the same programme - should have caused the
		Commission to suffer damage.

3366	**tattico**	**tactical**

adj
[tattiko]

Nel mantenimento dell'ordine pubblico, adottare un approccio tattico di «basso profilo» o «modulato» che aumenti la capacita della polizia di instaurare la comunicazione e il dialogo e di valutare dinamicamente i rischi.
-A 'low profile' or 'graded' tactical approach to policing that enhances police capability for communication, dialogue and dynamic risk assessment.

3367 approvazione

la
[approvattsjone]

approval|endorsement

Non hai bisogno della mia approvazione.
-You don't need my approval.

3368 seguito

il
[segwito]

following|sequel

Joe potrebbe avermi seguito.
-Joe might've followed me.

3369 sandwich

i
[sandvik]

sandwich

Stanno mangiando un sandwich.
-They are eating a sandwich.

3370 ingiusto

adj
[indʒusto]

unfair|wrongful

Joe è molto ingiusto.
-Joe is very unfair.

3371 consenso

il
[konsenso]

consent

Joe sposò Mary senza il consenso dei suoi genitori.
-Joe married Mary without her parents' consent.

3372 religioso

adj
[relidʒozo]

religious

Lei è molto religioso, vero?
-You're very religious, aren't you?

3373 barriera

la
[barrjera]

barrier

Che barriera infallibile contro le cattive abitudini, il vizio, l'immoralità che sono quei sapori che ci portano a impreziosire una casa, per cui in ogni tempo e in ogni luogo ci rivolgiamo con gioia, in quanto l'oggetto e la scena delle nostre più care attenzioni, fatiche e godimenti; il cui umile tetto, il cui portico ombreggiato, il cui verde prato e i fiori sorridenti respirano tutti davanti a noi, in veri e propri toni seri, un sentimento domestico che purifica in una sola volta il cuore e ci lega più strettamente ai nostri simili.
-What an unfailing barrier against vice, immorality and bad habits are those tastes which lead us to embellish a home, to which at all times and in all places we turn with delight, as being the object and the scene of our fondest cares, labours and enjoyments; whose humble roof, whose shady porch, whose verdant lawn and smiling flowers all breathe forth to us, in true, earnest tones, a domestic feeling that at once purifies the heart and binds us more closely to our fellow beings.

3374 pigiama

il
[pidʒama]

pajamas

Ho fatto colazione in pigiama.
-I ate breakfast in my pajamas.

3375 elsa

la
[elsa]

hilt

Napoleone aveva tre diamanti sull'elsa della spada.
-Napoleon had three priceless diamonds set into the hilt of his sword.

3376 sacchetto

il
[sakketto]

bag

Joe acquistò un sacchetto di mele e ne mangiò un terzo in un giorno.
-Joe bought a bag of apples and he ate a third of them in one day.

3377 letale

lethal|fatal

	adj [letale]	È un veleno letale. -It's a deadly poison.
3378	accostare vb [akkostare]	**approach|juxtapose** Chiediamo al Signore una fede grande, per guardare la realtà con lo sguardo di Dio; e una grande carità, per accostare le persone con il suo cuore misericordioso. -Let us ask the Lord for great faith, in order to see reality through the eyes of God; and for great charity in order to approach people with his merciful heart.
3379	iscrivere vb [iskrivere]	**enter|register** È quindi opportuno iscrivere le sostanze attive di cui trattasi nell'allegato I, affinché in tutti gli Stati membri le autorizzazioni per i prodotti fitosanitari contenenti tali sostanze attive possano essere concesse conformemente alle disposizioni di tale direttiva. -It is therefore appropriate to include these active substances in Annex I, in order to ensure that in all Member States the authorisation of plant protection products containing this active substance can be granted in accordance with the provisions of that Directive.
3380	scuotere vb [skwotere]	**shake|shook** E tale infezione malefica è poi fomentata dallo spirito dell'incredulità e della ribellione a Dio; onde chiunque è preso da questa cieca frenesia di novità pretende bastare a sé stesso, scuotere da sé palesemente o ipocritamente ogni giogo di autorità divina, foggiandosi poi a capriccio una sua religiosità vaga, naturalistica, individuale, che del cristianesimo simuli il nome e la parvenza, non ne abbia punto la verità e la vita. -And this deadly infection is further fomented by a spirit of incredulity and of rebellion against God, so that those who are seized by the blind frenzy for novelty consider that they are all sufficient for themselves, and that they are at liberty to throw off either openly or by subterfuge the entire yoke of divine authority, fashioning for themselves according to their own caprice a vague, naturalistic individual religiosity, borrowing the name and some semblance of Christianity but with none of its life and truth.
3381	indagare vb [indagare]	**investigate|inquire into** Dobbiamo indagare sugli abusi sociali. -We must investigate social abuses.
3382	incrocio lo [iŋkrotʃo]	**crossing|intersection** Dopo l'incrocio, entra in autostrada. -After the intersection, drive onto the highway.
3383	caverna la [kaverna]	**cave** Si credeva che un mostro vivesse nella caverna. -A monster was believed to live in the cave.
3384	dimorare vb [dimorare]	**dwell|reside** E sarai realmente chiamato il riparatore della breccia, il restauratore di strade presso cui dimorare". -And you will actually be called the repairer of the gap, the restorer of roadways by which to dwell."
3385	postino il [postino]	**postman** Il postino è già venuto? -Has the mailman already come?
3386	cavare vb [kavare]	**get|dig** Avrebbe dovuto farsi cavare gli occhi per poter riuscire a scappare.. -Had to gouge out his own eyes in order to release himself..

3387	**anatra**	**duck**
	la	Riesci a distinguere un'anatra da un'oca?
	[anatra]	-Can you tell a duck from a goose?
3388	**privilegio**	**privilege|honor**
	il	Ci hanno dato il privilegio di usare la libertà.
	[priviledʒo]	-We were given the privilege to use the liberty.
3389	**assassina**	**murderess**
	la	Non sono un' assassina!
	[assassina]	-I' m not a murderer!
3390	**rintracciare**	**trace|search out**
	vb	La Spagna e la Francia hanno presentato le loro modalità di cooperazione con i paesi di origine mentre l'Italia ha spiegato in che modo procede l'OIM per rintracciare le famiglie.
	[rintrattʃare]	-Spain and France presented the ways in which they cooperate with countries of origin, and Italy explained how tracing is carried out by IOM.
3391	**ego**	**ego**
	gli	L'ego di Joe è stato offeso.
	[ego]	-Joe's ego has been bruised.
3392	**avventura**	**adventure**
	le	A lui piace l'avventura.
	[avventura]	-He likes adventure.
3393	**tromba**	**trumpet|bugle**
	la	La tromba è uno strumento musicale.
	[tromba]	-The trumpet is a musical instrument.
3394	**rancore**	**rancor|spite**
	il	Lei non aveva alcun rancore contro di voi.
	[raŋkore]	-She bore no malice against you.
3395	**fusione**	**merger|melting**
	la	Intenzionate a promuovere lo sviluppo dell'energia di fusione quale fonte di energia potenzialmente accettabile sotto l'aspetto ambientale, competitiva sotto l'aspetto economico e virtualmente illimitata.
	[fuzjone]	-Desiring to continue to promote the development of fusion energy as a potentially environmentally acceptable, economically competitive, and virtually limitless source of energy.
3396	**sconto**	**discount**
	lo	Io sto sperando in uno sconto davvero grande.
	[skonto]	-I'm hoping for a really big discount.
3397	**ape**	**bee**
	la	Dove l'ha punto l'ape?
	[ape]	-Where did the bee sting you?
3398	**banana**	**banana**
	la	Io voglio trovare la mia grande banana gialla.
	[banana]	-I want to find my big yellow banana.
3399	**cartella**	**folder**
	la	Che cos'è una cartella aperta?
	[kartella]	-What is an open folder?
3400	**strega**	**witch|sorceress**
	la	È una vera strega!
	[strega]	-She is a true witch!
3401	**protocollo**	**protocol**

il
[protokollo]

La presente procedura è avviata contemporaneamente alle procedure concernenti la decisione del Consiglio, con l'accordo del Parlamento europeo, sulla conclusione del nuovo protocollo e il regolamento del Consiglio relativo alla ripartizione delle possibilità di pesca tra gli Stati membri nell'ambito di detto protocollo.
-This procedure is started in parallel with the procedures regarding the Council decision, with the consent of the European Parliament, on the conclusion of the new Protocol, and the Council Regulation concerning the allocation among the Member States of the fishing opportunities under this Protocol.

3402 tumore

tumor

il
[tumore]

Joe è morto di tumore allo stomaco.
-Joe died of gastric cancer.

3403 venare

streak

vb
[venare]

Al contrario, il sostegno a questa coltura è tuttora sancito nel diritto primario, ossia nel Protocollo 4 concernente il cotone allegato all'Atto di adesione della Repubblica ellenica, e si realizza di conseguenza anche nel diritto derivato.
-Quite the reverse, support for such cultivation is still laid down in primary law, namely in Protocol No 4 on cotton, which is annexed to the Act of Accession for Greece, and is thus also implemented in secondary law.

3404 binario

binary; track

adj; il
[binarjo]

Da quale binario parte il treno per Higashi-Kakogawa?
-From which track does the train to Higashi-Kagowaka leave?

3405 parlamentare

parliamentary; parley

adj; vb
[parlamentare]

Per quanto riguarda l'ultima questione sollevata dall'onorevole parlamentare, indipendentemente dal fatto che il settore delle telecomunicazioni stia attraversando o meno una crisi settoriale, la Commissione ritiene che la normativa relativa agli aiuti di Stato debba essere rispettata in qualsiasi situazione congiunturale.
-On the last issue raised by the Honourable Member, regardless of whether the telecom sector is undergoing a sectorial crisis, the Commission believes that State aid rules must be respected in any particular economic conjuncture.

3406 presentimento

presentiment|misgiving

il
[prezentimento]

Ho un presentimento su questo e non e ' bueno.
-I got a feeling about this and it ain' t bueno.

3407 frenare

curb|brake

vb
[frenare]

Joe cercò di frenare la sua rabbia.
-Joe tried to restrain his anger.

3408 equipaggiamento

equipment|gear

il
[ekwipaddʒamento]

30. ritiene che se la struttura di comando, l'equipaggiamento o l'armamento non sono adeguati ai compiti loro affidati, i soldati sono esposti a rischi inutili; reputa quindi particolarmente importante badare a che le unità da porre sotto comando dell'UE siano correttamente equipaggiate.
- 30. is of the opinion that soldiers will be exposed to unnecessary risks if their chain of command, equipment or armaments do not meet the requirements of the operation; considers it particularly important, therefore, to ensure that the units to be placed under EU command are adequately equipped;

3409 farmaco

drug|medicine

il
[farmako]

Il farmaco sta funzionando.
-The medication is working.

3410	**tartaruga**	**tortoise**
	la	La lepre è stata distanziata dalla tartaruga.
	[tartaruga]	-The hare was outdistanced by the tortoise.
3411	**oca**	**goose**
	le	L'oca starnazza.
	[oka]	-The goose honks.
3412	**immortale**	**immortal**
	adj	Nessuno di noi è immortale.
	[immortale]	-No one of us is immortal.
3413	**asino**	**ass**
	il	L'asino ha calciato il cane che l'aveva morso.
	[azino]	-The donkey kicked the dog that had bitten it.
3414	**stufare**	**stew**
	vb	Coprire la pentola e fare stufare.
	[stufare]	-Cover the pot and simmer.
3415	**eseguire**	**perform|execute**
	vb	Voglio eseguire un gioco per Windows 95.
	[ezegwire]	-I want to run a Windows 95 game.
3416	**deriva**	**drift**
	la	La barca stava andando alla deriva nell'oceano.
	[deriva]	-The boat was drifting in the ocean.
3417	**reagire**	**react**
	vb	Joe non aveva tempo per reagire.
	[readʒire]	-Joe had no time to react.
3418	**secchio**	**bucket|bucketful**
	il	Portatemi un secchio d'acqua.
	[sekkjo]	-Bring me a bucket of water.
3419	**maschile**	**male**
	adj	Joe è un nome maschile e Mary è un nome femminile.
	[maskile]	-Joe is a man's name and Mary is a woman's name.
3420	**importo**	**amount**
	il	La proposta riguarda il principio di ricorso allo strumento, l'identificazione
	[importo]	dei fabbisogni da coprire e il loro importo.
		-The proposal will concern the principle of making use of the Flexibility Instrument and will identify the needs to be covered and the amount.
3421	**freno**	**brake|curb**
	il	Lui schiacciò il pedale del freno.
	[freno]	-He pressed the brake pedal.
3422	**critico**	**critic; critical**
	il; adj	Fadil diventò critico.
	[kritiko]	-Fadil became critical.
3423	**scoppiare**	**burst|break out**
	vb	Se un incendio dovesse scoppiare nel suo quartiere, cosa farebbe?
	[skoppjare]	-If a fire should break out in your neighborhood, what would you do?
3424	**tango**	**tango**
	il	Il tango è l'espressione verticale di un'intenzione orizzontale.
	[taŋgo]	-Tango is the vertical expression of a horizontal intention.
3425	**misericordia**	**mercy**
	la	Non ci sarà misericordia!
	[mizerikordja]	-There will be no mercy!

3426 grazioso — **pretty|gracious; pretty**

adj; adv
[grattsjozo]

Tuttavia, neanche Pseudo si è comportato come il più grazioso degli ospiti..
 - However, Pseudo didn't conduct himself as the most gracious host, either..

3427 restituire — **return|restore**

vb
[restitwire]

Vorrei restituire questo libro.
 -I'd like to return this book.

3428 incaricato — **appointee; delegate**

il; adj
[iŋkarikato]

Io sono l'incaricato della classe del terzo anno.
 -I am in charge of the third-year class.

3429 pianificare — **plan**

vb
[pjanifikare]

Pianificare è importante.
 -Planning is important.

3430 alternativo — **alternative**

adj
[alternativo]

L'attività creata dalla prestazione dell'entità non presenta un uso alternativo per l'entità se esistono limitazioni contrattuali che impediscono all'entità di destinare facilmente l'attività ad un altro uso durante la sua creazione o il suo miglioramento, o se esistono limitazioni pratiche che impediscono all'entità di destinare facilmente l'attività ad un altro uso nella sua forma completata.
 -An asset created by an entity's performance does not have an alternative use to an entity if the entity is either restricted contractually from readily directing the asset for another use during the creation or enhancement of that asset or limited practically from readily directing the asset in its completed state for another use.

3431 libretto — **booklet**

il
[libretto]

in Grecia, in linea di massima, all'«ufficio regionale o locale dell'istituto assicurazioni sociali (IKA)» che consegna all'interessato un libretto sanitario in mancanza del quale le prestazioni in natura non sono concesse;
 -in Greece, normally the regional or local branch of the Social Insurance Institute (IKA) which issues the person concerned with a 'health book`, without which no benefits in kind can be provided;

3432 bip — **beep**

il
[bip]

Lasciate il vostro messaggio dopo il bip.
 -Leave your message after the beep.

3433 inquietante — **disturbing|disquieting**

adj
[iŋkwjetante]

Sono sicura che deve essere stata molto inquietante.
 -I'm sure it must have been very disturbing.

3434 imboscata — **ambush|wait**

la
[imboskata]

Lui ha un piano per tendergli un'imboscata.
 -He has a plan to ambush him.

3435 fesso — **stupid**

adj
[fesso]

Joe è un fesso.
 -Joe is a dumbass.

3436 monta — **covering**

la
[monta]

Monta sul gatto.
 -Get on the cat.

3437 legittimo — **legitimate|rightful**

adj
[ledʒittimo]

Sicuramente non lo legittimo.
 -I certainly don't condone that.

3438 prosciutto — **ham**

il
[proʃʃutto]

I sandwich al prosciutto erano veramente buoni.
-The ham sandwiches were really good.

3439 immediato — immediate|instant

adj
[immedjato]

La medicina ha avuto un effetto immediato.
-The medicine had an immediate effect.

3440 educare — educate|bring up

vb
[edukare]

Consideriamo lo sviluppo di un servizio esterno uno strumento per rafforzare la politica estera dell' Unione, anche se ovviamente da alcuni punti di vista dobbiamo ancora educare i nostri servizi nazionali.
-We see the development of an external service as an instrument to strengthen the EU's foreign policy, although of course we still have to educate our national services in some respects.

3441 soia — soy

la
[soja]

Unisci il riso con l'uovo e la salsa di soia.
-Combine the rice with the egg and soy sauce.

3442 alloggiare — house|accommodate

vb
[alloddʒare]

Per esempio, da uno studio condotto in Cina nel 2011 è emerso che alloggiare in affollati dormitori scolastici con uno scarso ricambio d'aria "è collegato a un maggior numero di infezioni alle vie respiratorie".
-For instance, a 2011 study in China found that crowded college dormitories with a low rate of ventilation are "associated with more respiratory infections."

3443 miserabile — miserable; wretch

adj; il
[mizerabile]

La tua miserabile vita deve finire adesso!
-Your miserable life better end here!

3444 chirurgia — surgery

la
[kirurdʒa]

Neanche la chirurgia estetica potrà fare qualcosa per la tua bruttezza.
-Even plastic surgery won't do anything for your ugliness.

3445 residenza — residence|stay

la
[rezidentsa]

Ha preso la residenza in Giamaica.
-He took up residence in Jamaica.

3446 gallo — cock; Gallic

il; adj
[gallo]

I dodici animali dello zodiaco cinese provengono da undici tipi di animali originari in natura, vale a dire il topo, il bue, la tigre, il coniglio, il cavallo, il serpente, la scimmia, il gallo, il cane e il maiale, così come la leggendaria forma del drago, e sono utilizzati come calendario.
-The twelve animals of the Chinese zodiac come from eleven kinds of animals originating in nature, namely the rat, ox, tiger, rabbit, horse, snake, monkey, rooster, dog and pig, as well as the legendary form of the dragon, and are used as a calendar.

3447 roulotte — caravan

le
[roulotte]

I genitori di Joe vivono in una vecchia roulotte.
-Joe's parents live in an old trailer.

3448 barbiere — barber

il
[barbjere]

Io sono stata dal barbiere.
-I have been to the barber's.

3449 cristallo — crystal

il
[kristallo]

La separazione spin-orbita delle bande è stata calcolata usando un metodo basato sullo L.C.A.O., in modo daridurre la separazione spin-orbita del cristallo ad una combinazione lineare delle separazioni spin-orbita atomiche.
-The spin-orbit splitting of the bands has been evaluated by using an

approach based on the tight binding method, so as to reduce the crystal spin-orbit splitting to a linear combination of atomic splittings.

3450	**depresso**	**depressed|dull**
	adj	Mi sento sempre depresso.
	[depresso]	-I always feel gloomy.

3451 cinepresa — **video camera**
la
[tʃinepreza]
La nuova cinepresa Technicolor usava tre pellicole...... in bianco e nero simultaneamente.
-The new Technicolor camera ran three strips...... of black- and- white film simultaneously.

3452 splendore — **splendor\|glory**
lo
[splendore]
Questa pesca è uno splendore.
-This peach is a beauty.

3453 brindare — **toast**
vb
[brindare]
Ma si ', dai, un bicchierino di Porto per brindare!
-But of course.. Some port, so we can toast

3454 cavalcare — **ride**
vb
[kavalkare]
Io voglio cavalcare un pony!
-I want to ride a pony!

3455 marciapiede — **sidewalk\|platform**
il
[martʃapjede]
Non bisognerebbe andare in bici sul marciapiede.
-You shouldn't ride a bicycle on the sidewalk.

3456 baule — **trunk**
il
[baule]
Joe chiuse il baule.
-Joe shut the trunk.

3457 iniziativa — **initiative\|step**
le
[inittsjativa]
Si oppone a questa iniziativa.
-He opposes this initiative.

3458 fritto — **fried; fry**
adj; il
[fritto]
Joe ama il pollo fritto.
-Joe loves fried chicken.

3459 priorità — **priority**
le
[prjorit'a]
È una questione di priorità.
-It's a matter of priorities.

3460 timore — **fear\|awe**
il
[timore]
Dio e il demonio incutono timore.
-God and the devil are awesome.

3461 poltrona — **armchair**
la
[poltrona]
In una vetrina della sua filiale, la Peek & Cloppenburg ha disposto una poltrona della serie LC 2 a fini decorativi.
-In a display window of its outlet, Peek & Cloppenburg placed an armchair from the LC 2 range for decorative purposes.

3462 ratto — **rat**
il
[ratto]
Thomas uccise il ratto con un bastone.
-Joe killed the rat with a cane.

3463 jeans — **jeans**
i
[dʒeans]
Io voglio entrarci in quei jeans.
-I want to fit into those jeans.

3464 frequentare — **frequent\|associate with**

	vb [frekwentare]	Joe è un tipo divertente da frequentare. -Joe is a fun guy to be around.
3465	**libreria** la [librerja]	**bookshop|library** Non riesco a muovere questa libreria senza il suo aiuto. -I can't move this bookcase without your help.
3466	**fato** il [fato]	**fate|kismet** Noi stiamo tentando il fato. -We're tempting fate.
3467	**turco** adj; il [turko]	**Turkish; Turk** Emily sta imparando un po' di turco. -Emily is learning some Turkish.
3468	**marchese** il [markeze]	**marquis** E il Marchese? -What about the Marquis?
3469	**alcolico** il; adj [alkoliko]	**alcohol; alcoholic** Estratto acquoso o alcolico di alghe, contenente principalmente carboidrati. -Watery or alcoholic extract of algae that principally contains carbohydrates.
3470	**gorilla** i [gorilla]	**gorilla** I ricercatori alla Gorilla Foundation devono sillabare parole come 'c-a-n-d-y' e 'g-u-m' quando Koko è nelle vicinanze. -Researchers at the Gorilla Foundation have to spell out words like "c-a-n-d-y" and "g-u-m" when Koko is nearby.
3471	**editore** il [editore]	**publisher** Si deve comunque sottolineare che Bertelsmann possiede svariate imprese di contenuti, tra cui CLT-UFA (società di produzione cinematografica e televisiva), Pearson (società di produzione televisiva ed editore del Financial Times) e BMG, la sua filiale di edizioni musicali. -However, it should be noted that Bertelsmann has a number of content businesses including CLT-UFA, the film and television programme producer, Pearson, the television programme producer and publisher of the Financial Times, and BMG, its music arm.
3472	**musicista** il/la [muzitʃista]	**musician** Non è un musicista? -Aren't you a musician?
3473	**staccato** adj [stakkato]	**staccato** Il dente guasto si è staccato da solo. -The decayed tooth came out on its own.
3474	**separazione** la [separattsjone]	**separation** Per modifica sostanziale s'intende un cambiamento tale da incidere sulla separazione delle funzioni, sull'efficacia dei dispositivi di selezione, aggiudicazione o attribuzione, di controllo e di pagamento e sulla comunicazione con la Commissione. -Substantial changes are changes which are likely to have an impact on the separation of functions, on the effectiveness of selection, award, control and payment mechanisms and on communication with the Commission.
3475	**attrazione** le [attrattsjone]	**attraction** Qual è la grande attrazione? -What's the big attraction?
3476	**riscattare**	**redeem**

	vb [riskattare]	Ma per coltivare la virtù dobbiamo riscattare il tempo da altre attività. -But the pursuit of virtue requires that we buy out the time from other activities.
3477	**furioso** adj [furjozo]	**furious|mad** Sono furioso. -I'm furious.
3478	**picnic** i[piknik]	**picnic** Adoriamo i picnic. -We adore picnics.
3479	**polo** il [polo]	**pole** Scott è stato il primo uomo a raggiungere il polo. -Scott was the first man to reach the pole.
3480	**specialità** le [spetʃalit'a]	**specialty** Qual è la tua specialità? -What's your speciality?
3481	**cancelliere** il [kantʃelljere]	**chancellor** Konrad Adenauer era il primo cancelliere della Repubblica Federale di Germania. -Konrad Adenauer was the first chancellor of the Federal Republic of Germany.
3482	**strisciare** vb [striʃʃare]	**crawl|slither** Sono qui...... per strisciare di fronte alla vostra bella Alleanza Terrestre...... nella speranza di unirci al vostro destino. -I' m here...... to grovel before your wonderful Earth Alliance...... in the hopes of attaching ourselves to your destiny.
3483	**disegnare** vb [dizeɲɲare]	**draw|sketch** Joe è eccellente a disegnare. -Joe is excellent at drawing.
3484	**evacuazione** la [evakwattsjone]	**evacuation** Una descrizione dei compiti assegnati ai membri dell'equipaggio per l'evacuazione rapida di un velivolo e l'assistenza ai passeggeri in caso di ammaraggio o atterraggio forzato o altro caso d'emergenza. -A description of the duties of all members of the crew for the rapid evacuation of an aeroplane and the handling of the passengers in the event of a forced landing, ditching or other emergency.
3485	**meccanismo** il [mekkanismo]	**mechanism** Noi non abbiamo un meccanismo di finanziamento sostenibile. -We don't have a mechanism for sustained funding.
3486	**vernice** la [vernitʃe]	**paint|varnish** Io ho bisogno di vernice. -I need paint.
3487	**infantile** adj [infantile]	**infant|infantile** Non essere infantile. -Don't be childish.
3488	**agitato** adj [adʒitato]	**agitated|restless** Joe è diventato ancora più agitato. -Joe became even more agitated.
3489	**amichevole** adj [amikevole]	**friendly|amicable** Sii amichevole. -Be friendly.
3490	**condoglianza**	**condolence**

Le [kondoʎʎantsa]	Subito dopo l'attentato, attraverso gli hashtag ·minsk [ru, come tutti i link di questo post tranne ove diversamente segnalato] e ·minskblast hanno cominciato a circolare messaggi di condoglianza per i famigliari e gli amici delle persone rimaste uccise o ferite.
	-Almost immediately after the attack, the hashtags ·minsk and ·minskblast collected condolences tweeted to families and friends of those killed or injured in the attack.

3491 aggiunto — **adjunct; assistant**
adj; il
[addʒunto]
Ha poi aggiunto: "Ti dico la verità..."
-He then added, "I tell you the truth..."

3492 circolazione — **circulation**
la
[tʃirkolattsjone]
Queste città hanno regole di circolazione simili.
-These cities have similar traffic rules.

3493 graffio — **scratch**
il
[graffjo]
È solo un graffio.
-It's only a scratch.

3494 immobile — **motionless|immobile**
adj
[immobile]
Joe rimase immobile.
-Joe remained motionless.

3495 farfalla — **butterfly**
la
[farfalla]
Una volta, Zhuangzi sognò di essere una farfalla, ma quando si svegliò, non era sicuro se fosse Zhuangzi che aveva sognato di essere una farfalla o se era una farfalla che ora sognava di essere Zhuangzi.
-Once, Zhuangzi dreamed he was a butterfly, but when he woke up, he wasn't sure whether he was Zhuangzi who had dreamt being a butterfly or if he was a butterfly now dreaming he was Zhuangzi.

3496 formidabile — **formidable|tremendous**
adj
[formidabile]
Questo sembra formidabile.
-This looks amazing.

3497 mais — **corn|sweet corn**
il
[mais]
Ti piace il porridge di mais?
-Do you like grits?

3498 operatore — **operator**
il
[operatore]
Chiamate l'operatore al 104, allora.
-Call the operator at 104 then.

3499 innocenza — **innocence**
le
[innotʃentsa]
Sono convinto della tua innocenza.
-I am convinced of your innocence.

3500 fornire — **provide|give**
vb
[fornire]
Dobbiamo fornire cibo e vestiti ai poveri.
-We must provide food and clothes for the poor.

3501 richiamare — **call|recall**
vb
[rikjamare]
Io non posso richiamare Taninna. Non ho soldi.
-I cannot call Taninna back. I don't have money.

3502 chip — **chip**
i
[kip]
La Commissione conclude pertanto che l'integrazione in DRAM in forme multicombinate (non customizzate) non altera la natura delle DRAM in forma di chip o delle DRAM montate ...»
-Therefore, it is concluded that the incorporation of DRAM chips or mounted DRAMs in (non-customised) multi-combinational forms of DRAMs ...'.

3503 **dopodomani**
adv
[dopodomani]

the day after tomorrow
Venite dopodomani.
-Come the day after tomorrow.

3504 **cedere**
vb
[tʃedere]

give|assign
Non cedere alla loro richiesta.
-Don't give way to their request.

3505 **offerta**
la
[offerta]

offer|supply
Io ho accettato l'offerta.
-I accepted the offer.

3506 **orfanotrofio**
il
[orfanotrofjo]

orphanage
Mary diventò una suora e aprì un orfanotrofio.
-Mary became a nun and opened an orphanage.

3507 **piombo**
il
[pjombo]

lead
"Ha rotto con te?" "Sì, e ora il mio cuore è pesante come il piombo."
-"Has he broken up with you?" "Yes, and now my heart is heavy as lead".

3508 **tranquillamente**
adv
[traŋkwillamente]

quietly
Il fiume scorre tranquillamente.
-The river flows calmly.

3509 **fallire**
vb
[fallire]

fail|miss
Non possiamo fallire di nuovo.
-We can't fail again.

3510 **padrino**
il
[padrino]

godfather
Felicitazioni, padrino.
-Congratulations, boss.

3511 **rovescio**
adj; il
[roveʃʃo]

reverse; back
Per errore mi sono messo i guanti al rovescio.
-I put my gloves on inside out by mistake.

3512 **cereale**
il
[tʃereale]

cereal
Il prezzo minimo di vendita è fissato per ogni cereale ad un livello tale da non creare turbative sul mercato portoghese dei cereali e in ogni caso ad un livello non inferiore al prezzo di intervento.
-The minimum selling price for each type of cereal shall be laid down at a level that does not disturb the Portuguese cereal market and in any event is not below the intervention price.

3513 **limousine**
la
[limouzine]

limousine
Joe è un autista di limousine.
-Joe is a limo driver.

3514 **immondizia**
le
[immondittsja]

garbage|dirt
Per questo motivo è stato sviluppato un guanto in grado di registrare automaticamente il livello di immondizia urbana raccolta.
-Therefore a glove was developed that can automatically register the level of urban refuse collected.

3515 **armatura**
la
[armatura]

armor|armature
Per resistere alle forze demoniche dobbiamo essere fermamente determinati a rivestire l'armatura spirituale di Dio.
-To resist demonic forces, we need to be wholehearted in putting on the suit of spiritual armor from God.

3516 **crollare**
vb
[krollare]

collapse|crumble
Questo edificio sta per crollare.
-This building is about to collapse.

3517 **mattinata**

morning

	la	Non è una mattinata adorabile?
	[mattinata]	-Isn't it a lovely morning?

3518 dovuto — **due; due**

adj; il
[dovuto]

Joe è dovuto rimanere in ospedale per una settimana.
-Joe had to stay in the hospital for a week.

3519 improbabile — **unlikely**

adj
[improbabile]

Io penso che sia improbabile che qualsiasi negozio venderebbe questo modello a quel prezzo.
-I think it's unlikely that any store would sell this model for that price.

3520 guasto — **fault; broken**

il; adj
[gwasto]

Non riesco a far partire questo motore. È guasto.
-I cannot start this engine. It's broken.

3521 vagina — **vagina**

la
[vadʒina]

Il pene entrò nella vagina.
-The penis entered the vagina.

3522 bue — **ox**

il
[bwe]

Il bue che dà del cornuto all'asino!
-The pot calls the kettle black!

3523 difettare — **be lacking**

vb
[difettare]

Poiché ai paesi in via di sviluppo potrebbero difettare le capacità di attuare le norme sulla trasparenza fiscale e le norme minime anti-BEPS seguendo il medesimo calendario dei paesi sviluppati, occorrerebbe tenere particolarmente conto di tale situazione durante il processo di vaglio, purché queste giurisdizioni non occupino posizioni di primo piano quanto alle attività finanziarie e non posseggano centri finanziari.
-Given that developing countries may lack the capacity to implement the tax transparency standards and anti-BEPS minimum standards according to the same timeline as developed countries, particular account should be taken of this situation during the screening process, provided that such jurisdictions do not rank high in terms of financial activity and do not have financial centres.

3524 contrarre — **contract**

vb
[kontrarre]

Contrarre la malaria durante la gravidanza può avere gravi conseguenze sia per la madre che per il bambino, facendo salire il rischio di anemia materna, di bambini nati morti e di morte neonatale.
-Contracting malaria during pregnancy can have serious consequences for mother and child, raising the risk of maternal anaemia, stillbirth, low birth weight and neonatal death.

3525 attivare — **activate**

vb
[attivare]

A mio avviso, la Corte, allorché assume il parere che esiste un abuso ogniqualvolta l'attività controversa non potrebbe avere altro scopo o giustificazione che attivare l'applicazione delle disposizioni di diritto comunitario in modo contrario al loro scopo, è come se adottasse un criterio oggettivo di valutazione dell'abuso. -(65) When the Court takes the view that an abuse exists whenever the activity at issue cannot possibly have any other purpose or justification than to trigger the application of Community law provisions in a manner contrary to their purpose, that is tantamount, in my view, to adopting an objective criterion for the assessment of the abuse.

3526 avvisare — **warn|advise**

vb
[avvizare]

Voglio avvisare Joe.
-I want to warn Joe.

3527	**cotone**	**cotton**
	il	Questa camicetta è di cotone.
	[kotone]	-This blouse is cotton.
3528	**tondo**	**round; round**
	adj; il	La Commissione aggiunge che tale conclusione vale anche per il mercato del tondo per cemento armato, nel quale si constaterebbe una lieve
	[tondo]	diminuzione del tasso di utilizzo, sia a livello europeo sia a livello italiano.
		-The Commission adds that the same applies to the market in concrete reinforcing rods where there was a slight reduction in the rate of use of production capacity at both European and Italian level.
3529	**lontananza**	**distance**
	la	Noi vedemmo una luce fioca in lontananza.
	[lontanantsa]	-We saw a dim light in the distance.
3530	**feccia**	**scum**
	la	Va bene?Ora tu puoi fare quello che ho fatto io....... o puoi saltare la feccia matura e non restare incinta.
	[fettʃa]	-I ended up with Louie... who has his problems, but he cared enough about me to work two jobs so I could finish school.
3531	**bontà**	**goodness**
	la	Lui è l'epitome della bontà.
	[bont'a]	-He is the epitome of goodness.
3532	**abile**	**skillful|able**
	adj	È un avvocato abile.
	[abile]	-He is an able lawyer.
3533	**straccio**	**rag**
	lo	Passo lo straccio per casa quasi ogni giorno.
	[strattʃo]	-I mop my house almost every day.
3534	**buffone**	**fool|buffoon**
	il	Questo buffone capirà che siamo in casa.
	[buffone]	-This joker' s gonna know someone' s home.
3535	**compromesso**	**compromise**
	il	Finalmente abbiamo raggiunto un compromesso.
	[kompromesso]	-Finally we reached a compromise.
3536	**malinteso**	**misunderstanding; mistaken**
	il; adj	Questo è un malinteso.
	[malintezo]	-This is a misunderstanding.
3537	**parare**	**parry|ward off**
	vb	Il consiglio di sicurezza Galileo sta verificando la progettazione per parare qualsiasi minaccia alla sicurezza.
	[parare]	-The Galileo security board is overseeing the Galileo design in a way to accommodate any security or safety concerns.
3538	**soda**	**soda**
	la	Vuoi un bicchiere di soda?
	[soda]	-Do you want a glass of soda?
3539	**baio**	**bay**
	il	Finora, studi sul DNA erano solo riusciti a confermare i risultati per il baio e il cavallo nero.
	[bajo]	-Until now, DNA studies had only succeeded in confirming results for bay and black horses.
3540	**verbale**	**verbal; minutes**

adj; il
[verbale]

Aprì la battaglia verbale.
 -He opened up the verbal battle.

3541 obbedire   **obey**

vb
[obbedire]

Che la donna sia per natura destinata ad obbedire è dimostrato dal fatto che ogni donna posta nella posizione innaturale di assoluta indipendenza contemporaneamente si attacchi a un qualche tipo di uomo, dal quale è controllata e dominata; questo è perché lei richiede un maestro. Se è giovane, l'uomo è un amante; se è vecchia, un sacerdote.
 -That woman is by nature intended to obey is shown by the fact that every woman who is placed in the unnatural position of absolute independence at once attaches herself to some kind of man, by whom she is controlled and governed; this is because she requires a master. If she, is young, the man is a lover; if she is old, a priest.

3542 essenza   **essence|spirit**

la
[essentsa]

L'essenza della matematica è la libertà.
 -The essence of mathematics is liberty.

3543 inganno   **deception|trick**

il
[iŋganno]

• Inganno: "L'infedeltà di solito implica l'inganno, e chi inganna, per dirla chiara, tradisce la fiducia altrui.
 -• Deceit: "Infidelity usually involves deceit, and deceit, pure and simple, is a betrayal of trust.

3544 Capodanno   **New Year**

il
[kapodanno]

Dove siete andati tutti per Capodanno?
 -Where did you all go for New Year's Eve?

3545 Giuda   **Judah**

il
[dʒuda]

Credete che Giuda abbia tradito Gesù Cristo?
 -Do you believe Judas betrayed Jesus Christ?

3546 annullare   **cancel|annul**

vb
[annullare]

Io dovrei annullare il viaggio a Los Angeles.
 -I should cancel the trip to LA.

3547 rasoio   **razor**

il
[razojo]

Avrei dovuto provare questo rasoio elettrico prima di comprarlo.
 -I should have tried out this electric shaver before buying it.

3548 spettatore   **viewer|onlooker**

lo
[spettatore]

Ogni spettatore compra un biglietto.
 -Every spectator buys a ticket.

3549 sfondo   **background|ground**

lo
[sfondo]

Normalmente il conduttore percepisce tale fenomeno quando esiste un forte contrasto tra l'immagine secondaria e il suo sfondo (ad esempio, l'immagine compare sul parabrezza in condizioni di oscurità);
 -This is most likely to be perceived by the driver when there is high contrast between the secondary image and its background, such as against the windscreen during darkness;

3550 presentazione   **presentation|submission**

la
[prezentattsjone]

"Seminario", nelle università, si riferisce al dibattito e la presentazione dei risultati della ricerca da parte di qualche studente.
 -Seminar', in universities, refers to debates and the presentation of research results by a few students.

3551 eredità   **heredity|heritage**

le
[eredit'a]

Noi abbiamo una ricca eredità storica.
 -We have a rich historical heritage.

3552 canaglia   **scoundrel|rascal**

la
[kanaʎʎa]

Gli Stati Uniti sono stati soprannominati il "gendarme del mondo", ma alcuni intellettuali americani non esitate a chiamare il proprio paese "stato canaglia".
-The United States have been dubbed the "world policeman", but some American intellectuals do not hesitate to call their own country "rogue state."

3553 **balletto** **ballet**
il
[balletto]

Io non so nulla sul balletto.
-I don't know anything about ballet.

3554 **macchia** **stain|spot**
la
[makkja]

Strofina la macchia con dell'aceto.
-Rub the stain with vinegar.

3555 **piccolino** **teeny**
adj
[pikkolino]

Un parco giochi per il piccolino!
-Playground for Junior!

3556 **stoffa** **cloth**
la
[stoffa]

Vestiti, completi ed insiemi, esclusi quelli a maglia, per uomo o per ragazzo, di lana, di cotone o di fibre sintetiche o artificiali, esclusi quelli da sci; tute sportive («trainings»), con fodera, di cui l'esterno è realizzato in un'unica stessa stoffa, per uomo o per ragazzo, di cotone o di fibre sintetiche o artificiali.
-Men's or boys' suits and ensembles, other than knitted or crocheted, of wool, of cotton or of man-made fibres, excluding ski-suits; men's or boys' tracksuits with lining, with an outer shell of a single identical fabric, of cotton or of man-made fibres.

3557 **allucinazione** **hallucination|illusion**
le
[allutʃinattsjone]

Se fossi stato la tua allucinazione,- ti avrei detto di portare un' ascia
-If I had been your hallucination, I' d have told you to bring an axe

3558 **razzo** **rocket|squib**
il
[rattso]

Lanciarono un razzo.
-They launched a rocket.

3559 **sketch** **sketch**
gli
[sketk]

Bill, caro, fai ancora quello sketch... ' lecca- la- passera '? " Si ', mamma. " Grandioso!
- Bill honey, are you still doing that ' eat the pussy ' piece? "Yes, mama" "Awesome!"

3560 **protesta** **protest|complaint**
la
[protesta]

Ha alzato un dito in segno di protesta.
-He raised a finger in protest.

3561 **ossessione** **obsession**
le
[ossessjone]

Non riesco a capire la sua ossessione per il baseball.
-I can't understand his obsession with baseball.

3562 **fragile** **fragile|brittle**
adj
[fradʒile]

L'equilibrio della natura è molto fragile.
-Nature's equilibrium is very fragile.

3563 **vagabondo** **tramp; vagabond**
il; adj
[vagabondo]

Joe è un vagabondo.
-Joe is a drifter.

3564 **capolavoro** **masterpiece|masterwork**
il
[kapolavoro]

Questo film è un capolavoro.
-This film is a masterpiece.

3565	**interessato**	**concerned**
	adj	Dissi a Joe che ero interessato a comprare uno dei suoi dipinti.
	[interessato]	-I told Joe that I was interested in buying one of his paintings.

3566	**frigorifero**	**fridge|refrigerator**
	il	Prendi un uovo dal frigorifero.
	[frigorifero]	-Take an egg from the fridge.

3567	**terrorizzare**	**terrorize|petrify**
	vb	Senza dubbio in Canaan c'erano uomini grandi e grossi, come indicano altri versetti, ma non vengono mai chiamati nefilim tranne in questo "cattivo rapporto", formulato di proposito in un linguaggio tale da terrorizzare e causare panico fra gli israeliti.
	[terroriddzare]	-No doubt there were some large men in Canaan, as other scriptures show, but never except in this "bad report," which was carefully couched in language designed to strike terror and cause panic among the Israelites, are they called Nephilim.

3568	**tasso**	**rate**
	il	Il tasso di disoccupazione aumentò notevolmente.
	[tasso]	-Unemployment rose sharply.

3569	**montare**	**mount|assemble**
	vb	Non sa montare i mobili dell'Ikea.
	[montare]	-She can't assemble Ikea furniture.

3570	**notturno**	**night; nocturne**
	adj; lo	Io ero in un locale notturno.
	[notturno]	-I was in a nightclub.

3571	**stregone**	**wizard|witch doctor**
	lo	La principessa venne catturata da un malvagio stregone.
	[stregone]	-The princess was captured by an evil wizard.

3572	**maglia**	**mesh**
	la	Anne sta pazientemente lavorando a maglia.
	[maʎʎa]	-Anne is patiently knitting.

3573	**robaccia**	**rubbish**
	la	Non vi aspetterete davvero che qualcuno compri quella robaccia?
	[robattʃa]	-You don' t expect anybody to buy that junk, do you?

3574	**caricare**	**load|upload**
	vb	Speravo che Joe mi aiutasse a caricare il camion.
	[karikare]	-I was hoping Joe would help me load the truck.

3575	**impiego**	**use|application**
	il	Joe ha trovato un impiego.
	[impjego]	-Joe found a job.

3576	**frodare**	**defraud|cheat**
	vb	L'inosservanza delle norme di origine è legata soprattutto alla loro complessità e/o a una loro scarsa conoscenza, all'impossibilità di rispettarle se si vuole esportare o alla volontà deliberata di frodare?
	[frodare]	-Does failure to obey the origin rules stem mainly from the complexity and/or ignorance of the rules, the impossibility of obeying them if one wants to export goods, or deliberate intent to commit fraud?

3577	**nostalgia**	**nostalgia**
	la	Loro hanno nostalgia della vita di città.
	[nostaldʒa]	-They are longing for city life.

3578	**celebrare**	**celebrate|perform**

vb
[tʃelebrare]
celebrare la diversità nello sport!
-Celebrate diversity in sport!

3579 **liberazione** **liberation|deliverance**
la
[liberattsjone]
Mandela era un capo del fronte di liberazione.
-Mandela was a leader of the liberation front.

3580 **accampamento** **camp|laager**
il
[akkampamento]
Non molto tempo dopo, quando Mosè e Giosuè salirono sul monte Sinai per ricevere altre leggi, Hur e Aaronne rimasero a sorvegliare l'accampamento.
-On one occasion not long thereafter, Moses and Joshua went up on Mount Sinai to receive more of the Law, leaving Hur and Aaron in charge of the camp.

3581 **circolare** **circular; circular; circulate**
adj; la; vb
[tʃirkolare]
Per stimolare la transizione verso un'economia circolare sono infine previste misure orizzontali che favoriscano l'innovazione e gli investimenti.
-Finally, horizontal enabling measures in areas such as innovation and investment are included to stimulate the transition to a circular economy.

3582 **casetta** **cottage**
la
[kazetta]
L'uragano ha danneggiato la casetta.
-The hurricane damaged the small house.

3583 **pagliaccio** **clown|zany**
il
[paʎʎattʃo]
Come ci si sente... pagliaccio...!
-How's that feel... moron...!

3584 **occupazione** **employment|occupation**
la
[okkupattsjone]
Grazie per aver compreso il dramma della mia patria, che è, come direbbe Pablo Neruda, un Vietnam silenzioso; non c'è un esercito di occupazione, né aerei potenti oscurano come nubi il cielo puro del mio paese, ma siamo bloccati dal punto di vista economico, non abbiamo crediti, non possiamo comprare parti di riserva, non abbiamo la possibilità di acquistare cibo e ci mancano le medicine...
-Thanks for understanding the drama of my homeland, which is, like Pablo Neruda would say, a silent Vietnam; there aren't occupation troops, nor powerful planes clouding the clean skies of my land, we're under financial blockade, we have no credits, we can't buy spare parts, we have no means to buy foods and we need medicines...

3585 **approccio** **approach**
lo
[approttʃo]
Mi piace l'approccio di Joe.
-I like Joe's approach.

3586 **vincente** **winning**
adj
[vintʃente]
Io sono un vincente!
-I'm a winner!

3587 **maleducato** **rude; boor**
adj; il
[maledukato]
Ero maleducato.
-I was rude.

3588 **griglia** **grid|grill**
la
[griʎʎa]
A me piace il pesce cucinato alla griglia.
-I like fish cooked on the grill.

3589 **fondazione** **foundation|establishment**
la
[fondattsjone]
Prova dell'origine: Le carni provengono da animali nati e allevati in aziende iscritte nei registri di Euskal Okela e controllate dalla Fondazione Kalitatea Fundazioa; detti animali devono essere stati macellati in macelli

situati nel territorio della Comunità autonoma delle Province basche e iscritti nei registri di Euskal Okela.
-Proof of origin: Meat is from animals born and reared on holdings listed in the registers of Euskal Okela and inspected by the Kalitatea Fundazioa (Quality Foundation); animals are slaughtered in slaughterhouses located in the Autonomous Community of the Basque Country and listed in the Euskal Okela registers.

3590	**estremo**	**extreme|ultimate**
	adj	Aya tende a portare le cose all'estremo.
	[estremo]	-Aya tends to carry things to extremes.
3591	**industriale**	**industrial; industrialist**
	adj; il	Grazie ad Internet il mondo comincia ad allontanarsi dalla centralizzazione delle risorse e del potere che caratterizzò la Rivoluzione Industriale.
	[industrjale]	-Thanks to the Internet, the world is beginning to turn away from the centralization of resources and power that characterized the Industrial Revolution.
3592	**appropriare**	**pocket**
	vb	Questo non significa volersi appropriare della storia.
	[approprjare]	-This does not signify a desire to appropriate history.
3593	**regolarmente**	**regularly**
	adv	Può vedere che la casa è stata costruita regolarmente.
	[regolarmente]	-You can see the house was built steadily.
3594	**marijuana**	**marijuana**
	la	Benvenuta su Google, tequila, sesso e marijuana.
	[maridʒwana]	-Welcome to Google, tequila, sex and marijuana.
3595	**sdraiarsi**	**lie down**
	vb	La densità deve garantire il massimo benessere agli animali, offrendo loro una superficie sufficiente per stare in piedi liberamente, sdraiarsi, girarsi, pulirsi, assumere tutte le posizioni naturali e fare tutti i movimenti naturali, ad esempio sgranchirsi e sbattere le ali.
	[zdrajarsi]	-The density shall ensure the animals' welfare by providing them with sufficient space to stand naturally, lie down easily, turn round, groom themselves, assume all natural postures and make all natural movements such as stretching and wing flapping.
3596	**pompa**	**pump**
	la	Potrebbe farmi vedere come usare questa pompa?
	[pompa]	-Could you show me how to use this pump?
3597	**inviare**	**send|forward**
	vb	Vuoi inviare un messaggio?
	[invjare]	-Do you want to send a message?
3598	**barzelletta**	**joke**
	la	Joe ha raccontato una barzelletta a Mary, però lei non pensava che fosse divertente.
	[bartselletta]	-Joe told Mary a joke, but she didn't think it was funny.
3599	**promuovere**	**promote|further**
	vb	Lei vuole promuovere la band.
	[promwovere]	-She wants to promote the band.
3600	**mattone**	**brick**
	il	Ma io sarò sempre sincero con voi riguardo alle sfide che abbiamo di fronte. Vi ascolterò, specialmente quando saremo in disaccordo. E soprattutto, vi chiederò di unirvi nell'impresa di ricostruire questa nazione, nel solo modo che l'America ha conosciuto per 221 anni; blocco a blocco,
	[mattone]	

mattone a mattone, mano callosa a mano callosa.

-But I will always be honest with you about the challenges we face. I will listen to you, especially when we disagree. And above all, I will ask you to join in the work of remaking this nation, the only way it's been done in America for 221 years; block by block, brick by brick, calloused hand by calloused hand.

3601	**sviluppare** vb [zviluppare]	**develop|expand** La tecnologia ha il potenziale per trasformare l'istruzione in America, che permette agli studenti di imparare di più, di farlo al proprio ritmo, e di sviluppare le conoscenze e le competenze che esigono i datori di lavoro. -Technology has the potential to transform education in America, allowing students to learn more, to do so at their own pace, and to develop the knowledge and skills employers demand.
3602	**baby-sitter** il/la [babsitter]	**baby-sitter** Io sono la baby sitter di Joe. -I'm Joe's nanny.
3603	**shopping** lo [soppiŋg]	**shopping** Noi siamo andate a fare shopping a Shibuya ieri. -We went shopping in Shibuya yesterday.
3604	**esaurire** vb [ezaurire]	**exhaust|run out** "Quando svolgiamo le attività di tutti i giorni l'umorismo e le risate ci permettono di non esaurire le nostre energie, di alleviare la stanchezza e di evitare l'autocommiserazione", afferma Sanz-Ortiz. -"By including humor and laughter in our daily lives, we maintain our energy level, we alleviate fatigue, and we expel self-pity," asserts Sanz-Ortiz.
3605	**donare** vb [donare]	**donate|give** Joe vuole donare dei soldi. -Joe wants to donate money.
3606	**contributo** il [kontributo]	**contribution|grant** Quanto è stato grande il tuo contributo? -How big was your contribution?
3607	**Venere** la [venere]	**Venus** Quello lì è Venere. -That one over there is Venus.
3608	**stereo** lo [stereo]	**stereo** Qual è il tasto dello stereo? -Which one's the stereo?
3609	**sacerdote** il [satʃerdote]	**priest** Un uomo scendeva da Gerusalemme a Gerico, e s'imbatté nei briganti che lo spogliarono, lo ferirono e poi se ne andarono, lasciandolo mezzo morto. Per caso un sacerdote scendeva per quella stessa strada, ma quando lo vide, passò oltre dal lato opposto. Così pure un Levita, giunto in quel luogo, lo vide, ma passò oltre dal lato opposto. Ma un Samaritano, che era in viaggio, giunse presso di lui e, vedendolo, ne ebbe pietà; avvicinatosi, fasciò le sue piaghe versandovi sopra olio e vino, poi lo mise sulla propria cavalcatura, lo condusse a una locanda e si prese cura di lui. -A certain man was going down from Jerusalem to Jericho, and he fell among robbers, who both stripped him and beat him, and departed, leaving him half dead. By chance a certain priest was going down that way. When he saw him, he passed by on the other side. In the same way a Levite also, when he came to the place, and saw him, passed by on the other side. But a

certain Samaritan, as he travelled, came where he was. When he saw him, he was moved with compassion, came to him, and bound up his wounds, pouring on oil and wine. He set him on his own animal, and brought him to an inn, and took care of him.

3610 tornado
i
[tornado]

tornado

Dove pensate che sarebbe il posto più sicuro a casa vostra durante un tornado?
 -Where do you think the safest place in your house would be during a tornado?

3611 abbattere
vb
[abbattere]

break down | down

Io sto per abbattere questo albero.
 -I'm going to chop this tree down.

3612 sufficienza
la
[suffitʃentsa]

fill

Noi abbiamo dati in sufficienza.
 -We have enough data.

3613 pub
i
[pub]

pub

Non appena finisce di lavorare, va dritto al pub.
 -As soon as work is over, he makes a beeline for the pub.

3614 sensorio
adj
[sensorjo]

sensory

Crisi ipertensive accompagnate da sintomi analoghi a quelli dell encefalopatia (ad es. mal di testa e stato confusionale, disturbi sensorio-motori-come disturbi della parola e della deambulazione-fino a convulsioni tonico-cloniche) possono anche insorgere in pazienti normotesi o ipotesi (vedere paragrafo
 -Hypertensive crisis with encephalopathy-like symptoms (e. g. headaches and confused state, sensorimotor disorders-such as speech disturbance or impaired gait-up to tonoclonic seizures) may also occur in individual patients with otherwise normal or low blood pressure (see section

3615 orrendo
adj
[orrendo]

horrendous | horrible

Il ginocchio diventò di un orrendo colore viola nerastro dal gonfiore.
 -His knee turned a ghastly blackish purple from the swelling.

3616 intrappolare
vb
[intrappolare]

trap | catch

Cercherò di intrappolare quel coniglio.
 -I'm going to try to trap that rabbit.

3617 silenzioso
adj
[silentsjozo]

silent

Ero silenzioso.
 -I was quiet.

3618 permanente
adj; la
[permanente]

permanent; perm

La vita non è permanente.
 -Life is not permanent.

3619 nodo
il
[nodo]

node | knot

È il nodo della questione.
 -That's the crux of the matter.

3620 tossire
vb
[tossire]

cough

Lui ha sentito tossire.
 -He heard coughing.

3621 truffare
vb
[truffare]

cheat | defraud

Lo sforzo per tassare, penalizzare e truffare sistematicamente gli automobilisti sembra non avere limiti.
 -The taxation, penalisation and systematic swindling of motorists seems to know no bounds.

3622 tesserare
vb
[tesserare]

ration

Equilibrio fra concorrenza e trasparenza L'UEFA ha recentemente introdotto nuove regole per cercare di ridurre la frequenza di match del tipo "David contro Golia", con ad esempio l'obbligo di tesserare un numero minimo di giocatori del vivaio.
-When elected he said that "football is a game before a product" and has pledged to defend it against overwhelming domination by business.

3623 imperiale
adj
[imperjale]

imperial

Mi duole informarvi che Eustace Chapuys, una tempo ambasciatore imperiale qui, e ' morto subito dopo essere tornato in Spagna
-I regret to inform you that Eustace Chapuys, once Imperial Ambassador here, has died, soon after returning to Spain

3624 addetto
il; adj
[addetto]

employee; assigned

Per favore, di' all'addetto alla prenotazione, il signor Ichiro Takahashi, il tuo numero di carta di credito per confermare la prenotazione.
-Please tell the reservation clerk, Mr Ichiro Takahashi, your credit card number to confirm your reservation.

3625 benessere
il
[benessere]

welfare|comfort

Nell'esercizio dei suoi diritti e delle sue libertà, ognuno deve essere sottoposto soltanto a quelle limitazioni che sono stabilite dalla legge per assicurare il riconoscimento e il rispetto dei diritti e delle libertà degli altri e per soddisfare le giuste esigenze della morale, dell'ordine pubblico e del benessere generale in una società democratica.
-In the exercise of his rights and freedoms, everyone shall be subject only to such limitations as are determined by law solely for the purpose of securing due recognition and respect for the rights and freedoms of others and of meeting the just requirements of morality, public order and the general welfare in a democratic society.

3626 percentuale
la; adj
[pertʃentwale]

percentage; per cent

Con che percentuale sconterete i prezzi?
-What percent will you discount the prices?

3627 deposizione
la
[depozittsjone]

deposition

La deposizione del signor Moon è oggi. Presumo che lei sia preparato per la deposizione di oggi.
-Deposition of Mr. Moon is today. I assume you've prepared for today's deposition.

3628 sovietico
adj
[sovjetiko]

Soviet

L'adesione di dieci nuovi paesi dell'ex blocco sovietico e della Jugoslavia, del Baltico e del Mediterraneo rappresenta senz'altro l'evento storico più significativo nella vita dell'Unione.
-The accession of the ten new countries hailing from the former Soviet bloc and Yugoslavia, the Baltics and the Mediterranean is, undoubtedly, the most significant and historic event in the history of the Union.

3629 quaranta
num
[kwaranta]

forty

Dieci, venti, trenta, quaranta, cinquanta, sessanta, settanta, ottanta, novanta, cento.
-Ten, twenty, thirty, forty, fifty, sixty, seventy, eighty, ninety, hundred.

3630 insignificante
adj
[insiɲɲifikante]

insignificant|meaningless

L'aumento del volume non può quindi essere considerato insignificante.
-The increase in the volume therefore cannot be regarded as insignificant.

3631 autentico
adj
[autentiko]

authentic|genuine

Questo è un quadro autentico di Picasso.
-This is a genuine picture by Picasso.

3632	**mantello**	**cloak|mantle**
	il	L' armatura, o il mantello di Snow Wolf?
	[mantello]	-The armor, or the cloak Snow Wolf?

3633	**impegnato**	**engaged**
	adj	Joe è stato impegnato tutto il giorno.
	[impeɲɲato]	-Joe has been busy all day.

3634	**avvicinamento**	**approach**
	il	Garantire che si ottenga l'aggiustamento di bilancio nominale previsto nel programma, se necessario con l'adozione tempestiva di misure di risanamento volte ad assicurare che il risanamento previsto delle finanze pubbliche negli ultimi anni del programma non sia vanificato da una crescita inferiore alle attese, come pure garantire che vi sia un avvicinamento all'OMT.
	[avvitʃinamento]	-Ensure that the nominal budgetary adjustment projected in the programme is achieved, if necessary by timely adoption of consolidation measures to ensure that lower-than-expected growth does not derail the envisaged consolidation of government finances in the outer years of the programme, as well as to ensure progress towards the MTO.

3635	**cagna**	**bitch**
	la	La vita è una cagna.
	[kaɲɲa]	-Life is a bitch.

3636	**fuso**	**melted; spindle**
	adj; il	È mattina qui nel mio fuso orario.
	[fuzo]	-It's morning here in my time zone.

3637	**borghese**	**bourgeois; civilian**
	adj; il/la	In tale qualità, Mahsouli comandava tutte le forze di polizia, gli agenti di sicurezza del ministero dell'interno e gli agenti in borghese.
	[borgeze]	-As Interior Minister, Mahsouli had authority over all police forces, interior ministry security agents, and plainclothes agents.

3638	**assaggiare**	**taste|assay**
	vb	Puoi assaggiare l'aglio?
	[assaddʒare]	-Can you taste the garlic?

3639	**sindrome**	**syndrome**
	la	Spianerà la strada ai test genetici per confermare una diagnosi e confortare i pazienti che hanno già un figlio affetto dalla sindrome.
	[sindrome]	-It will pave the way for genetic tests to confirm a diagnosis and comfort patients who already have child with the syndrome.

3640	**fedeltà**	**fidelity|loyalty**
	la	La fedeltà dei cani ci impressiona.
	[fedelt'a]	-Dogs' faithfulness impresses us.

3641	**maggioranza**	**majority**
	la	Gli americani partecipano alla maggioranza degli sport.
	[maddʒorantsa]	-Americans participate in most sports.

3642	**ragioniere**	**accountant**
	la	Io pensavo che Joe fosse un ragioniere.
	[radʒonjere]	-I thought Joe was an accountant.

3643	**sano**	**healthy|wholesome**
	adj	I moderni esperti del mangiare sano mettono l'enfasi sul mangiare il pane integrale e più verdure.
	[sano]	-Modern healthy eating experts put emphasis on eating wholemeal bread and eating more vegetables.

3644 trionfo — **triumph**
il
[trjonfo]
L'imperatore ritornò a casa in trionfo.
-The emperor returned home in triumph.

3645 pianto — **tears; lamented**
il; adj
[pjanto]
Joe non ha pianto al funerale di Mary.
-Joe didn't cry at Mary's funeral.

3646 automatico — **automatic; automatic**
adj; il
[automatiko]
Comincio a credere di trovarmi di fronte ad un programmino automatico!
-I know they are in love with each other.

3647 pugile — **boxer|bruiser**
il
[pudʒile]
Io sono un pugile.
-I'm a boxer.

3648 litro — **liter**
il
[litro]
Bevetti un litro di caffè.
-I drank a liter of coffee.

3649 arancia — **orange**
la
[arantʃa]
Ho un'arancia e una mela.
-I have an orange and an apple.

3650 artificio — **artifice**
il
[artifitʃo]
Quando iniziano i fuochi d'artificio?
-When do the fireworks start?

3651 reggere — **hold|stand**
vb
[reddʒere]
Questo bambù è troppo sottile per reggere molto peso.
-This bamboo is too thin to bear much weight.

3652 altamente — **highly**
adv
[altamente]
Grazie a Facebook, lo stalking non è più il bastione di pochi appassionati devoti, ma un compito altamente automatizzato abbastanza comodo anche per la casalinga impegnata.
-Thanks to Facebook, stalking is no longer the bastion of a few devoted enthusiasts, but a highly automated task convenient enough even for the busy housewife.

3653 agnello — **lamb**
il
[aɲɲello]
L'agnello fu ucciso dal lupo.
-The lamb was killed by the wolf.

3654 emorragia — **hemorrhage**
la
[emorradʒa]
Skye Russell è morta di una massiccia emorragia interna.
-Skye Russell died of massive internal haemorrhaging.

3655 funebre — **funeral**
adj
[funebre]
Anche se Giacobbe eresse "una colonna", forse una singola pietra (Ge 35:20), sul sepolcro di Rachele, sembra che si trattasse di un semplice segnale e non di un monumento funebre.
-Although Jacob erected a pillar over Rachel's grave, perhaps a single stone (Ge 35:20), this seems to have been simply a marker, not a monument.

3656 registratore — **recorder**
il
[redʒistratore]
Il registratore dei dati di volo deve registrare, con riferimento ad una scala del tempo
-The flight data recorder must, with reference to a timescale, record

3657 ridacchiare — **giggle|chuckle**
vb
[ridakkjare]
Joe ha iniziato a ridacchiare.
-Joe started giggling.

3658	**fax**	**fax**
	il	Joe ha ricevuto un fax da Mary questa mattina.
	[faks]	-Joe received a fax from Mary this morning.

3659	**ispirare**	**inspire**
	vb	Non si può ispirare tale fiducia con riunioni segrete nell'ufficio di Francoforte; non la si può conquistare senza divulgare informazioni e senza garantire che i cittadini e le nostre comunità siano informati sul modo in cui si svolgono le attività e si prendono le decisioni.
	[ispirare]	-You cannot earn that confidence by sitting in secret in your office in Frankfurt; you cannot earn it without disclosing information and without ensuring that citizens and our communities are informed about the way in which you do your work and the decisions that you take.

3660	**irruzione**	**irruption**
	le	Un giorno, la polizia ha fatto irruzione in un intero gruppo di prostitute, e la ragazza era tra loro.
	[irruttsjone]	-One day, the police raided a whole group of prostitutes, and the girl was among them.

3661	**boxe**	**boxing**
	gli	Gli sport più comuni del mondo sono: calcio, basket, football, rugby, baseball, cricket, hockey su ghiaccio, pallavolo, beach volley, ping-pong, golf, boxe, wrestling, badminton e bowling.
	[bokse]	-The most common sports games in the world are: Soccer, Basketball, Football, Rugby, Baseball, Cricket, Ice hockey, Volleyball, Beach volleyball, Tennis, Table tennis, Golf, Boxing, Wrestling, Badminton and Bowling.

3662	**apprezzato**	**valued**
	adj	Ho davvero apprezzato il vostro aiuto ieri pomeriggio.
	[apprettsato]	-I really appreciated your help yesterday afternoon.

3663	**paracadute**	**parachute**
	il	Il paracadute di Joe non si aprì.
	[parakadute]	-Joe's parachute didn't open.

3664	**bunker**	**bunker**
	il	Voglio il Presidente in quel bunker!
	[buŋker]	-I want our President in that bunker!

3665	**giovinezza**	**youth|girlhood**
	la	Il tempo della giovinezza è breve.
	[dʒovinettsa]	-The springtime of life is short.

3666	**rotto**	**broken**
	adj	Io ho rotto un vaso oggi.
	[rotto]	-I broke a vase today.

3667	**psichiatrico**	**psychiatric**
	adj	Verra ' trasferita nel reparto psichiatrico domani.
	[psikjatriko]	-She' s being transferred to the psychiatric ward tomorrow.

3668	**altare**	**altar**
	il	Giunsero al luogo che è stato rivelato da Dio, ed egli vi eresse un altare nella maniera antica, e il legno è stato organizzato proprio come voleva che accadesse per bruciare suo figlio dopo che lo avesse ucciso.
	[altare]	-They came to the place that was revealed to him by God, and he there erected an altar in the ancient manner, and the wood was arranged just as he wanted to have it happen for his son's burning after he slayed him.

3669	**box**	**box**

	il	Io voglio tornare nel mio box.
	[boks]	-I want to go back to my cubicle.

3670 ignorare — ignore|be unaware of

vb

[iɲɲorare]

Non vogliamo ignorare i fatti.
-We don't want to ignore facts.

3671 rituale — ritual

adj

[ritwale]

E ' un antico rituale vampiresco, creato per proteggere i talismani nel caso in cui cadano nelle mani sbagliate
-It`s an ancient vampire ritual created to protect the talismans... in case they fall into the wrong hands

3672 amministratore — administrator|director

gli

[amministratore]

Sono l'amministratore delegato.
-I'm the CEO.

3673 punteggio — score

il

[punteddʒo]

Meiji venne battuta da Keio con un punteggio di tre a cinque.
-Meiji was beaten by Keio by a score of three to five.

3674 ignorante — ignorant; ignoramus

adj; il

[iɲɲorante]

Un ignorante è qualcuno che non sa quello che voi avete appena scoperto.
-An ignorant person is one who doesn't know what you have just found out.

3675 affidabile — reliable

adj

[affidabile]

Lei è affidabile.
-You're reliable.

3676 bruciato — burnt

adj

[brutʃato]

Come ti sei bruciato la mano?
-How did you burn your hand?

3677 magro — thin|skinny

adj

[magro]

È così magro.
-You're so skinny.

3678 distinguere — distinguish|differentiate

vb

[distiŋgwere]

Tu riesci a distinguere il giusto dallo sbagliato?
-Can you tell right from wrong?

3679 scolastico — school; schoolman

adj; il

[skolastiko]

Io sono stanca di mangiare al refettorio scolastico.
-I am tired of eating at the school cafeteria.

3680 granato — garnet

il

[granato]

Con l'invecchiamento, il vino assume un colore granato con sfumature aranciate più o meno intense e note di frutta secca e di legno, che diventano sempre più nette con il passare del tempo.
-With age, the colour of the wines slowly develops into tawny, medium tawny or light tawny, with a bouquet of dried fruits and wood; the older the wine, the stronger these aromas.

3681 essenziale — essential; essential

adj; il

[essentsjale]

Credo che sia essenziale un apprendimento che duri tutta la vita.
-I believe that lifelong learning is essential.

3682 rilascio — release

il

[rilaʃʃo]

Salvo diversamente specificato in questa parte, il titolare di una licenza di pilota, quando opera nella funzione di copilota o copilota sotto supervisione (PICUS), ha il diritto di farsi accreditare tutto il tempo di volo svolto come copilota ai fini del tempo di volo totale richiesto per il rilascio di una licenza di pilota di livello più alto.

-Unless otherwise determined in this Part, the holder of a pilot licence, when acting as co-pilot or PICUS, is entitled to be credited with all of the co-pilot time towards the total flight time required for a higher grade of pilot licence.

3683 portiera   **door**
la
[portjera]
Non aprire mai la portiera di una macchina in movimento.
-Never open the door of a car that is in motion.

3684 architetto   **architect**
il
[arkitetto]
Non hai detto che Joe era un architetto?
-Didn't you say Joe was an architect?

3685 fattore   **factor|consideration**
il
[fattore]
Il terrorismo è il fattore più importante per la divisione del paese e la creazione di regioni autonome.
-Terrorism is the most important factor for the division of a country and the creation of autonomous regions.

3686 competizione   **competition|race**
la
[kompetittsjone]
Non è proprio una competizione.
-It's not really a competition.

3687 lucido   **polished; shine**
adj; il
[lutʃido]
Joe è lucido?
-Is Joe lucid?

3688 derubare   **rob**
vb
[derubare]
Poi sei venuto qui e l' hai usato per derubare un casino.
-Then you came here and you used it to rob a casino.

3689 invidiare   **envy|grudge**
vb
[invidjare]
Negare le immagini di queste dimostrazioni di protesta alle emittenti televisive e allontanare i fotografi dalle tribune sono chiari segni di un atteggiamento che non ha niente a che invidiare alla censura e che non concorre assolutamente ad informare il cittadino, ma anzi pretende di indottrinarlo.
-To withhold pictures of these demonstrations from the television companies, to expel photographers from the gallery, shows an attitude of mind which does not shrink from censorship and which, instead of informing the people, only seeks to indoctrinate them.

3690 riconoscimento   **recognition|acknowledgment**
il
[rikonoʃʃimento]
Mi ha fatto un sorriso di riconoscimento.
-He gave me a smile of recognition.

3691 brutale   **brutal|tough**
adj
[brutale]
Sarà brutale.
-It's going to be brutal.

3692 atomico   **atomic**
adj
[atomiko]
Il numero atomico dell'idrogeno è 1.
-The atomic number for hydrogen is 1.

3693 sperma   **semen**
lo
[sperma]
Il regolamento della banca dello sperma limita il luogo delle donazioni effettuabili da un dato donatore a una sola sede e limita inoltre il numero di figli che ogni donatore può "generare".
-Sperm bank regulations restrict a given donor to making sperm donations at only one facility and restrict the number of children that each donor can "father".

3694 opportuno   **opportune|proper**

| | adj
[opportuno] | È opportuno adottare misure transitorie per conseguire l'adeguata applicazione del regolamento (CE) n. 1673/2000 del Consiglio, del 27 luglio 2000, relativo all'organizzazione comune dei mercati nel settore del lino e della canapa destinati alla produzione di fibre(1), ai trasformatori della Repubblica ceca, dell'Estonia, della Lettonia, della Lituania, dell'Ungheria, della Polonia e della Slovacchia (in appresso "i nuovi Stati membri produttori").
-Transitional measures should be laid down to ensure correct application of Council Regulation (EC) No 1673/2000 of 27 July 2000 on the common organisation of the markets in flax and hemp grown for fibre(1) to processors in the Czech Republic, Estonia, Latvia, Lithuania, Hungary, Poland and Slovakia (hereinafter referred to as the new producer Member States). |

3695 privo — **without; devoid**

prp; adj
[privo]

Lei è privo di talento.
-You're untalented.

3696 specialista — **specialist**

il/la
[spet∫alista]

Io non sono una specialista.
-I'm not a specialist.

3697 omettere — **omit|skip**

vb
[omettere]

Dovrebbe omettere questa parola dalla frase.
-You should omit this word from the sentence.

3698 infermeria — **infirmary|sickbay**

le
[infermerja]

Ti porteremo in infermeria.
-We're gonna get you to the infirmary.

3699 fortezza — **fortress|stronghold**

la
[fortettsa]

Essendo la fortezza a corto di viveri, i difensori dovettero arrendersi.
-The fortress being out of supplies, its protectors had to give up.

3700 dado — **nut|die**

il
[dado]

Joe ha tirato il dado.
-Joe rolled the dice.

3701 gravidanza — **pregnancy**

la
[gravidantsa]

Io feci un test di gravidanza.
-I got a pregnancy test.

3702 dama — **lady|checkers**

la
[dama]

Joe e Mary giocarono a dama.
-Joe and Mary played checkers.

3703 intenso — **intense|intensive**

adj
[intenso]

Il calore è intenso.
-The heat is intense.

3704 surf — **surfing**

il
[surf]

Noi dovremmo andare a fare surf qualche volta!
-We should go surf sometime!

3705 garza — **gauze**

la
[gartsa]

Articoli per medicazioni, Indumenti igienici, Bendaggi per medicazioni, Garza per medicazioni, Gas per uso medico, Spugne cicatrizzanti, Nastri adesivi per la medicina.
-Dressings [medical], Sanitary wear, Bandages for dressings, Gauze for dressings, Gases for medical purposes, Vulnerary sponges, Adhesive bands for medical purposes.

3706 creatore — **maker**

	il	John Dalton è stato il creatore della teoria atomica.
	[kreatore]	-John Dalton was the creator of the atomic theory.

3707 compenso — compensation|remuneration

il
[kompenso]

Non sa dire una parola di francese, però in compenso parla l'inglese come un nativo.
 -He can't say one word of French, but then again he speaks English like a native.

3708 corvo — crow|rook

il
[korvo]

L'uccello sul tetto è un corvo.
 -The bird on the roof is a crow.

3709 espellere — eject|excrete

vb
[espellere]

Il vero obiettivo non è imporre sanzioni contro i datori di lavoro che sfruttano barbaramente i lavoratori immigrati, bensì punire, arrestare ed espellere con la violenza gli immigrati verso i paesi d'origine.
 -The real objective is not to impose sanctions against employers who barbarically exploit immigrant workers; on the contrary, it is to punish, arrest and violently deport immigrants to their countries of origin.

3710 network — network

il
[netvork]

Ci può essere un assassino che sembra innocuo su qualsiasi social network.
 -There may be a killer who looks harmless in any social network.

3711 arbitro — referee|arbitrator

il
[arbitro]

Durante un'intervista dopo la partita, l'allenatore espresse il suo malcontento verso l'arbitro.
 -During an interview after the game, the coach voiced his discontent towards the umpire.

3712 difensore — defender|advocate

il
[difensore]

Tutte le garanzie indicate nella valutazione d'impatto sono state ampiamente discusse e sostenute; in particolare è stata considerata fondamentale l'obbligatorietà del difensore.
 -All safeguards set out in the Impact Assessment were largely discussed and supported, in particular mandatory access to a lawyer was considered as a key measure.

3713 suggerimento — suggestion|tip

il
[suddʒerimento]

Ho qualche suggerimento.
 -I've got some suggestions.

3714 feriale — weekday

la
[ferja]

Voglio dire che non ce lo vedo a rinunciare a bere in un pomeriggio feriale.
I want to say I can't see him passing up the chance to drink off a weekday afternoon.

3715 inserire — enter|include

vb
[inserire]

Io suggerirei di inserire una virgola.
 -I'd suggest inserting a comma.

3716 fanteria — infantry

la
[fanterja]

Si è arruolato nella fanteria.
 -He joined the infantry.

3717 goccio — drop|touch

il
[gottʃo]

Mettetemi un goccio di brandy nel tè.
 -Put a dash of brandy in my tea.

3718 corrispondere — correspond|pay

vb
[korrispondere]

Chiediamo alla nuova Santa di intercedere per noi presso la Vergine, perché a ciascuno sia dato di corrispondere generosamente alla propria vocazione.

-Let us ask the new saint to intercede for us with the Blessed Virgin, so that we can all respond generously to our vocation.

3719	**bottino**	**booty|spoils**
	il	La benda per l'occhio è fastidiosa e non ho né rum, né nave, né pappagallo, e non ho ancora trovato alcun tesoro o bottino nascosto.
	[bottino]	-The eyepatch is annoying and I have no rum, ship, parrot and have not found any hidden treasures or booty yet.
3720	**dipinto**	**picture; painted**
	il; adj	È un bel dipinto.
	[dipinto]	-It's a beautiful painting.
3721	**astuto**	**astute|cunning**
	adj	Joe è abbastanza astuto.
	[astuto]	-Joe is pretty crafty.
3722	**spugna**	**sponge**
	la	Lui beve come una spugna.
	[spuɲɲa]	-He drinks like a fish.
3723	**discendere**	**descend|drop**
	vb	discendere da genitori e nonni che siano iscritti nella sezione principale del registro della stessa razza;
	[diʃʃendere]	-be descended from parents and grandparents entered in the main section of the herd-book of that same breed;
3724	**cucchiaio**	**spoon**
	il	Lei leccò il cucchiaio.
	[kukkjajo]	-She licked the spoon.
3725	**barbecue**	**barbecue**
	il	Stiamo facendo un barbecue.
	[barbekwe]	-We're having a barbie.
3726	**lotto**	**lot**
	il	Se un lotto è rifiutato, l'organismo notificato competente prende le misure appropriate per evitarne l'immissione sul mercato.
	[lotto]	-If a lot is rejected, the notified body or the competent authority must take appropriate measures to prevent that lot's being put on the market.
3727	**banchetto**	**banquet**
	il	Lo stesso vale per il banchetto spirituale servito all'assemblea di distretto.
	[baŋketto]	-We can say the same regarding the spiritual banquet that will be served at the district convention.
3728	**puntuale**	**punctual**
	adj	Sarò puntuale.
	[puntwale]	-I'll be on time.
3729	**scampo**	**escape**
	lo	Israele per aver oppresso i poveri, per immoralità e per aver mancato di rispetto ai profeti e ai nazirei suscitati da Dio; non c'è scampo dalla punizione divina
	[skampo]	-Israel for oppressing the poor, for immorality, also for treating disrespectfully prophets and Nazirites raised up by God; no escape from divine punishment
3730	**camino**	**fireplace**
	il	Il camino è costruito in mattoni.
	[kamino]	-The chimney is built of bricks.
3731	**schiaffo**	**slap|cuff**

	lo	Gli diede uno schiaffo in faccia.
	[skjaffo]	-She gave him a slap in the face.
3732	**sobrio**	**sober**
	adj	Joe sembra sobrio.
	[sobrjo]	-Joe looks sober.
3733	**procurare**	**procure|obtain**
	vb	Mi puoi procurare due posti buoni per il concerto?
	[prokurare]	-Can you secure me two good seats for the concert?
3734	**crollo**	**collapse|fall**
	il	Joe ebbe un crollo mentale.
	[krollo]	-Joe had a mental breakdown.
3735	**serbatoio**	**tank**
	il	Il serbatoio è vuoto.
	[serbatojo]	-The tank is empty.
3736	**scottare**	**burn|scald**
	vb	Ho usato uno di questi per scottare Toro.
	[skottare]	-I used one of these to sear Toro.
3737	**scadenza**	**expiry|maturity**
	la	Io non ho mai mancato una scadenza.
	[skadentsa]	-I've never missed a deadline.
3738	**disprezzo**	**contempt**
	il	Il razzismo ha le sue radici nella diffidenza e il disprezzo verso le persone che si differenziano per il loro aspetto e la loro cultura.
	[disprettso]	-Racism has its roots in the distrust and scorn for people who differ in their appearance and their culture.
3739	**buffo**	**funny; buffo**
	adj; il	Lei ha un volto buffo.
	[buffo]	-She has a funny face.
3740	**convento**	**convent**
	il	Mary visse in un convento per qualche mese.
	[konvento]	-Mary lived in a convent for a few months.
3741	**flash**	**flash**
	i	Dovrei fare la foto con o senza flash?
	[flas]	-Should I take the picture with or without flash?
3742	**pro**	**advantage**
	i	Lei è pro o contro l'aborto?
	[pro]	-Are you for or against abortions?
3743	**carrello**	**cart**
	il	Non sai manovrare un carrello elevatore, vero?
	[karrello]	-You don't know how to operate a forklift, do you?
3744	**mariano**	**marian**
	adj	Fulgida gloria, nella schiera dei Santi armeni cantori della Madre di Dio, è senza dubbio san Gregorio di Narek, il grande Vardapet (Dottore) mariano della Chiesa Armena, che anch'io ho voluto ricordare nell'Enciclica Redemptoris Mater12.
	[marjano]	-St Gregory of Narek, the great Marian Vardapet (Doctor) of the Armenian Church, whom I also recalled in the Encyclical Redemptoris Mater(12), certainly shines with glory among the Armenian saints who praised the Mother of God.
3745	**motto**	**motto**

	il	"Libertà, uguaglianza, fratellanza" è un motto francese.
	[motto]	-"Liberty, equality, fraternity" is a French motto.
3746	**fatale**	**fatal|inevitable**
	adj	Ha fatto un errore fatale.
	[fatale]	-You have made a fatal mistake.
3747	**piega**	**fold|turn**
	la	Il piombo si piega con facilità.
	[pjega]	-Lead bends easily.
3748	**fiammifero**	**match**
	il	Ce l'ha un fiammifero?
	[fjammifero]	-Do you have a match?
3749	**catastrofe**	**catastrophe**
	la	Sfortunatamente, pochi passeggeri sopravvissero alla catastrofe.
	[katastrofe]	-Unfortunately, few passengers survived the catastrophe.
3750	**agenda**	**agenda**
	le	Mi faccia controllare l'agenda.
	[adʒenda]	-Let me check my schedule.
3751	**godere**	**enjoy**
	vb	Ogni individuo ha il diritto di cercare e di godere in altri paesi asilo dalle persecuzioni.
	[godere]	-Everyone has the right to seek and to enjoy in other countries asylum from persecution.
3752	**patrimonio**	**heritage|assets**
	il	Il patrimonio di Dan svanì.
	[patrimonjo]	-Dan's fortune waned.
3753	**cartolina**	**postcard|card**
	la	Gli manderò una cartolina.
	[kartolina]	-I'll send him a postcard.
3754	**interrogare**	**query|interrogate**
	vb	Lo posso interrogare?
	[interrogare]	-Can I question him?
3755	**rana**	**frog**
	la	Mangia una rana viva ogni mattina e non ti capiterà nulla di peggio per il resto della giornata.
	[rana]	-Eat a live frog every morning, and nothing worse will happen to you the rest of the day.
3756	**dibattito**	**debate**
	il	Io non posso condurre un dibattito politico; posso soltanto riferirle la posizione del Consiglio, cosa che ho già fatto.
	[dibattito]	-I cannot hold a political debate with you because I can only present the Council's current position. I have already done so.
3757	**laureato**	**graduated; graduate**
	adj; il	Si è laureato all'Università di Tokyo.
	[laureato]	-He graduated from Tokyo University.
3758	**sollevare**	**lift|raise**
	vb	Questa scrivania era troppo pesante da sollevare per Patty.
	[sollevare]	-This desk was too heavy for Patty to lift.
3759	**collegio**	**college**
	il	Per i particolari, si rivolga al collegio.
	[kolledʒo]	-For particulars, apply to the college.
3760	**desolato**	**desolate|sorry**

adj
[dezolato]
Sono desolato.
-I am woebegone.

3761 password — password
gli
[passvord]
Joe cambia spesso le sue password.
-Joe changes his passwords often.

3762 sigillo — seal | signet
il
[sidʒillo]
Tuttavia, tali residui di colla non sarebbero stati riscontrati sulla parte del sigillo controverso attaccata al telaio della porta in questione.
-However, no such traces of adhesive were found on the part of the seal at issue on the frame side of the door in question.

3763 palcoscenico — stage
il
[palkoʃʃeniko]
Alcune persone paragonano la vita a un palcoscenico.
-Some people compare life to a stage.

3764 ascia — ax | adze
la
[aʃʃa]
Non era Kafka che ha scritto che un libro deve essere l'ascia per il mare gelato dentro di noi?
-Wasn't it Kafka who wrote that a book must be the axe for the frozen sea within us?

3765 tredici — thirteen
num
[treditʃi]
Io avevo tredici anni all'epoca.
-I was thirteen years old at that time.

3766 pratico — practical | practiced
adj
[pratiko]
Joe non è mai stato molto pratico.
-Joe never was very practical.

3767 allerta — alert
le
[allerta]
Joe è allerta.
-Joe's alert.

3768 banale — trivial | banal
adj
[banale]
Ogni programma non banale ha almeno un bug.
-Every non-trivial program has at least one bug.

3769 stranamente — strangely
adv
[stranamente]
Trang ha dato un regalo natalizio stranamente costoso a Sysko.
-Trang gave an unusually expensive Christmas gift to Sysko.

3770 messaggero — messenger
il
[messaddʒero]
Non sparate al messaggero.
-Don't shoot the messenger.

3771 mazzo — deck | bunch
il
[mattso]
Mi ha regalato un mazzo di fiori.
-He presented me with a bouquet of flowers.

3772 lavorato — worked
adj
[lavorato]
Lo stagista morì dopo aver lavorato per 72 ore senza dormire.
-The intern died after working for 72 hours without sleep.

3773 artificiale — artificial
adj
[artifitʃale]
L'esperanto è una lingua artificiale internazionale.
-Esperanto is an international planned language.

3774 teatrale — theatrical | stage
adj
[teatrale]
Questa è la migliore opera teatrale immaginabile.
-This is the best play imaginable.

3775 paranoico — paranoid; paranoiac

il; adj
[paranoiko]

Joe non era paranoico.
-Joe wasn't paranoid.

3776 mulo — **mule**

il
[mulo]

È testardo come un mulo del Missouri.
-He is as stubborn as a Missouri Mule.

3777 seppellire — **bury|overwhelm**

vb
[seppellire]

E' giunto il momento di riconoscerlo e di seppellire il cadavere che è la Costituzione dell'Unione europea.
-It is time to face up to it and bury the corpse that is the EU Constitution.

3778 cecchino — **sniper**

il
[tʃekkino]

Il cecchino e ' sparito da tempo, signore.
-Our sniper' s long gone, sir.

3779 ansioso — **anxious|agog**

adj
[ansjozo]

Lui è ansioso di vederla.
-He is anxious to see you.

3780 invano — **in vain; no purpose**

adv; adj
[invano]

La sua morte non sarà stata invano.
-Your death will not have been in vain.

3781 ugualmente — **equally|alike**

adv
[ugwalmente]

Se un'opportunità arriva in un momento inopportuno, è ugualmente una opportunità?
-If opportunity comes at an inopportune time, is it still opportunity?

3782 costantemente — **steadily**

adv
[kostantemente]

Tu mi manchi costantemente.
-I miss you constantly.

3783 esercitazione — **exercise|training**

le
[ezertʃitattsjone]

All'epoca nelle congregazioni le sorelle non erano iscritte alla Scuola di Ministero Teocratico, ma a Galaad anche noi venivamo incaricate di fare discorsi di esercitazione e presentare rapporti.
-At that time, sisters were not yet enrolled in the Theocratic Ministry School in the local congregations, but at Gilead we sisters received assignments to give student talks and reports.

3784 previsione — **forecast|anticipation**

la
[previzjone]

La sua previsione potrebbe avverarsi.
-His prediction might come true.

3785 rum — **rum**

il
[rum]

Gli aiuti sono corrisposti annualmente per i quantitativi di canna trasformati direttamente in sciroppo di zucchero, in sciroppo di saccarosio o in rum agricolo, per i quali il fabbricante di sciroppo di zucchero o il distillatore fornisce la prova che ha pagato ai produttori di canna il prezzo minimo di cui all'articolo 30.
-Aid shall be paid out each year for the quantities of sugar cane processed directly into sugar syrup, sucrose syrup or agricultural rum for which the syrup manufacturer or distiller shows proof that the sugar-cane producers concerned have been paid the minimum price referred to in Article 30.

3786 cotto — **cooked**

adj
[kotto]

Il pane viene cotto in un forno.
-Bread is baked in an oven.

3787 mascalzone — **scoundrel|rascal**

il
[maskaltsone]

Sembra sia una lista di ogni mascalzone disonesto in città.
-It appears to be a list of every dishonest rascal in the city.

3788 matita
la
[matita]

pencil
Posso usare la vostra matita?
-May I use your pencil?

3789 sportello
lo
[sportello]

door
Ciò detto, il Comitato è dell'avviso che occorra mettere a disposizione degli organizzatori di un'iniziativa dei cittadini anche uno sportello di assistenza, che li consigli non solo riguardo alle questioni procedurali ma anche riguardo a quelle di merito.
-Nonetheless, the Committee feels that initiators of citizens' initiatives should also have access to a contact point providing advice not only on procedural questions but also on substantive issues.

3790 britannico
adj
[britanniko]

British
Chi è il vostro autore britannico preferito?
-Who's your favorite British author?

3791 zucca
la
[tsukka]

pumpkin|gourd
Volete un po' di torta alla zucca?
-Do you want some pumpkin pie?

3792 necessariamente
adv
[netʃessarjamente]

necessarily|perforce
Solo perché un uomo è ricco non vuol dire necessariamente che sia felice.
-Just because a man is rich it does not necessarily follow that he is happy.

3793 diga
la
[diga]

dam|breakwater
Vivo vicino a una diga.
-I live near a dam.

3794 delusione
la
[deluzjone]

disappointment|frustration
Non era neanche una delusione.
-It wasn't even a disappointment.

3795 spot
lo
[spot]

spot
«Filmato pubblicitario: annuncio pubblicitario di durata superiore agli spot, generalmente argomentativo, informativo o descrittivo.
-'Advertorial: an advertisement of a duration longer than a spot, generally with a story line, informative or descriptive.

3796 concentrazione
la
[kontʃentrattsjone]

concentration
Joe ha perso la sua concentrazione.
-Joe has lost his focus.

3797 esemplare
adj; il
[ezemplare]

exemplary; specimen
Joe è un marito esemplare.
-Joe is an exemplary husband.

3798 elio
il
[eljo]

helium
L'elio è un gas.
-Helium is a gas.

3799 Perbacco!
int
[perbakko!]

Say!
Perbacco e io sono in ritardo!
-Gee whiz, and I' m late!

3800 epidemia
le
[epidemja]

epidemic
È scoppiata una grave epidemia a Pechino.
-A serious epidemic has broken out in Beijing.

3801 farmacia
la
[farmatʃa]

pharmacy
Come si chiama la tua farmacia?
-What's the name of your pharmacy?

3802 ostacolo

obstacle|hurdle

	il [ostakolo]	La procedura fallimentare cui la SMI è sottoposta non può costituire un ostacolo all'esecuzione della presente decisione. -This assessment is not affected by the fact that SMI was subject to bankruptcy proceedings.
3803	**onestà** la [onest'a]	**honesty** E in tutta onestà, non sarebbe male se gli portasse una scatola di cioccolatini -And frankly, it wouldn' t hurt at all if you buy him a box of chocolates
3804	**caviglia** la [kaviʎʎa]	**ankle** Ho mancato un gradino sulle scale e ho paura mi si sia slogata la caviglia. -I missed a step on the stairs and I'm afraid I sprained my ankle.
3805	**portello** il [portello]	**hatch|port** In ogni caso, il portello prodiero interno deve rimanere chiuso. -In any case, the inner bow door must be kept closed.
3806	**iniziale** adj [inittsjale]	**initial** Gli importatori non avevano collaborato neppure all'inchiesta iniziale. -Importers did not cooperate in the original investigation either.
3807	**affermativo** adj [affermativo]	**affirmative** L'Autorità deve stabilire se l'obiettivo perseguito dalla misura è necessario, in linea con gli obiettivi dell'interesse comune e, in caso affermativo, rappresenta il metodo per conseguire tale obiettivo che produce la minore distorsione possibile del mercato. -The Authority must assess whether the objective pursued by the measure is necessary, in line with objectives of common interest and, if so, whether this is the least distortive method of pursuing that objective.
3808	**montaggio** il [montaddʒo]	**mounting** I miglioramenti che abbiamo apportato alla catena di montaggio potrebbero abbassare i prezzi alla fine. -The improvements we've made on the assembly line could eventually lower prices.
3809	**corriere** il [korrjere]	**courier|carrier** Non sarebbe allora più necessario il maggiore importo che i servizi di corriere espresso debbono quantomeno versare per la mancata contribuzione dei servizi delle Poste Italiane al finanziamento del servizio universale. -At the least, the additional amount that the express courier services must pay because of the absence of a contribution to financing the universal service from the services provided by the Italian Post Office is not necessary.
3810	**stupefare** vb [stupefare]	**stupefy|stun** Equilibrio fra concorrenza e trasparenza L'UEFA ha recentemente introdotto nuove regole per cercare di ridurre la frequenza di match del tipo "David contro Golia", con ad esempio l'obbligo di tesserare un numero minimo di giocatori del vivaio. -When elected he said that "football is a game before a product" and has pledged to defend it against overwhelming domination by business.
3811	**opzione** la [optsjone]	**option** Quella è un'opzione. -That's one option.
3812	**tremare** vb [tremare]	**tremble|shake** Abbiamo sentito la terra tremare. -We felt the ground trembling.

3813	**ansimare**	**pant|wheeze**
	vb	L'ho sentita ansimare.
	[ansimare]	-I heard her gasp.
3814	**visitatore**	**visitor|caller**
	il	Il visitatore fece una domanda alla classe.
	[vizitatore]	-The visitor asked the class a question.
3815	**modesto**	**modest|moderate**
	adj	Il signor Smith, per come lo conoscevo, era un uomo modesto.
	[modesto]	-Mr Smith, as I knew him, was a modest man.
3816	**pupa**	**pupa**
	la	Sei tu che rimpiango, pupa.Sarà dura pensare a me tutte le notti.
	[pupa]	-I feel for you, for having to miss me every night.
3817	**traghetto**	**ferry**
	il	Abbiamo preso un traghetto dall'isola alla terraferma.
	[tragetto]	-We took a ferry from the island to the mainland.
3818	**violentare**	**rape|do violence to**
	vb	Mona Shalin vuole premiare i terroristi che sono andati in Kurdistan, Iraq e in Siria a violentare donne e bambini e a venderli come schiavi sessuali – oltre a decapitare la gente (...), spingendosi centinaia di miglia lontano da casa e compiendo omicidi di massa, genocidi, torture e rapimento."
	[vjolentare]	-Mona Sahlin wants to reward terrorists who have gone to Kurdistan, Iraq and Syria to rape women and children and sell them as sex slaves -- in addition to decapitating people ..., driving hundreds of thousands away from their homes and committing mass murder, genocide, torture and kidnapping."
3819	**bancone**	**counter**
	il	Sediamoci al bancone.
	[baŋkone]	-Let's sit at the counter.
3820	**denunciare**	**denounce|declare**
	vb	Lo dovreste denunciare.
	[denuntʃare]	-You should sue him.
3821	**ovvero**	**or**
	con	Era una grande autorità in astronomia, ovvero la scienza dei corpi celesti.
	[ovvero]	-He was a great authority on astronomy, or the science of the heavenly bodies.
3822	**confesso**	**avowed**
	adj	Io confesso che non capisco.
	[konfesso]	-I confess that I don't understand.
3823	**emozionare**	**excite**
	vb	A volte mi fa emozionare.
	[emottsjonare]	-Sometimes it touches my emotions.
3824	**accedere**	**enter|approach**
	vb	I premi possono aiutare ad accedere al college.
	[attʃedere]	-Awards can help you get into college.
3825	**rifare**	**redo|rebuild**
	vb	Io la voglio rifare.
	[rifare]	-I want to do it again.
3826	**tiratore**	**shooter**
	il	Joe è un tiratore competente.
	[tiratore]	-Joe is a proficient marksman.
3827	**color**	**color**

il
[kolor]

Lei ha gli occhi color nocciola.
-She has hazel eyes.

3828 cosmo

cosmos

il
[kosmo]

La signoria di Cristo si estende, perciò, sia al cosmo sia a quell'orizzonte più specifico che è la Chiesa.
-Thus, Christ's lordship extends to both the cosmos and that more specific horizon which is the Church.

3829 complotto

plot|conspiracy

il
[komplotto]

Era la mente dietro il complotto.
-He was the brains behind the plot.

3830 dragare

dredge|sweep

vb
[dragare]

In sede di commissione del Danubio, la Commissione esecutiva sta vagliando le possibilità di dragare il fondo del Danubio.
-With the Danube Commission, the Commission is examining the possibilities for clearing the Danube.

3831 neonato

newborn; baby

adj; il
[neonato]

La giovane donna stava portando un neonato in braccio.
-The young woman was carrying an infant in her arms.

3832 farina

flour

la
[farina]

Abbiamo bisogno di farina, zucchero e uova per fare questa torta.
-We need flour, sugar and eggs to make this cake.

3833 ricevimento

receipt|receiving

il
[ritʃevimento]

Titolare del conto (se non è l'autorità responsabile del ricevimento dei pagamenti)
-Account holder (if not the same as the authority responsible for receiving payments)

3834 dominio

domain|dominion

il
[dominjo]

In altri termini, P&T ed Alsatel hanno una posizione grosso modo simile; se ciò è esatto, non è evidentemente lecito parlare di un dominio economico di Alsatel né sul mercato regionale né, tanto meno, su quello nazionale .
-In other words, the postal and telecommunications authorities and Alsatel are more or less in the same position; if that is so, it is clear that Alsatel cannot legitimately be regarded as dominant in economic terms on the regional market or, a fortiori, on the national market .

3835 alito

breath

il
[alito]

Ho un alito pesante.
-I have bad breath.

3836 ingaggiare

engage|hire

vb
[iŋgaddʒare]

Qualora un peschereccio comunitario non possa ingaggiare cittadini di Kiribati tra i membri del proprio equipaggio, l'armatore è tenuto a versare un importo forfettario equivalente ai salari di due membri dell'equipaggio per la durata della campagna di pesca nella zona di pesca di Kiribati.
-In case a Community vessel is not in the condition to employ Kiribati nationals as crew-members, shipowners shall be obliged to pay a lump sum equivalent to the wages of two crew-members for the duration of the fishing season in the Kiribati fishing zone.

3837 lurido

filthy

adj
[lurido]

Tu sei un lurido porco.
-You're an awful hog.

3838 dessert

dessert|pudding

il
[dessert]

Risparmiate spazio per il dessert.
-Save room for dessert.

3839 **fumetto**   **cartoon**

il
[fumetto]

Le ho dato un fumetto da leggere.
-I gave her a comic book to read.

3840 **arca**   **ark**

le
[arka]

Conosci l'arca di Noé?
-Do you know Noah's ark?

3841 **continente**   **continent; temperate**

il; adj
[kontinente]

Il Borneo è un'isola o un continente?
-Is Borneo an island or a continent?

3842 **descrivere**   **describe**

vb
[deskrivere]

La scena dell'omicidio era troppo terribile da descrivere.
-The scene of the murder was too terrible to describe.

3843 **lunghezza**   **length|footage**

la
[luŋgettsa]

Come si calcola la lunghezza di una circonferenza? Mi sono dimenticata.
-How do you calculate the length of the circumference? I've forgotten.

3844 **crepa**   **crack|rift**

la
[krepa]

La tazza ha una crepa.
-The cup has a crack.

3845 **ricognizione**   **reconnaissance**

la
[rikoɲɲittsjone]

Laddove solo parte del sito possa essere caratterizzata o le informazioni disponibili non siano sufficienti per redigere una relazione di riferimento, sarà necessario ottenere ulteriori informazioni tramite una ricognizione sul campo.
-Where only part of the site can be characterised or there is insufficient information on which to formulate a baseline report then additional information should be obtained by site investigation.

3846 **puttanella**   **scrubber**

la
[puttanella]

Che stamattina ti ha visto con una puttanella!
-She' s seen you this morning together with some slut!

3847 **tirato**   **tight|tense**

adj
[tirato]

Lui ha tirato fuori la sua penna per firmare il suo assegno.
-He took out his pen to sign his check.

3848 **panorama**   **landscape|panorama**

il
[panorama]

Guardai fuori dal finestrino per ammirare il panorama.
-I looked out the window to admire the view.

3849 **formico**   **formic**

adj
[formiko]

L'acido formico caldo è molto corrosivo e va manipolato con precauzione.
-Hot formic acid is very corrosive and must be handled with care.

3850 **testare**   **test**

vb
[testare]

Voglio testare i miei limiti.
-I want to test my limits.

3851 **calendario**   **calendar**

il
[kalendarjo]

Joe ha tolto il calendario dal muro.
-Joe took the calendar off the wall.

3852 **yard**   **yard**

il
[ard]

Scotland Yard ha appena ricevuto ulteriori informazioni...... sull' uomo rimasto ucciso nel tragico incidente di oggi nel centro di Londra.
-Scotland Yard have just received further information...... concerning the dead man in today' s tragic crash in central London.

3853	**biondo**		**blond; blond color**
	adj; il		Quando ero piccolo ero biondo.
	[bjondo]		-When I was little, I was blonde.

3853 **biondo**
adj; il
[bjondo]
blond; blond color
Quando ero piccolo ero biondo.
 -When I was little, I was blonde.

3854 **supervisore**
il
[supervizore]
supervisor
Chi era il supervisore di Joe?
 -Who was Joe's supervisor?

3855 **aviazione**
le
[avjattsjone]
aviation
Capo di Stato maggiore dell'aviazione dal 2010.
 -Air Force Chief of Staff since 2010.

3856 **marmellata**
la
[marmellata]
jam
Questa è della marmellata fatta in casa.
 -This is homemade jam.

3857 **solletico**
il
[solletiko]
tickling
Non mi faccia il solletico!
 -Don't tickle me!

3858 **ferrovia**
la
[ferrovja]
railway|rail
Stanno progettando di unire le città con una ferrovia.
 -They are planning to connect the cities with a railroad.

3859 **signoria**
la
[siɲɲorja]
lordship
Come avrete supposto, Sua Signoria deve ancora prendere una decisione.
 -As you'll have surmised, His Lordship has yet to make a decision.

3860 **affermare**
vb
[affermare]
say|affirm
Non sarebbe esagerato affermare che sant'Agostino ebbe un'influenza non solo sulla religione cristiana, ma anche sull'insieme del pensiero occidentale.
 -It would not be an exaggeration to say that Augustine's thought had an influence not only on Christianity but on the whole of Western thought.

3861 **accendino**
il
[attʃendino]
lighter
Ce l'hai un accendino?
 -Do you have a lighter?

3862 **scambiare**
vb
[skambjare]
exchange|swap
Voglio scambiare due parole con loro.
 -I want to have a word with them.

3863 **scatenato**
adj
[skatenato]
wild
Una direttiva quadro che lascia un margine di flessibilità agli Stati membri avrebbe potuto essere più adatta, ma certamente avrebbe scatenato ancora dibattiti a livello nazionale, i quali si sono conclusi con la scelta di un regolamento, ossia di un qualcosa di non voluto dalla Commissione.
 -A framework directive leaving a margin of flexibility for Member States could have been better adapted, but it would certainly have sparked off debates at national level once again, debates that had been concluded by the choice of regulation, which is something that the Commission did not desire.

3864 **capsula**
la
[kapsula]
capsule|cap
Comunque, se un bambino non tollera la soluzione orale, il medico può suggerire di aprire la capsula rigida e di mescolarne il contenuto con una piccola quantità (· cucchiaini da thè) di cibo (per es.: succo di mela, marmellata d' uva, yogurt o latte per bambini.
 -However, if a child does not tolerate the oral solution, the doctor may recommend opening the hard capsule and mixing the contents with a small

amount (· teaspoons) of food (e. g., applesauce, grape jelly, yogurt or infant formula.

3865 spiacevole — **unpleasant**
adj
[spjatʃevole]
Fu un incidente spiacevole.
 -It was an unfortunate accident.

3866 bacino — **basin**
il
[batʃino]
Tale decisione è stata raccomandata nel parere di iniziativa del CdR sul tema La cooperazione territoriale nel bacino del Mediterraneo attraverso la macroregione adriatico-ionica, adottato l'11 ottobre 2011.
 -This decision had been recommended in the CoR own-initiative opinion on Cooperation in the Mediterranean through the Adriatic-Ionian macro-region, adopted on 11 October 2011.

3867 centralino — **switchboard**
il
[tʃentralino]
Organizzazione per conto terzi di servizi d'accoglienza telefonica e di centralino telefonico
 -Organisation for others of telephone answering and switchboard services

3868 vulcano — **volcano**
il
[vulkano]
Vedemmo un vulcano chiamato Vesuvio.
 -We saw a volcano called Vesuvio.

3869 preparazione — **preparation|preparing**
la
[preparattsjone]
La morte è qualcosa di cui siamo spesso scoraggiati a parlare o anche pensare, ma ho capito che la preparazione alla morte è una delle cose più donanti potere che si possono fare. Pensare alla morte chiarisce la vita.
 -Death is something that we're often discouraged to talk about or even think about, but I've realized that preparing for death is one of the most empowering things you can do. Thinking about death clarifies your life.

3870 tragico — **tragic**
adj
[tradʒiko]
Fu un tragico incidente.
 -It was a tragic accident.

3871 stradale — **road**
adj
[stradale]
Purtroppo, il mio vicino ha avuto un incidente stradale ed è caduto in coma.
 -Unfortunately, my neighbor had a traffic accident and fell into a coma.

3872 buttata — **throw**
le
[buttata]
Ricordiamo ancora le frasi sui giornali secondo cui l'intera direttiva era stata buttata all'aria.
 -We still remember assertions in the press that the whole Directive had been turned upside down.

3873 universale — **universal|multipurpose**
adj
[universale]
La volontà popolare è il fondamento dell'autorità del governo; tale volontà deve essere espressa attraverso periodiche e veritiere elezioni, effettuate a suffragio universale ed eguale, ed a voto segreto, o secondo una procedura equivalente di libera votazione.
 -The will of the people shall be the basis of the authority of government; this will shall be expressed in periodic and genuine elections which shall be by universal and equal suffrage and shall be held by secret vote or by equivalent free voting procedures.

3874 pupazzo — **puppet**
il
[pupattso]
Quello è il pupazzo di neve più brutto che io abbia mai visto.
 -That's the ugliest snowman I've ever seen.

3875 predicatore — **preacher**
il
[predikatore]
Odio essere il figlio di un predicatore.
 -I hate being a preacher's son.

| 3876 | **iniziato** | **initiate** |
| | adj[inittsjato] | Lui ha iniziato a ridere istericamente. -He started laughing hysterically. |

3877 vuotare — **empty|deplete**

vb [vwotare]

Vuotare il ditale nel microfrantoio e macinare il più finemente possibile. -Tip the contents of the thimble into the micro-grinder and grind as finely as possible.

3878 digitale — **digital; digitalis**

adj; le [didʒitale]

Il mio telefono cellulare ha una macchina fotografica digitale incorporata. -My cell phone has a built-in digital camera.

3879 tassista — **taxi driver**

il/la [tassista]

Joe ha un lavoro come tassista. -Joe has a job as a taxi driver.

3880 valutazione — **rating|assessment**

la [valutattsjone]

Versioni portatili del sistema Ganano di dimensioni inferiori e meno costose sono state impiegate con successo per la valutazione della qualità delle acque negli aeromobili, un processo che convenzionalmente prevede un dispendio di tempo e che risulta essere piuttosto complicato. -Smaller, less expensive portable versions of the Ganano system were employed successfully for water quality assessment in aircraft, a process that conventionally is time consuming and quite complicated.

3881 utilizzare — **use|make use of**

vb [utiliddzare]

Non dovresti davvero utilizzare del software piratato. -You really shouldn't use pirated software.

3882 uva — **grapes**

le [uva]

Vuole un po' d'uva? -Do you want some grapes?

3883 peccatore — **sinner**

il [pekkatore]

20 "Non ci sarà più da quel luogo lattante di pochi giorni, né vecchio che non compia i suoi giorni;+ poiché uno morirà come semplice ragazzo, benché all'età di cent'anni; e in quanto al peccatore, benché all'età di cent'anni il male sarà invocato su di lui. -20 "No more will there come to be a suckling a few days old from that place, neither an old man that does not fulfill his days;+ for one will die as a mere boy, although a hundred years of age; and as for the sinner, although a hundred years of age he will have evil called down upon him.

3884 tentazione — **temptation**

la [tentattsjone]

Padre nostro, che sei nei cieli, sia santificato il tuo nome, venga il tuo regno, sia fatta la tua volontà come in cielo anche in terra. Dacci oggi il nostro pane quotidiano, e rimetti a noi i nostri debiti, come anche noi li rimettiamo ai nostri debitori e non esporci alla tentazione, ma liberaci dal Male. Amen. -Our father in heaven, hallowed be your name. Thy kingdom come, on earth as in heaven. Gives us our daily bread. Forgive us of our sin, as we forgive those who sin against us. Lead us not into temptation, but deliver us from evil. For the kingdom, the power and the glory are yours. Now and forever. Amen.

3885 parrucca — **wig**

la [parrukka]

Joe sta indossando una parrucca. -Joe is wearing a wig.

3886 interferire — **interfere|meddle**

vb [interferire]

Non hai diritto di interferire. -You have no right to interfere.

3887 **dialogo**   **dialogue|conversation**
il
[djalogo]
Non ho partecipato al dialogo.
-I did not participate in the dialog.

3888 **sherry**   **sherry**
lo
[serr]
I prodotti sudafricani possono essere commercializzati come "porto" e "sherry" sul mercato interno del Sudafrica per un periodo transitorio di dodici anni.
-South African products may be marketed as "port" and "sherry" on the South African domestic market during a 12 year transitional period.

3889 **obbligo**   **obligation|imperative**
il
[obbligo]
Il diritto dell'interessato di trasmettere o ricevere dati personali che lo riguardano non dovrebbe comportare l'obbligo per i titolari del trattamento di adottare o mantenere sistemi di trattamento tecnicamente compatibili.
-The data subject's right to transmit or receive personal data concerning him or her should not create an obligation for the controllers to adopt or maintain processing systems which are technically compatible.

3890 **federazione**   **federation**
la
[federattsjone]
La decisione: Il 5 dicembre 2012 la Corte Costituzionale della Federazione Russa ha affermato che la Costituzione russa garantisce la libertà di religione e ha dichiarato che i nostri fratelli possono tenere riunioni religiose senza darne previa comunicazione né ottenere permessi dalle autorità.
-The decision: On December 5, 2012, the Constitutional Court of the Russian Federation affirmed that the Russian Constitution guarantees freedom of religion and ruled that our brothers may hold religious meetings without giving prior notice or getting permission from the authorities.

3891 **ripulire**   **clean|clean up**
vb
[ripulire]
Joe mi ha aiutata a ripulire il casino.
-Joe helped me clean up the mess.

3892 **manovra**   **maneuver|shunting**
la
[manovra]
Le mansioni di manovra vengono assegnate in modo diverso negli Stati membri e non sono prese in considerazione nei modelli di profilo in oggetto.
-The 'shunting' task is assigned in different ways in Member States and is not taken into account in these profile patterns.

3893 **operare**   **operate|work**
vb
[operare]
Nello svolgimento del suo mandato, l' ESRB dovrà operare in stretta collaborazione con il Sistema europeo delle autorità di vigilanza finanziaria (European System of Financial Supervisors, ESFS
-In pursuing its mandate, the ESRB will be expected to cooperate closely with the European System of Financial Supervisors (ESFS

3894 **maggiordomo**   **butler**
il
[maddʒordomo]
Lui ha un maggiordomo e un cuoco.
-He has a butler and a cook.

3895 **banconota**   **banknote**
la
[baŋkonota]
Il bebè strappò una banconota da dieci dollari.
-The baby tore up a ten-dollar bill.

3896 **pertanto**   **therefore**
adv
[pertanto]
Pertanto, è opportuno stabilire principi generali applicabili a tutte le indicazioni fornite sui prodotti alimentari per garantire un elevato livello di tutela dei consumatori, per dare ai consumatori le informazioni necessarie affinché compiano scelte nella piena consapevolezza dei fatti e per creare condizioni paritarie di concorrenza per l'industria alimentare.

-Therefore, general principles applicable to all claims made on foods should be established in order to ensure a high level of consumer protection, give the consumer the necessary information to make choices in full knowledge of the facts, as well as creating equal conditions of competition for the food industry.

3897 approvare
vb
[approvare]

approve|adopt
Grant chiese al Senato di approvare il trattato.
-Grant asked the Senate to approve the treaty.

3898 etichetta
la
[etiketta]

label|tag
Incollare qui l'etichetta con l'indirizzo.
-Please affix the address label here.

3899 quarantena
la
[kwarantena]

quarantine
In caso di un riscontro positivo per l'LPAI, invece dei campioni standard di cui al manuale diagnostico, ai fini degli esami di laboratorio si devono prelevare i seguenti campioni, una volta trascorsi 21 giorni dall'ultimo riscontro positivo per l'LPAI nell'impianto di quarantena riconosciuto o in ogni unità della stazione di quarantena riconosciuta e ad intervalli di 21 giorni:
-In the case of a positive finding of LPAI, instead of the standard samples as provided for in the diagnostic manual, the following samples must be taken for laboratory testing, 21 days following the date of the last positive finding of LPAI in the approved quarantine facility or from each unit in the approved quarantine centre and at intervals of 21 days:

3900 operativo
adj
[operativo]

operating
Linux è un sistema operativo gratuito; dovresti provarlo.
-Linux is a free operating system; you should try it.

3901 discrezione
la
[diskrettsjone]

discretion
La discrezione è una virtù rara e importante.
-Discretion is a rare and important virtue.

3902 sovrano
adj; il
[sovrano]

sovereign; sovereign
Il sovrano si riprese completamente dalla sua malattia.
-The sovereign completely recovered from his illness.

3903 testardo
adj
[testardo]

stubborn|headstrong
Sei così testardo.
-You're so stubborn.

3904 oggigiorno
adv
[oddʒidʒorno]

nowadays
Oggigiorno i rifiuti destinati al recupero possono circolare liberamente all'interno degli Stati membri, purché siano rispettate le rigorose norme a tutela dell'ambiente e il principio di proporzionalità.
-Today, waste for recovery is moved freely between the Member States, provided that it adheres to strict environmental protection rules and the principle of proportionality.

3905 aeroplano
il
[aeroplano]

airplane
L'aeroplano si stava avvicinando a Londra.
-The plane was approaching London.

3906 audizione
le
[audittsjone]

audition
Motivazione delle decisioni e diritto di audizione
-Statement of grounds on which decisions are based, right of audience

3907 montano
adj
[montano]

mountain
Erminio Enzo Boso e Mario Borghezio sulla necessità di adottare una politica dettagliata sul patrimonio montano e sulla sua relativa protezione.

-Erminio Enzo Boso and Mario Borghezio on the need for a detailed policy on mountain areas and their protection.

3908	**viziare**	**spoil|vitiate**
	vb	Non sono d'accordo col viziare gli animali domestici.
	[vittsjare]	-I'm not for spoiling pets.
3909	**pelliccia**	**fur|fur coat**
	la	Stava indossando una pelliccia.
	[pellittʃa]	-She was wearing a fur coat.
3910	**borsetta**	**handbag**
	la	Ha appena rubato la borsetta di quella donna!
	[borsetta]	-He just stole that woman's purse!
3911	**rimuovere**	**remove|dislodge**
	vb	Non rimuovere questa frase di esempio.
	[rimwovere]	-Do not delete this example sentence.
3912	**ipocrita**	**hypocritical; hypocrite**
	adj; il/la	Sei un ipocrita.
	[ipokrita]	-You're a hypocrite.
3913	**aggeggio**	**contraption|device**
	il	Potete passarmi quell'aggeggio?
	[addʒeddʒo]	-Can you pass me that thingamajig?
3914	**scatto**	**click|burst**
	lo	Ebbe uno scatto di rabbia.
	[skatto]	-He broke out into rage.
3915	**ionio**	**ionian**
	adj	Mentre oggi "Ionio" è il nome geografico del mare compreso fra la Grecia meridionale, l'Italia meridionale e le isole lungo la costa O della Grecia, una volta questo nome aveva un significato più ampio e più simile all'uso di "Iavan" nelle Scritture Ebraiche.
	[jonjo]	-While "Ionian" now applies geographically to the sea between southern Italy and southern Greece, including the chain of islands along the W coast of Greece, the name once had a broader application more in harmony with the Hebrew Scriptures' use of "Javan."
3916	**tossico**	**toxic**
	adj	L'esano è tossico?
	[tossiko]	-Is hexane toxic?
3917	**vago**	**vague|dreamy**
	adj	Lei provava un vago senso di colpa.
	[vago]	-She had a vague feeling of guilt.
3918	**interpretazione**	**interpretation|reading**
	la	I giochi di parole sono stati trovati in Egitto, dove sono stati molto utilizzati nello sviluppo di miti e nell'interpretazione dei sogni.
	[interpretattsjone]	-Puns were found in ancient Egypt, where they were heavily used in development of myths and interpretation of dreams.
3919	**mercante**	**merchant|dealer**
	il	Il paesano vendette al mercante un centinaio di uova.
	[merkante]	-The villager sold the merchant one hundred eggs.
3920	**sfortunato**	**unfortunate|unlucky**
	adj	È sfortunato.
	[sfortunato]	-That's unlucky.
3921	**stallone**	**stallion**

| | lo | | Questo è uno stallone o una giumenta? |
| | [stallone] | | -Is this a stallion or a mare? |

3922 altrui — **others**

adj
[altrwi]

Il nostro tempo è limitato, per cui non lo dobbiamo sprecare vivendo la vita di qualcun altro. Non facciamoci intrappolare dai dogmi, che vuol dire vivere seguendo i risultati del pensiero di altre persone. Non lasciamo che il rumore delle opinioni altrui offuschi la nostra voce interiore. E, cosa più importante di tutte, dobbiamo avere il coraggio di seguire il nostro cuore e la nostra intuizione.
  -Your time is limited, so don't waste it living someone else's life. Don't be trapped by dogma - which is living with the results of other people's thinking. Don't let the noise of other's opinions drown out your own inner voice. And most important, have the courage to follow your heart and intuition.

3923 commuovere — **move|touch**

vb
[kommwovere]

Vicende del genere non possono non commuovere chiunque, ovunque nel mondo.
  -That is something that cannot fail to move anyone, wherever in the world they may be.

3924 pomodoro — **tomato**

il
[pomodoro]

Carote nella salsa di pomodoro?
  -Carrots in tomato sauce?

3925 mutuo — **mutual; loan**

adj; il
[mutwo]

Sono venuto qui per cercare un nuovo inizio tra gli Stati Uniti e i musulmani di tutto il mondo; un inizio basato sull'interesse reciproco e sul mutuo rispetto; e uno basato sulla verità che l'America e l'Islam non sono esclusivi, e non devono essere in competizione. Invece, si sovrappongono e condividono principi comuni - principi di giustizia e di progresso; la tolleranza e la dignità di tutti gli esseri umani.
  -I have come here to seek a new beginning between the United States and Muslims around the world; one based upon mutual interest and mutual respect; and one based upon the truth that America and Islam are not exclusive, and need not be in competition. Instead, they overlap, and share common principles – principles of justice and progress; tolerance and the dignity of all human beings.

3926 condizionare — **condition**

vb
[kondittsjonare]

Quando si ritrovano in mezzo a persone superficiali, senza valori o violente, e i genitori non li vedono, anziché lasciarsi condizionare dagli altri rispettano i valori che sanno essere giusti.
  -When out of their parents' sight—even if surrounded by people who are shallow, immoral, or vicious—they can resist bad influences and stick to the standards that they know are right.

3927 appassionato — **passionate; enthusiast**

adj; il
[appassjonato]

Io sono appassionato di sci.
  -I am fond of skiing.

3928 tempismo — **timing**

il
[tempismo]

Ottimo tempismo!
  -Great timing!

3929 tequila — **tequila**

la
[tekwila]

Ho davvero bisogno di un po' di tequila!
  -I really need some tequila!

3930 psicologia — **psychology**

la
[psikolodʒa]

Io non sono un esperto in psicologia.
-I'm not an expert of psychology.

3931 **terrificare** **terrify**
vb
[terrifikare]

Se la sua testa viene madre smetterà di terrificare la gente
-If her head is chopped off... my mother may stop haunting people for good.

3932 **liberamente** **freely**
adv
[liberamente]

Può entrare liberamente nella biblioteca.
-You can enter the library freely.

3933 **portale** **portal**
il
[portale]

Portale dentro.
-Take them inside.

3934 **ombrello** **umbrella**
il
[ombrello]

Ha trovato l'ombrello che ha detto che aveva perso l'altro giorno?
-Did you find the umbrella you said you'd lost the other day?

3935 **abbondanza** **abundance|plenty**
le
[abbondantsa]

Coltivare un giardino qui è praticamente impossibile a causa della abbondanza di roditori.
-Growing a garden here is practically impossible because of the abundance of gophers.

3936 **trattenere** **hold|keep**
vb
[trattenere]

Joe non riusciva a trattenere la sua rabbia.
-Joe couldn't contain his anger.

3937 **scorciatoia** **shortcut|byway**
la
[skortʃatoja]

Può usare anche la scorciatoia da tastiera Ctrl+Alt+R.
-You can also use the Ctrl+Alt+R keyboard shortcut.

3938 **puzzolente** **smelly|rank**
adj
[puttsolente]

È davvero puzzolente.
-It's really stinky.

3939 **invito** **invitation**
lo
[invito]

Io non ho ricevuto l'invito.
-I didn't get the invitation.

3940 **negoziare** **negotiate**
vb
[negottsjare]

Lo delegammo a negoziare con loro.
-We delegated him to negotiate with them.

3941 **rito** **rite**
il
[rito]

Tra poco, la Chiesa così ammonirà ciascuno di voi: "Renditi conto di ciò che farai, / imita ciò che celebrerai, / conforma la tua vita / al mistero della croce di Cristo Signore" (Rito).
-In a little while the Church will advise each of you: "Know what you are doing and imitate the mystery you celebrate: model your life on the mystery of the Lord's Cross" (Rite).

3942 **biliardo** **pool**
il
[biljardo]

Io non gioco a biliardo.
-I don't play pool.

3943 **ritrovo** **hangout**
il
[ritrovo]

Ritrovo la voglia di vivere
-Finding Joy in Life Again

3944 **veterinario** **veterinary; vet**
adj; il
[veterinarjo]

John è un veterinario.
-John is a veterinarian.

3945 sequestro
il
[sekwestro]

seizure

Il sequestro sarà probabilmente realizzato nel sottosuolo, se possibile nelle vaste caverne scavate dall'estrazione di petrolio.
-Sequestration will most likely take place underground, possibly in the vast caverns left from oil drilling.

3946 pericolo
il
[perikolo]

danger|hazard

Joe deve essere consapevole del pericolo.
-Joe must be aware of the danger.

3947 figurare
vb
[figurare]

appear|figure

Tra i partner possono figurare autorità a livello locale, regionale e nazionale, nonché il settore privato, la società civile e le parti sociali degli Stati beneficiari e del Regno di Norvegia.
-Partners may include, inter alia, local, regional and national levels, as well as the private sector, civil society and social partners in the Beneficiary States and the Kingdom of Norway.

3948 lamento
il
[lamento]

lament|moan

"Come si sente?" "Non mi lamento."
-"How do you feel?" "No complaints."

3949 uragano
il
[uragano]

hurricane

L'uragano Katrina ha devastato New Orleans.
-Hurricane Katrina devastated New Orleans.

3950 bowling
il
[bovliŋg]

bowling

La sera, solitamente andiamo a giocare a bowling.
-At night, we usually go bowling.

3951 spettacolare
adj
[spettakolare]

spectacular

Era piuttosto spettacolare.
-It was quite spectacular.

3952 intellettuale
adj; il/la
[intellettwale]

intellectual; intellectual

Un intellettuale è una persona che ha scoperto qualcosa più interessante del sesso.
-An intellectual is a person who has discovered something more interesting than sex.

3953 ingenuo
adj; il
[indʒenwo]

naive; ingenue

Come può essere così ingenuo?
-How can you be so naive?

3954 definire
vb
[definire]

determine|settle

Come possiamo definire l'equilibrio per un sistema di particelle in movimento?
-How can we define equilibrium for a system of moving particles?

3955 contabile
il/la; adj
[kontabile]

accountant; counting

Organizzazione interna di revisori legali e imprese di revisione contabile
-Internal organisation of statutory auditors and audit firms

3956 stupire
vb
[stupire]

amaze|astonish

Allora non siete più di aiuto tranne che per stupire i consumatori;
-Then you can't help but make them go "wow";

3957 passero
il
[passero]

sparrow

Il ragazzo non sa distinguere una rondine da un passero.
-The boy can't tell a swallow from a sparrow.

3958 manzo
il
[mantso]

beef

Anche io voglio del manzo.
-I want beef, too.

3959 immenso — **immense**
adj
[immenso]
Joe è immenso.
-Joe's terrific.

3960 innanzi tutto — **first**
adv
[innantsi tutto]
Vorrei dire innanzi tutto una cosa.
-I would like to say one thing first of all.

3961 cospirazione — **conspiracy**
la
[kospirattsjone]
Aw-Mohamed ha denunciato il processo di pace di Gibuti quale cospirazione straniera e a maggio 2009, in una registrazione sonora inviata ai media somali, ha ammesso che le sue forze erano state impegnate nei recenti combattimenti a Mogadiscio.
-Aw-Mohamed has denounced the Djibouti peace process as a foreign conspiracy, and in a May 2009 audio recording to Somali media, he acknowledged that his forces were engaged in recent fighting in Mogadishu.

3962 avanzare — **advance|put forward**
vb
[avantsare]
L'Unità per la legge e l'ambiente fa avanzare la protezione ambientale dalle vie legislative e politiche.
-The Unit for Law and the Environment advances environmental protection through legislation and policy avenues.

3963 saggio — **wise; test**
adj; il
[saddʒo]
Chiunque stia zitto quando si accorge che sta sbagliando è saggio.
-Whoever shuts up when he notices he's wrong is wise.

3964 fidato — **trustworthy|reliable**
adj
[fidato]
Perché mi sono fidato di lei?
-Why did I trust you?

3965 mora — **blackberry**
la
[mora]
Tuttavia gli interessi di mora sono esigibili soltanto se il pagamento è compiuto con un ritardo superiore a tre mesi a decorrere dalla data d'invio della richiesta di fondi da parte della Commissione.
-However, this interest shall be payable only if the contribution is paid more than three months after a call for funds has been made by the Commission.

3966 ossessionare — **obsess|torment**
vb
[ossessjonare]
Dovremmo evitare di farci ossessionare dalla questione della sussidiarietà.
-We should avoid becoming obsessed with the question of subsidiarity.

3967 sfruttare — **exploit|take advantage of**
vb
[sfruttare]
Robinson considera la natura un mero oggetto di studio scientifico, da sfruttare per i suoi propri usi e piaceri.
-Robinson considers nature a mere object of scientific study to exploit for his own uses and pleasure.

3968 manutenzione — **maintenance|service**
la
[manutentsjone]
Era il responsabile della manutenzione alla fabbrica di cioccolato.
-He was in charge of maintenance at the chocolate factory.

3969 formato — **format**
il
[formato]
Quale formato dovrei usare?
-What format should I use?

3970 margherita — **daisy**
la
[margerita]
Allora, Margherita, chi si butta?
-So, Margherita, who is going to jump?

3971 quattordici — **fourteen**

	num		Avrò quattordici anni.
	[kwattorditʃi]		-I am going to be fourteen.

3972 lite — **quarrel|argument**

la
[lite]

Pertanto, nuovi dati sui rischi che gravano sul bilancio comunitario, ottenuti nel corso della procedura di liquidazione dei conti, non costituiscono in linea di principio un ampliamento dell'oggetto della lite.
-Thus, new findings concerning the risks for the Community budget made during the procedure for clearance of accounts do not, in principle, constitute an extension of the subject-matter of the procedure.

3973 semestre — **semester**

il
[semestre]

Il secondo semestre è giunto alla fine.
-The second term came to an end.

3974 zecca — **mint**

la
[tsekka]

Il mio blog nuovo di zecca è online!
-My brand new blog is online!

3975 colombo — **pigeon**

il
[kolombo]

Dopo avere torturato un indovino facendogli il solletico fino alla morte per diverse ore, Cristoforo Colombo ha messo il giocattolo per novellini in uno scrigno con la scritta: "Per il grande pirata del futuro Al-Sayib: I novellini lo meritano sempre."
-After torturing a fortune-teller by tickling him to death for several hours, Christopher Columbus placed the noob toy in a treasure chest with the inscription: "To the great pirate of the future Al-Sayib: Noobs always deserve it."

3976 Apollo — **Apollo**

lo
[apollo]

Nello stesso giorno l'Apollo 11 atterrò sulla Luna.
-On the same day, Apollo 11 succeeded in landing on the moon's surface.

3977 tradizionale — **traditional**

adj
[tradittsjonale]

Il kimchi è un piatto tradizionale coreano.
-Kimchi is a traditional Korean dish.

3978 teschio — **skull**

il
[teskjo]

Il Golgota, che significa "[Luogo del] Teschio", fu la zona in cui Gesù venne messo al palo.
-Golgotha, meaning "Skull [Place]," was the site of Jesus' impalement.

3979 danneggiare — **damage|harm**

vb
[danneddʒare]

Questo sito web può danneggiare il suo computer.
-This website can damage your computer.

3980 stagnare — **stagnate**

vb
[staɲɲare]

Contemporaneamente, i consumi tendono a stagnare.
-It is also in competition with other fibres.

3981 senza tetto — **homeless**

adj
[sˈɛntsa tetto]

Ci possono essere muri senza un tetto, ma nessun tetto senza muri.
-There can be walls without a roof, but no roof without walls.

3982 rimordere — **prick**

vb
[rimordere]

Però dover fingere di essere la sua vera nipote ti fa rimordere la coscienza, vero?
-The fact that you're lying about being the "real granddaughter" must prick your conscience, no?

3983 inseguimento — **pursuit**

il
[insegwimento]

Ogni persona inclusa nel campione che trasferisce la propria residenza all'interno delle frontiere nazionali viene seguita nella nuova località di residenza secondo norme e procedure di inseguimento da definire secondo

la procedura di cui all'articolo 14, paragrafo 2.
-Every sample person who has moved to a private household within the national boundaries shall be followed up to the new location in accordance with tracing rules and procedures to be defined under the procedure referred to in Article 14(2).

3984	**esposizione**	**exposure|exhibition**
	la	Questa è l'automobile più veloce del nostro salone d'esposizione.
	[espozittsjone]	-This is the fastest car in our showroom.
3985	**liquore**	**liquor|liqueur**
	il	Mi ha preparato un po' di liquore allo zabaione.
	[likwore]	-She made me some eggnog.
3986	**informare**	**inform|tell**
	vb	Chi dovrei informare?
	[informare]	-Whom should I inform?
3987	**governare**	**govern|steer**
	vb	In generale, l'arte di governare consiste nel prendere la maggior parte dei soldi da una parte dei cittadini, al fine di darlo ad un'altra parte.
	[governare]	-Generally speaking, the art of governing consists in taking the most money from one part of the citizens, in order to give it to another part.
3988	**pozione**	**potion|draft**
	la	In questo modo si spiega il nostro interesse nei confronti di un effettivo miglioramento delle ferrovie, che sia più globale e integrato e non si limiti alla proposta di una liberalizzazione totale e definitiva quale pozione magica per risolvere una volta per tutte qualsiasi tipo di problema.
	[pottsjone]	-Hence our interest in an effective improvement to the railways, which is more global and integrated and not restricted to proposing total and definitive liberalisation as a magic potion for resolving every kind of problem forever.
3989	**atrio**	**lobby|atrium**
	il	Ho appena visto Joe nell'atrio.
	[atrjo]	-I just saw Joe in the lobby.
3990	**dotare**	**provide|endow**
	vb	La comunicazione che istituisce il programma quadro "Diritti fondamentali e giustizia" rientra in un insieme coerente di proposte dirette a dotare lo spazio di libertà, sicurezza e giustizia di un supporto adeguato nel quadro delle prospettive finanziarie del 2007.
	[dotare]	-The Communication establishing a Framework programme on "Fundamental Rights and Justice" is part of a coherent set of proposals aiming at providing an adequate support to an area of freedom, security and justice under the financial perspectives 2007.
3991	**copra**	**copra**
	le	Mi copra le spalle.
	[kopra]	-Watch my back.
3992	**riflesso**	**reflection|reflex**
	il	Joe guardò il suo riflesso nello specchio.
	[riflesso]	-Joe looked at his reflection in the mirror.
3993	**perdente**	**loser**
	il	Almeno non sono un perdente come voi.
	[perdente]	-At least I'm not a loser like you.
3994	**definitivo**	**final|definitive**
	adj	Noi camminiamo sulle strade del mondo sapendo di aver Lui al fianco, sorretti dalla speranza di poterlo un giorno vedere a viso svelato
	[definitivo]	

nell'incontro definitivo.
-We travel on the highways of the world knowing that he is beside us, supported by the hope of being able to see him one day face to face, in the definitive encounter.

3995	**angoscia**	**anguish**
	le	La gravità della procedura è determinata in base al livello di dolore, sofferenza, angoscia o danno prolungato cui sarà presumibilmente sottoposto il singolo animale nel corso della procedura stessa.
	[aŋgoʃʃa]	-The severity of a procedure shall be determined by the degree of pain, suffering, distress or lasting harm expected to be experienced by an individual animal during the course of the procedure.
3996	**cestino**	**basket**
	il	Ci sono molte uova nel cestino.
	[tʃestino]	-There are a lot of eggs in the basket.
3997	**schifezza**	**filth**
	la	E crea la rappresentazione di una lingua schifezza.
	[skifettsa]	-It creates a representation of language crap.
3998	**pronunciare**	**pronounce|utter**
	vb	Qualcuno sa pronunciare questa parola?
	[pronuntʃare]	-Can anyone pronounce this word?
3999	**panchina**	**bench**
	la	Ci siamo sedute sulla panchina nel parco.
	[paŋkina]	-We sat on the bench in the park.
4000	**scarafaggio**	**cockroach|beetle**
	lo	Lei sembra soddisfatta quando riesce a prendere uno scarafaggio.
	[skarafaddʒo]	-She looks satisfied when she catches a cockroach.
4001	**paesaggio**	**landscape|scenery**
	il	Dovremmo preservare la bellezza del paesaggio.
	[paezaddʒo]	-We should preserve the beauties of the countryside.
4002	**ostile**	**hostile|inimical**
	adj	Mi è ostile.
	[ostile]	-She is hostile to me.
4003	**rapinare**	**rob**
	vb	Dunque due tizi di Bakersfield vengono a Las Vegas, prendono in affitto gli smoking, rubano l' uniforme di un poliziotto perche ' uno di loro possa rapinare un paio di negozi di liquori?
	[rapinare]	-So, two guys from Bakersfield come to Vegas, rent tuxedoes, steal a policeman' s uniform, so that one of them can hold up a couple of liquor stores
4004	**deprimente**	**depressing**
	adj	È troppo deprimente.
	[deprimente]	-It's too depressing.
4005	**melodia**	**melody|descant**
	la	Come si chiama questa melodia?
	[melodja]	-What's the name of this tune?
4006	**cattolico**	**Catholic; Catholic**
	adj; il	Joe è un Cattolico devoto.
	[kattoliko]	-Joe is a devout Catholic.
4007	**profezla**	**prophecy**
	la	La profezia si è avverata.
	[profettsja]	-The prophecy came true.

4008	**agitare**	**shake|stir**
	vb	Tappare ermeticamente la beuta ed agitare per mettere il campione in sospensione evitando la formazione di grumi.
	[adʒitare]	-Stopper the Erlenmeyer flask and shake in order to suspend the fertiliser without forming lumps.
4009	**correttamente**	**correctly**
	adv	Ti stai lavando correttamente i denti?
	[korrettamente]	-Are you brushing your teeth properly?
4010	**rene**	**kidney**
	il	Il trapianto è un'alternativa per questi pazienti, ma meno del 50% può ricevere un trapianto del rene a causa della mancanza di organi.
	[rene]	-Transplantation is one option for these patients but less than 50% can expect to receive a kidney transplant, due to a shortage of donor organs.
4011	**distratto**	**inattentive**
	adj	Tu sei distratto facilmente.
	[distratto]	-You are easily distracted.
4012	**puzzo**	**stench|smell**
	il	So che puzzo d' alcool, non mi piace.
	[puttso]	-I know, but I don't like the smell of alcohol.
4013	**concentrare**	**concentrate|gather**
	vb	Io mi devo concentrare.
	[kontʃentrare]	-I must concentrate.
4014	**elettorale**	**electoral**
	adj	Io voglio ringraziare il mio compagno in questo viaggio, un uomo che ha fatto campagna elettorale col cuore, e ha parlato per gli uomini e le donne con cui è cresciuto nelle strade di Scranton, ed è tornato con il treno verso casa nel Delaware, il vice presidente eletto degli Stati Uniti, Joe Biden.
	[elettorale]	-I want to thank my partner in this journey, a man who campaigned from his heart, and spoke for the men and women he grew up with on the streets of Scranton, and rode with on the train home to Delaware, the vice president-elect of the United States, Joe Biden.
4015	**collera**	**anger|rage**
	la	Perché siete tanto in collera?
	[kollera]	-Why are you guys so angry?
4016	**vulnerabile**	**vulnerable**
	adj	84 Secondo i ricorrenti nella causa principale, una simile interpretazione viola il principio di proporzionalità per il fatto che gli obblighi di natura economica e finanziaria posti a loro carico, obblighi che derivano direttamente dalla designazione della zona vulnerabile considerata tale dalle competenti autorità britanniche, non sono appropriati né necessari per raggiungere l'obiettivo della direttiva.
	[vulnerabile]	-84 According to the applicants in the main proceedings, such an interpretation offends against the principle of proportionality because the economic and financial constraints imposed upon them, which stem directly from the designation of the vulnerable zone by the competent United Kingdom authorities, are neither appropriate nor necessary in order to achieve the objective pursued by the Directive.
4017	**piccante**	**spicy|piquant**
	adj	Fatelo il più piccante possibile.
	[pikkante]	-Make it as spicy as you can.
4018	**maglione**	**sweater|guernsey**

il
[maʎʎone]
Il suo maglione è viola.
-Her sweater is purple.

4019 sostituire

vb
[sostitwire]
replace|substitute for
Potete anche sostituire il mascarpone con della crema.
-You can also replace the mascarpone with cream.

4020 vicepresidente

il
[vitʃeprezidente]
vice-president
La vicepresidente della Commissione incaricata dell'Energia e dei Trasporti si è rivolta ai vettori comunitari invitandoli a comunicare queste informazioni ai passeggeri e intende nuovamente rivolgersi a loro per conoscere le disposizioni adottate da ciascuno di loro.
-The Vice-president of the Commission in charge of Energy and Transport has written to Community carriers urging them to give passengers such information and intends now to write again to see what each airline has done.

4021 legalmente

adv
[legalmente]
legally
Ogni individuo accusato di un reato è presunto innocente sino a che la sua colpevolezza non sia stata provata legalmente in un pubblico processo nel quale egli abbia avuto tutte le garanzie necessarie per la sua difesa.
-Everyone charged with a penal offence has the right to be presumed innocent until proved guilty according to law in a public trial at which he has had all the guarantees necessary for his defence.

4022 infernale

adj
[infernale]
infernal|devilish
La vita è più infernale dell'inferno stesso.
-Life is more hellish than hell itself.

4023 competere

vb
[kompetere]
compete|rival
Non può competere con noi.
-You can't compete with us.

4024 timone

il
[timone]
rudder
I dispositivi di attacco a timone specifici della classe T sono destinati all'utilizzo su insiemi di veicoli specifici, ad esempio, le bisarche.
-Class T dedicated drawbar type couplings are intended for use on specific vehicle combinations, for example, car transporters.

4025 numeroso

adj
[numerozo]
numerous
C'era un pubblico numeroso al concerto di ieri.
-There was a large audience at yesterday's concert.

4026 indipendenza

le
[indipendentsa]
independence
Manteniamo la nostra indipendenza.
-We maintain our independence.

4027 berretto

il
[berretto]
cap
Dov'è il tuo berretto?
-Where is your cap?

4028 souvenir

i
[souvenir]
souvenir
Colleziono souvenir.
-I collect souvenirs.

4029 grammo

il
[grammo]
gram
Lecitine idrolizzate: non più di 45 mg di idrossido di potassio per grammo
-Hydrolysed lecithins: not more than 45 mg of potassium hydroxide per gram

4030 menu

il
[menu]
menu
Questa opzione non è specifica per un dispositivo, bensì agisce sulla finestra del mixer. Puoi nascondere e visualizzare nuovamente la barra dei menu con questa opzione. Puoi anche farlo premendo la scorciatoia.

-This option is not device specific, but affects the mixer window. You can hide and show the menubar with this option. You can also do this by pressing the shortcut.

4031	**pentola**	**pot**
	la	La zuppa nella pentola aveva un sapore molto salato.
	[pentola]	-The soup in the pot tasted very salty.

4032	**cantiere**	**yard**
	il	A tale riguardo, le autorità tedesche e olandesi hanno convenuto, per quanto riguarda l'IVA, di considerare il ponte transfrontaliero e l'area del suo cantiere territorio tedesco.
	[kantjere]	-In this respect, the German and the Dutch authorities have agreed, concerning VAT, to regard the cross-border bridge and its construction site as being on the territory of Germany.

4033	**povertà**	**poverty|need**
	la	Alcune persone incolpano la povertà per il crimine.
	[povert'a]	-Some people blame poverty for crime.

4034	**Scozia**	**Scotland**
	la	Questo è per la Scozia, non per Sparta.
	[skottsja]	-This is for Scotland, not for Sparta.

4035	**affamare**	**starve**
	vb	Li può frustare, li può affamare...... ma un po ' di musica li risolleva.
	[affamare]	-You can flog those fellows, starve them...... but they'll bob up again with a fiddle.

4036	**quotidiano**	**daily|everyday**
	adj	L'esercizio quotidiano è essenziale per la propria salute.
	[kwotidjano]	-Daily exercise is essential for your health.

4037	**pio**	**pious**
	adj	Molti di voi, cari pellegrini, sono membri dei gruppi di preghiera fondati da Padre Pio: vi saluto affettuosamente insieme con tutti gli altri fedeli che, mossi dalla devozione verso il nuovo Beato, hanno voluto essere presenti in questa lieta circostanza.
	[pjo]	-Many of you, dear pilgrims, are members of prayer groups founded by Padre Pio: I greet you affectionately together with all the other faithful who, prompted by their devotion to the new blessed, have wished to be here on this joyful occasion.

4038	**pittura**	**painting|paint**
	la	Joe dice di non essere più interessato alla pittura.
	[pittura]	-Joe says he's no longer interested in painting.

4039	**prudenza**	**prudence|caution**
	la	Joe si tolse con prudenza la benda.
	[prudentsa]	-Joe carefully removed the bandage.

4040	**gru**	**crane**
	le	Una gru solleva materiali di costruzione pesanti.
	[gru]	-A crane raises heavy construction materials.

4041	**tappo**	**plug|cork**
	il	Questo vino sa di tappo!
	[tappo]	-This wine tastes corked!

4042	**adolescente**	**teenager; adolescent**
	il/la; adj	Joe mangia in questo ristorante da quand'è adolescente.
	[adoleʃʃente]	-Joe has been eating at that restaurant since he was a teenager.

| 4043 | **bolla** | **bubble\|blister** |

la
[bolla]

Francamente ero troppo codardo per far scoppiare la tua bolla di sapone.
  -Frankly, I was too much of a wuss to want to burst your bubble.

4044 gestione

la
[dʒestjone]

management|administration

Qualcuno di voi sa chi si occupa dell'organizzazione del festival e della gestione dei gruppi da far suonare?
  -Do any of you know who is responsible for organizing the festival and the management of groups to play?

4045 panna

la
[panna]

cream

Le fragole con la panna sono deliziose.
  -Strawberries and cream are delicious.

4046 frode

la
[frode]

fraud|deceit

Frode ed inganno abbondano più in questi giorni che in tempi passati.
  -Fraud and deceit abound in these days more than in former times.

4047 baronessa

la
[baronessa]

baroness

Vorrei inoltre cogliere questa opportunità per augurare alla Baronessa Ashton e al suo nuovo Servizio fortuna e successo, augurando a tutti noi una politica estera comunitaria forte, coerente e coordinata perché sono certo che, con la Baronessa Ashton e il SEAE, l'Unione rafforzerà ulteriormente la propria influenza sugli affari globali.
  -I would like to use this opportunity to wish Cathy and her new service luck and success and to wish all of us a strong, coherent and coordinated EU foreign policy because I am sure that, with Cathy and the EEAS, the EU will further increase its influence on global affairs.

4048 formare

vb
[formare]

form|train

Secondo gli orientamenti di Google, si raccomanda che i membri aggiungano solo frasi nella loro lingua madre e/o tradurre da una lingua che possano comprendere nella loro lingua madre. La ragione di questo è che è molto più facile formare frasi dal suono naturale nella propria lingua madre. Quando si scrive in una lingua diversa dalla nostra lingua madre, è molto facile da produrre frasi che suonano strane. Si prega di assicurarsi di tradurre la frase solamente se si è sicuri di sapere cosa significa.
  -Under the Google guidelines, it is recommended that members only add sentences in their native language and/or translate from a language they can understand into their native language. The reason for this is that it is much easier to form natural-sounding sentences in one's native language. When we write in a language other than our native language, it is very easy to produce sentences that sound strange. Please make sure you only translate the sentence if you are sure you know what it means.

4049 ricostruire

vb
[rikostrwire]

rebuild|piece together

Non possiamo neppure suddividere la popolazione in due gruppi: quelli che hanno fatto in tempo a fuggire e che ora aspettano che venga portato a compimento il processo di ricostruzione e quelli che sono rimasti nel paese e hanno sofferto; a questi ultimi non possiamo dire «datti da fare a ricostruire» fintantoche gli altri si decidono a ritornare.
  -Nor can we divide the population into those who were able to flee in time and are now waiting for reconstruction to get underway so that they can then go back, and those who stayed there and suffered. We cannot say to the latter, "Start building, ' so that the others will see that it's safe to come back.

4050 definizione

la
[definittsjone]

definition

Il termine "concorrenza eccessiva" è usato di frequente nell'industria giapponese, ma non esiste una definizione esatta della pratica.

-The word 'excessive competition' is frequently used in Japanese industry, but there is not a precise definition of the practice.

4051	**caserma** la [kazerma]	**barrack** In base al contratto di lavoro stipulato il 10 ottobre 1994 tra la convenuta e la ricorrente (in prosieguo: il «contratto»), la ricorrente è stata assunta come «addetta alle pulizie nella caserma». -Under the employment contract between the defendant and the applicant of 10 October 1994 ('the contract'), the applicant was employed as a 'cleaner in the barracks'.
4052	**frequente** adj [frekwente]	**frequent** La terza lettera più frequente nell'esperanto è la "e". -The third most frequent letter in Esperanto is "e".
4053	**delfino** il [delfino]	**dolphin** Un delfino è un mammifero. -A dolphin is a mammal.
4054	**reattore** il [reattore]	**reactor** Oggetto: Situazione del reattore nucleare di Chernobyl (Ucraina) -Subject: Situation at the Chernobyl nuclear reactor (Ukraine)
4055	**stellare** adj [stellare]	**stellar** Crusher, rotta per la base stellare più vicina. -Mr Crusher, set course for the nearest starbase.
4056	**feroce** adj [ferotʃe]	**fierce|savage** Il feroce martellamento delle onde durante la tempesta spazzò tonnellate di costa nell'oceano. -The fierce pounding of the waves during the storm washed tonnes of shoreline into the ocean.
4057	**recitazione** la [retʃitattsjone]	**acting** La recitazione è molto buona. -The acting is very good.
4058	**apporre** vb [apporre]	**affix|put** L'organismo notificato appone o fa apporre il proprio numero di identificazione sullo strumento di cui è stata accertata la conformità ai requisiti e fornisce un attestato scritto di conformità relativo alle prove effettuate. -The notified body shall affix, or cause to be affixed, its identification number to the instrument the conformity of which to requirements has been established, and shall draw up a written certificate of conformity concerning the tests carried out.
4059	**bisognare** vb [bizoɲɲare]	**must** Il reinsediamento dei rifugiati della regione deve essere responsabilità degli Stati di destinazione e se l'afflusso diventa insostenibile bisognare rendere più rigide le politiche europee in materia di asilo e immigrazione. -The resettling of refugees from this region should be the responsibility of the states which the refugees head to, and if the influx becomes unsustainable, the response should be to tighten up EU asylum and immigration policy.
4060	**golfo** il [golfo]	**gulf** Gli anni '90 sono iniziati con l'incidente del Golfo. -The 1990s began with the Gulf incident.
4061	**imbarcare** vb [imbarkare]	**embark|take on board** Sono spiacente. Abbiamo finito di imbarcare. -I'm sorry. We've finished boarding.

4062	**sgradevole**	**unpleasant | disagreeable**
	adj	Il latte è sgradevole.
	[zgradevole]	-Milk is nasty.
4063	**determinare**	**determine | cause**
	vb	Fu eseguita una datazione al carbonio sul campione per determinare la sua età.
	[determinare]	-Carbon dating was performed on the sample to determine its age.
4064	**aglio**	**garlic**
	il	Odio l'odore di aglio.
	[aʎʎo]	-I hate the smell of garlic.
4065	**locanda**	**inn**
	la	Gli medicò le ferite, lo portò in una locanda e pagò il locandiere per prendersi cura dell'uomo ferito.
	[lokanda]	-He cleaned the man's wounds, took him to an inn, and paid the innkeeper to care for the injured man.
4066	**inno**	**hymn**
	il	L'Estonia ha il suo proprio inno.
	[inno]	-Estonia has its own hymn.
4067	**preservativo**	**condom; preservative**
	il; adj	Avete un preservativo?
	[prezervativo]	-Do you have a condom?
4068	**sfidare**	**challenge | defy**
	vb	Non sfidare qualcuno che non ha nulla da perdere.
	[sfidare]	-Don't challenge someone who has nothing to lose.
4069	**celebrità**	**celebrity | stardom**
	le	Come sono diventati delle celebrità?
	[tʃelebrit'a]	-How did they become celebrities?
4070	**assente**	**absent; absentee**
	adj; il/la	Perché eri assente ieri?
	[assente]	-Why were you absent yesterday?
4071	**cardinale**	**cardinal**
	adj	Il mio grazie va anche al Cardinale Arcivescovo di Boston che in questa storica città per primo mi offre l'ospitalità del vostro paese.
	[kardinale]	-My thanks go also to the Cardinal Archbishop of Boston, who in this historic city offers me the first hospitality of this country.
4072	**ufo**	**UFO**
	abr	Che cos'è un UFO?
	[ufo]	-What is a UFO?
4073	**orgasmo**	**orgasm | agitation**
	il	Poiché queste impennate ormonali non costituiscono più un vantaggio biologico, l'orgasmo durante il rapporto potrebbe di conseguenza andare perduto in alcune donne.
	[orgasmo]	-As these hormonal surges no longer confer a biological advantage, orgasms during intercourse may thus be lost in some women as a result.
4074	**vela**	**sailing**
	la	Andremo a vela lunedì.
	[vela]	-We're going sailing on Monday.
4075	**mastro**	**master**
	il	Ciò, tuttavia, non ha alcuna conseguenza sui rendiconti finanziari (o libro mastro generale) dal momento che non è stata ancora sostenuta alcuna spesa.
	[mastro]	

-This, however, has no effect on the financial statements (or general ledger) since no expense has yet been incurred.

4076	**piuma**	**feather|down**
	la	Gli Stati membri autorizzano le importazioni di carni di altra selvaggina oltre alle carni di selvaggina da piuma provenienti dai paesi terzi che figurano sull'elenco della seconda parte dell'allegato.
	[pjuma]	-Member States shall authorize imports of wild game meat other than wild feathered game meat from third countries appearing on the list in Part II of the Annex.
4077	**macello**	**slaughterhouse|slaughter**
	il	La Corte di giustizia ha confermato la suddetta affermazione nella sentenza Hedley Lomas (38), ampliandola allo stesso tempo agli scambi intracomunitari di animali da macello.
	[matʃello]	-In Hedley Lomas, (38) the Court confirmed that statement and at the same time extended its application to intra-Community trade in animals for slaughter.
4078	**dopo di che**	**whereupon**
	con	Lui si prese cura di sua madre dopo che suo padre morì.
	[dopo di ke]	-He cared for his mother after his father died.
4079	**infilare**	**insert|thread**
	vb	Niente banconote sfuse da infilare in una borsa?
	[infilare]	-No piles of cash in easy- to- carry bags?
4080	**frate**	**friar**
	il	Il frate è stato attirato in una trappola
	[frate]	-The monk was lured into a trap
4081	**estratto**	**extract|offprint**
	il	Ho preso un estratto di barbabietola oggi.
	[estratto]	-I took a beetroot extract today.
4082	**sospensione**	**suspension|stay**
	la	C'è un ponte a sospensione davanti a noi.
	[sospensjone]	-There is a suspension bridge ahead of us.
4083	**galla**	**gall**
	le	Non riesce neppure a stare a galla, figuriamoci nuotare.
	[galla]	-He can't even float let alone swim.
4084	**grassone**	**fatty**
	il	Ha ucciso lui il grassone.
	[grassone]	-He killed the fat man.
4085	**esercitare**	**exercise|exert**
	vb	Dopo aver raggiunto il rango di primo ministro, e con il sostegno entusiasta delle masse, sembra che lui sia in grado di esercitare i poteri presidenziali.
	[ezertʃitare]	-Having reached the rank of prime minister, and with the enthusiastic support of the masses, it seems he is able to wield presidential powers.
4086	**svedese**	**Swedish; Swede**
	adj; il/la	Secondo me la ragazza è svedese.
	[zvedeze]	-For me, the girl is Swedish.
4087	**imbroglione**	**trickster|swindler**
	il	Ammetto che il cileno medio è un discreto imbroglione.
	[imbroʎʎone]	-I admit that the average Chilean is quite a cheater.
4088	**turbare**	**disturb|perturb**
	vb	Poiché "tutto il mondo giace nel potere del malvagio", siamo circondati da forze negative che possono logorarci e turbare il nostro equilibrio cristiano.
	[turbare]	

-Because "the whole world is lying in the power of the wicked one," we are surrounded by negative forces that can wear us down and erode our Christian balance.

4089	**pipistrello**	**bat**
	il	È un pipistrello?
	[pipistrello]	-Is that a bat?

4090	**discoteca**	**disco│record library**
	la	Noi abbiamo avuto dei problemi a entrare nella discoteca.
	[diskoteka]	-We had trouble getting into the disco.

4091	**conservare**	**keep│preserve**
	vb	Joe deve conservare la sua forza.
	[konservare]	-Joe must conserve his strength.

4092	**considerato**	**considered**
	adj	Joe l'ha considerato.
	[konsiderato]	-Joe considered it.

4093	**inventato**	**made-up**
	adj	È stato inventato un nuovo tipo di proiettile.
	[inventato]	-A new kind of bullet had been invented.

4094	**accelerare**	**accelerate; speed up**
	vb; adv	Per accelerare lo sviluppo e avviare la diffusione di tecnologie a basse emissioni di carbonio di importanza strategica l'UE sta attuando il piano strategico europeo per le tecnologie energetiche (il cosiddetto piano SET).
	[attʃelerare]	-To accelerate the development and kick-start deployment of strategically important low-carbon technologies, the EU is implementing the European Strategic Energy Technology Plan (SET-Plan).

4095	**maledettamente**	**damned**
	adv	Ha maledettamente ragione.
	[maledettamente]	-You're bloody well right.

4096	**genetico**	**genetic**
	adj	Gli scienziati sostengono che il dibattito sulla medicina riproduttiva e sulla modifica ereditabile del patrimonio genetico umano è strettamente connessa a cinque impegni sociali fondamentali: - la tutela della salute umana; - il miglioramento della vita sociale; - l'equa distribuzione della salute sociale e dell'accesso alle tecnologie mediche; - un giusto processo decisionale; - la promozione del valore della vita e di un'esistenza ricca di significato.
	[dʒenetiko]	-The scientists claim that five major social commitments are closely linked to the discussion on reproductive medicine and inheritable genetic modification in humans: - The promotion of human health; - The promotion of social life; - The fair distribution of social wealth, including of access to medical technologies; - A fair decision making process; - The promotion of meaning and meaningful life.

4097	**pranzare**	**lunch**
	vb	Posso pranzare qui?
	[prantsare]	-Can I eat my lunch here?

4098	**portatile**	**portable**
	adj	Ho un portatile Asus.
	[portatile]	-I have an Asus laptop.

4099	**noce**	**walnut**
	la	Una noce di cocco non è una noce.
	[notʃe]	-A coconut is not a nut.

| 4100 | **seduta** | **sitting│freak-out** |

	la	Non starò seduta qui tutto il giorno a sentire le vostre lamentele.
	[seduta]	-I'm not going to sit here and listen to you complaining all day.
4101	**finanziario**	**financial**
	adj	Possiamo contare su di lui per un aiuto finanziario.
	[finantsjarjo]	-We can count on him for financial help.
4102	**idraulico**	**hydraulic; plumber**
	adj; il	Mario è un idraulico.
	[idrauliko]	-Mario is a plumber.
4103	**crociera**	**cruise**
	la	Congratulazioni, avete appena vinto una crociera nei Caraibi.
	[krotʃera]	-Congratulations, you've just won a cruise to the Caribbean.
4104	**spicciolo**	**change**
	lo	Beh, vado a mettere qualche spicciolo in quel juke-box.
	[spittʃolo]	-Well, I think I'll shove some change in that juke box.
4105	**indicazione**	**indication|sign**
	le	Il suo biascicamento era un'indicazione del fatto che lei era ubriaca.
	[indikattsjone]	-Her slurred speech was an indication that she was drunk.
4106	**interpretare**	**interpret|play**
	vb	Non richiede uno studioso per interpretare.
	[interpretare]	-It doesn't require a scholar to interpret.
4107	**diagnosi**	**diagnosis**
	la	Qual è la vostra diagnosi?
	[djaɲɲozi]	-What's your diagnosis?
4108	**leccare**	**lick**
	vb	Baciare una persona che fuma è come leccare un portacenere.
	[lekkare]	-Kissing a person who smokes is like licking an ashtray.
4109	**accensione**	**ignition**
	le	Joe lasciò le sue chiavi nell'accensione.
	[attʃensjone]	-Joe left his keys in the ignition.
4110	**gamma**	**range**
	la	La nostra organizzazione di vendita per Gamma non è forte.
	[gamma]	-Our sales organization for Gamma is not strong.
4111	**ventre**	**stomach**
	il	Tutto dipende da qual è la parte del treno d'onde che raggiunge per prima la costa, se è la cresta o il cavo (o ventre).
	[ventre]	-What determines the initial conditions is which part of the wave train reaches shore first—the rise or the trough.
4112	**periferia**	**outskirts**
	la	Noi abitiamo in periferia.
	[periferja]	-We live in the suburbs.
4113	**fuorilegge**	**outlaw; illegal**
	il/la; adj	Il governo agì coraggiosamente nell'occuparsi della rivolta dei fuorilegge.
	[fworileddʒe]	-The government acted boldly to deal with the outlaw uprising.
4114	**instabile**	**unstable**
	adj	L'antimateria è altamente instabile.
	[instabile]	-Antimatter is highly unstable.
4115	**ghetto**	**ghetto**
	il	Joe crebbe nel ghetto.
	[getto]	-Joe grew up in the ghetto.
4116	**collare**	**collar; size**

	il; vb [kollare]	ratiti vivi solo se sono identificati da un collare o da un microchip contenenti il codice ISO del paese d'origine. -live ratites only when they are identified with neck-tags and/or microchips which must include the ISO code of the country of origin.
4117	**difetto** il [difetto]	**defect|default** Per essere perfetta le mancava solo un difetto. -To be perfect she lacked just one defect.
4118	**boccone** il [bokkone]	**bite|mouthful** Prendiamoci un boccone rapido. -Let's catch a quick bite.
4119	**impostore** il [impoʃtore]	**impostor|humbug** Io mi sento un impostore. -I feel like an impostor.
4120	**antidoto** il [antidoto]	**antidote** Siete veramente un antidoto per la mia malinconia. -You are truly an antidote for my melancholy.
4121	**incirca** adv [intʃirka]	**about** Ci sono all'incirca tra dieci e venti studenti in totale. -There are about ten to twenty students in total.
4122	**overdose** le [overdoze]	**overdose** Andò in overdose con la cocaina. -He OD'd on cocaine.
4123	**vitello** il [vitello]	**calf** I vitelli che presentano sintomi di malattie o ferite debbono ricevere immediatamente le opportune cure e, qualora un vitello non reagisca al trattamento dell'allevatore, dev'essere consultato al più presto un veterinario. -Any calf which appears to be ill or injured shall be treated appropriately without delay and veterinary advice shall be obtained as soon as possible for any calf which is not responding to the stock-keeper's care.
4124	**preavvisare** vb [preavvizare]	**forewarn** L'obiettivo dell'informazione è essenzialmente quello di preavvisare i passeggeri e consentire loro di stipulare eventualmente un'altra copertura assicurativa. -The objective of information is, after all, to give passengers advance warning and the opportunity to make alternative insurance arrangements if necessary.
4125	**siero** il [sjero]	**serum** Hanno utilizzato il siero della verità. -They used truth serum.
4126	**acquistare** vb [akkwistare]	**buy|acquire** Sua figlia lo importunava per acquistare la bambola. -His daughter importuned him to buy the doll.
4127	**discernere** vb [diʃʃernere]	**discern|descry** Quali due insegnamenti impediscono alle persone di discernere la verità riguardo a Dio? -What are two teachings that blind people to the truth about God?
4128	**tram** il [tram]	**tram** La metropolitana è più veloce dal tram. -The subway is faster than the streetcar.
4129	**ambizione**	**ambition**

le
[ambittsjone]
Lui aveva ambizione.
 -He had ambition.

4130 **striscia** **strip|stripe**

la
[striʃʃa]
Nel seguito inteso come lo Stato di Israele, ad esclusione dei territori amministrati da Israele dal giugno 1967, ossia le alture del Golan, la Striscia di Gaza, Gerusalemme Est e il resto della Cisgiordania.»
 -Hereafter understood as the State of Israel, excluding the territories under Israeli administration since June 1967, namely the Golan Heights, the Gaza Strip, East Jerusalem and the rest of the West Bank.'

4131 **intuire** **guess**

vb
[intwire]
Ovviamente il Parlamento non può pronunciarsi su un testo giuridico del quale non esistono tutte le versioni linguistiche e, alla luce di ciò, il comportamento del Consiglio potrebbe lasciar intuire una scarsa considerazione per le procedure democratiche nel quadro dell'integrazione europea.
 -Obviously, Parliament cannot adopt a position on a draft law which is not available in every language, which is why the Council's action could be taken as an indication of how much the democratic process in Europe is being eroded.

4132 **indispensabile** **indispensable**

adj
[indispensabile]
Lei è indispensabile.
 -You're indispensable.

4133 **soprannome** **nickname**

il
[soprannome]
Il mio soprannome è Joe.
 -My nickname is Joe.

4134 **valvola** **valve**

la
[valvola]
Se tale sistemazione non è possibile, la presa a mare può essere installata nel locale macchine se la valvola è comandata a distanza da una posizione che si trova nello stesso compartimento della pompa di emergenza e il tubo di aspirazione è più corto possibile.
 -If this arrangement cannot be made, the sea-chest may be fitted in the machinery space if the valve is remotely controlled from a position in the same compartment as the emergency pump and the suction pipe is as short as practicable.

4135 **risalire** **go back|go up**

vb
[rizalire]
Per tre di essi il decesso va fatto risalire, come ha dimostrato un'inchiesta svolta da esperti olandesi, all'ingestione di alimenti speciali per prematuri, che sono risultati contaminati.
 -Dutch experts who conducted an inquiry into the circumstances ascribe three of these deaths to the neonates having ingested special food for premature infants which, as it turned out, was contaminated.

4136 **toilette** **toilet|restroom**

le
[toilette]
Quando mi sono preoccupato e sono andato a controllarlo, sembrava che si fosse barricato nella toilette del reparto e non stava uscendo.
 -When I got worried and went to check on him, it looked like he'd barricaded himself in the department's toilet and wasn't coming out.

4137 **canadese** **Canadian; Canadian**

adj; il/la
[kanadeze]
Joe ha detto di essere canadese.
 -Joe said he was Canadian.

4138 **reggiseno** **bra**

il
[reddʒizeno]
Mary non sta indossando un reggiseno.
 -Mary is not wearing a bra.

4139 guancia — **cheek**
la
[gwantʃa]
Il ragazzo accarezzò il mento della ragazza e la baciò sulla guancia.
-The boy caressed the girl's chin and kissed her cheek.

4140 giacere — **lie**
vb
[dʒatʃere]
Veramente vi dico: Egli si cingerà+ e li farà giacere a tavola e, avvicinatosi, li servirà.
-Truly I say to YOU, He will gird+ himself and make them recline at the table and will come alongside and minister to them.

4141 cognac — **cognac**
il
[koɲɲak]
Anche se la materia prima non veniva esportata, era esportato il prodotto finale, ossia il cognac.
-Whereas the raw material was not exported, the final product - cognac - was exported.

4142 artistico — **artistic**
adj
[artistiko]
John ha un raffinato senso artistico.
-John has a fine sense of art.

4143 interruttore — **switch**
il
[interruttore]
Lei ha premuto l'interruttore.
-She pressed the switch.

4144 balcone — **balcony**
il
[balkone]
C'è una panchina sul balcone.
-There is a bench on the balcony.

4145 decina — **ten**
la
[detʃina]
Entro il 2050, se non si fa nulla per affrontare il problema, potrebbero morire una decina di milioni di persone all'anno a causa di malattie già curabili.
-By 2050, if nothing is done to address the problem, some ten million people a year could be dying from maladies that were once treatable.

4146 dirigente — **executive; ruling**
il/la; adj
[diridʒente]
Lo proporrò come dirigente, che ti piaccia o no.
-I'll recommend him as chairman, whether you are in favour of it or not.

4147 verdura — **vegetable|greens**
la
[verdura]
Sembra che Joe mangi solamente frutta e verdura.
-It seems that Joe only eats fruits and vegetables.

4148 smoking — **tuxedo**
lo
[smokiŋg]
L'ultima volta che ho visto Joe stava indossando uno smoking.
-The last time I saw Joe he was wearing a tuxedo.

4149 moccioso — **snotty kid**
il
[mottʃozo]
Dei bambini mi hanno chiamato moccioso per via di come leggo.
-Some kids called me a baby because of the way I read.

4150 suora — **nun**
la
[swora]
La suora è brava, ma a me piaceva più l'altro.
-The nun is fine, but I liked the other one more.

4151 perlomeno — **at least**
adv
[perlomeno]
In tal caso, le misure relative al prelievo di campioni e all'esame clinico degli animali devono essere attuate perlomeno in conformità del punto 2.1.1.1 dell'allegato III.
-In this event, the measures regarding taking of samples and clinical examinations of animals shall be carried out at least as set out in point 2.1.1.1 of Annex III.

4152 audace — **bold|daring**

adj
[audatʃe]

Noi chiediamo alla Commissione di mostrarsi più audace e di dar prova di una maggiore iniziativa.
-We call on the Commission to demonstrate greater boldness and initiative.

4153 attrarre   **attract|appeal**

vb
[attrarre]

Lei sembra attrarre quel tipo!
-You seem to attract that type!

4154 budello   **gut|alley**

il
[budello]

L'«Halberstädter Würstchen» è una salsiccia lunga e fine con involucro costituito da budello naturale (intestino di pecora), venduta esclusivamente come prodotto conservato.
-'Halberstädter Würstchen' is a long, thin boiling sausage in tender natural skin (sheep's casing), sold only as a preserved product.

4155 correggere   **correct|amend**

vb
[korreddʒere]

È piuttosto facile da correggere.
-That's pretty easy to fix.

4156 hostess   **stewardess**

le
[ostess]

Prima che l'aereo atterrasse le hostess sono passate con le bevande.
-Before the plane landed, the hostesses brought drinks around.

4157 trasmettere   **transmit|convey**

vb
[trasmettere]

Anche se non c'è motivo di essere dogmatici, Paolo probabilmente si riferiva all'imporre le mani per trasmettere i doni dello spirito.
-There is no reason to be dogmatic, but Paul was likely referring to the laying on of hands to transmit gifts of the spirit.

4158 Urrà!   **Hooray!**

int
[urrˈa!]

Urrà per loro!
-Yay for them!

4159 marcire   **rot**

vb
[martʃire]

Questa mela ha cominciato a marcire.
-This apple began to rot.

4160 funzionario   **official|officer**

il
[funtsjonarjo]

Lei è un funzionario del governo locale.
-She is a local government officer.

4161 drive   **drive**

la
[drive]

3) devono essere assicurati l'aggiornamento e il potenziamento (upgrade) almeno per il processore, la scheda grafica, la memoria ad accesso casuale (RAM), l'hard disk e, qualora previsto, il drive CD-ROM.
-3. upgradability shall be ensured for at least the processor, the graphics card, the random access memory, the hard disk and, if available, the CD-ROM drive.

4162 convoglio   **convoy**

il
[konvoʎʎo]

Ciò vale per tutti i carri del convoglio.
-This refers to all wagons on the train.

4163 cullare   **rock**

vb
[kullare]

Perché queste idee risultano attraenti al punto che molti se ne lasciano cullare e cadono nel sonno spirituale?
-Why are these teachings so attractive that they lull millions into spiritual sleep?

4164 respinto   **failed**

adj
[respinto]

Joe ha respinto l'idea.
-Joe has rejected the idea.

4165	**monastero**	**monastery**
	il	Questi monaci abitano dentro il monastero.
	[monastero]	-These monks live inside the monastery.
4166	**purché**	**provided; even if**
	con; adv	Andrà bene qualunque orologio da polso, purché non sia caro.
	[purk'e]	-Any watch will do, so long as it's cheap.
4167	**contemporaneamente**	**at the same time**
	adv	Non è possibile fare due cose contemporaneamente.
	[kontemporaneamente]	-You can't do two things at once.
4168	**allievo**	**student|learner**
	il	Joe era indubbiamente l'allievo più intelligente di tutta la scuola, ma ogni volta che l'insegnante gli faceva una domanda per la quale non era preparato, era pieno di tale nervosismo che sarebbe diventato confuso, e qualcosa di assolutamente incomprensibile sarebbe uscito dalla sua bocca non appena la avrebbe aperta. -Joe was undoubtedly the most intelligent student in the entire school, but whenever the teacher asked him a question for which he was not prepared, he was filled with such nervousness that he would become confused, and something utterly incomprehensible would issue from his mouth as soon as he opened it.
	[alljevo]	
4169	**impaziente**	**impatient**
	adj	Tu sei impaziente.
	[impattsjente]	-You're impatient.
4170	**voltare**	**turn**
	vb	Joe ha chiesto a Mary da che parte voltare.
	[voltare]	-Joe asked Mary which way to turn.
4171	**sportivo**	**sports; sportsman**
	adj; lo	Io amo indossare abbigliamento sportivo.
	[sportivo]	-I love to wear sport clothes.
4172	**cartone**	**cardboard**
	il	Joe ha passato il cartone della pizza vuoto a Mary.
	[kartone]	-Joe handed the empty pizza box to Mary.
4173	**pappagallo**	**parrot**
	il	Vorresti sentire parlare il pappagallo?
	[pappagallo]	-Would you like to hear the parrot talk?
4174	**maturare**	**mature|ripen**
	vb	Con il maturare del programma, tuttavia, sarebbe stato necessario intervenire di più nella sfera dello sviluppo delle capacità a livello istituzionale. -However, as the programme matured a shift towards more institution building was required.
	[maturare]	
4175	**guarigione**	**healing**
	la	Infatti, se in caso di malattia il viaggio rischia di mettere seriamente in pericolo la guarigione dell' interessato, non si può presumere analogo rischio per l' invalido. -While, in a case of sickness, there is a risk that the recovery of the person concerned will be seriously impaired by the journey, a worker suffering from invalidity cannot be presumed to run that risk.
	[gwaridʒone]	
4176	**confidenza**	**confidence|intimacy**
	la	Lui si sta prendendo troppa confidenza con mia moglie.
	[konfidentsa]	-He is getting far too familiar with my wife.

4177 bicchierino **shot**
il
[bikkjerino]

Tenendo in mano il bicchierino all altezza degli occhi, versi lentamente e con cautela il quantitativo di soluzione che le è stato prescritto dal flacone nel bicchierino, fino a quando la soluzione raggiunge la parte superiore della tacca corretta.
 -Holding the cup at eye level, carefully and slowly pour the prescribed amount of solution from the bottle into the dosing cup until the solution reaches the top of the appropriate graduation.

4178 polizza **bill**
la
[poliddza]

Gli Stati membri adottano le misure necessarie affinché qualsiasi disposizione di legge o clausola contrattuale contenuta in una polizza di assicurazione che escluda un passeggero dalla copertura assicurativa in base alla circostanza che sapeva o avrebbe dovuto sapere che il conducente del veicolo era sotto gli effetti dell'alcol o di altre sostanze eccitanti al momento del sinistro sia considerata senza effetto per quanto riguarda l'azione di tale passeggero.
 -Member States shall take the necessary measures to ensure that any statutory provision or any contractual clause contained in an insurance policy which excludes a passenger from such cover on the basis that he knew or should have known that the driver of the vehicle was under the influence of alcohol or of any other intoxicating agent at the time of an accident, shall be deemed to be void in respect of the claims of such passenger.

4179 torturare **torture|worry**
vb
[torturare]

A mio parere, finché la polizia sarà libera di torturare i detenuti e i diritti umani continueranno ad essere violati, non sarà possibile in alcun modo avviare negoziati.
 -While the police remain free to torture prisoners and human rights continue to be violated, there is no way, as far as I am concerned, that the negotiations can begin.

4180 precedenza **precedence|right of way**
la
[pretʃedentsa]

Dare sempre la precedenza al traffico che viene da destra.
 -Always give way to traffic coming from the right.

4181 culturale **cultural**
adj
[kulturale]

Cos'è l'appropriazione culturale?
 -What is cultural appropriation?

4182 gora **millpond**
la
[gora]

Il 3 maggio 1966 l'Episcopato Polacco aggiunge a questa fondamentale opera del Concilio il proprio atto di Jasna Gora: la consacrazione alla Madre di Dio per la libertà della Chiesa nel mondo e in Polonia.
 -On 3 May 1966 the Polish Episcopate added to this fundamental work by the Council its own act of Jasna Gora: the consecration to the Mother of God for the freedom of the Church in the world and in Poland.

4183 setta **sect**
la
[setta]

Che cos'è una setta religiosa?
 -What is a religious sect?

4184 televisore **television**
il
[televizore]

Accesero un televisore.
 -They turned a TV set on.

4185 frammentare **fragment|split**
vb
[frammentare]

Il quadro proposto per la concessione di tali incentivi offre un buon equilibrio tra, da un lato, la necessità di incoraggiare l'introduzione di nuove tecnologie il più presto possibile, e, dall'altro, la necessità di evitare di frammentare il mercato unico con vari programmi di incentivazione fiscale che comporterebbero una pluralità di norme sulle emissioni nel mercato UE.

-The proposed framework for granting these incentives strikes the balance between, on the one hand, the need to encourage the introduction of new technologies as quickly as possible, and, on the other hand, the need to avoid fragmenting the single market with diverse fiscal incentive programmes that would have the consequence of a multitude of emission standards existing in the EU market.

4186	**riabilitazione**	**redemption**

la
[rjabilitattsjone]

Lo sviluppo economico del dopoguerra delle nazioni vinte può essere rapido se non vengono saccheggiate dai vincitori. Per ciò ci sono due motivi. In primo luogo, non tutto è stato distrutto: alcune cose sono semplicemente rotte; e relativamente piccolo sforzo di riabilitazione è moltiplicato per il valore di ciò che resta riparabile. La seconda cosa è la disabilitazione delle strutture di potere radicate, che spesso si distinguono come una barra di progresso.

-The post-war economic development of vanquished nations can be rapid if they are not looted by the victors. For this there are two reasons. First, everything has not been destroyed: some things are merely broken; and a relatively small effort of rehabilitation is multiplied by the value of what remains serviceable. Second is the disabling of entrenched power structures, which often stand as a bar to progress.

4187 gatta   **cat**

la
[gatta]

Sua moglie ha una gatta?
-Does your wife have a cat?

4188 alimentare   **alimentary; feed**

adj; vb
[alimentare]

Voi avete mai avuto un'intossicazione alimentare?
-Have you ever had food poisoning?

4189 ironia   **irony**

il/la
[ironja]

Si accorgerà della sua ironia.
-She will perceive his irony.

4190 scheletro   **skeleton**

lo
[skeletro]

Joe è uno scheletro umano.
-Joe is a human skeleton.

4191 penitenziario   **prison**

il
[penitentsjarjo]

"Dieci anni fa", ha detto recentemente il direttore di un penitenziario americano, "quando i ragazzi che venivano dalla strada entravano qui riuscivo a parlare con loro di cosa è giusto e cosa è sbagliato.

-"Ten years ago," said a warden at a U.S. penitentiary recently, "when kids would come in off the street, I could talk with them about right and wrong.

4192 sotto terra   **underground**

adv
[sotto t'ɛrra]

Arrivarono a una grossa pietra, e qui il vecchio si fermò, si guardò attentamente intorno, fece un fischio acuto e pestò tre volte a terra con il piede sinistro. Improvvisamente apparve sotto la pietra una porta segreta, che conduceva a quello che sembrava la bocca di una grotta.

-They came to a large stone, and here the old fellow stopped, looked carefully round, gave a sharp whistle, and stamped three times on the ground with his left foot. Suddenly there appeared under the stone a secret door, which led to what looked like the mouth of a cave.

4193 telegiornale   **television news**

il
[teledʒornale]

Le dica che sto guardando il telegiornale.
-Tell her that I am watching the news.

4194 fascista
adj; il/la
[faʃʃista]

fascist; fascist

Bush non è un fascista.
-Bush is not a fascist.

4195 nube
la
[nube]

cloud

Tuttavia, i ricercatori hanno avuto un colpo di fortuna, come spiega Wolfgang Gieren, un membro del team, dall'Università di Concepción: "Recentemente abbiamo trovato il sistema a doppia stella che speravamo tra le stelle della Grande Nube di Magellano.
-However, the researchers found themselves with a lucky break, as team member Wolfgang Gieren from Universidad de Concepción explained: 'Very recently we found the double star system we had hoped for among the stars of the Large Magellanic Cloud.

4196 orizzonte
il
[oriddzonte]

horizon

Il sole è salito sopra l'orizzonte.
-The sun rose above the horizon.

4197 yacht
lo
[akt]

yacht

Io vorrei noleggiare uno yacht.
-I would like to charter a yacht.

4198 fragola
la
[fragola]

strawberry

Mi piace il gelato alla fragola.
-I like strawberry ice cream.

4199 morfina
la
[morfina]

morphine

Il dottore le ha dato della morfina.
-The doctor gave her morphine.

4200 disarmare
vb
[dizarmare]

disarm|dismantle

9. chiede l'attuazione nell'Est dello Zaire di un'operazione generale di disarmo della popolazione civile, e insiste sulla necessità di disarmare i profughi prima del loro ritorno al paese di origine.
-9. Calls for a general operation in Eastern Zaire to disarm the civilian population and emphasizes the need to disarm the refugees before they return to their country of origin.

4201 tantino
il
[tantino]

shade

Il tempo è un tantino migliore oggi.
-The weather is a shade better today.

4202 silvano
adj
[silvano]

sylvan

Sappiamo che Matthew è morto durante un esorcismo di padre Paul Silvano.
-We know Matthew died during an exorcism by father paul silvano.

4203 inquadratura
la
[iŋkwadratura]

shot

All'inizio vediamo solo tre uomini a terra, ma poi l'inquadratura si allarga, a mostrare altri feriti.
-At first three men are seen to be lying in the street, but the camera then pans round to reveal others who are injured.

4204 insulto
lo
[insulto]

insult|affront

È un insulto alla povera statua.
-That's an insult to the poor statue.

4205 ripartire
vb
[ripartire]

restart

Per ragioni di sana gestione, è opportuno ripartire tale riduzione in maniera proporzionale tra tutti gli Stati membri, sulla base delle dichiarazioni di spesa da essi trasmesse.
-For the sake of sound management, that reduction must be shared among

all the Member States proportionally, on the basis of the declarations of expenditure received from them.

4206 banchiere — **banker**
il
[baŋkjere]
Lui è un banchiere di successo.
 -He's a successful banker.

4207 aurora — **aurora**
le
[aurora]
Quell'aurora era veramente magnifica.
 -That aurora was really magnificent.

4208 sierra — **sierra**
la
[sjerra]
La situazione in Sierra Leone continua ad essere estremamente instabile.
 -The situation in Sierra Leone continues to be extremely unstable.

4209 spaziare — **space**
vb
[spattsjare]
Fa riferimento al settore privato, alle federazioni imprenditoriali, alle università, alle amministrazioni comunali, agli istituti tecnici e, inoltre, ad « ogni gruppo di partner disposti a spaziare in qualsiasi settore, dall'economia alla cultura ».
 -It mentions the private sector, business federations, universities, municipalities, technical institutions and, indeed, 'any group of partners ready to go ahead in any field, from economy to culture' as actors in such a process.

4210 valutare — **assess|consider**
vb
[valutare]
La deviazione standard del laboratorio può essere utilizzata per valutare la riproducibilità del metodo.
 -The standard deviation of the laboratory can be used to assess the reproducibility of the method.

4211 nuziale — **wedding**
adj
[nuttsjale]
Joe ha notato che Mary non stava indossando una fede nuziale.
 -Joe noticed Mary wasn't wearing a wedding ring.

4212 gradevole — **pleasant|agreeable**
adj
[gradevole]
Joe è una persona gradevole.
 -Joe is an agreeable person.

4213 incendio — **fire**
il
[intʃendjo]
I giornali dicono che c'è stato un grande incendio a Nagoya.
 -The papers say that there was a big fire in Nagoya.

4214 visuale — **visual**
adj
[vizwale]
deve essere fissato all'interno del veicolo in posizione chiaramente visibile al conducente, senza ostruirne la visuale, ed esposto solamente quando l'autoveicolo trasporta materiale radioattivo.
 -It shall be securely posted in the vehicle in a position where it is plainly visible to the driver, but does not obstruct his view of the road and shall be exhibited only when the vehicle is carrying radioactive material.

4215 dorsale — **dorsal**
adj
[dorsale]
Lui avrà la spina dorsale di pronunciarsi contro il disegno di legge?
 -Will he have the backbone to speak out against the bill?

4216 audio — **audio; sound**
adj; gli
[audjo]
Purtroppo non sono riuscito a recuperare l'audio.
 -Unfortunately, I haven't been able to pick up any audio.

4217 risveglio — **awakening**
il
[rizveʎʎo]
Il mio amico sta per avere un brusco risveglio.
 -My friend is about to have a rude awakening.

4218 assemblea — **assembly|meeting**

| | le
[assemblea] | Questa è la prima volta che l'Assemblea affronta la discussione sui quindici programmi presentati dagli Stati membri.
-This is the first time that this Parliament has debated the 15 plans presented by the Member States. |

4219 bottega

la
[bottega]

shop|parlor

A quell'epoca il falegname lavorava in genere davanti alla sua modesta casa o in una bottega adiacente.
-A carpenter in Bible times often worked near the doorway of his modest house or in a shop adjacent to it.

4220 municipio

il
[munitʃipjo]

town hall

Lo sa quanto dista la stazione dal municipio?
-Do you know how far it is from the station to city hall?

4221 aiutante

il/la; adj
[ajutante]

helper; assistant

È il pane dellistruzione per tutto il genere umano quello più nutritivo e sano senza nessuno sbaglio, perciò, in questoccasione ogni metodo è fallito anche se lui scherza incantato sfruttando il suo aiutante a casa sua la visitatrice nel suo obiettivo ha trionfato
-It is learning and instruction for every human being the most nourishing thing we will ever have. that is why this time all methods have failed and although he jokes around and exploits his helper the visitor in his house has done what he has to do. "

4222 consentire

vb
[konsentire]

allow|consent

I programmi operativi FESR e FES per il periodo 2007–2013, l'iniziativa "Le regioni e il cambiamento economico"[7], nonché l'assistenza tecnica su iniziativa della Commissione[8], devono consentire di migliorare la competitività delle RUP nella linea della strategia di Lisbona per la crescita e l'occupazione, nonché degli orientamenti strategici comunitari.
-The operational programmes for the 2007–2013 period for both the ERDF and the ESF, the "Regions for Economic Change"[7] initiative, and technical assistance at the initiative of the Commission[8] should help to make the ORs more competitive in terms of the Lisbon strategy for growth and employment and the Community Strategic Guidelines.

4223 officina

la
[offitʃina]

workshop

Mentre dormiamo il sistema immunitario apre la sua officina di riparazione.
-While we're sleeping the immune system opens its repair workshop.

4224 oliva

la
[oliva]

olive

Vorremmo ordinare diciotto tonnellate di olio d'oliva.
-We'd like to order 18 tonnes of olive oil.

4225 apparizione

le
[apparittsjone]

appearance

Ero sorpreso dalla sua apparizione improvvisa.
-I was surprised at his sudden appearance.

4226 regime

il
[redʒime]

regime|system

Il regime è caduto.
-The regime has fallen.

4227 giretto

il
[dʒiretto]

stroll

Sul retro di un' officina che conosco io... facendoci un giretto, questo fine settimana... ci si potrebbero trovare tre Porsche.
-Now, in the back of a trim shop... if somebody wants to pay a little visit this weekend... they might find three Porsches.

4228 polacco

Polish; Polish

	adj; il	Lei lo conosce questo proverbio polacco?
	[polakko]	-Do you know this Polish proverb?

4229 scapolo — bachelor; single

lo; adj

[skapolo]

Joe vuole restare scapolo.
-Joe wants to stay single.

4230 sorvegliare — supervise|watch

vb

[sorveʎʎare]

9. assistere la partoriente, sorvegliare il puerperio e dare alla madre tutti i consigli utili affinché possa allevare il neonato nel modo migliore.
-9. to care for and monitor the progress of the mother in the post-natal period and to give all necessary advice to the mother on infant care to enable her to ensure the optimum progress of the new-born infant.

4231 narcotico — narcotic; narcotic

adj; il

[narkotiko]

Nel 2008 un gruppo di narcotrafficanti, fra cui Alizai, ha accettato di versare ai talibani un'imposta sui terreni coltivati a papaveri da oppio in cambio dell'accordo dei talibani ad organizzare il trasporto di materiale narcotico.
-In 2008, a group of narcotics traffickers, including Alizai, agreed to pay the Taliban tax on land where opium poppy was planted in return for Taliban agreement to organize transportation for narcotics materials.

4232 creativo — creative

adj

[kreativo]

È creativo.
-You're creative.

4233 staccare — remove|separate

vb

[stakkare]

Non deve essere possibile staccare il raccordo ad attacco rapido senza un intervento specifico in tal senso o senza l'utilizzo di appositi strumenti.
-It shall be impossible to disconnect the quick-connector type without specific measures or the use of dedicated tools.

4234 specifico — specific

adj

[spetʃifiko]

Joe deve essere più specifico.
-Joe needs to be more specific.

4235 schiavitù — slavery|servitude

la

[skjavitu]

La povertà non è un incidente. Come la schiavitù e l'apartheid, è artificiale e può essere rimossa dalle azioni degli esseri umani.
-Poverty is not an accident. Like slavery and apartheid, it is man-made and can be removed by the actions of human beings.

4236 tramare — plot|conspire

vb

[tramare]

Continuano a tramare cose ingannevoli.
-Things of deception they keep scheming.

4237 sostituto — substitute; acting

il; adj

[sostituto]

Puoi utilizzare la margarina come sostituto del burro.
-You can use margarine as a substitute for butter.

4238 tesa — brim

le

[teza]

La ricerca tesa a evitare gli impatti negativi per l'ambiente marino ridurrà l'incertezza legata a queste attività, ad esempio, le energie marine, la modernizzazione dei porti, l'acquicoltura e il turismo marittimo.
-Research focused on avoiding harm to the marine environment will reduce the uncertainty of these activities, e.g. marine energy, modernisation of ports, aquaculture and maritime tourism.

4239 aggressivo — aggressive

adj

[aggressivo]

Devi essere più aggressivo.
-You've got to be more aggressive.

4240 uccisione — killing|murder

la
[utt∫izjone]

Le Iettere requisite... dicono che I' uccisione deI Re.
-These Ietters which were seized... speak of kiIling the King.

4241 **faraone**

il
[faraone]

Pharaoh

La modifica consente ai produttori di inserire un piccolo numero di galline faraone nei gruppi di volatili allo scopo di mettere in fuga i predatori grazie al loro comportamento.
-The amendment allows producers to include a small number of guinea fowl in the consignments so that they can scare off predators with their behaviour.

4242 **documentario**

adj
[dokumentarjo]

documentary

Io ho guardato un documentario.
-I watched a documentary.

4243 **arancione**

adj; gli
[arant∫one]

orange; orange

Che colore è l'arancione?
-What colour is orange?

4244 **chiasso**

il
[kjasso]

noise|uproar

Sentito il chiasso, la madre del re entra nella grande sala da pranzo.
-The king's mother hears the noise and comes into the big dining room.

4245 **psicologico**

adj
[psikolodʒiko]

psychological

Questo incidente gli ha causato un trauma psicologico.
-This accident has caused him psychological trauma.

4246 **coscia**

la
[ko∫∫a]

thigh

«L'età minima alla macellazione è di nove mesi e può essere accertata sulla base dei dati riportati dal timbro, tatuato sulla coscia o sull'orecchio dei suini entro i primi 30 giorni dalla nascita.»
-'The minimum slaughter age is nine months and may be verified on the basis of the data shown on the mark tattooed on their leg or ear in the first 30 days following birth.'

4247 **brodo**

il
[brodo]

broth|soup

Avete ragione. Le fettuccine in brodo qui sono un po' costose.
-You're right. The noodle broth here is a bit expensive.

4248 **adorato**

adj; il
[adorato]

beloved; beloved

Egli fece di se stesso il Diavolo quando lasciò che il desiderio egoistico di essere adorato dagli esseri umani diventasse un chiodo fisso.
-He made himself the Devil when he became obsessed with a selfish ambition to be worshipped by humans.

4249 **santità**

la
[santit'a]

holiness|sainthood

Nel Battesimo tutti i cristiani hanno ricevuto la chiamata alla santità; ogni vocazione personale è una chiamata a condividere la missione della Chiesa e, date le necessità della nuova evangelizzazione, è davvero importante ora ricordare ai laici nella Chiesa tale chiamata particolare.
-In Baptism, all Christians have received the call to holiness. Each personal vocation is a call to share in the Church's mission; and, given the needs of the new evangelization, it is especially important now to remind lay people in the Church of their particular call.

4250 **travestire**

vb
[travestire]

disguise

Si vogliono travestire i prodotti di risparmio per farli assomigliare alle pensioni; erano già ben lontani dalle pensioni con gli emendamenti dell'onorevole Karas, ma gli emendamenti di compromesso che ci sono stati appena comunicati rendono tutto più chiaro.
-Savings products have been dressed up to resemble pensions. With Mr Karas' amendments, they were already far from being pensions.

4251	**affidamento**	**trust|entrusting**
	il	Joe non è qualcuno su cui si può fare affidamento.
	[affidamento]	-Joe isn't someone you can rely on.

4252	**parcheggiare**	**park**
	vb	È illegale parcheggiare la vostra automobile qui.
	[parkeddʒare]	-It's illegal to park your car here.

4253	**simpatia**	**sympathy**
	la	L'empatia non è uguale alla simpatia.
	[simpatja]	-Empathy is not the same as sympathy.

4254	**prefetto**	**prefect**
	il	In segno di particolare partecipazione a così felice ricorrenza e quasi per porre un suggello sulle solenni cerimonie da voi organizzate, ho deciso di inviare come mio rappresentante sua eminenza il Cardinale Wladyslaw Rubin, prefetto della sacra congregazione per le chiese orientali, per onorare le vostre celebrazioni ed incoraggiare i vostri sforzi volti a realizzare "la verità nella carità" ("veritatem facientes in caritate").
	[prefetto]	-As a sign of my particular sharing in so happy an anniversary and, as it were, to set a seal on the solemn ceremonies that you have arranged, I am sending as my representative His Eminence Cardinal Wadysaw Rubin, Prefect of the Sacred Congregation for the Eastern Churches, to honour your celebrations and encourage your efforts towards actualizing "truth in love" ("veritatem facientes in caritate").

4255	**lodare**	**praise|commend**
	vb	Non lodare te stesso.
	[lodare]	-Don't go praising yourself.

4256	**zar**	**tsar**
	lo	O mio caro, sarai lo zar della terra natale.
	[tsar]	-Oh, my dearest, you will be Tsar of our homeland.

4257	**sacrificare**	**sacrifice|offer sacrifices**
	vb	Charles Moore ha creato il Forth nel tentativo di aumentare la produttività dei programmatori senza sacrificare l'efficienza della macchina.
	[sakrifikare]	-Charles Moore created Forth in an attempt to increase programmer productivity without sacrificing machine efficiency.

4258	**quadrare**	**square|balance**
	vb	E' particolarmente opportuno che il Commissario Monti sia presente al dibattito odierno, dato che il grande problema dei servizi postali è quello di come far quadrare un mercato aperto ed una concorrenza libera e leale con la fornitura di un servizio disponibile a livello universale, anche nelle aree più remote e meno abitate dell'Unione europea.
	[kwadrare]	-It is particularly appropriate that Mr Monti is responding to this debate because the great conundrum with postal services is how to square an open market and free and fair competition with providing a service which is universally available to all, even in the remotest and least inhabited region of the European Union.

4259	**brillare**	**shine|glitter**
	vb	Le sue guance cominciarono a brillare di vergogna.
	[brillare]	-Her cheeks began to glow with shame.

4260	**bourbon**	**bourbon**
	il	Le disposizioni relative al whisky «bourbon» figurano al capitolo 4 (artt. 26-64) che è intitolato «Merci soggette alla condizione della presentazione di un certificato di autenticità, di qualità o altro».
	[bourbon]	-The provisions relating to Bourbon whiskey are to be found in Chapter 4

(Articles 26 to 34) which is entitled goods for which a certificate of authenticity or quality, or other certificate, must be presented.

4261 selezione
la
[selettsjone]

selection|screening

Siamo pronti a procedere adesso con la selezione della giuria?
-Are we ready to proceed now with the jury selection?

4262 parolaccia
la
[parolattʃa]

dirty word

Vuoi che ti insegni qualche parolaccia?
-Do you want me to teach you some swear words?

4263 battesimo
il
[battezimo]

baptism

Il mio cognome è Ikeda e il mio nome di battesimo è Kazuko.
-My last name is Ikeda and my first name is Kazuko.

4264 cartina
la
[kartina]

scheme

Le linee rosse sulla cartina rappresentano ferrovie.
-The red lines on the map represent railways.

4265 Ohi!
int
[oi!]

Ouch!

Oh, ohi che ragazzina!
-Fiddle- de- dee, what a flighty one is she!

4266 occidente
il
[ottʃidente]

west

Cercando di mascherare i danni che l'ideologia islamica ha fatto al mondo musulmano, dando però la colpa all'Occidente delle atrocità islamiche, non aiuteremo mai i musulmani a prendere atto dei loro fallimenti e a trovare gradualmente il modo per risolverli.
-Trying to whitewash the damage the Islamic ideology has done to the Muslim world, while putting the blame of Islamic atrocities on the West, will never help Muslims face their own failures and come up with progressive ways to resolve them.

4267 rifornimento
lo
[rifornimento]

supplying|watering

Questo criterio presenta il vantaggio di fornire una stima delle diverse distanze che i possessori di veicoli alimentati con carburanti senza zolfo si troveranno a dover percorrere per fare rifornimento sul territorio nazionale.
-The advantage of this criterion is that it gives an appreciation of the variation in distances owners of vehicles needing sulphur-free fuels may have to travel in order to refuel their vehicle within the national territory.

4268 gradire
vb
[gradire]

like

Joe è giunto a non gradire Mary.
-Joe came to dislike Mary.

4269 organismo
il
[organismo]

body|organism

Quello è un organismo unicellulare.
-That is a unicellular organism.

4270 braccialetto
il
[brattʃaletto]

bracelet

Questo braccialetto è molto economico.
-This bracelet is very inexpensive.

4271 prua
la
[prwa]

bow|nose

Tale disposizione non si applica se vi sono due sale macchine principali reciprocamente indipendenti e ermeticamente separate o se accanto alla sala macchine principale si trova una sala macchine separata con un'elica di prua che assicuri la propulsione della nave in caso di incendio nella sala macchine principale.
-This shall not apply where there are two mutually independent and hermetically separated main engine rooms or if next to the main engine room there is a separate engine room with a bow thruster, ensuring that the

vessel is able to make way under its own power in the event of fire in the main engine room.

4272	**combattente**	**fighter; combatant**
	il; adj	Joe è un combattente.
	[kombattente]	-Joe is a fighter.

4273	**esplorare**	**explore**
	vb	A lui piace esplorare le caverne sotterranee.
	[esplorare]	-He likes to explore underground caves.

4274	**distributore**	**distributor**
	il	«distributore», qualsiasi persona fisica o giuridica nella catena di fornitura, diversa dal fabbricante o dall'importatore, che mette a disposizione un'AEE sul mercato.
	[distributore]	-'distributor' means any natural or legal person in the supply chain, other than the manufacturer or the importer, who makes an EEE available on the market.

4275	**micio**	**pussy|tomcat**
	il	Secondo Vladimir Chizhov, la parola "micio" è indecente.
	[mitʃo]	-According to Vladimir Chizhov, the word "pussy" is indecent.

4276	**fontana**	**fountain**
	la	Una giovane donna stava suonando una chitarra mentre cantava di fronte alla fontana.
	[fontana]	-A young woman was playing a guitar while singing along in front of the fountain.

4277	**velo**	**veil|film**
	il	Sono infatti convinto che, in questo articolo, per «indirettamente» bisogna intendere che, benché non siano esplicitamente lavoratori di un sesso determinato ad essere destinatari dell'una o dell'altra misura, è in realtà possibile lacerare il velo delle apparenze e identificare con certezza il sesso di cui trattasi.
	[velo]	-It is clear to me that the use of the word `indirectly' in that article refers to a situation in which, although a particular rule or measure may not be explicitly directed at employees of a particular sex, it is in fact possible to pierce the veil of appearances and identify with certainty the sex in question.

4278	**suocera**	**mother-in-law**
	la	Mary è la suocera di Joe.
	[swotʃera]	-Mary is Joe's mother-in-law.

4279	**enigma**	**enigma|puzzle**
	il	Joe ha risolto l'enigma.
	[enigma]	-Joe has solved the puzzle.

4280	**duchessa**	**duchess**
	la	Mi farebbe molto piacere invitare voi e la Duchessa a cenare con noi durante il nostro soggiorno a Calais.
	[dukessa]	-It gives me much pleasure to invite you and the Duchess to dine with us while we are in Calais.

4281	**Vaticano**	**Vatican**
	il	La Russia è il paese più grande del mondo e il Vaticano è il più piccolo.
	[vatikano]	-Russia is the biggest state in the world, and The Vatican is the smallest state in the world.

4282	**principalmente**	**mainly**
	adv	Il suo successo era principalmente dovuto alla buona fortuna.
	[printʃipalmente]	-His success was mostly due to good luck.

4283 concorrenza — competition
la
[koŋkorrentsa]

Il problema della concorrenza, come abbiamo avuto modo di notare, tra produzione di generi alimentari destinati all'uomo, di mangimi animali e di carburante riveste ovviamente un'importanza fondamentale.
-The problem of competition - as we have witnessed - between food production, feed production and fuel, is obviously a key concern.

4284 esibizione — exhibition|performance
le
[ezibittsjone]

Joe non pensa che l'esibizione di Mary sia stata molto buona.
-Joe doesn't think that Mary's performance was very good.

4285 emotivo — emotional
adj
[emotivo]

Penso che Joe sia troppo emotivo.
-I think Joe is overemotional.

4286 spietato — ruthless|merciless
adj
[spjetato]

È avido e spietato.
-He's greedy and ruthless.

4287 beta — beta
il/la
[beta]

Totale delle sostanze coloranti (espresse come beta-carotene) non inferiore al 96 %
-Not less than 96 % total colouring matters (expressed as beta-carotene)

4288 decollare — take off|decollate
vb
[dekollare]

L'aereo sta per decollare per Parigi.
-The plane is about to take off for Paris.

4289 campanella — bluebell
la
[kampanella]

Suonano la campanella alle otto.
-They ring the bell at eight.

4290 gemito — groan|whine
il
[dʒemito]

Joe ha soffocato un gemito.
-Joe stifled a groan.

4291 erezione — erection
la
[erettsjone]

Ho un'erezione.
-I've got a boner.

4292 scivolare — slip|slide
vb
[ʃivolare]

Non scivolare sul ghiaccio.
-Don't slip on the ice.

4293 governante — housekeeper; ruling
il; adj
[governante]

Come gli apostoli di Gesù Cristo che erano perseguitati diremo: "Dobbiamo ubbidire a Dio come governante anziché agli uomini". — Atti 5:29.
-Like Jesus Christ's persecuted apostles, we will say: "We must obey God as ruler rather than men."—Acts 5:29.

4294 tormento — torment|trouble
il
[tormento]

Evidenzia i momenti più intensi del tormento interiore di Medea.
-Mark the most intense moments of Medea's inner torment.

4295 vagone — wagon|truck
il
[vagone]

Questo treno ha un vagone letto?
-Does this train have a sleeping car?

4296 poppare — suck
vb
[poppare]

Adesso ti massaggerò ' la spalla e tu dovrai poppare dal mio seno mentre lo faccio.
-Now I'm going to rub your shoulder and I'd want you to nurse from my breast while I do it.

4297 bizzarro — bizarre|strange

adj

[biddzarro]

Il mio comportamento era molto bizzarro.
 -My behavior was very odd.

4298 tonno — tuna

il

[tonno]

L'insalata russa è fatta con patate, olive, tonno e altre verdure.
 -Russian salad is made with potatoes, olives, tuna, and other vegetables.

4299 definitivamente — definitively

adv

[definitivamente]

Noi ce ne stiamo andando definitivamente da questo paese.
 -We are definitely leaving this country.

4300 patrigno — stepfather

il

[patriɲɲo]

Io non vado d'accordo con il mio patrigno.
 -I don't get along with my stepfather.

4301 menzionare — mention

vb

[mentsjonare]

Non menzionare questo a loro.
 -Don't mention this to them.

4302 tradurre — translate|express

vb

[tradurre]

A me piace tradurre le frasi di Charlotte.
 -I like to translate Charlotte's sentences.

4303 abbandono — abandonment|abandon

lo

[abbandono]

Pertanto sia il passaggio a forme di produzione agricola più intensive, sia l'abbandono delle forme di agricoltura estensive, sono da considerarsi un problema dal punto di vista della tutela della natura.
 -From a nature conservation perspective, both the intensification of agricultural production and the abandonment of extensive farming therefore represent a problem.

4304 goccia — drop|blob

la

[gottʃa]

Bevetti persino l'ultima goccia.
 -I drank even the last drop.

4305 conciare — tan

vb

[kontʃare]

Chi è esperto nel conciare le pelli di animali trasformandole in cuoio che può essere usato per fare oggetti di vario genere.
 -A person skilled in the tanning profession, the craft of converting animal hides into leather that can then be used to make articles of various kinds.

4306 annuncio — ad

i

[annuntʃo]

Ho un annuncio.
 -I have an announcement.

4307 aspirina — aspirin

le

[aspirina]

Prendete un po' di aspirina.
 -Take some aspirin.

4308 ciambella — bun

la

[tʃambella]

Prendete una ciambella.
 -Have a doughnut.

4309 costiero — coastal

adj

[kostjero]

In particolare, nell'applicazione della presente convenzione o di ogni altra legge o regolamento adottati conformemente a essa, lo Stato costiero non deve:
 -In particular, in the application of this Convention or of any laws or regulations adopted in conformity with this Convention, the coastal State shall not:

4310 vendicare — avenge|pay back

	vb	
	[vendikare]	Era presente, quando ho promesso di vendicare Lem.
		-He watched as I vowed to get the guy who killed Lem.

4311 olandese — **Dutch; Dutchman**

adj; il
[olandeze]

I miei genitori non parlano olandese.
-My parents don't speak Dutch.

4312 aspettativa — **expectation|expectancy**

le
[aspettativa]

Un nuovo studio suggerisce che l'aspettativa di vita umana non sembra ancora aver raggiunto un limite naturale, con sempre più persone che raggiungono la vecchiaia e mantengono ancora la loro indipendenza.
-A new study suggests that human life expectancy does not yet appear to be reaching a natural limit, with ever more people reaching old age and still maintaining their independence.

4313 ribellione — **rebellion**

la
[ribelljone]

Sembra un preludio alla ribellione!
-That sounds like a prelude to mutiny!

4314 preparativo — **preparation**

il
[preparativo]

La concessione di questa forma di quietanza fiscale agli assistenti rappresenterebbe inoltre un preparativo politico per la concessione anche ai parlamentari della cosiddetta imposta comunitaria.
-A tax concession for assistants is moreover a political precursor to measures by which Members would also be subject to the so-called EU tax.

4315 ereditare — **inherit**

vb
[ereditare]

Queste cose impediranno a chi le pratica di ereditare il Regno di Dio.
-Such will keep one from inheriting God's Kingdom.

4316 pasticciare — **mess up|mull**

vb
[pastittʃare]

Signor Presidente, onorevoli colleghi, la cosa peggiore che ci può capitare è continuare a pasticciare, macchiandoci di fango, con il Regolamento presente che è indifendibile, perché comporta una retribuzione disuguale per lo stesso lavoro ed inoltre è abbinato a enormi rimborsi per le spese di viaggio che assicurano ad alcuni un secondo ed un terzo reddito del tutto esentasse.
-Mr President, the worst thing which can happen to us, ladies and gentlemen, is to muddle on with the existing arrangement, which is untenable because it leads to a different income for the same work and is also tied to laughable travel expenses which provide some Members with a second and third income on which they pay not a cent in tax.

4317 discarica — **tip**

la
[diskarika]

entro il 2005 i rifiuti urbani biodegradabili da collocare a discarica devono essere ridotti al 50 % del totale (in peso) dei rifiuti urbani biodegradabili prodotti nel 1993;
-By 2005, biodegradable municipal waste going to landfills must be reduced to 50 % of the total amount (by weight) of biodegradable municipal waste produced in 1993.

4318 sotterraneo — **underground; basement**

adj; il
[sotterraneo]

Joe è scappato dal sotterraneo.
-Joe escaped from the dungeon.

4319 estrarre — **extract|pull out**

vb
[estrarre]

Si è fatto estrarre il dente.
-He had his tooth pulled.

4320 escluso — **excluding; except**

adj; prp
[eskluzo]

Joe è stato escluso.
-Joe was left out.

4321 gattino — kitten
il
[gattino]
Il gattino sta cercando di nascondersi dalla pioggia.
-The kitty is trying to hide from the rain.

4322 rivelazione — revelation|detection
la
[rivelattsjone]
Vi sono, infatti, determinati contenuti della rivelazione cristiana che gettano luce sulle problematiche bioetiche: il valore della vita umana, la dimensione relazionale e sociale della persona, la connessione tra l'aspetto unitivo e quello procreativo della sessualità, la centralità della famiglia fondata sul matrimonio di un uomo e di una donna.
-There are in fact specific contents of Christian revelation that cast light on bioethical problems: the value of human life, the relational and social dimension of the person, the connection between the unitive and the procreative aspects of sexuality, and the centrality of the family founded on the marriage of a man and a woman.

4323 proiezione — projection|screening
la
[projettsjone]
Lì, nel 1916, assistei al "Fotodramma della Creazione", una proiezione con colonna sonora sincronizzata.
-While there, in 1916, I saw the picture show with sound "Photo-Drama of Creation."

4324 adrenalina — adrenalin
le
[adrenalina]
Situate nelle ghiandole surrenali, queste cellule sono responsabili della secrezione di adrenalina e di altri ormoni in risposta ai segnali ricevuti dal cervello.
-These cells, located in the adrenal gland, are responsible for secreting adrenaline and other hormones in response to signals from the brain.

4325 solido — solid; solid
adj; il
[solido]
Ha un alibi solido come una roccia.
-He has a rock solid alibi.

4326 esecutivo — executive
adj
[ezekutivo]
Valutazione del funzionamento di Schengen: relazione annuale del comitato esecutivo e dell'Autorità Comune di Controllo.
-Assessing the operation of the Schengen arrangements: the annual report of the Executive Committee and the Joint Supervisory Authority.

4327 allegria — cheerfulness|fun
le
[allegrja]
L'allegria primaverile non è una malattia.
-Spring fever is not a disease.

4328 reggia — royal palace
la
[reddʒa]
Non tornate più alla reggia!
-Anywhere! Never come back!

4329 ondata — wave
le
[ondata]
L'Irlanda è percorsa da un'ondata di indignazione.
-There is a public outcry in Ireland.

4330 consolare — consular; console
adj; vb
[konsolare]
Joe cercò di consolare Mary.
-Joe tried to console Mary.

4331 tronco — trunk|torso
il
[tronko]
Amo il tronco.
-I love the trunk.

4332 materasso — mattress
il
[materasso]
Joe dormì sul materasso gonfiabile.
-Joe slept on the inflatable mattress.

4333 musulmano
adj; il
[muzulmano]

Muslim; Muslim

Si parla di promuovere la democrazia, ma non si fa il minimo riferimento alle discriminazioni inflitte nel mondo musulmano ai cristiani o ad altri gruppi minoritari.
-There is talk of promoting democracy, but there is no reference anywhere to the discrimination systematically meted out to Christians or other minority groups in the Muslim world.

4334 aborto
il
[aborto]

abortion|freak

Negli Stati Uniti è all'esame una legge volta sia a proclamare l'illegalità dell'aborto per il dolore che provocherà al feto sia a rendere obbligatoria la somministrazione di analgesici ai feti di oltre 22 settimane di età.
-In the US, legislation is under consideration for both making abortion illegal because of the pain it will cause the foetus, and making it a requirement that foetuses over 22 weeks are given painkillers.

4335 anonimo
adj; il
[anonimo]

anonymous; anonym

Questa poesia è stata scritta da un poeta anonimo.
-This poem was written by a nameless poet.

4336 spettro
lo
[spettro]

spectrum|specter

Il programma quinquennale "Politica dello spettro radio", su cui è stato raggiunto un accordo di massima tra le istituzioni, dovrebbe essere adottato prima possibile, all'inizio del 2012, dal Parlamento europeo e dal Consiglio.
-The 5-year Radio Spectrum Policy programme, which has been agreed in principle between the institutions, should be adopted as soon as possible by the European Parliament and Council in early 2012.

4337 arruolare
vb
[arrwolare]

enlist|recruit

Alcuni della tribù di Zabulon possedevano "arnesi da scriba" per contare e arruolare truppe.
-The tribe of Zebulun had those who possessed "the equipment of a scribe" for numbering and enrolling troops.

4338 barella
la
[barella]

stretcher

CAPITOLO III «ÀLZATI, PRENDI LA TUA BARELLA E CAMMINA!»
-Chapter III "Stand up, take your mat and walk!"

4339 ispezione
le
[ispettsjone]

inspection

Dopo una lunga ispezione, la galleria è stata riaperta al traffico.
-After a lengthy inspection, the tunnel was reopened to traffic.

4340 subire
vb
[subire]

suffer|undergo

Lui deve subire un intervento la prossima settimana.
-He has to have an operation next week.

4341 dilettante
adj; il/la
[dilettante]

amateur; dilettante

Joe è un dilettante.
-Joe is an amateur.

4342 propaganda
la
[propaganda]

propaganda

Tutto il resto è propaganda.
-All the rest is propaganda.

4343 orfano
adj; il
[orfano]

orphan; orphan

Un bambino i cui genitori sono morti è chiamato orfano.
-A child whose parents are dead is called an orphan.

4344 musical
il
[muzikal]

musical

Vidi un musical americano.
-I saw an American musical.

4345	**corsia**	**lane | aisle**
	la	In Giappone quasi tutte le strade hanno una sola corsia.
	[korsja]	-In Japan almost all roads are single lane.
4346	**timer**	**timer**
	il	Joe impostò il timer.
	[timer]	-Joe set the timer.
4347	**castigo**	**punishment | chastisement**
	il	Io sono tenuto in castigo.
	[kastigo]	-I'm grounded.
4348	**identificazione**	**identification**
	la	La proposta riguarda il principio di ricorso allo strumento, l'identificazione
	[identifikattsjone]	dei fabbisogni da coprire e il loro importo.
		-The proposal will concern the principle of making use of the Flexibility
		Instrument and will identify the needs to be covered and the amount.
4349	**interruzione**	**interruption | outage**
	la	Scusate l'interruzione.
	[interruttsjone]	-Pardon the interruption.
4350	**scoiattolo**	**squirrel**
	lo	Lo scoiattolo chiuse gli occhi e cominciò a contare le nocciole.
	[skojattolo]	-The squirrel closed its eyes and began to count hazelnuts.
4351	**salsiccia**	**sausage**
	la	Vorrebbe della pancetta o della salsiccia?
	[salsittʃa]	-Would you like bacon or sausage?
4352	**sacca**	**bag**
	la	La sacca deve essere capovolta delicatamente per mescolare la soluzione.
	[sakka]	-The bag should be inverted gently to mix the solution.
4353	**ricattare**	**blackmail**
	vb	Questo atteggiamento, unitamente alla passività dell'UE, ha indotto la
	[rikattare]	Russia a ricattare l'Ucraina con la minaccia di interrompere gli
		approvvigionamenti di gas.
		-Along with the EU's passive attitude, this has encouraged Russia to
		blackmail Ukraine by threatening to cut off gas supplies.
4354	**coccodrillo**	**crocodile**
	il	Un coccodrillo ha mangiato Thomas.
	[kokkodrillo]	-A crocodile has eaten Joe.
4355	**scrupolo**	**scruple**
	lo	Dobbiamo essere pronti ad assumerci le nostre più ampie responsabilità
	[skrupolo]	con scrupolo e competenza.
		-We need to be fully prepared to shoulder our greater responsibilities with
		skill and care.
4356	**dipendenza**	**dependence | reliance**
	la	Voi pensate che i videogiochi diano dipendenza?
	[dipendentsa]	-Do you think video games are addictive?
4357	**aeronautico**	**aeronautic**
	adj	Tuttavia, dato che la riduzione del profilo di rischio di HSH interessa
	[aeronautiko]	principalmente i settori nei quali vengono svolte attività espresse in USD
		(ad esempio, il finanziamento nel settore aeronautico, navale e di immobili
		all'estero), essa contribuisce in misura essenziale anche alla riduzione del
		fabbisogno di finanziamento in USD.
		-However, as the reduction of HSH's risk profile is to take place mainly in
		segments which generate USD-denominated assets (i.e. aircraft, shipping

and international real estate financing), it also constitutes a material step forward towards reducing the USD funding need.

4358	**biologia**	**biology**

la
[bjolodʒa]

Lui ha delle conoscenze di biologia.
-He has a knowledge of biology.

4359 **astronauta** **astronaut**

il/la
[astronauta]

L'uomo che sta per sposare è un astronauta.
-The man she's going to marry is an astronaut.

4360 **comprensibile** **understandable|comprehensible**

adj
[komprensibile]

La vostra rabbia è comprensibile.
-Your anger is understandable.

4361 **frustare** **whip|frustrate**

vb
[frustare]

Ogni intervento «attivo» rischia di frustare e deviare lo spontaneismo che è la principale garanzia di «biodiversità» nel sistema economico e finanziario.
-Any 'active' intervention could stifle divert the spontaneous spirit that is the primary safeguard of biodiversity in the economic and financial system.

4362 **vicinanza** **proximity|closeness**

la
[vitʃinantsa]

La zuppa di sussidiarietà proposta da Kohl, Chirac e Klima non risolve tutti i problemi, ma soltanto alcuni, e questa frittata di rinazionalizzazione mi sta sullo stomaco quanto la paternalistica vicinanza ai cittadini.
-Kohl, Chirac and Klima's subsidiarity soup may satisfy a lot of people, but not everyone: this rehashed renationalization makes my stomach turn, and so does all this paternalistic talk about being closer to the citizen.

4363 **diciassette** **seventeen**

num
[ditʃassette]

Lei si sposò a diciassette anni.
-She got married at seventeen.

4364 **seguace** **follower|disciple**

il/la
[segwatʃe]

Naturalmente Darwin, come molti dei suoi contemporanei, ha voluto essere visto come seguace del metodo newtoniano.
-Of course Darwin, like many of his contemporaries, wished to be seen as following the Newtonian method.

4365 **predica** **sermon**

la
[predika]

Anna Larsen, una sorella danese che predica da una settantina d'anni, dice: "Geova ci ha aiutato a diventare proclamatori più efficaci grazie alla Scuola di Ministero Teocratico e ai suoi libri di testo.
-Anna Larsen, in Denmark, who has been a publisher for some 70 years, says: "Jehovah helped us to be more effective publishers by means of the Theocratic Ministry School and the associated books we received.

4366 **operatorio** **operating**

adj
[operatorjo]

Per quei casi di meningite tubercolare che non richiedono l'intervento operatorio, si preconizzano iniezioni di streptomicina nella cisterna più indicata della zona rachidiana o ventricolare, unite a somministrazioni di streptomicina in via generate.
-In those cases of tuberculous meningitis which do not require an operation, injections of streptomycin into the cisterna are prescribed which is more adapted than the rachidian or ventricular zone; besides, an administration of streptomycin in the common way.

4367 **gomito** **elbow**

il
[gomito]

Io ho un morso di zanzara sul gomito.
-I have a mosquito bite on my elbow.

4368 **barattolo** **jar|can**

il
[barattolo]

Il barattolo era mio.
-The pot was mine.

4369 **portafortuna**   **lucky charm**

il
[portafortuna]

Ted l' ha ricevuta nelle prima Guerra del Golfo, e gliela donò come portafortuna.
-Ted won it in the first Gulf War, and he gave it to her as a lucky charm.

4370 **arnia**   **hive**

la
[arnja]

Sull'altare della chiesa parrocchiale di Stari Trg ob Kolpi si trova una grande statua di Sant'Ambrogio, intorno alle cui gambe si trova un'arnia per api.
-On the altar of the parish church of Stari Trg ob Kolpi there is a large statue of St. Ambrose, who has a beehive woven around his legs.

4371 **beneficio**   **benefit**

il
[benefitʃo]

Gli dia il beneficio del dubbio.
-Give him the benefit of the doubt.

4372 **riparato**   **sheltered**

adj
[riparato]

Ne ho riparato uno.
-I fixed one.

4373 **strizzacervelli**   **shrink**

lo
[striddzatʃervelli]

Allora lei è una strizzacervelli delle stelle?
-So you' re a shrink to the stars, huh?

4374 **abusare**   **misuse|take advantage**

vb
[abuzare]

Vorrei pertanto chiedere alla Commissione di valutare il punto cruciale del dibattito: in quale modo si può definire una valida normativa in materia di brevetti che ricompensi le società europee più innovative per i loro investimenti in attività di ricerca e sviluppo ed allo stesso tempo non consenta alle imprese di utilizzare i brevetti per abusare di una posizione dominante, vincolare la tecnologia e soffocare l'innovazione e la concorrenza?
-I therefore ask the Commission to look at the crux of this debate: how do we get good patent law which rewards our most innovative companies for their investment in R&D while, at the same time, not allowing companies to use patents to abuse a dominant position, lock up technology and stifle innovation and competition?

4375 **signorino**   **Master**

il
[siɲɲorino]

Il Signorino è arrivato!
-The young master's here!

4376 **domicilio**   **domicile**

il
[domitʃiljo]

Ogni persona ha diritto al rispetto della propria vita privata e familiare, del proprio domicilio e delle proprie comunicazioni.
-Everyone has the right to respect for his or her private and family life, home and communications.

4377 **crudeltà**   **cruelty|harshness**

la
[krudelt'a]

Lei ha parlato duramente contro la crudeltà verso gli animali.
-She spoke out strongly against cruelty to animals.

4378 **congedo**   **leave|dismissal**

il
[kondʒedo]

Ero in congedo.
-I was on leave.

4379 **assurdità**   **absurdity**

le
[assurdit'a]

Che razza di assurdità è questa?
-What kind of nonsense is this?

4380 **tendenza**   **trend|propensity**

la
[tendentsa]

La popolazione mondiale ha tendenza ad aumentare.
-The world's population tends to increase.

4381 istruttore

il
[istruttore]

instructor

Joe è un istruttore di yoga.
-Joe is a yoga instructor.

4382 biasimare

vb
[bjazimare]

blame|censure

"L'economia ha aperto una faglia nell'Atlantico", annuncia La Stampa, riferendo dell'impatto delle recenti dichiarazioni di Barack Obama implicanti che la cattiva gestione della crisi dell'Eurozona è da biasimare per le prospettive deboli per la crescita negli Stati Uniti.
-"The economy has opened up a faultline in the Atlantic," announces La Stampa, reporting on the impact of recent remarks by Barack Obama which imply that the poor management of the Eurozone crisis is to blame for the feeble outlook for growth in the US.

4383 cogliere

vb
[koʎʎere]

take|catch

Vogliamo cogliere tutte le singolarità di ogni lingua. E vogliamo anche cogliere la loro evoluzione nel corso del tempo.
-We want to capture all the uniqueness of each language. And we as well want to capture their evolution through time.

4384 squisito

adj
[skwizito]

exquisite|delicious

Il cadavere squisito berrà il vino novello.
-The exquisite corpse will drink the new wine.

4385 abbracciare

vb
[abbrattʃare]

embrace|include

Non posso abbracciare Joe se non vuole essere abbracciato.
-I can't hug Joe if he doesn't want to be hugged.

4386 accogliere

vb
[akkoʎʎere]

welcome|accept

Quando tale tribunale si esprimerà e deciderà se accogliere o meno tale reclamo, la presidenza svedese passerà alla fase successiva di questo processo.
-When they give their say as to whether they are going to take up this complaint or not, that is when the Swedish Presidency will give its next reaction to this process.

4387 pasquale

adj
[paskwale]

paschal

L'Esodo, com'è noto, è il grande evento di liberazione del popolo eletto dalla schiavitù egiziana, mentre, in prospettiva cristiana, evoca il Mistero pasquale e il cammino che l'uomo è chiamato a compiere mettendosi al seguito di Gesù, che ci libera dal peccato e ci apre alla comunione con Dio e con i fratelli.
-As everyone knows, the Exodus was the great event in which the chosen people were freed from slavery in Egypt, while from the Christian standpoint, it recalls the paschal mystery and the journey that man is called to make by following Jesus, who frees us from sin and opens us to communion with God and our brethren.

4388 accoglienza

le
[akkoʎʎentsa]

welcome

Necessità di intervenire con particolare urgenza: applicare efficacemente la nuova legislazione sull'asilo, prevedendo a tal fine anche l'adozione del rimanente diritto derivato, il miglioramento della capacità di evasione delle domande di asilo, la separazione tra il centro di accoglienza per rifugiati politici (Asylum home) e il centro per stranieri con un miglioramento delle condizioni di entrambi.
-In need of particularly urgent action: enforce the new asylum legislation effectively, including adoption of the remaining secondary legislation, improving of the capacity to process asylum applications, separation of the

Asylum Home and Centre for Foreigners and improvement of conditions in both.

4389	**severo** adj; il [severo]	**severe; martinet** Sono molto severo. -I'm very strict.
4390	**tormentare** vb [tormentare]	**torment|harass** Sarebbe enormemente iniquo tormentare un uomo per tutta l'eternità per l'esiguo numero di peccati che può aver commesso nell'arco della sua vita. -It would be grossly unjust to torment a man forever for the limited number of sins that he can commit in a lifetime.
4391	**vigile** adj; il [vidʒile]	**watchful; policeman** Sia vigile. -Be watchful.
4392	**vicinato** il [vitʃinato]	**neighborhood|neighbors** C'è stato un grosso incendio nel mio vicinato. -There was a big fire in my neighborhood.
4393	**arrabbiato** adj [arrabbjato]	**angry** Joe sembra più sorpreso che arrabbiato. -Joe seems more surprised than angry.
4394	**soddisfatto** adj [soddisfatto]	**satisfied** Voi pensate che Joe sia soddisfatto? -Do you think Joe is satisfied?
4395	**cespuglio** il [tʃespuʎʎo]	**bush** Riesce a vedere il colibrì in quel cespuglio? -Can you make out the hummingbird by that bush?
4396	**limonata** la [limonata]	**lemonade** Vorrebbe comprare un po' di limonata? -Would you like to buy some lemonade?
4397	**beato** adj [beato]	**blessed** Quarant'anni or sono, in un contesto di gravi minacce per la sicurezza mondiale, il beato Giovanni XXIII pubblicava, con grande coraggio, l'Enciclica Pacem in terris. -Forty years ago, in a moment of serious threat to world security, with great courage, Bl. John XXIII published the Encyclical Pacem in terris.
4398	**vitamina** la [vitamina]	**vitamin** Le arance sono ricche di vitamina C. -Oranges are rich in vitamin C.
4399	**console** il [konsole]	**consul** Una bassa elasticità rispetto al prezzo della domanda di cartucce di giochi e console di videogiochi indica che i consumatori non considerano il prezzo come il fattore più importante quando decidono di effettuare un acquisto. -Low price elasticities for game cartridges and game consoles indicate that consumers do not consider price the most important factor in their purchasing decisions.
4400	**vigilare** vb [vidʒilare]	**watch|supervise** In Germania, i Länder devono vigilare affinché nessuno dorma nelle strade. -In Germany, it is the responsibility of the Länder to ensure that no-one sleeps in the street.
4401	**milord** il [milord]	**milord** Di chi state parlando, Milord? -Of whom do you speak, my Lord?

4402 **ammissione** admission|entrance
la
[ammissjone]

L'incidente è avvenuto a seguito dell'ammissione di Al-Qaeda della propria responsabilità, in una dichiarazione pubblicata dall'organizzazione, per un attacco che aveva come obiettivo il palazzo repubblicano nella città di Al-Mukalla, nel sud dello Yemen, e ha provocato la morte di 30 ufficiali e soldati.
-The incident came in the wake of Al-Qaeda's admission of responsibility, in a statement published by the organization, for an attack that targeted the republican palace in the city of Al-Mukalla in southern Yemen and resulted in the deaths of 30 officers and soldiers.

4403 **indifferente** indifferent|unconcerned
adj
[indifferente]

Mi è indifferente che lui venga o meno.
-It makes no difference to me whether he joins us or not.

4404 **assaggio** taste|sample
i
[assaddʒo]

Prendi un assaggio.
-Have a taste.

4405 **visibile** visible|evident
adj
[vizibile]

L'ombra del bastone è visibile.
-The shadow of the stick is visible.

4406 **casuale** random|casual
adj
[kazwale]

Importo e percentuale (tasso di errore) delle spese irregolari nel campione su base casuale
-Amount and percentage (error rate) of irregular expenditure in random sample

4407 **seminario** seminar
il
[seminarjo]

Io ho partecipato al seminario.
-I attended the seminar.

4408 **giurisdizione** jurisdiction
la
[dʒurizdittsjone]

È fuori dalla tua giurisdizione.
-It's outside your jurisdiction.

4409 **telecomando** remote control
il
[telekomando]

Mi ridia il telecomando del televisore.
-Give the television remote control back to me.

4410 **formale** formal
adj
[formale]

Il premier effettuò una visita formale alla Casa Bianca.
-The premier paid a formal visit to the White House.

4411 **imminente** imminent|forthcoming
adj
[imminente]

Almeno sarà in grado di remare la sua uscita dal diluvio imminente.
-At least you'll be able to row your way out of the oncoming flood.

4412 **salario** wage|hire
il
[salarjo]

Qual è il salario minimo in Guatemala?
-What's the minimum salary in Guatemala?

4413 **abbandonato** abandoned|forsaken
adj
[abbandonato]

Mi ha abbandonato.
-He abandoned me.

4414 **confraternità** confraternity
la
[konfraternit'a]

I controlli dell'applicazione della legislazione devono essere eseguiti regolarmente e in modo casuale, e devono prevedere verifiche della sicurezza
-Law enforcement controls must be performed regularly and randomly, and must include security audits.

4415 spacciare — **peddle**

vb

[spattʃare]

Per potermi permettere tutti i vizi in cui stavo sprofondando mi misi a spacciare.
-Spiraling deeper into my addictions, I began selling drugs to support my lifestyle.

4416 ergastolo — **life sentence**

il

[ergastolo]

A Joe fu dato l'ergastolo.
-Joe was given a life sentence.

4417 convinzione — **conviction**

la

[konvintsjone]

Io apprezzo la tua convinzione.
-I appreciate your conviction.

4418 pescatore — **fisherman|angler**

il

[peskatore]

La storia del pescatore è losca.
-The fisherman's story is fishy.

4419 ignoranza — **ignorance**

le

[iɲɲorantsa]

Ha approfittato della mia ignoranza e mi ha ingannato.
-He took advantage of my ignorance and deceived me.

4420 nottata — **night**

la

[nottata]

Che bella nottata!
-What a beautiful night!

4421 master — **master**

il

[master]

Gli Stati membri prescrivono che, qualora l'OICVM master e l'OICVM feeder abbiano revisori diversi, detti revisori concludano un accordo per lo scambio di informazioni al fine di assicurare a entrambi i revisori l'esercizio delle proprie funzioni; le informazioni riguardano anche le misure adottate per rispettare gli obblighi di cui al paragrafo 2.
-Member States shall require that if the master and the feeder UCITS have different auditors, those auditors enter into an information-sharing agreement in order to ensure the fulfilment of the duties of both auditors, including the arrangements taken to comply with the requirements of paragraph 2.

4422 annuale — **annual**

adj

[annwale]

Inoltre, è necessario ridurre o persino annullare gli aiuti europei a quei paesi che si rifiutano di diminuire le spese militari e continuano ad impiegare più dell'1 % del loro reddito annuale per armi ed eserciti.
-In addition we must reduce or cancel European aid for those countries who refuse to reduce military spending and continue to spend more than 1 % of their annual income on arms and armies.

4423 esporre — **expose|show**

vb

[esporre]

Talvolta dovremmo esporre i nostri corpi al sole.
-We should sometimes expose our bodies to the sun.

4424 scorta — **stock|spare**

la

[skorta]

Abbiamo una scorta di carta igienica.
-We have a stock of toilet paper.

4425 devozione — **devotion**

la

[devottsjone]

Siete giunti sulle tombe degli Apostoli Pietro e Paolo per rendere testimonianza della vostra fede e portare in tal modo la devozione del vostro popolo alla Chiesa una, santa, cattolica e apostolica, fondata da Cristo e diffusa fino ai confini del mondo.
-You have come to the tombs of the Apostles Peter and Paul to bear witness to your faith, and you bring also the devotion of your people to the

one, holy, catholic and apostolic Church, founded by Christ and spread to the ends of the earth.

4426	**trafficante**	**trafficker**
	il/la	Il trafficante di droga è stato arrestato all'aeroporto.
	[traffikante]	-The drug smuggler was arrested at the airport.
4427	**diciotto**	**eighteen**
	num	Il Pony Express durò solo diciotto mesi.
	[ditʃotto]	-The Pony Express lasted only 18 months.
4428	**girata**	**turn|endorsement**
	la	Gran parte della serie è girata all'aperto.
	[dʒirata]	-So much of the show is shot outdoors.
4429	**farsa**	**farce**
	la	È una farsa.
	[farsa]	-That's a farce.
4430	**razionale**	**rational**
	adj	Niente di questo è razionale.
	[rattsjonale]	-None of this is rational.
4431	**acustico**	**acoustic**
	adj	Io penso di aver bisogno di un apparecchio acustico.
	[akustiko]	-I think I need a hearing aid.
4432	**particella**	**part|fleck**
	la	La luce è un'onda o una particella?
	[partitʃella]	-Is light a wave or a particle?
4433	**pianista**	**pianist**
	il/la	Chi è il vostro pianista preferito?
	[pjanista]	-Who's your favorite pianist?
4434	**commosso**	**moved|unrest**
	adj	La storia mi ha commosso fino alle lacrime.
	[kommosso]	-I was moved to tears by the story.
4435	**vecchiaia**	**old age|oldness**
	la	Lui risparmiò denaro per la sua vecchiaia.
	[vekkjaja]	-He saved money for his old age.
4436	**luminoso**	**bright|light**
	adj	Il sole è l'oggetto più luminoso nel cielo.
	[luminozo]	-The Sun is the brightest object in the sky.
4437	**immigrazione**	**immigration**
	le	Presentiamoci all'ufficio immigrazione.
	[immigrattsjone]	-Let's introduce ourselves to the immigration office.
4438	**anomalia**	**anomaly**
	la	Ora ci fa piacere sapere che quest'anomalia verrà risolta grazie alla presente proposta.
	[anomalja]	-We are pleased now that this anomaly will be put right with this proposal.
4439	**fondamentalmente**	**basically**
	adv	Fondamentalmente per due emendamenti che la posizione comune non ha recepito.
	[fondamentalmente]	-This is basically because of two amendments not accepted in the common position.
4440	**protettore**	**protector|patron**
	il	L'esercito della vicina Etiopia si è autonominato loro protettore comune.
	[protettore]	-The army of neighbouring Ethiopia has appointed itself their joint protector.

4441 caratteristico — characteristic
adj
[karatteristiko]
Quel modo di parlare è caratteristico della gente di questa parte del paese.
-That way of speaking is peculiar to people in this part of the country.

4442 sfilare — parade
vb
[sfilare]
Alle Olimpiadi potremmo sfilare tutti recando in una mano la nostra bandiera nazionale e nell'altra la bandiera europea.
-May we all parade at the Olympic Games with our own flag in one hand and the European flag in the other.

4443 tonto — stupid; booby
adj; il
[tonto]
Lui è tonto.
-He's a bonehead.

4444 alleluia — alleluia
gli
[allelwja]
"Vi annuncio una grande gioia, Alleluia!".
-"I announce to you tidings of great joy, Alleluia!".

4445 arcobaleno — rainbow
il
[arkobaleno]
Io non ho mai visto un arcobaleno.
-I've never seen a rainbow.

4446 rosario — rosary
il
[rozarjo]
Vi dico però la corona, l'oggetto corona con la quale si dice il Rosario.
-But I tell you the beads, the object with which you say the Rosary.

4447 esausto — exhausted|worn
adj
[ezausto]
Joe sembra esausto.
-Joe sounds exhausted.

4448 blues — blues
i
[blwes]
Dove hai imparato a cantare il blues?
-Where did you learn how to sing the blues?

4449 tifare — be a fan of
vb
[tifare]
Vorrei stare con crapanzano per tifare il nostro giocatore preferito.
-I'd like to be with Crapanzano to cheer our favourite.

4450 incolpare — blame|accuse
vb
[iŋkolpare]
Perché incolpare lei?
-Why blame her?

4451 ottavo — eighth
num
[ottavo]
Sono all'ottavo piano.
-I'm on the eighth floor.

4452 lavandino — sink|washbasin
il
[lavandino]
Joe lascia spesso i piatti sporchi nel lavandino.
-Joe often leaves dirty dishes in the sink.

4453 fasciare — bind|wrap
vb
[faʃʃare]
Abbiamo cercato di fasciare la gola.
-We tried to bandage his neck.

4454 dogana — customs|customhouse
la
[dogana]
Dov'è la dogana?
-Where is Customs?

4455 gancio — hook|hanger
il
[gantʃo]
Noi dobbiamo ancora cercare il gancio.
-We still have to look for the hook.

4456 spogliare — strip|undress
vb
[spoʎʎare]
Mi faceva spogliare davanti a loro.
-He'd have me strip for them.

4457 bancarotta — **bankruptcy**
la
[baŋkarotta]
Quell'azienda è andata in bancarotta.
 -That company went bankrupt.

4458 bibita — **drink**
la
[bibita]
Il caffè è la bibita sacra degli studenti universitari.
 -Coffee is the holy drink of university students.

4459 farabutto — **scoundrel|rascal**
il
[farabutto]
Magari riesce a rintracciare quel farabutto che vi ha rifilato il contratto fasullo.
 -Perchance he can help you track down the scoundrel what sold you a bill of goods.

4460 neo — **mole**
il
[neo]
Il politico neo-eletto volò sul suo jet privato per esser presente alla sua prima seduta del Parlamento
 -The newly-elected politician flew in on his private jet to attend his first sitting of parliament.

4461 limitato — **limited**
adj
[limitato]
Permane quindi il rischio di un allargamento limitato esclusivamente a pochi paesi.
 -The risk remains that enlargement will be restricted to just a few countries.

4462 pony — **pony**
i
[pon]
Joe vuole che gli compri un pony.
 -Joe wants me to buy him a pony.

4463 medicinale — **medicinal; medicine**
adj; il
[meditʃinale]
Questo medicinale non è efficace contro l'influenza.
 -This medicine is no protection against influenza.

4464 canticchiare — **hum**
vb
[kantikkjare]
Qualche volta credo sia meglio crogiolarsi nella propria nostalgia♫ finché non riemergi canticchiando quel blues da chitarra Hawaiana♫
 -Sometimes I think it's better just to sink way down in your funky mood 'til you can rise up humming these steel guitar blues.

4465 torace — **chest**
il
[toratʃe]
Ok, dobbiamo aprirgli il torace.
 -All right, we need to open his chest.

4466 siciliano — **Sicilian; Sicilian**
adj; il
[sitʃiljano]
Io sono siciliano e sono stato, contrariamente a molti colleghi che sono intervenuti, nell'allora esistente centro di identificazione ed espulsione.
 -I am Sicilian and, unlike many Members who have spoken, I visited the former identification and expulsion centre.

4467 genero — **son-in-law**
il
[dʒenero]
Sarà mio genero.
 -You'll be my son-in-law.

4468 avanguardia — **vanguard|forefront**
le
[avaŋgwardja]
– Benvenuta nell'avanguardia della sanità.
 -Welcome to the forefront of healthcare.

4469 succhiare — **suck**
vb
[sukkjare]
Succhiare il veleno da una ferita.
 -To suck poison from a wound.

4470 triangolo — **triangle**

	il	Questo è un triangolo.
	[trjaŋgolo]	-This is a triangle.

4471 consapevolezza — **awareness|sensibleness**

la
[konsapevolettsa]

Il 26 settembre è la Giornata Europea delle Lingue. Il Consiglio d'Europa vuole aumentare la consapevolezza del patrimonio culturale multilingue, promuovere lo sviluppo del multilinguismo nella società e incoraggiare i cittadini ad apprendere le lingue. Google è un ambiente di apprendimento facile da usare. Una comunità vivace promuove in modo molto pratico lo studio delle lingue.
-The 26th of September is the European Day of the Languages. The Council of Europe want to sharpen the attention for the multilingual heritage of Europe, to foster the evolution of multilingualism in society and to encourage the citizens to learn languages . Google as an easy-to-use learning media and as a vivid community promotes the study and appreciation of languages in a quite practical way.

4472 sottosopra — **upside down; topsy-turvy**

adv; adj
[sottozopra]

È tutto sottosopra.
-Everything is upside down.

4473 orecchino — **earring**

lo
[orekkino]

Avete perso un orecchino.
-You lost an earring.

4474 pino — **pine**

il
[pino]

C'era un grande pino di fronte alla mia casa.
-There used to be a big pine tree in front of my house.

4475 pentirsi — **repent**

vb
[pentirsi]

Signor Presidente, lei è veramente troppo gentile; spero che non debba pentirsi di questa sua concessione!
-Mr President, you are too kind, and I hope you do not live to regret that one day!

4476 sponsor — **sponsor**

gli
[sponsor]

E ora una parola dal nostro sponsor.
-And now a word from our sponsor.

4477 interprete — **interpreter**

il
[interprete]

Il conduttore sfida l'interprete.
-The conductor challenges the interpreter.

4478 camerino — **dressing room**

il
[kamerino]

Sarà meglio del camerino dei ragazzi.
-It's got to be better than the boys' dressing room.

4479 lode — **praise**

la
[lode]

Sono indegne della lode data loro.
-They are unworthy of the praise given them.

4480 ottimista — **optimistic; optimist**

adj; il/la
[ottimista]

Eric è un ottimista eterno.
-Eric is an eternal optimist.

4481 western — **western**

il
[vestern]

Le donne non sono essenziali nei western.
-Women are not essential in Westerns.

4482 morso — **bite|sting**

Il
[morso]

Mi ha morso qualcosa.
-Something bit me.

4483 approfittare — **take advantage**

vb
[approfittare]
Faresti meglio ad approfittare di questa opportunità.
-You had better avail yourself of this opportunity.

4484 vetrino — **slide**
il
[vetrino]
1 BlueTrack Technology non funziona su vetro trasparente e superfici a specchio.
-1 BlueTrack Technology does not work on clear glass or mirrored surfaces

4485 presuntuoso — **presumptuous; jackanapes**
adj; il
[prezuntwozo]
Joe è un po' presuntuoso.
-Joe is a bit conceited.

4486 apertamente — **openly**
adv
[apertamente]
I cattolici non potevano osservare apertamente la loro religione.
-Catholics could not openly observe their religion.

4487 suicidarsi — **commit suicide**
vb
[switʃidarsi]
Lei era sul punto di suicidarsi.
-She was on the verge of killing herself.

4488 mitra — **miter|tommy-gun**
la
[mitra]
Come mitra ho solo una bellissima imitazione.
-The only machine gun I have is a very fine dummy.

4489 stento — **narrowly; hardship**
adj; lo
[stento]
La penso a stento così.
-I scarcely think so.

4490 rigido — **rigid; martinet**
adj; il
[ridʒido]
Dobbiamo approvare gli emendamenti alla relazione Taubira-Delannon, dobbiamo mantenere una posizione rigida di dura critica all'ipocrisia del Consiglio dei Ministri nel campo dello sviluppo durevole.
-We must support the amendments to the Taubira-Delannon report, we must maintain a stern position of ferocious criticism of the Council of Ministers ' hypocrisy in the area of sustainable development.

4491 sonda — **probe**
la
[sonda]
L'approccio di Galvani di sondare il sistema nervoso con elettrodi e' rimasto in voga fino a oggi, nonostante una serie di svantaggi.
-Galvani's approach of probing the nervous system with electrodes has remained state-of-the-art until today, despite a number of drawbacks.

4492 rap — **rap**
il
[rap]
Oggi inizio a scrivere una canzone rap.
-Today I start to write a rap song.

4493 idrogeno — **hydrogen**
il
[idrodʒeno]
L'idrogeno è l'elemento più leggero.
-Hydrogen is the lightest element.

4494 perquisizione — **search**
la
[perkwizittsjone]
Noi abbiamo un mandato di perquisizione.
-We have a search warrant.

4495 battello — **boat**
il
[battello]
Ha un battello turistico al porto.
-He runs a boat tour in the harbour.

4496 mercurio — **mercury**
il
[merkurjo]
Il mercurio è davvero un metallo?
-Is mercury really a metal?

4497 traguardo — **goal|finishing line**

	il	È stata l'ultima a tagliare il traguardo.
	[tragwardo]	-She was the last to cross the finishing line.
4498	**spregevole**	**despicable**
	adj	Questo non è sintomo di una saggia valutazione ma di una spregevole
	[spredʒevole]	codardia che dimostra la totale mancanza di una autentica leadership.
		-That would not indicate wise judgment, but abject cowardice demonstrating a total want of real leadership.
4499	**gelato**	**ice cream; frozen**
	il; adj	Lasciatemi un po' di gelato.
	[dʒelato]	-Leave me a bit of ice cream.
4500	**rinuncia**	**renunciation**
	la	La rinuncia sarebbe al massimo per un anno perché gli aiuti sono
	[rinuntʃa]	temporanei.
		-The waiver should be for a maximum of one year because aid is temporary.
4501	**lotta**	**fight|struggle**
	la	Siamo preparati per una lotta.
	[lotta]	-We're prepared for a fight.
4502	**vile**	**vile; dastard**
	adj; il	Sostengono di combattere contro una vile cospirazione.
	[vile]	-They claim that they are battling a dastardly conspiracy.
4503	**balia**	**nurse|wet nurse**
	la	La nave era in balia della tormenta.
	[balja]	-The ship was at the mercy of the storm.
4504	**nomina**	**appointment|nomination**
	la	Joe ha accettato la nomina a presidente di classe.
	[nomina]	-Joe accepted the nomination for class president.
4505	**grembo**	**womb**
	il	Quando ero nel grembo di mia madre, guardavo attraverso l'ombelico di
	[grembo]	mia madre la casa in cui sarei nato e pensavo: "Non se ne parla nemmeno di andare lì".
		-When I was inside my mother's womb, I looked through my mother's navel at the house where I would be born and I thought: "No way I'm going there".
4506	**masticare**	**chew|munch**
	vb	È dura per me masticare.
	[mastikare]	-It is hard for me to chew.
4507	**teppista**	**hooligan|thug**
	il	La cooperazione in questa materia è un modo positivo per limitare gli
	[teppista]	effetti negativi che qualche teppista può produrre su una partita.
		-Co-operation in this domain is a positive way to limit the negative effects that a few hooligans have on the game.
4508	**piccione**	**pigeon**
	il	Questo piccione ha volato da San Francisco a New York.
	[pittʃone]	-This pigeon flew from San Francisco to New York.
4509	**salivare**	**salivate**
	vb	Mi stanno dando un nuovo farmaco che mi fa salivare.
	[salivare]	-They have me on some new medication, it makes me salivate.
4510	**parassita**	**parasite; parasitic**
	il/la; adj	Con meccanismi come quelli delle imposte sulla ricchezza si corre sempre
	[parassita]	il rischio che nell'economia mondiale si scopra qualche parassita.

-There is always the risk with mechanisms like wealth taxes that someone in the global economy will turn out to be a freeloader.

4511	**fiasco**	**fiasco**
	il	La festa fu un fiasco.
	[fjasko]	-The party was a flop.
4512	**Panama**	**Panama**
	le	Ho visitato Panama, El Salvador, l'Honduras e il Nicaragua.
	[panama]	-I visited Panama, El Salvador, Honduras and Nicaragua.
4513	**ingegneria**	**engineering**
	le	L'ingegneria genetica migliora la natura?
	[indʒeɲɲerja]	-Does genetic engineering improve nature?
4514	**camper**	**camper**
	i	Mi stavo chiedendo dove vi avesse portati il vostro piccolo camper.
	[kamper]	-I was wondering where your little camper had taken you both.
4515	**democratico**	**democratic; democrat**
	adj; il	La Repubblica di Cina è uno Stato democratico.
	[demokratiko]	-The Republic of China is a democratic state.
4516	**morbido**	**soft**
	adj	È morbido al tatto.
	[morbido]	-It is soft to the touch.
4517	**divieto**	**prohibition|interdiction**
	il	Barack Obama punta a un divieto internazionale sulle armi nucleari, ma non è contro di loro in tutte le guerre.
	[divjeto]	-Barack Obama is aiming for an international ban on nuclear weapons, but is not against them in all wars.
4518	**vertigine**	**vertigo**
	la	Per la vertigine che dici tu.
	[vertidʒine]	-For the dizziness that you say.
4519	**guardaroba**	**wardrobe**
	le	Lo shopping di seconda mano mi permette di ridurre l'impatto che il mio guardaroba ha sull'ambiente e sul mio portafoglio.
	[gwardaroba]	-Secondhand shopping allows me to reduce the impact my wardrobe has on the environment and on my wallet.
4520	**atlantico**	**Atlantic**
	adj	L'Islanda è una nazione insulare nel Nord Atlantico tra la Groenlandia, le Isole Faroe e la Norvegia.
	[atlantiko]	-Iceland is an island nation in the North Atlantic between Greenland, the Faroe Islands and Norway.
4521	**bruto**	**brute**
	adj	L' obiettivo era di procedere con la forza bruta, bisognava essere brutali e spietati.
	[bruto]	-The aim was to do so by brute force, and they were to be brutal and show no mercy.
4522	**tardare**	**delay**
	vb	Tardare ad un appuntamento.
	[tardare]	-To be late for an appointment.
4523	**fortemente**	**strongly**
	adv	I genitori di Mariko sono fortemente contrari al fatto che lei sposi un'americana.
	[fortemente]	-Mariko's parents are strongly opposed to her marrying an American.
4524	**impotente**	**impotent**

	adj [impotente]	Mi sento impotente a volte. -I feel helpless sometimes.
4525	**perbene** adj; adv [perbene]	**proper; respectably** I ragazzi perbene dicono sempre la verità. -Good boys always tell the truth.
4526	**calligrafia** la [kalligrafja]	**calligraphy|handwriting** Questa è la vostra calligrafia, giusto? -This is your handwriting, right?
4527	**mandria** la [mandrja]	**herd** Provano a distinguersi dalla mandria con questi dispositivi GPS. -They're trying to set themselves apart from the herd with these GPS devices.
4528	**rubinetto** il [rubinetto]	**tap** Non beva l'acqua del rubinetto. -Don't drink the tap water.
4529	**cobra** il [kobra]	**cobra** Un cobra morse Joe. -A cobra bit Joe.
4530	**canestro** il [kanestro]	**basket** Mi ha fatta sedere sulle spalle e ho fatto un canestro. -He let me sit on his shoulders, so I could make a basket.
4531	**orco** il [orko]	**ogre** L'orco non riconosce i suoi propri figli. -The ogre does not recognize his own children.
4532	**apprendista** il/la [apprendista]	**apprentice|trainee** Io sono un'apprendista. -I'm a trainee.
4533	**calcolare** vb [kalkolare]	**calculate|compute** Utilizzando effemeridi, un astronomo può calcolare le fasi lunari e l'ora del sorgere e tramonto del sole e della luna in tutto il mondo e per qualsiasi giorno dell'anno. -Utilizing an ephemeris, an astronomer can calculate lunar phases and the times of rising and setting of the sun and of the moon all around the world and for any day of the year.
4534	**cenno** il [tʃenno]	**sign** Joe ha fatto un cenno a Mary. -Joe waved to Mary.
4535	**palmo** il [palmo]	**palm** Non provare a coprire il cielo intero con il palmo della tua mano. -Don't try to cover the whole sky with the palm of your hand.
4536	**conducente** il/la [kondutʃente]	**carman** Lui è un conducente terribile. -He's a terrible driver.
4537	**cesto** il [tʃesto]	**basket** Loro ci hanno portato un cesto di frutta. -They brought us a basket of fruit.
4538	**asciutto** adj [aʃʃutto]	**dry|curt** Quindi qual è il significato di questo liquido asciutto? -So what's the significance of this dry liquid?
4539	**congelare**	**freeze|congeal**

	vb	Giacere cento notti sul ghiaccio senza congelare.
	[kondʒelare]	-I can lie a hundred nights on the ice and not freeze.
4540	**brezza**	**breeze**
	la	Una brezza autunnale inizia a soffiare.
	[brettsa]	-An autumn breeze begins to blow.
4541	**collaterale**	**collateral**
	adj	Il collaterale viene richiesto a società non statunitensi che intendono operare negli Stati Uniti.
	[kollaterale]	-Collateral is required by non-US companies in the United States.
4542	**gel**	**gel**
	il	E possiamo usare un gel così che si possa sollevare lo strato di gel.
	[dʒel]	-And we actually do this with a gel so that you can lift the gel material.
4543	**interiore**	**inner; entrails**
	adj; il	Questa esperienza fu sociale e comunitaria, come pure individuale e interiore.
	[interjore]	-This experience was social and communal, as well as individual and interior.
4544	**agonia**	**agony**
	le	Il compito era un'agonia totale.
	[agonja]	-The task was total agony.
4545	**consigliare**	**recommend|advise**
	vb	Potete consigliare un albergo vicino all'aeroporto?
	[konsiʎʎare]	-Can you recommend a hotel near the airport?
4546	**eccesso**	**excess|surplus**
	il	Io sono stato multato di trenta dollari per eccesso di velocità.
	[ettʃesso]	-I was fined thirty dollars for speeding.
4547	**bidone**	**bin|drum**
	il	Dov'è il vostro bidone della spazzatura?
	[bidone]	-Where is your garbage can?
4548	**pettegolezzo**	**gossip**
	il	Quindi non ho fatto altro che ripetere un pettegolezzo, cosa che credo di avere il diritto di fare.
	[pettegolettso]	-Thus, I was merely repeating gossip, which I feel I am entitled to do.
4549	**portone**	**doorway**
	il	Stanotte abbiamo chiuso il portone, quindi potete rilassarvi.
	[portone]	-Tonight we have locked the front door, so you may relax.
4550	**analizzare**	**analyze**
	vb	Dovresti analizzare il fatto da un punto di vista medico.
	[analiddzare]	-You should investigate the fact from a medical viewpoint.
4551	**dormita**	**sleep|shut-eye**
	la	Penso che sia chiamato una dormita.
	[dormita]	-I think that's called a sleep.
4552	**concorrente**	**competitor; concurrent**
	il/la; adj	Joe era un concorrente.
	[koŋkorrente]	-Joe was a competitor.
4553	**rilevare**	**observe|take over**
	vb	Noi miravamo a rilevare esplosioni sotterranee.
	[rilevare]	-We were set up to detect underground explosions.
4554	**prenotazione**	**booking**

	la [prenotattsjone]		Deve effettuare una prenotazione. -You have to make a reservation.

4555 **cappuccino**
il
[kapputtʃino]

cappuccino
Marco d'Aviano, predicatore cappuccino della Provincia Veneta,
 -Capuchin Fr Mark of Aviano died of a tumor on 13 August 1699 in Vienna.

4556 **coyote**
i
[koote]

coyote
Cioè la presenza di Coyote a Central Park, una balena nel Gowanus Canal, alci a Westchester County.
 -You know, coyote in Central Park, a whale in the Gowanus Canal, elk in Westchester County.

4557 **interamente**
adv
[interamente]

entirely|fully
È stata interamente colpa di Joe.
 -It was entirely Joe's fault.

4558 **servitore**
il
[servitore]

servant
Il denaro è un ottimo servitore, ma un pessimo maestro.
 -Money is a good servant, but a bad master.

4559 **infame**
adj
[infame]

infamous
Allora tutti sapranno che sei un infame.
 -Then everyone will know that you are infamous.

4560 **partecipazione**
la
[partetʃipattsjone]

participation
I freegani sono persone che utilizzano strategie alternative per vivere sulla base di una partecipazione limitata all'economia convenzionale e il consumo minimo di risorse.
 -Freegans are people who employ alternative strategies for living based on limited participation in the conventional economy and minimal consumption of resources.

4561 **schiacciare**
vb
[skjattʃare]

crush|press
L'Ue, diventata ormai un mastodonte, non può schiacciare, come se nulla fosse, altri paesi indipendenti.
 -The EU cannot, like the mammoth it has turned into, simply trample over other independent countries.

4562 **gelatina**
la[dʒelatina]

jelly|gelatine
Joe si è fatto un sandwich con burro di arachidi e gelatina. -Joe made himself a peanut butter and jelly sandwich.

4563 **amichetto**
il
[amiketto]

boyfriend
Ci sono persone online che ora sono amiche; non si sono mai incontrate.
 -There are people now online that are friends; they've never met.

4564 **esaurimento**
il
[ezaurimento]

exhaustion
L'esaurimento delle acque dell'Africa occidentale diventerà presto una realtà.
 -The exhaustion of West African waters will soon be a reality.

4565 **consistere**
vb
[konsistere]

consist
In che cosa dovrebbe consistere una colazione salutare?
 -What should a healthy breakfast consist of?

4566 **competenza**
la
[kompetentsa]

competence|expertise
Questo lavoro va oltre la mia competenza.
 -This job is beyond my ability.

4567 **urgenza**
la
[urdʒentsa]

urgency
Joe dice che è un'urgenza.
 -Joe says it's urgent.

4568 scongiuro   exorcism|spell

lo

[skondʒuro]

Vi prego, vi scongiuro, respingete la relazione Caveri e approvate la proposta di compromesso della Presidenza danese!
-I beg you, I beseech you, to reject the Caveri report and adopt the Danish presidency's compromise proposal.

4569 tasto   key|touch

il

[tasto]

Dov'è il tasto "qualunque"?
-Where's the "any" key?

4570 boia   executioner

il

[boja]

Fa un caldo boia.
-It's fucking hot.

4571 esitare   hesitate|falter

vb

[ezitare]

Se vuoi qualcosa non esitare a chiedere a me.
-If there is anything you want, don't hesitate to ask me.

4572 capanno   shack

il

[kapanno]

(Risate) Quindi ero nascosto nel capanno, così.
-(Laughter) So I was hiding in the shed, like that.

4573 mascella   jaw|maxilla

la

[maʃʃella]

Bisogna tagliare la mascella inferiore qui.
-We need to cut the lower jaw here.

4574 cortese   courteous|polite

adj

[korteze]

Mary è molto cortese con la sua sorellina.
-Mary is very gentle with her baby sister.

4575 inaccettabile   unacceptable; out

adj; adv

[inattʃettabile]

Era inaccettabile.
-That was unacceptable.

4576 insultare   insult|abuse

vb

[insultare]

Non le volevo insultare.
-I didn't want to insult them.

4577 sincerità   sincerity|candor

la

[sintʃerit'a]

Metto in dubbio la tua sincerità. -I question your sincerity.

4578 brano   piece|passage

il

[brano]

Ha prodotto una versione stupenda del brano.
-He just produced an amazing version of the song.

4579 angelico   angelic

adj

[andʒeliko]

Disponga, l'adorabile Provvidenza che la dolcissima Santa volga i suoi occhi a noi e, per la potenza angelica di quello sguardo, ci rallegri la luce dell'Immacolata Signora.
-Place, Providence adorable that the sweet Santa turn its eyes to us and, through the power of the angelic look, we rejoice light of the Lady.

4580 pantera   panther

la

[pantera]

Strano, perché hai un tatuaggio di una pantera proprio come lui.
-That's funny 'cause you got a panther tattoo just like he does.

4581 globo   globe|orb

il

[globo]

Il nuovo jet fa il giro del globo in ventiquattr'ore.
-The new jet circles the globe in twenty-four hours.

4582 detonatore   detonator

il

[detonatore]

Secondo, occorre un missile da lanciare e, terzo, serve il vero e proprio detonatore della bomba.

-Second, you need a missile to launch, and, third, you need the actual detonator of the bomb.

4583	**mutare**	**change|slough**
	vb	La prima legge di Newton dice: "Ogni corpo persevera nello stato di quiete o di moto rettilineo uniforme, a meno che non sia costretto a cambiare da forze impresse a mutare questo stato."
	[mutare]	-Newton's First Law says: "Every object persists in its state of rest or uniform motion in a straight line unless it is compelled to change that state by forces impressed on it".
4584	**sessanta**	**sixty|sixty**
	i	Sessanta nuovi musei aprirono.
	[sessanta]	-Sixty new museums opened.
4585	**fraintendere**	**misunderstand|mistake**
	vb	Non mi fraintendere.
	[fraintendere]	-Don't get me wrong.
4586	**gambero**	**crayfish**
	il	Perché quel gambero ha la tua faccia.
	[gambero]	-Because your face is on that shrimp.
4587	**gigantesco**	**gigantic|huge**
	adj	Un terremoto, del 8,9 grado della scala Richter, ha colpito il Giappone causando un gigantesco tsunami.
	[dʒigantesko]	-An earthquake, 8.9 on the Richter scale, hits Japan and causes a massive tsunami.
4588	**spezzare**	**break**
	vb	Solamente l'amore può spezzare il cuore.
	[spettsare]	-Only love can break your heart.
4589	**paglia**	**straw|thatch**
	la	Joe ha circa la mia paglia.
	[paʎʎa]	-Joe is about my size.
4590	**credibile**	**credible**
	adj	Lei è credibile.
	[kredibile]	-You're believable.
4591	**mummia**	**mummy**
	la	Penso che il mio costume per la prossima festa di Halloween sarà avvolgermi nella carta igienica come una mummia.
	[mummja]	-I think that my costume for the upcoming Halloween party will be wrapping myself up in toilet paper like a mummy.
4592	**europeo**	**European; European**
	adj; lo	Sembri europeo.
	[europeo]	-You look European.
4593	**centimetro**	**centimeter**
	il	Io conosco ogni centimetro di New York.
	[tʃentimetro]	-I know every inch of New York.
4594	**ammiratore**	**admirer**
	il	Joe ha un ammiratore segreto.
	[ammiratore]	-Joe has a secret admirer.
4595	**cognata**	**sister-in-law**
	la	Quindi mia cognata mi ha chiesto un paio di volte, "Smettila di fischiare per favore."
	[koɲɲata]	-So my sister-in-law asked me a few times, "Please stop whistling."
4596	**inchino**	**bow|curtsy**

	il	Al momento di lasciare la stanza, mi fece un inchino.
	[iŋkino]	-He bowed to me as he left the room.
4597	**capezzolo**	**nipple|dug**
	il	Tienilo sul capezzolo e lascia che succhi.
	[kapettsolo]	-
		-Hold him to your nipple and let him suckle.
4598	**corrispondenza**	**correspondence|mail**
	la	È stata trovata una corrispondenza.
	[korrispondentsa]	-A match was found.
4599	**analista**	**analyst**
	il/la	E quindi potete immaginare, ero un analista di hedge fund.
	[analista]	-And so you can imagine, here I was an analyst at a hedge fund.
4600	**granchio**	**crab**
	il	Stitch farà un duetto con Sebastian il granchio.
	[graŋkjo]	-Stitch is going to do a skating duet with Sebastian, the crab.
4601	**orma**	**footprint|trace**
	le	Quest'orma è stata trovata sul luogo dell'omicidio di Hyang–sook.
	[orma]	-This footprint was found at the site of Hyang–sook's murder.
4602	**frittella**	**pancake**
	la	Dovresti avere una frittella a rasatura.
	[frittella]	-You're supposed to have a pancake for a shave.
4603	**Arrivederla!**	**Bye-Bye!**
	int	Arrivederla! Se vuole dare lei un'occhiata al mio articolo...
	[arrivederla!]	-Are you going to read my article?
4604	**viscido**	**slimy**
	adj	Sembra viscido se lo tocco con la lingua.
	[viʃʃido]	-It feels slimy on my tongue.
4605	**pulce**	**flea**
	la	Tutti i miei vestiti sono di seconda mano, dai mercatini delle pulci e dai
	[pultʃe]	negozietti dell'usato.
		-I get all my clothes secondhand from flea markets and thrift stores.
4606	**cofano**	**hood|coffer**
	il	Aprite il cofano.
	[kofano]	-Open the hood.
4607	**erica**	**heather**
	la	In Europa, dopo il naufragio dell'Erica, abbiamo messo a punto vari
	[erika]	progetti volti a migliorare la legislazione ambientale per quanto riguarda le
		navi cisterna.
		-Since the Erika disaster, we have had several projects in Europe that have
		aimed to improve environmental legislation with regard to oil tankers.
4608	**orlare**	**hem**
	vb	Dobbiamo ascoltare le grida d' allarme lanciate da società sull' orlo della
	[orlare]	disperazione.
		-Let us be alert to the cries of alarm rising up from societies on the verge
		of despair.
4609	**diversivo**	**diversion; diversionary**
	il; adj	Se prepariamo un diversivo possiamo allontanare quegli uomini dagli
	[diversivo]	ostaggi.
		-If we can create a distraction, we can draw those men away from the
		hostages.
4610	**contrabbando**	**smuggling; contraband**

	il; adj [kontrabbando]	L'accordo è inteso a contribuire alla lotta al contrabbando e alla frode. -The agreement is intended to contribute to the fight against smuggling and fraud.
4611	**parrocchia** la [parrokkja]	**parish** Era molto generoso con la nostra parrocchia. -He came here often and was very generous to our parish.
4612	**calcagno** il [kalkaɲɲo]	**heel** Fratture bilaterali del calcagno, femore aperto. -Bilateral calcaneus fractures, open femur.
4613	**chiodo** il [kjodo]	**nail** Nel corpo umano si trova ferro sufficiente a farci un chiodo. -There is enough iron in your body to make a nail.
4614	**labirinto** il [labirinto]	**labyrinth** Mi sono persa nel labirinto. -I got lost in the maze.
4615	**innumerevole** adj [innumerevole]	**countless|numerous** Essa si basa su innumerevoli colloqui con tutte le parti interessate. -This proposal is the result of countless discussions with all of those involved.
4616	**lieve** adj [ljeve]	**slight|light** Io ho sentito un lieve rumore nelle vicinanze. -I heard a faint sound nearby.
4617	**squartatore** lo [skwartatore]	**ripper** Joe si è dichiarato il figlio di Jack lo Squartatore. -Joe declared himself Jack the Ripper's son.
4618	**dominare** vb [dominare]	**dominate|master** A dominare i lavori del Consiglio europeo sarà infatti la situazione economica e finanziaria. -The economic and financial situation will dominate the work of the European Council.
4619	**imprevedibile** adj [imprevedibile]	**unpredictable** Io penso che Joe sia imprevedibile. -I think Joe is unpredictable.
4620	**cipolla** la [tʃipolla]	**onion** Aggiunga la cipolla. -Add the onion.
4621	**danese** adj; il/la [daneze]	**Danish; Dane** Ho trovato un sito molto interessante che propone i testi completi delle saghe islandesi, alcuni dei quali anche tradotti in inglese e in danese. -I found a very interesting website that proposes the complete texts of Icelandic sagas, some of which are also translated in English and Danish.
4622	**bussola** la [bussola]	**compass** È stata innovazione presso le comunità musulmane che si è sviluppato l'ordine dell'algebra; la nostra bussola magnetica e gli strumenti di navigazione; la maestria nello scrivere e nella stampa; la nostra comprensione di come si diffondono le malattie e come possono essere curate. -It was innovation in Muslim communities that developed the order of algebra; our magnetic compass and tools of navigation; our mastery of pens and printing; our understanding of how disease spreads and how it can be healed.

4623 **ordinanza**   **order|regulation**
le
[ordinantsa]
Scrivi l' ordinanza per domani.
 -Sit down and write tomorrow's order of the day.

4624 **castrare**   **castrate|geld**
vb
[kastrare]
Per esempio, prima che l'arca parta, io devo castrare il reverendo Gary.
 -For instance, right before the ark leaves, I'm supposed to castrate reverend Gary.

4625 **status**   **status**
lo
[status]
Firstly, the status of families is directly connected with the rights of children.
 -Primo, la condizione delle famiglie è direttamente connessa ai diritti dei minori.

4626 **estivo**   **estival**
adj
[estivo]
A mio padre non piace il caldo estivo.
 -My father does not like the heat of summer.

4627 **sub**   **skindiver**
il/la
[sub]
Lo si getta in acqua dalla barca e in pratica si fa sub senza bagnarsi.
 -You throw it over the side of your boat and you basically scuba dive without getting wet.

4628 **benché**   **though**
con
[beŋkˈe]
Benché sia giovane, è un ottimo medico.
 -Although he's young, he's an outstanding doctor.

4629 **superficiale**   **superficial**
adj
[superfitʃale]
È superficiale.
 -You're shallow.

4630 **svolgere**   **perform|develop**
vb
[zvoldʒere]
Noi abbiamo tutti i nostri compiti da svolgere.
 -We all have our tasks to perform.

4631 **ostrica**   **oyster**
la
[ostrika]
Ora mi riprendo quell'ostrica sotto il comò!
 -And I'm getting that oyster underneath the dresser!

4632 **sarto**   **tailor**
il
[sarto]
Lui ha messo suo figlio in apprendistato presso un sarto.
 -He bound his son to a tailor.

4633 **scenario**   **scenario**
lo
[ʃenarjo]
Il maestro del thriller ha lasciato lo scenario per sempre.
 -The master of thriller has left the scenario forever.

4634 **sputo**   **spit|sputum**
lo
[sputo]
Sputo sulla tomba di tua madre!
 -I spit on your mother's grave!

4635 **monumento**   **monument**
il
[monumento]
Le amiche di Sadako volevano costruire un monumento per lei e tutti i bambini che furono uccisi dalla bomba atomica.
 -Sadako's friends wanted to build a monument to her and all children who were killed by the atomic bomb.

4636 **irresponsabile**   **irresponsible**
adj
[irresponsabile]
Tu sei irresponsabile.
 -You're irresponsible.

4637 **evaso**   **fugitive; escapee**
adj; il
[evazo]
Chi è evaso?
 -Who escaped?

4638	**complicazione**	**complication**
	la	C'è stata una complicazione.
	[komplikattsjone]	-There's been a complication.
4639	**simulazione**	**simulation|faking**
	la	Vi mostro allora una simulazione su scala piu' ridotta.
	[simulattsjone]	-So I'm going to show you a smaller simulation.
4640	**dinosauro**	**dinosaur**
	il	Volete un dinosauro da mangiare?
	[dinozauro]	-Do you want a dinosaur to eat?
4641	**slitta**	**sled|chassis**
	la	Seduto sulla mia slitta.
	[zlitta]	-Sat down on my sledge.
4642	**discepolo**	**disciple**
	il	Pietro negò di essere un discepolo di Cristo.
	[diʃʃepolo]	-Peter denied that he was Christ's disciple.
4643	**riprovare**	**try again**
	vb	La vuoi riprovare?
	[riprovare]	-Do you want to try it again?
4644	**primario**	**primary; head physician**
	adj; il	Credo profondamente che il potere del cibo abbia un ruolo primario nelle nostre case, e ci avvicini al meglio della vita.
	[primarjo]	-I profoundly believe that the power of food has a primal place in our homes that binds us to the best bits of life.
4645	**udibile**	**audible**
	adj	Quindi questo è il suono dell'estensione di O-H, tradotto in una gamma udibile.
	[udibile]	-So this is the sound of the O-H stretch, translated into the audible range.
4646	**coreano**	**Korean; Korean**
	adj; il	Mi piace mangiare il cibo coreano.
	[koreano]	-I like to eat Korean food.
4647	**guscio**	**shell|hull**
	il	Il guscio di un uovo si rompe facilmente.
	[guʃʃo]	-The shell of an egg is easily broken.
4648	**deputato**	**deputy**
	il	La Convenzione è il luogo deputato a sciogliere questo nodo.
	[deputato]	-The Convention is the forum which has been assigned the task of resolving this thorny issue.
4649	**culto**	**worship**
	il	"A proposito, sai che cos'è un santuario shintoista?" "Ho un po' di conoscenza in materia. Si tratta di una struttura religiosa in cui ciò che è l'oggetto di culto, il cosiddetto genius loci, è sancito."
	[kulto]	-"By the way, do you know what a Shinto shrine is?" "I've a little bit of knowledge on the subject. It's a religious facility where that which is the object of worship, that called the genius loci, is enshrined."
4650	**capriccio**	**whim|fancy**
	il	solo un capriccio, immagino.
	[kaprittʃo]	-No, just a whim, i suppose.
4651	**irrilevante**	**insignificant**
	adj	Che venga o no è irrilevante.
	[irrilevante]	-Whether he comes or not is irrelevant.
4652	**separare**	**separate|sunder**

	vb	Non riesci a separare la fantasia dalla realtà?
	[separare]	-Can't you divorce fantasy from reality?
4653	**caviale**	**caviar**
	il	Mangiai del caviale.
	[kavjale]	-I ate caviar.
4654	**implorare**	**implore|plead**
	vb	Quante volte ancora dovremo pregare, sollecitare, implorare - o chissà cos'altro - la Commissione affinché faccia finalmente qualcosa?
	[implorare]	-How many times do we have to ask, urge, beseech - and I do not know what else - the Commission to get round to doing something at long last?
4655	**arcivescovo**	**archbishop**
	lo	LUIGI DE MAGISTRIS Arcivescovo tit. di Nova Pro-Penitenziere Maggiore
	[artʃiveskovo]	-Archbishop Luigi De Magistris,Tit. Archbishop of Nova,Major Pro-Penitentiary
4656	**insensibile**	**insensitive**
	adj	Sei molto insensibile.
	[insensibile]	-You are very insensitive.
4657	**intuizione**	**intuition**
	la	E' un'intuizione sensazionale. E l'abbiamo scoperto recentemente.
	[intwittsjone]	-It's an astonishing insight, and we have only found out about this recently.
4658	**trapianto**	**transplant|graft**
	il	A Joe serve un trapianto.
	[trapjanto]	-Joe needs a transplant.
4659	**martire**	**martyr**
	il	Joe è un martire adesso.
	[martire]	-Joe is a martyr now.
4660	**curry**	**curry**
	il	Noi abbiamo mangiato del riso al curry ieri notte.
	[kurr]	-We ate curry rice last night.
4661	**vocale**	**vocal; vowel**
	adj; le	Lingua, laringe e corde vocali erano ancore sane e intatte."
	[vokale]	-My tongue, larynx and vocal cords were still healthy and unaffected.
4662	**artigliare**	**claw**
	vb	Gentilmente, non artigliare e sbavare sulla mia crinolina.
	[artiʎʎare]	-Kindly do not paw and slobber at my crinolines.
4663	**igienico**	**hygienic**
	adj	La situazione igienico-sanitaria nell'isola ha superato qualsiasi limite di decenza.
	[idʒjeniko]	-The health and sanitation situation on the island has exceeded all limits of decency.
4664	**limitare**	**limit|narrow**
	vb	Se vogliamo limitare la democrazia, cerchiamo almeno di farlo democraticamente.
	[limitare]	-If we are to limit democracy, let it at least be done democratically.
4665	**fabbro**	**smith**
	il	Signor Presidente, onorevoli colleghi, io stesso provengo da una bottega di fabbro, nella quale sono cresciuto.
	[fabbro]	-Mr President, ladies and gentlemen, I myself come from a blacksmith's forge; I grew up there.
4666	**seccatura**	**nuisance|bother**

	la	
	[sekkatura]	Che seccatura che è quel bambino!
		-What a nuisance that child is!

4667 **avanzato** — **advanced**
adj
[avantsato]
Lui sta facendo un corso avanzato di esperanto.
 -He is taking an advanced course in Esperanto.

4668 **spaccio** — **shop**
lo
[spattʃo]
Omicidio, spaccio, possesso di stupefacenti, resistenza all'arresto.
 -Murder one, distribution, felony possession, resisting arrest.

4669 **invecchiare** — **age**
vb
[invekkjare]
Io voglio invecchiare con lei.
 -I want to grow old with you.

4670 **identico** — **identical**
adj
[identiko]
Il punto di vista di Joe è quasi identico al mio.
 -Joe's point of view is almost the same as mine.

4671 **ingiustizia** — **injustice|wrong**
la
[indʒustittsja]
Le gente può rivolgersi alla legge, se vuole riparare a un'ingiustizia.
 -People can turn to the law if they want to correct an injustice.

4672 **sanitario** — **sanitary**
adj
[sanitarjo]
Passo ora alla questione del libretto sanitario europeo ed alla relazione dell'on.
 -I now turn to the question of the European health card and Mr Leopardi's report.

4673 **midollo** — **marrow|medulla**
il
[midollo]
È marcio fino al midollo.
 -He is rotten to the core.

4674 **accennare** — **hint|allude**
vb
[attʃennare]
Probabilmente, potremmo evitare di accennare alla matematica.
 -Conceivably, I could just not mention math at all.

4675 **plaza** — **plaza**
la
[pladdza]
Target entering plaza from northeast corner.
 -Il bersaglio sta entrando nella piazza dall'angolo Nord–Est.

4676 **sceicco** — **sheikh**
lo
[ʃeikko]
Il gruppo del Partito europeo dei liberali, democratici e riformatori condanna l'assassinio dello sceicco Yassin.
 -The Group of the European Liberal, Democrat and Reform Party condemns the murder of Sheik Yassin.

4677 **inaugurazione** — **inauguration**
la
[inaugurattsjone]
Il Titanic affondò durante il suo viaggio di inaugurazione.
 -The Titanic sunk on its maiden voyage.

4678 **comunale** — **municipal**
adj
[komunale]
E poi, ancora, lo stesso edificio, al centro di Los Angeles, proprio di fronte al palazzo comunale.
 -And then, again, the building itself, middle of Los Angeles, right across from City Hall.

4679 **facciata** — **facade|front**
la
[fattʃata]
L'Unione per il Mediterraneo lanciata nel 2008 è rimasta una cosa di facciata.
 -The Union for the Mediterranean was launched in 2008, but remains a façade.

4680 **vassoio** — **tray**

il
Joe ha messo il suo vassoio del pranzo sul tavolo.
[vassojo]
  -Joe put his lunch tray on the table.

4681 fattorino   **messenger**

il
E ti tratta come il suo fattorino.
[fattorino]
  -And yet he's treating you like his errand boy.

4682 serbo   **Serbian; Serbian**

adj; il
Tale denominazione consente di operare una distinzione rispetto alla
[serbo]
Chiesa serbo-ortodossa.
  -This is mentioned in order to distinguish it from the Serbian Orthodox group.

4683 boccaccia   **trap**

la
Ricordami di tenere la boccaccia chiusa.
[bokkattʃa]
  -Remind me to keep my big mouth shut.

4684 pugnalare   **stab|jab**

vb
Aiuto! Mi vogliono pugnalare!
[puɲɲalare]
  -Help! They're going to hit me!

4685 veglia   **vigil**

la
Toccava a me vegliare e scuoterla prima che la assalissero gli incubi.
[veʎʎa]
  -And my job was to stay awake until her nightmares came so I could wake her.

4686 terminale   **terminal; terminal**

adj; il
Dov'è il terminale degli autobus?
[terminale]
  -Where is the bus terminal?

4687 coprifuoco   **curfew**

il
Io avevo un rigido coprifuoco a casa mia.
[koprifwoko]
  -I had a strict curfew at my house.

4688 domino   **domino**

il
A dominare i lavori del Consiglio europeo sarà infatti la situazione
[domino]
economica e finanziaria.
  -The economic and financial situation will dominate the work of the European Council.

4689 vergognarsi   **be ashamed**

vb
Non c'è bisogno di vergognarsi per aver fallito l'esame.
[vergoɲɲarsi]
  -You needn't be ashamed because you failed the exam.

4690 ospitalità   **hospitality**

le
Mi rammarico per il ritardo nella scrittura a lei per ringraziarla per la sua
[ospitalit'a]
ospitalità durante la mia visita nel suo paese.
  -I regret the delay in writing to you to thank you for your hospitality on my visit to your country.

4691 soffio   **breath|puff**

il
Ci soffio sopra sia che siano calde o meno.
[soffjo]
  -I blow on 'em whether or not they're warm.

4692 santuario   **sanctuary**

il
Ha piovuto così forte che il santuario è stato spazzato via.
[santwarjo]
  -It rained so hard that the shrine was washed away.

4693 intento   **intent; aim**

adj; il
Era troppo intento a studiare per sentire la mia chiamata.
[intento]
  -He was too intent on studying to hear my call.

4694 tessere   **weave**

vb
I giocatori abituali sono dei virtuosi nel tessere una robusta trama sociale.
[tessere]
  -Gamers are virtuosos at weaving a tight social fabric.

4695	**agitazione**	**agitation|turmoil**
	le	L'agitazione è durata tre giorni.
	[adʒitattsjone]	-The unrest lasted three days.
4696	**pisolino**	**nap|doze**
	il	Stanca di leggere, fece un pisolino.
	[pizolino]	-Tired of reading, she took a nap.
4697	**innocuo**	**harmless**
	adj	Joe è innocuo.
	[innokwo]	-Joe's harmless.
4698	**opporre**	**offer|object**
	vb	Sono diffusi un pregiudizio ed un errore: quelli di voler opporre la verità e la misericordia.
	[opporre]	-There is one widespread prejudice and error that means to oppose truth and mercy.
4699	**permesso**	**permission|leave**
	il	Voglio il permesso di andare a casa presto.
	[permesso]	-I want permission to go home early.
4700	**imperatrice**	**empress**
	le	Sarà Tony Blair con l'imperatrice Cherie?
	[imperatritʃe]	-Is it going to be Tony Blair with his Empress Cherie?
4701	**rima**	**rhyme|poetry**
	la	Cosa fa rima con Google?
	[rima]	-What rhymes with Google?
4702	**dote**	**dowry|gift**
	la	La Francia, pertanto, ha pagato una grossa parte della dote per il matrimonio tra le due Germanie.
	[dote]	-France has paid a large part of the dowry for the marriage of the two parts of Germany.
4703	**piazzare**	**place|be placed**
	vb	In caso contrario, saranno tanto responsabili del sangue versato quanto coloro che premono il grilletto o piazzano le bombe.
	[pjattsare]	-If not, the blood that flows will be on their hands as surely as on the hands of those who pull the triggers or plant the bombs.
4704	**pallina**	**ball**
	la	Parlava di realizzarla con delle palline, avendo delle porte e ciò che oggi noi chiamiamo registri a scorrimento, dove fai scorrere le porte, facendo cadere le palline su dei tracciati.
	[pallina]	-He talked about doing it with marbles, having gates and what we now call shift registers, where you shift the gates, drop the marbles down the tracks.
4705	**pappare**	**gobble**
	vb	Poi è ora di pappare, per questo sghignazzano.
	[pappare]	-It's time to take a grub anyway, that's why they're cackling.
4706	**fregatura**	**swindle**
	la	Lo so che c'è la fregatura.
	[fregatura]	-I know there's a catch to this.
4707	**zingaro**	**gypsy|Gipsy**
	lo	Onorevoli colleghi, vorrei ritornare ancora sulla storia degli zingari .
	[dziŋgaro]	-Dear colleagues, I still would like to come back to the history of the Romany Gypsies.
4708	**oltraggio**	**insult|offense**

	il	La parola "interruzione" è un oltraggio.
	[oltraddʒo]	-The word "outage" is an outrage.

4709 forare — **pierce**
vb
[forare]
Si fece forare l'ombelico.
 -She got her navel pierced.

4710 pretendere — **claim | expect**
vb
[pretendere]
Pertanto la Convenzione non può pretendere di rappresentare i cittadini europei.
 -The Convention cannot therefore claim to represent the citizens of Europe.

4711 strato — **layer | coat**
lo
[strato]
Questo grafico illustra la funzione dello strato d'ozono.
 -This chart illustrates the function of ozone layer.

4712 purezza — **purity | cleanliness**
la
[purettsa]
Perché la purezza del suo cuore era ineguagliabile.
 -It was because the purity in her heart was unsurpassed.

4713 vasto — **vast | large**
adj
[vasto]
Il mare è molto vasto.
 -The sea is very wide.

4714 emettere — **issue | emit**
vb
[emettere]
Ascolta, devi emettere un mandato per...
 -Listen, I want you to issue an arrest warrant for...

4715 etico — **ethical**
adj
[etiko]
L'oratore ritiene che le industrie cosmetiche si comportano sempre in modo etico.
 -The speaker believes that cosmetic industries always behave in an ethical way.

4716 spuntare — **check | appear**
vb
[spuntare]
Dopo la riunione informale di lunedì si vede spuntare all'orizzonte un filo di luce, che mi auguro possa diventare, sotto l'attuale Presidenza, un'alba europea.
 -After this Monday's informal meeting there is a little light peeping over the horizon; may it become, under this presidency, a European dawn!

4717 daccapo — **again | from the beginning**
adv
[dakkapo]
Potremmo ricominciare la discussione daccapo!
 -Perhaps we can start the discussion all over again!

4718 livido — **bruise; livid**
il; adj
[livido]
Mostra loro il tuo livido.
 -Show them your bruise.

4719 immersione — **dive | immersion**
le
[immersjone]
Ho il frullatore ad immersione che hai chiesto.
 -I got the immersion blender you asked for.

4720 bagnare — **wet | soak**
vb
[baɲɲare]
Quando il leone che ruggisce nella giungla dell'economia si bagna, scopre le virtù della solidarietà.
 -When the lion that roars in the economic jungle gets wet, he discovers the virtues of solidarity.

4721 realistico — **realistic**
adj
[realistiko]
Io penso che il tuo piano non sia realistico.
 -I think your plan is not realistic.

4722 milizia — **militia**

la
[milittsja]
I miei familiari sono stati torturati e sfollati dalla milizia in Darfur.
-Members of my own family have been tortured and displaced by the militia in Darfur.

4723 dorato
adj
[dorato]
golden|gold-plated
Raccogliete l'uovo dorato.
-Grab the golden egg.

4724 matrimoniale
adj
[matrimonjale]
matrimonial
Era il loro letto matrimoniale, in un certo senso. ~~~ Era dove le idee si incontravano.
-This was their conjugal bed, in a sense -- ideas would get together there.

4725 in vaso
adj
[in vazo]
potted
E se entrassi in questa toeletta adesso... immagino che troverei una pianta in vaso di qualche tipo.
-And if I were to walk into this powder room right now, I believe I'd see a potted plant of some sort.

4726 baccano
il
[bakkano]
din
Non riesco a rilassarmi con tutto questo baccano.
-Lord, I can't relax with all this racket.

4727 cruciale
adj
[krutʃale]
crucial
È stato un lungo tempo a venire; ma stasera, a causa di quello che abbiamo fatto in questa giornata, in questa elezione, in questo momento cruciale, il cambiamento è arrivato in America.
-It's been a long time coming; but tonight, because of what we did on this day, in this election, at this defining moment, change has come to America.

4728 eccitazione
le
[ettʃitattsjone]
excitement|stimulation
Troppa eccitazione potrebbe far male alle bimbe.
-Too much excitement might not be good for the babies.

4729 benefico
adj
[benefiko]
beneficial|beneficent
I fondi devono essere impiegati laddove produrranno l'impatto ambientale più benefico.
-Money must be targeted where it will have the most beneficial environmental impact.

4730 accettabile
adj
[attʃettabile]
acceptable
La proposta di Joe non era accettabile.
-Joe's proposal wasn't acceptable.

4731 playboy
il
[plabo]
playboy
Questo aneddoto proviene da un articolo di Playboy, che stavo leggendo l'altro giorno.
-That's from an article in Playboy, which I was reading the other day.

4732 decesso
il
[detʃesso]
death|demise
Qual è stata l'ora del decesso?
-What was the time of death?

4733 solitamente
adv
[solitamente]
usually
Mia sorella solitamente va al parco ogni weekend.
-My sister usually goes to the park every weekend.

4734 avvistare
vb
[avvistare]
sight
Poi si è trattato solo di avere fortuna e avvistare Beth in un caffè.
-Now it's just a matter of getting lucky and spotting Beth in a coffee shop.

4735 contesto
il
[kontesto]
context
Le frasi danno un contesto alle parole. Le frasi hanno personalità. Possono essere divertenti, intelligenti, sciocche, profonde, toccanti, offensive.

-Sentences bring context to the words. Sentences have personalities. They can be funny, smart, silly, insightful, touching, hurtful.

4736	**umiliazione**	**humiliation|snub**
	le	Ucciderti sarà solo l'inizio della tua umiliazione.
	[umiljattsjone]	-Killing you will only be the beginning of your humiliation.
4737	**fattura**	**invoice|workmanship**
	la	Qualcuno deve pagare la fattura.
	[fattura]	-Someone has to pay the bill.
4738	**distribuzione**	**distribution**
	la	Linux Deepin è un'altra magnifica distribuzione Linux.
	[distributtsjone]	-Linux Deepin is another wonderful Linux distribution.
4739	**milionario**	**millionaire**
	il	Non è ancora un milionario.
	[miljonarjo]	-You're not a millionaire yet.
4740	**tic**	**tic**
	i	Gli è venuto un tic.
	[tik]	-He has developed a tic.
4741	**convocare**	**convene|summon**
	vb	Vorrei convocare una riunione.
	[konvokare]	-I'd like to call a meeting.
4742	**damigella**	**young lady**
	la	Sarai una damigella incantevole, Baldrick.
	[damidʒella]	-You'll make a lovely bridesmaid, Baldrick.
4743	**evasione**	**evasion|get-away**
	le	That is of course an invitation to tax evasion, which occurs on a major scale.
	[evazjone]	-Un vero e proprio invito all'evasione fiscale che viene accolto su vasta scala.
4744	**umido**	**wet|damp**
	adj	Io mi sono stancata di questo tempo umido.
	[umido]	-I am fed up with this wet weather.
4745	**metafora**	**metaphor**
	la	La metafora che mi piace usare è la metafora del mulino circolare.
	[metafora]	-The metaphor that I like to use is the metaphor of the circular mill.
4746	**molestia**	**harassment|nuisance**
	la	La molestia sessuale è ormai diventata una questione sociale.
	[molestja]	-Sexual harassment has now become a social issue.
4747	**temporaneo**	**temporary|interim**
	adj	Questo è temporaneo.
	[temporaneo]	-This is temporary.
4748	**africano**	**African; African**
	adj; il	L'antilope è un mammifero africano.
	[afrikano]	-The antelope in an African mammal.
4749	**fondare**	**found; ground floor**
	vb; lo	Uomini e donne in età adatta hanno il diritto di sposarsi e di fondare una famiglia, senza alcuna limitazione di razza, cittadinanza o religione. Essi hanno eguali diritti riguardo al matrimonio, durante il matrimonio e all'atto del suo scioglimento.
	[fondare]	-Men and women of full age, without any limitation due to race, nationality or religion, have the right to marry and to found a family. They

are entitled to equal rights as to marriage, during marriage and at its dissolution.

4750	**fondamento**	**foundation|grounding**
	il	Il libro è pieno di teorie campate per aria senza alcun fondamento basato su fatti scientifici.
	[fondamento]	-The book is full of far-flung theories without any basis in scientific fact.
4751	**poster**	**poster; back**
	i; adj	Joe ha guardato il poster.
	[poster]	-Joe looked at the poster.
4752	**saloon**	**saloon**
	il	Signor Gordon, credevo di lavorare al saloon stasera.
	[saloon]	-Mr. Gordon, I'm supposed to be working at the saloon tonight.
4753	**scellino**	**shilling**
	lo	Il budget del 2006-2007 prevedeva entrate per 2.5 mila miliardi di scellini ugandesi.
	[ʃellino]	-In the 2006-2007 budget, expected revenue: 2.5 trillion shillings.
4754	**estasiare**	**ravish**
	vb	Pensa come Gesù apparve loro bello, estasiante e fonte di sicurezza!
	[estazjare]	-Think of how Jesus must have appeared to them in his beauty, enrapturing and comforting at the same time.
4755	**fantascienza**	**science fiction; sci-fi**
	la; abr	Le piaccono i film di fantascienza?
	[fantaʃʃentsa]	-Do you like SF movies?
4756	**impressionare**	**impress|shock**
	vb	Joe lo fece solo per impressionare Mary.
	[impressjonare]	-Joe did it just to impress Mary.
4757	**tombola**	**bingo**
	la	Tutti i soldi vanno in banca e tombola, vengono ripuliti.
	[tombola]	-All the money goes to the bank and bingo, it's clean.
4758	**esilio**	**exile**
	il	Divieto di svolgimento delle elezioni del governo tibetano in esilio in Nepal
	[eziljo]	-Ban on the elections for the Tibetan government in exile in Nepal
4759	**trattato**	**treaty**
	il	Mi rifiuto di essere trattato come uno schiavo da voi.
	[trattato]	-I refuse to be treated like a slave by you.
4760	**spionaggio**	**espionage**
	lo	Il sospetto di spionaggio illegale della concorrenza da parte degli Stati Uniti è giustificato.
	[spjonaddʒo]	-There are clear grounds for suspecting the United States of illegal industrial espionage.
4761	**quaderno**	**exercise book**
	il	Strappa una pagina dal tuo quaderno.
	[kwaderno]	-Tear a page out of your copybook.
4762	**sfondare**	**break through|stave**
	vb	Non riusciva a sfondare come artista.
	[sfondare]	-You couldn't break through as an artist.
4763	**collasso**	**collapse**
	il	Si dovrebbe cercare di assicurare che questo settore non finisca per collassare.
	[kollasso]	-Care should be taken to ensure that this sector does not collapse.

4764	**chiarezza**	**clarity	vividness**
	la	Scriva con chiarezza l'indirizzo.
	[kjarettsa]	-Write the address clearly.
4765	**matrigna**	**stepmother**
	la	Stai per avere una vera matrigna cattiva.
	[matriɲɲa]	-You're about to have an actual wicked stepmother.
4766	**concordare**	**agree	arrange**
	vb	Sono propenso a concordare con Joe.
	[koŋkordare]	-I'm inclined to agree with Joe.
4767	**lavaggio**	**washing	lavage**
	il	Alcuni pensano che la pubblicità sia una forma di lavaggio del cervello.
	[lavaddʒo]	-Some people think that advertising is a form of brainwashing.
4768	**iscrizione**	**entry	reglstration**
	le	Era una iscrizione a lettere d'oro.
	[iskrittsjone]	-It was an inscription in gold lettering.
4769	**geisha**	**geisha**
	la	Ti renderò la migliore geisha in circolazione.
	[dʒeisa]	-I'll smarten you up to make you the finest geisha around.
4770	**cometa**	**comet**
	la	Dichiarò di aver scoperto una nuova cometa.
	[kometa]	-He claimed that he had discovered a new comet.
4771	**vanità**	**vanity	futility**
	la	"Vanità di vanità", dice il Predicatore; "Vanità di vanità, tutto è vanità."
	[vanit'a]	-"Vanity of vanities," says the Preacher; "Vanity of vanities, all is vanity."
4772	**storiella**	**joke**
	la	Vorrei raccontarle una storiella, però.
	[storjella]	-But I would like to tell you a little story, though.
4773	**corona**	**crown	wreath**
	la	Una tazza di caffè costa una corona.
	[korona]	-A cup of coffee costs one crown.
4774	**riconoscente**	**grateful	appreciative**
	adj	Vi sono riconoscente per la vostra gentilezza.
	[rikonoʃʃente]	-I'm thankful for your kindness.
4775	**atleta**	**athlete**
	il/la	È un'atleta?
	[atleta]	-Are you an athlete?
4776	**rettore**	**rector**
	il	Il rettore è repubblicano, quindi poche chiacchiere.
	[rettore]	-The Dean's a republican, so there was not a lot of small talk.
4777	**anteriore**	**front	anterior**
	adj	Io ero sul sedile anteriore.
	[anterjore]	-I was in the front seat.
4778	**fienile**	**barn**
	il	Ammucchiavamo il fieno nel fienile.
	[fjenile]	-We stored the hay in the barn.
4779	**schiuma**	**foam	lather**
	la	Non è un dentifricio, si tratta di una schiuma per la pulizia della faccia!
	[skjuma]	-It's not a toothpaste, it's a face-cleansing foam!
4780	**generosità**	**generosity**

		la	La generosità è innata in alcune persone.
		[dʒenerozit'a]	-Generosity is innate in some people.

4781 sciogliere — **dissolve|loosen**
vb
[ʃoʎʎere]
Joe si deve sciogliere un po'.
-Joe needs to loosen up a little.

4782 efficiente — **efficient**
adj
[effitʃente]
Joe era efficiente.
-Joe was efficient.

4783 investigare — **investigate|burrow**
vb
[investigare]
Nel presente studio/saggio/lavoro si andranno ad esaminare/investigare/analizzare/individuare...
-In this essay/paper/thesis I shall examine/investigate/evaluate/analyze…

4784 cammello — **camel**
il
[kammello]
Questo è il cammello di Joe.
-This is Joe's camel.

4785 elettronico — **electronic**
adj
[elettroniko]
Il primo calcolatore elettronico è stato prodotto nel nostro paese nel 1941.
-The first electronic computer was produced in our country in 1941.

4786 rampa — **ramp**
la
[rampa]
Le ispezioni di rampa devono essere più minuziose e meglio mirate.
-Ramp inspections must be more comprehensive and better targeted.

4787 software — **software**
il
[softvare]
Potete aggiornare il nostro software?
-Can you update our software?

4788 pigro — **lazy; idler**
adj; il
[pigro]
Tende ad essere pigro.
-He is inclined to be lazy.

4789 fratturare — **fracture**
vb
[fratturare]
La frattura dell'anca spesso porta al ricovero di un anziano.
-Hip fracture often leads to institutionalization of a senior.

4790 documentazione — **documentation**
la
[dokumentattsjone]
Alcuni programmatori sembrano dimenticare che scrivere una buona documentazione è importante, se non più importante, come la scrittura di un buon programma.
-Some programmers seem to forget that writing good documentation is as important, if not more important, as writing a good program.

4791 retto — **rectum; right**
il; adj
[retto]
In effetti, tecnicamente, non è un retto.
-Actually, technically, it's not a rectum.

4792 vano — **room; vain**
il; adj
[vano]
Tutto il mio sforzo è stato vano.
-All my effort went for nothing.

4793 margine — **margin|edge**
il
[mardʒine]
Continuiamo a cercare un margine pulito.
-We keep searching for a clean margin.

4794 maligno — **malignant|malicious**
adj
[maliɲɲo]
Joe è maligno.
-Joe's wicked.

4795 bacon — **bacon**

	il	Io sento odore di bacon.
	[bakon]	-I smell bacon.
4796	**odioso**	**hateful|odious**
	adj	Penso che Joe sia odioso.
	[odjozo]	-I think Joe is nasty.
4797	**sbornia**	**drunkenness**
	la	Joe ha i postumi di una sbornia.
	[zbornja]	-Joe has a hangover.
4798	**architettura**	**architecture**
	la	Roma è famosa per la sua antica architettura.
	[arkitettura]	-Rome is famous for its ancient architecture.
4799	**fanatico**	**fanatic; fanatic**
	adj; il	Sono un fanatico dell'ecologia.
	[fanatiko]	-I'm a fanatic of ecology.
4800	**ironico**	**ironic|mock**
	adj	Era ironico.
	[ironiko]	-It was ironic.
4801	**sedativo**	**sedative; sedative**
	adj; il	Il sedativo sta facendo effetto.
	[sedativo]	-The sedative is taking effect.
4802	**ernia**	**hernia**
	le	Nel gennaio 2008 è stata ricoverata in ospedale per una seconda operazione di ernia.
	[ernja]	-She was taken into hospital for a second hernia operation in January 2008.
4803	**covo**	**den|nest**
	il	Il Consiglio ha forse intenzione di covare ancora per molto le direttive ricordate dall'onorevole Hughes?
	[kovo]	-Does the Council intend to brood much longer over the directives mentioned by Mr Hughes?
4804	**procedimento**	**proceedings**
	il	Il procedimento è stato avviato il 22 febbraio 1995.
	[protʃedimento]	-This proceeding was started on 22 February 1995.
4805	**partorire**	**give birth to|deliver**
	vb	Molti sostengono che la montagna rischia di partorire il topolino.
	[partorire]	-Many people maintain that this mountain of a directive is likely to give birth to a mouse of a result.
4806	**gilda**	**guild**
	la	Gilda lo diceva che saresti cresciuto.
	[dʒilda]	-Gilda warned me that you'd grow up.
4807	**diplomatico**	**diplomatic; diplomat**
	adj; il	Joe è piuttosto diplomatico, vero?
	[diplomatiko]	-Joe is being quite diplomatic, isn't he?
4808	**navetta**	**shuttle**
	la	Contrariamente a tutte le aspettative, la navetta spaziale Apollo ritornò con successo sulla Terra.
	[navetta]	-Against all expectations, the Apollo spacecraft made it safely back to Earth.
4809	**duemila**	**two thousand**
	num	Questa sala contiene duemila persone.
	[dwemila]	-This hall holds two thousand people.

4810	**presidenziale**	**presidential**
	adj	Voi state guardando il dibattito presidenziale?
	[prezidentsjale]	-Are you watching the presidential debate?
4811	**fregata**	**frigate**
	la	Sei fregata.
	[fregata]	-You are screwed.
4812	**somiglianza**	**similarity**
	la	La somiglianza è innaturale.
	[somiʎʎantsa]	-The resemblance is uncanny.
4813	**sciarpa**	**scarf**
	la	Sono quella che ha dato quella sciarpa a Joe.
	[ʃarpa]	-I'm the one who gave Joe that scarf.
4814	**pennello**	**brush**
	il	Dove posso comprare un pennello?
	[pennello]	-Where can I buy a brush?
4815	**ruscello**	**stream | brook**
	il	Il ruscello finisce nello stagno.
	[ruʃʃello]	-The stream falls into the pond.
4816	**sudare**	**sweat**
	vb	Ho cominciato a sudare.
	[sudare]	-I began to sweat.
4817	**dispetto**	**spite | annoyance**
	lo	Joe la sta facendo per dispetto.
	[dispetto]	-Joe is doing it out of spite.
4818	**marmo**	**marble**
	il	Stesso marmo raro, tecnica, stile.
	[marmo]	-The same rare marble, technique, style.
4819	**gemma**	**gem**
	vb	Puoi immaginare... sembrava una gemma.
	[dʒemmare]	-You can imagine, she was a gem.
4820	**sonoro**	**loud; sound**
	adj; il	Curiosamente, in questa il sonoro non funzionava.
	[sonoro]	-Curiously, the sound isn't working on this one.
4821	**fiocco**	**bow**
	il	Indossava un fiocco giallo.
	[fjokko]	-She wore a yellow ribbon.
4822	**sbronzo**	**drunk**
	adj	Tu sei sbronzo!
	[zbrontso]	-You are drunk!
4823	**scuoiare**	**flay**
	vb	Le foche sono scuoiate vive, colpite a morte e lasciate a soffocare nel loro
	[skwojare]	stesso sangue.
		-The seals are skinned alive, clubbed and left to choke on their own blood.
4824	**portaerei**	**aircraft carrier**
	la	Ad esempio con una portaerei.
	[portaerei]	-What about an aircraft carrier?
4825	**testata**	**head | headboard**
	la	Attivare testata del missile numero 1.
	[testata]	-Activate the warhead of the number 1 missile.
4826	**sfamare**	**feed**

vb   Ho sei bocche da sfamare.
[sfamare]   -I have six mouths to feed.

4827 minorenne   **underage; minor**

adj; il/la   È ancora minorenne.
[minorenne]   -She's still under age.

4828 attico   **penthouse**

il   Cosa stavate facendo nell'attico?
[attiko]   -What were you doing in the attic?

4829 scintilla   **spark**

la   Una scintilla di speranza brillava nei suoi occhi.
[ʃintilla]   -A spark of hope was shining in his eyes.

4830 salmone   **salmon**

il   Il mio pesce preferito da mangiare è il salmone.
[salmone]   -My favorite fish to eat is salmon.

4831 abbigliamento   **clothing|apparel**

il   Quel negozio vende abbigliamento da uomo.
[abbiʎʎamento]   -That store sells men's wear.

4832 basto   **packsaddle**

gli   Tanto deve bastare per cercare di dare gli aiuti in modo più efficace.
[basto]   -This is enough for us to strive for a more effective provision of aid.

4833 francobollo   **stamp**

il   Non dimenticate di mettere un francobollo sulla vostra lettera.
[fraŋkobollo]   -Don't forget to put a stamp on your letter.

4834 umiliare   **humiliate|lower**

vb   Non le volevamo umiliare.
[umiljare]   -We didn't want to humiliate them.

4835 arachide   **peanut**

la   – Non sapevo se esaminarlo o se dargli un'arachide.
[arakide]   -I didn't know whether to examine it or feed it a peanut.

4836 fiutare   **sniff|smell**

vb   Non riesco a fiutare nessuno, qui.
[fjutare]   -I can't smell anyone in here, man.

4837 affondare   **sink|founder**

vb   La nave sta per affondare!
[affondare]   -The ship's going to sink!

4838 giustiziare   **execute**

vb   Se credete che voglio giustiziare la ragazza...
[dʒustittsjare]   -If you believe I wish to execute this girl...

4839 uccellino   **birdie**

il   Il gatto è avanzato furtivamente verso l'uccellino.
[uttʃellino]   -The cat crept toward the bird.

4840 veranda   **veranda|porch**

la   Joe sedette sulla veranda a leggere il giornale
[veranda]   -Joe sat on the porch reading the newspaper.

4841 ebraico   **Jewish**

adj   Vi supplico perdono, mio signore. Non è ebraico, ma latino.
[ebraiko]   -I beg you pardon, milord. It's not Hebrew, but Latin.

4842 disoccupato   **unemployed; jobless**

il; adj   Mio fratello è disoccupato.
[dizokkupato]   -My brother is out of work.

4843 **congegno**
il
[kondʒeɲɲo]

device|mechanism
C'è un congegno di nano ingegneria che cura il diabete di tipo 1.
-There's one nano-engineered device that cures type 1 diabetes.

4844 **eminenza**
la
[eminentsa]

eminence
Eminenza, cari membri della Delegazione, vi ringrazio della vostra visita.
-Your Eminence, dear members of the Delegation, I thank you for your visit.

4845 **avvenimento**
lo
[avvenimento]

event|incident
La pioggia è un avvenimento raro in questa parte del paese.
-Rain is an infrequent occurrence in this part of the country.

4846 **cattedrale**
la
[kattedrale]

cathedral
Dov'è situata la cattedrale?
-Where is the cathedral located?

4847 **dintorno**
il
[dintorno]

vicinity
Se ci arriviamo, non la voglio dintorno.
-And if we ever get there, I won't want you around.

4848 **design**
il
[deziɲɲ]

design
Lei sta facendo un corso di apprendimento di design grafico.
-She's studying graphic design.

4849 **pubblicamente**
adv
[pubblikamente]

publicly
Hanno paura di dirla pubblicamente.
-They are afraid to say it publicly.

4850 **gradino**
il
[gradino]

step|rung
Invece di passare direttamente al terzo gradino saltando il primo, dovremmo cominciare dal principio.
-Instead of taking the third step before the first step, we should begin at the beginning.

4851 **statistico**
adj
[statistiko]

statistical
E dipende tutto dalle idee di quest'uomo, il Reverendo Thomas Bayes, uno statistico e matematico del 18° secolo.
-And it all depends on the ideas of this guy, the Reverend Thomas Bayes, who was a statistician and mathematician in the 18th century.

4852 **bolletta**
la
[bolletta]

bill
Io devo pagare questa bolletta oggi.
-I have to pay this bill today.

4853 **adottare**
vb
[adottare]

adopt
Adottare un bambino è una decisione dura che obbliga a farsi strada in mezzo a una giungla burocratica.
-Adopting a child is a tough decision with plenty of bureaucracy to wade through.

4854 **tragitto**
il
[tradʒitto]

way
L'autobus era così affollato che sono rimasto in piedi per tutto il tragitto fino alla stazione.
-The bus was so crowded that I was kept standing all the way to the station.

4855 **acceleratore**
il
[attʃeleratore]

accelerator
– Come l'acceleratore nelle macchine.
— Cherise? – Sounds like an accelerator in a car.

4856 **manifestazione**
la
[manifestattsjone]

manifestation|show
Oggi è il 4 giugno — un giorno in cui il governo cinese uccise centinaia di persone a una manifestazione pacifica in piazza Tienanmen.

-Today is the 4th of June — a day when Chinese government killed hundreds of people on a peaceful demonstration on the Tiananmen square.

4857 trillare — **trill**
vb
[trillare]
E lucidate quei pali, voglio vederli brillare.
-Put some polish on those poles. I want them to shine.

4858 reception — **reception**
la
[retʃeptjon]
C'erano dei bei fiori sul banco della reception.
-There were beautiful flowers on the reception desk.

4859 crescente — **growing**
adj
[kreʃʃente]
Vi è un numero crescente di persone che preferiscono una vita virtuale online che una vera vita offline.
-There is a growing number of people who prefer a virtual life online than a real life offline.

4860 scadente — **poor|bad**
adj
[skadente]
Questo però altro non è che una gestione scadente che davvero non dovrebbe verificarsi in una banca come questa.
-But that is just shoddy management and really should not occur in a Bank like this.

4861 tela — **canvas**
la
[tela]
Sai guardare qualcuno e catturarlo sulla tela.
-You can look at someone and capture them on canvas.

4862 pila — **stack|battery**
la
[pila]
Di chi è questa pila tascabile?
-Whose flashlight is this?

4863 asma — **asthma**
le
[asma]
Ha l'asma.
-She has asthma.

4864 benda — **bandage|blindfold**
la
[benda]
Rimuovete la benda.
-Remove the bandage.

4865 comparire — **appear**
vb
[komparire]
Venne convocato per comparire in tribunale.
-He was summoned to appear in court.

4866 ripensare — **think back**
vb
[ripensare]
Basta soltanto ripensare alla questione dei giocattoli Mattel.
-We have only to think back to the Mattel toys affair.

4867 inventariare — **inventory**
vb
[inventarjare]
Nel 2004 i servizi della Commissione hanno compiuto uno sforzo rilevante per inventariare tutti i prefinanziamenti in sospeso.
-During 2004, a significant effort was made by the Commission's services to inventory all outstanding pre–financing amounts.

4868 raduno — **gathering**
il
[raduno]
La gente non si sarebbe potuta radunare senza venir arrestata e portata in prigione.
-People could not gather without getting busted and taken to jail.

4869 trasformazione — **transformation**
la
[trasformattsjone]
Quando una trasformazione è avvenuta, non è sempre reversibile. Tuttavia, a volte un piccolo cambiamento rende la trasformazione all'indietro possibile. Così, dal momento che un cambiamento è in questo caso anch'esso una trasformazione, potrebbe essere necessaria una trasformazione per rendere possibile la trasformazione che è l'inverso di

un'altra trasformazione che deve ancora accadere.
-When a transformation has happened, it's not always reversible. However, sometimes a little change makes the transformation backwards possible. Thus, since a change is in this case a transformation as well, there might be needed a transformation to make it possible for the transformation that is the reverse of another transformation to happen.

4870 faticoso **tiring|hard**

adj

[fatikozo]

Ma degustando 60 grandi vini in tre giorni, i gusti si sono semplicemente confusi, e tutto è stato faticoso.
-But drinking 60 great wines over three days, they all just blurred together, and it became almost a grueling experience.

4871 tino **vat|tun**

il

[tino]

Mi zio è persino annegato in un tino di acciaio fuso.
-My uncle even drowned in a vat of their molten steel.

4872 comunismo **Communism**

il

[komunismo]

Questo è comunismo.
-This is communism.

4873 necessitare **need|be required**

vb

[netʃessitare]

Sono questi ultimi, ora, a necessitare di aiuto, perché saranno loro a costruire il futuro del paese.
-It is these young people who need a helping hand, as they will be shaping the future of their country.

4874 abisso **abyss|gulf**

il

[abisso]

È stato inghiottito dall'abisso.
-He was swallowed by the abyss.

4875 karatè **karate**

il

[karat'ɛ]

Per questo maestro 102enne di karate, il suo ikigai era proseguire a praticare la sua arte marziale.
-For this 102-year-old karate master, his ikigai was carrying forth this martial art.

4876 atroce **atrocious|terrible**

adj

[atrotʃe]

Il dolore era atroce.
-The pain was terrible.

4877 sopracciglio **eyebrow**

il

[soprattʃiʎʎo]

Ha un anello nel sopracciglio e glitter dappertutto.
-He has a ring in his eyebrow and glitter on his everything.

4878 pannello **panel**

il

[pannello]

Quindi, ad esempio, nel pannello di sinistra, pannello superiore, vedete un fegato.
-So, for example on the left panel, top panel, you see a liver.

4879 topolino **baby mouse**

il

[topolino]

Il topolino che voleva diventare topolone.
-The little mouse who wanted to be a big mouse.

4880 gufo **owl**

il

[gufo]

Io non sono un gufo!
-I am not an owl!

4881 testicolo **testicle**

lo

[testikolo]

Ha un testicolo gigante come testa.
-He's got a giant testicle for a head.

4882 sensazionale **sensational**

adj
[sensattsjonale]

Il cibo è sensazionale in quel nuovo ristorante.
 -The food is sensational at that new restaurant.

4883 **cresta**   **crest**

la
[kresta]

Questa è la vista della cresta sud–orientale.
 -This is the view looking at the southeast ridge.

4884 **offensivo**   **offensive**

adj
[offensivo]

L'odore era offensivo.
 -The smell was offensive.

4885 **barile**   **barrel|butt**

il
[barile]

Il prezzo del petrolio è sceso sotto i 30$ al barile.
 -The price of oil has dipped below $30 a barrel.

4886 **respirazione**   **breathing**

la
[respirattsjone]

Il più importantc è chiamato il circuito di respirazione.
 -The most fundamental of these is called the breathing loop.

4887 **antincendio**   **antifire**

adj
[antintʃendjo]

Io stavo ascoltando il mio iPod, così non ho sentito l'allarme antincendio.
 -I was listening to my iPod, so I didn't hear the fire alarm.

4888 **apparenza**   **appearance|guise**

le
[apparentsa]

La sua simpatia era solo in apparenza.
 -His sympathy was mere show.

4889 **ricambio**   **replacement**

il
[rikambjo]

Lui esaminò i pezzi di ricambio uno dopo l'altro.
 -He examined the spare parts one after another.

4890 **rango**   **rank**

il
[raŋgo]

Lui fu degradato al rango di luogotenente.
 -He was demoted to the rank of lieutenant.

4891 **donazione**   **donation**

la
[donattsjone]

Certe religioni sono contrarie alla donazione di organi.
 -Certain religions are against organ donation.

4892 **cigno**   **swan**

il
[tʃiɲɲo]

Abbiamo dovuto separarci dal suo cigno.
 -We've had to part with your swan.

4893 **lettore**   **reader**

il
[lettore]

Non ho un lettore CD, ma ho comunque comprato il CD.
 -I don't have a CD player, but I bought the CD anyway.

4894 **incrociare**   **cross|meet**

vb
[iŋkrotʃare]

Possiamo incrociare quella posizione con gli indirizzi dei nostri sospetti?
 -Can we cross-reference that point with our suspects' addresses?

4895 **intervallo**   **interval|range**

il
[intervallo]

Gli studenti stanno facendo l'intervallo ora.
 -The students are having a recess now.

4896 **bombardamento**   **bombing|bombardment**

il
[bombardamento]

Devo parlarti di un bombardamento nell'Unione Sovietica.
 -I need to talk to you about a bombing in the soviet union.

4897 **delegato**   **delegate**

il
[delegato]

Ma in tal caso agisco esclusivamente in qualità di delegato olandese nella CIG.
 -But officially that is the job of the Dutch delegate to the Intergovernmental Conference.

4898 **arroganza**   **arrogance**

le
[arrogantsa]

È la vostra terribile arroganza che vi rende completamente insopportabile.
-It's your terrible arrogance that makes you totally unbearable.

4899 lesionare

vb
[lezjonare]

damage|injure

Chi pensava che Selina avesse un cervello da lesionare!
-Who'd have thought Selina had a brain to damage?

4900 decedere

vb
[detʃedere]

decease

Qualora una delle suddette persone dovesse dimettersi dal Comitato di vigilanza, decedere o divenire inabile in maniera permanente, verrà immediatamente sostituita dalla prima persona menzionata nell'elenco seguente e non ancora nominata come membro del Comitato di vigilanza:
-Should any of the above persons resign from the Supervisory Committee, die or become permanently incapacitated, they shall immediately be replaced by the first named person on the following list who has not yet been appointed to the Supervisory Committee:

4901 spilla

la[spilla]

brooch

Questa spilla non ha prezzo. -This brooch is priceless.

4902 precauzione

la
[prekauttsjone]

precaution

Noi dobbiamo prendere ogni precauzione.
-We have to take every precaution.

4903 cuoio

il
[kwojo]

leather

Le scarpe sono fatte di cuoio.
-The shoes are made of leather.

4904 flora

la
[flora]

flora

Commercio internazionale delle specie di fauna e flora minacciate di estinzione (CITES) (votazione)
-International Trade in Endangered Species of Wild Fauna and Flora (CITES) (vote)

4905 intimità

le
[intimit'a]

intimacy

La loro intimità è cresciuta nel corso degli anni.
-Their intimacy grew with the years.

4906 pettine

il
[pettine]

comb

Ho un pettine di legno.
-I have a wooden comb.

4907 shampoo

lo
[sampoo]

shampoo

Avete dello shampoo?
-Have you got shampoo?

4908 carbonio

il
[karbonjo]

carbon

Si dice che il riscaldamento globale sia direttamente in relazione con le emissioni di biossido di carbonio.
-It is said that global warming is directly related to carbon dioxide emissions.

4909 ormone

il
[ormone]

hormone

Il comitato ha qualificato questo particolare ormone come cancerogeno.
-This particular hormone is - as described by the committee - clearly a carcinogen.

4910 bendare

vb
[bendare]

bandage

Pensavo che potremmo bendare i ragazzi e fargli mettere le mani in una ciotola piena di uva sbucciata, così da sembrare bulbi oculari.
-Well, I was thinking we could blindfold folks and make 'em put their hands in a bowl full of grapes we peeled, so it'll feel like eyeballs.

4911 psicologo

psychologist

lo
[psikologo]
Tu non sei uno psicologo?
-Aren't you a psychologist?

4912 **lobo** — **lobe**

il
[lobo]
Sono concentrate nel lobo frontotemporale sinistro.
-They're concentrated in the left frontotemporal lobe.

4913 **tutore** — **guardian**

il
[tutore]
Quindi, non abbiamo un tutore.
-So, now we don't have a guardian.

4914 **resurrezione** — **resurrection**

la
[rezurrettsjone]
Sono forze positive che si uniscono alla Croce di Cristo per portare la Resurrezione.
-They are positive forces joined to Christ's cross to produce the resurrection.

4915 **spray** — **spray**

lo
[spra]
È solamente spray al pepe.
-It's just pepper spray.

4916 **ingrato** — **ungrateful; ingrate**

adj; il
[ingrato]
Non far entrare nei nostri uffici questo ex impiegato ingrato.
-Do not let this unappreciative ex-employee into our offices.

4917 **riformatorio** — **reformatory**

il
[riformatorjo]
In Lettonia il campo di concentramento di Salaspils, nel quale furono uccisi 100 000 adulti e 4 000 bambini, venne chiamato dal governo "riformatorio e campo di lavoro".
-In Latvia, the Salaspils concentration camp, where 100 000 adults and 4 000 children were murdered, was named a 'reformatory and labour camp' by the government.

4918 **talento** — **talent | skill**

il
[talento]
Joe è un cantante di talento.
-Joe is a talented singer.

4919 **finzione** — **fiction | pretense**

la
[fintsjone]
Tutto quello che ci ha detto è pura finzione.
-Everything he told us was pure fabrication.

4920 **reciproco** — **mutual | relative**

adj
[retʃiproko]
Tra le raccomandazioni viene ricordato il riconoscimento reciproco delle prove.
-The recommendations also refer to reciprocal recognition of proof.

4921 **sensibilità** — **feeling | sensibility**

la
[sensibilit'a]
Solitamente sono tutti provocati da propri misfatti e nulla più. Per me, però, questo non è il caso; Io sono un uomo di grande sensibilità, che dà valore alla sua parola, ed è semplice e sfrenato, ma queste qualità sono diventate le cause dei problemi per me.
-Usually they are all brought about by one's own misdeeds and nothing more. For me, however, this is not the case; I am a man of great feeling, who values his word, and is straightforward and unrestrained, but these qualities have become the causes of problems for me.

4922 **eccessivo** — **excessive | extreme**

adj
[ettʃessivo]
Il lavoro eccessivo vi toglie le forze, avete bisogno di riposarvi un po'.
-Excessive work saps your strength, you need to rest for a bit.

4923 **biologico** — **biological**

adj
[bjolodʒiko]
Il cibo biologico di solito è più caro.
-Organic food is usually more expensive.

197

4924	ciotola	bowl
	la	Joe mise la ciotola nel forno a microonde.
	[tʃotola]	-Joe put the bowl into the microwave.
4925	sultano	sultan
	il	Fu catturato, incatenato e condotto presso il sultano Saladino, nato a Tikrit.
	[sultano]	-He was captured, chained up and taken to Sultan Saladin, who was born in Tikrit.
4926	brigata	brigade|company
	la	Fa parte della brigata del Trickster.
	[brigata]	-It's one of the Trickster's Brigade.
4927	rottame	scrap
	il	Lui è un completo rottame.
	[rottame]	-He's a total wreck.
4928	manoscritto	manuscript; manuscript; Ms.
	adj; il; abr	Lui ha revisionato il mio manoscritto.
	[manoskritto]	-He proofread my manuscript.
4929	Islam	Islam
	il	Fadil studiò l'Islam.
	[izlam]	-Fadil studied Islam.
4930	punk	punk; punk
	adj; il/la	Joe cantava in una band punk rock.
	[puŋk]	-Joe used to sing in a punk rock band.
4931	coinvolgimento	implication
	il	Non è forse vero che gli Stati Uniti ci conducono al perenne contrasto con la Russia, a riserve sulla Cina e al coinvolgimento in Afghanistan e in Iran?
	[koinvoldʒimento]	-It is a lie that America is leading us into permanent adversity with Russia, into reservations about China and into entanglement in Afghanistan and Iran?
4932	affezionare	attach
	vb	Sapevo di non dovermi affezionare, ma non ce l'ho fatta.
	[affettsjonare]	-No. I knew I shouldn't get involved with him, but I couldn't help myself.
4933	rivale	rival; rival
	adj; il/la	La ragazza voleva monopolizzare l'affetto del padre e tendeva a vedere la madre come una rivale.
	[rivale]	-The girl wanted to monopolize her father's affection and tended to view her mother as a competitor.
4934	scogliera	cliff
	la	Mi ha sfidato a tuffarmi dalla scogliera.
	[skoʎʎera]	-He defied me to dive off the cliff.
4935	stirpe	stock|family
	la	Discendere da una lunga stirpe di artisti.
	[stirpe]	-To come from a long line of artists.
4936	insolente	insolent|cheeky
	adj	Chuck è insolente.
	[insolente]	-Chuck is insolent.
4937	disonore	dishonor|disgrace
	il	Il dittatore è il simbolo del disonore.
	[dizonore]	-The dictator is the epitome of dishonor.
4938	pala	shovel
	la	Metta giù la pala.
	[pala]	-Put the shovel down.

4939	**formalità**	**formality**
	le	Lasci che il nostro segretario si prenda cura di questi tipi di formalità.
	[formalit'a]	-Let our secretary take care of these kinds of formalities.
4940	**introdurre**	**introduce|usher**
	Vb	Sarebbe prematuro in questa fase introdurre divieti di particolari sostanze.
	[introdurre]	-It would be premature at this stage to introduce bans on particular substances.
4941	**cioccolatino**	**chocolate**
	il	Diedi un cioccolatino a ciascun bambino.
	[tʃokkolatino]	-I gave each child a piece of chocolate.
4942	**spazzolare**	**brush**
	vb	Ti sei dimenticata di spazzolare Chestnut oggi.
	[spattsolare]	-You forgot to brush Chestnut today.
4943	**compositore**	**composer**
	il	Il compositore sta lottando con la nuova musica.
	[kompozitore]	-The composer is wrestling with the new music.
4944	**noleggiare**	**rent|hire out**
	vb	Almeno posso noleggiare legalmente un auto.
	[noleddʒare]	-At least I can legally rent a car.
4945	**navigazione**	**navigation**
	la	I primi esploratori usavano le stelle per la navigazione.
	[navigattsjone]	-Early explorers used the stars for navigation.
4946	**robusto**	**sturdy|robust**
	adj	Nel giro di un anno mio figlio si è fatto più robusto.
	[robusto]	-In the course of a year my son grew stronger.
4947	**guinzaglio**	**leash**
	il	Joe solitamente porta a spasso il suo cane con un guinzaglio.
	[gwintsaʎʎo]	-Joe usually walks his dog on a leash.
4948	**trofeo**	**trophy**
	il	È un trofeo enorme.
	[trofeo]	-That's a huge trophy.
4949	**hangar**	**hangar**
	gli	A Concepción la casa è costruita solidamente e la chiesa è un hangar rivestito e sembra non aver subito grossi danni.
	[aŋgar]	-In Concepcion, the house is solidly built and the church is a consolidated hangar which seems to have suffered no damage.
4950	**pienamente**	**completely**
	adv	Io concordo pienamente con tutte voi.
	[pjenamente]	-I fully agree with all of you.
4951	**detenzione**	**detention|holding**
	la	Non esistono punizioni o detenzione per me.
	[detentsjone]	-There's no punishment, no detention for me.
4952	**ripugnante**	**repugnant|repulsive**
	adj	C'è un odore ripugnante qui dentro.
	[ripuɲɲante]	-The air in here is foul.
4953	**dedica**	**dedication|consecration**
	la	Si dedica alla ricerca.
	[dedika]	-He dedicates himself to research.
4954	**fratellanza**	**brotherhood|brotherliness**

la
[fratellantsa]

Tutte le persone nascono libere e uguali. Sono dotate di ragione e coscienza e devono comportarsi nei rapporti reciproci con spirito di fratellanza.
-All human beings are born free and equal. They are endowed with reason and conscience and should act towards one another in a spirit of brotherhood.

4955 **rivoluzionario**
adj; il
[rivoluttsjonarjo]

revolutionary; revolutionist
Ciò comporta un elemento rivoluzionario come l'inversione dell'onere della prova.
-This involves something as revolutionary as reversing the burden of proof.

4956 **varco**
il
[varko]

passage|gap
Davanti a te c'è un varco in una recinzione.
-Opposite you, there's a gap in the fence.

4957 **valzer**
il
[valtser]

waltz
L'orchestra ha attaccato con un valzer.
-The band struck up with a waltz.

4958 **acquario**
gli
[akkwarjo]

aquarium
I dodici segni dello Zodiaco sono: Ariete, Toro, Gemelli, Cancro, Leone, Vergine, Bilancia, Scorpione, Sagittario, Capricorno, Acquario e Pesci.
-The twelve signs of the Zodiac are: Aries, Taurus, Gemini, Cancer, Leo, Virgo, Libra, Scorpio, Sagittarius, Capricorn, Aquarius and Pisces.

4959 **conveniente**
adj
[konvenjente]

convenient|cheap
Era conveniente.
-It was convenient.

4960 **ficcare**
vb
[fikkare]

poke|stick
Voglio consigliarti un posto dove ficcare tutti i tuoi bastoni.
-I want to make a suggestion where you can stick all your sticks.

4961 **cattiveria**
la
[kattiverja]

wickedness|malice
Dall'atteggiamento che si prende di fronte a Lui si manifesta la bontà o la cattiveria dell'animo.
-By the attitude that we take before Him we show either our goodness or badness of soul.

4962 **conserva**
la
[konserva]

preserve|preservation
Navigare di conserva.
-To sail in convoy.

4963 **allergico**
adj
[allerdʒiko]

allergic
Tu sei allergico a qualcosa?
-Are you allergic to anything?

4964 **sciroppo**
lo
[ʃiroppo]

syrup|squash
Mezza bottiglia di sciroppo di fichi.
-Half a bottle of "syrup of figs"...

4965 **intercettare**
vb
[intertʃettare]

intercept|eavesdrop
Intercettare le conversazioni telefoniche.
-To intercept phone calls.

4966 **antenna**
le
[antenna]

antenna|feeler
Si tratta di un pezzo di plastica cavo con un antenna ruotante.
-It's just a hollow piece of plastic with an antenna that swivels around.

4967 **consumo**
Il
[konsumo]

consumption|wear
Il consumo di riso del Giappone è in calo.
-Japan's consumption of rice is decreasing.

4968 **navicella**

nacelle

	la		Gli piace avere sconosciuti sulla sua navicella.
	[navitʃella]		-He just loves having complete strangers on his ship.
4969	**netto**	**net; net**	
	adj; il		Non possiamo ignorare il peso di queste uscite sul netto delle perdite.
	[netto]		-We can't ignore the significance of these expenditures on the net losses.
4970	**ripostiglio**	**closet**	
	il		E così abbiamo scoperto un ripostiglio nascosto.
	[ripostiʎʎo]		-And that led to the discovery of a hidden storage room.
4971	**stampare**	**print|print out**	
	vb		Il giornalismo è stampare ciò che qualcuno non vuole sia stampato. Tutto il resto sono pubbliche relazioni.
	[stampare]		-Journalism is printing what someone else does not want printed. Everything else is public relations.
4972	**promettente**	**promising|rising**	
	adj		Joe è un giovane musicista promettente.
	[promettente]		-Joe is a promising young musician.
4973	**nutrire**	**feed|nourish**	
	vb		Ho visto il vecchio nutrire il suo cane di ossa di pollo.
	[nutrire]		-I saw the old man feed his dog chicken bones.
4974	**decimo**	**tenth|tenth**	
	adj		Primo, secondo, terzo, quarto, quinto, sesto, settimo, ottavo, nono, decimo... penultimo, ultimo.
	[detʃimo]		-First, second, third, fourth, fifth, sixth, seventh, eighth, ninth, tenth... penultimate, last.
4975	**lamentela**	**complaint**	
	la		Non ho sentito alcuna lamentela da Joe.
	[lamentela]		-I've heard no complaints from Joe.
4976	**tirannia**	**tyranny**	
	la		La prima rivolta è contro la tirannia suprema della teologia, del fantasma di Dio. Finché abbiamo un padrone in cielo, saremo schiavi sulla terra.
	[tirannja]		-The first revolt is against the supreme tyranny of theology, of the phantom of God. As long as we have a master in heaven, we will be slaves on earth.
4977	**incidere**	**influence|engrave**	
	vb		Perché incidere sui poteri e sui compiti del Consiglio d' Europa?
	[intʃidere]		-Why impinge upon the powers and responsibilities of the Council of Europe?
4978	**bis**	**seconds; additional**	
	il; adj		Chiedere il bis sarebbe disdicevole.
	[bis]		-Asking for seconds would be unseemly.
4979	**visivo**	**visual**	
	adj		Ci parliamo in questo modo estremamente visivo senza rendercene conto.
	[vizivo]		-We all talk to one another in this highly visual way without realizing what we're doing.
4980	**centomila**	**hundred thousand**	
	num		Centomila soldati non servono a nulla se sono praticamente ciechi e non possono agire.
	[tʃentomila]		-There is no use in having a hundred thousand troops if they are all lame and blind.
4981	**carabiniere**	**carabineer**	

	il	Questo carabiniere deve baciare a terra!
	[karabinjere]	-This policeman has to kiss the ground!

4982 spogliarellista — **stripper**

il/la
[spoʎʎarellista]

Lavora come spogliarellista.
 -She works as a stripper.

4983 presidenza — **presidency**

la
[prezidentsa]

È meglio evitare domande persistenti sulla tua presidenza, credimi.
 -You don't want questions lingering over your presidency, believe me.

4984 costellare — **constellate**

vb
[kostellare]

Luce e conforto vengono, in tal senso, dai Santi e dalle Sante che costellano la storia del continente europeo.
 -Light and comfort come, in this regard, from the saints that spangle the history of the European Continent.

4985 casella — **pigeonhole**

la
[kazella]

Non posso controllare la mia casella di posta. Non c'è Internet qui.
 -I cannot check my mailbox. There is no Internet here.

4986 carretto — **trolley**

il
[karretto]

Questa immagine è l'immagine di un carretto di ostriche, che era onnipresente come lo è oggi il carretto degli hot dog.
 -This image is an image of an oyster cart, which is now as ubiquitous as the hotdog cart is today.

4987 stimare — **estimate|assess**

vb
[stimare]

Si può stimare la dimensione di una popolazione sulla base delle diversità genetiche.
 -So you can actually estimate the population size based on the diversity of the genetics.

4988 crepare — **crack**

vb
[krepare]

Se sei fortunato, potrei crepare prima.
 -If you're really lucky, I might die before then.

4989 apocalisse — **apocalypse**

la
[apokalisse]

Cosa farebbe in caso di un'apocalisse di zombie?
 -What would you do in the event of a zombie apocalypse?

4990 ambizioso — **ambitious**

adj
[ambittsjozo]

Sei ambizioso.
 -You're ambitious.

4991 tempesta — **storm|gale**

la
[tempesta]

Questa tempesta non è pericolosa. Non ti devi preoccupare.
 -This storm is not dangerous. You don't need to worry.

4992 valuta — **currency**

la
[valuta]

Un'incauta espansione della spesa pubblica provocherebbe problemi indipendentemente dalla valuta scelta.
Careless expansion of public expenditure will result in problems regardless of the choice of currency.

4993 nonnina — **granny**

la
[nonnina]

E Nonna ha schiacciato il bottone, e ha detto, "Oh, fantastico.
 -And Grandma pushed the button, and she said, "Oh, fantastic!

4994 cronista — **chronicler**

il/la
[kronista]

Chiama un cronista favorevole alla campagna.
 -Call up a reporter friendly to the campaign.

4995 catalogo — **catalog|list**

	il	Per favore, mi mandi un catalogo.
	[katalogo]	-Please send me a catalog.
4996	**imbarazzato**	**sheepish**
	adj	Lui era chiaramente imbarazzato.
	[imbarattsato]	-He was clearly embarrassed.
4997	**cubano**	**Cuban; Cuban**
	adj; il	Il governo cubano deve prendersi cura del popolo cubano.
	[kubano]	-The Cuban Government must take care of the Cuban people.
4998	**penetrare**	**penetrate|enter**
	vb	L'Unione europea è nella posizione di penetrare queste società e agire da catalizzatore.
	[penetrare]	-The European Union is in a position to penetrate these societies and act as a catalyst.
4999	**contenitore**	**container**
	il	Il contenitore è vuoto.
	[kontenitore]	-The container is empty.
5000	**slogan**	**slogan**
	lo	Lo slogan per la giornata contro gli estremismi era "multicolorato invece di bruno."
	[zlogan]	-The slogan for the day against extremism was, "multicolored instead of brown".
5001	**caricato**	**loaded**
	adj	Joe ha caricato il camion.
	[karikato]	-Joe loaded the truck.
5002	**annusare**	**smell**
	vb	Riesco ad annusare la libertà nel vento!
	[annuzare]	-I can smell the freedom on the wind!
5003	**imbrogliare**	**cheat|fool**
	vb	Non imbrogliare.
	[imbroʎʎare]	-Don't cheat.
5004	**navale**	**naval**
	adj	Una vecchia base navale giapponese, Pacifico Sud.
	[navale]	-It's an old Japanese naval base down in the South Pacific.
5005	**insinuare**	**insinuate**
	vb	E' scorretto insinuare che il nostro gruppo è stato l'unico ad avere presentato tutti gli emendamenti.
	[insinware]	-It is unfair to imply that our group is solely responsible for all the amendments.
5006	**portavoce**	**spokesman**
	il	Lei è la portavoce ufficiale di Google.
	[portavotʃe]	-She's the official spokesperson for Google.
5007	**bastonare**	**beat|club**
	vb	Puoi anche bastonare una foca, se vuoi.
	[bastonare]	-You can even club a seal if you want.
5008	**sauna**	**sauna**
	la	Le piace andare alla sauna.
	[sauna]	-She likes to go to the sauna.
5009	**strage**	**massacre|heartbreaker**
	la	Avremo la colpa di aver voltato le spalle alla strage di madri di cui sono vittime i paesi in via di sviluppo.
	[stradʒe]	

-We will be guilty of turning our backs on a maternal carnage such as we see in developing countries.

5010	**shuttle**	**space shuttle**
	lo	Siamo decollati dalla struttura dove lo shuttle decolla ed atterra.
	[suttle]	-We took off from the shuttle landing facility, where the shuttle takes off and lands.
5011	**precipitato**	**precipitate**
	il	Prima di agitare, Gardasil può presentarsi come un liquido limpido con un precipitato bianco.
	[pretʃipitato]	-Prior to agitation, Gardasil may appear as a clear liquid with a white precipitate.
5012	**cinquecento**	**five hundred**
	num	Le ho prestato cinquecento dollari senza interessi.
	[tʃiŋkwetʃento]	-I lent her 500 dollars free of interest.
5013	**traiettoria**	**trajectory|path**
	la	Ad esempio, ecco la traiettoria di Marc Chagall, un artista nato nel 1887.
	[trajettorja]	-For instance, here's the trajectory of Marc Chagall, an artist born in 1887.
5014	**asse**	**axis|axle**
	il	Ha piantato dei chiodi nell'asse.
	[asse]	-He hammered nails into the plank.
5015	**Messia**	**Messiah**
	il	In sostanza era il Redentore, il Salvatore, il Messia.
	[messja]	-In substance He was the Redeemer, the Saviour, the Messiah.
5016	**scozzese**	**Scottish; Scots**
	adj; il	Il gaelico scozzese è molto interessante, vero?
	[skottseze]	-Scottish Gaelic is very interesting, isn't it?
5017	**misericordioso**	**merciful**
	adj	Sii misericordioso.
	[mizerikordjozo]	-Be merciful.
5018	**percorrere**	**travel|walk**
	vb	I cammelli possono percorrere centinaia di chilometri, durante diversi giorni, senza bere una goccia d'acqua.
	[perkorrere]	-Camels can travel over hundreds of kilometers during several days without drinking a drop of water.
5019	**tuffo**	**dip|dive**
	il	Si tuffa per cercare di aiutarmi.
	[tuffo]	-He dives in to try to help me.
5020	**bombardiere**	**bomber**
	il	E' come il bombardiere invisibile dell'oceano
	[bombardjere]	-This is like the stealth bomber of the ocean.
5021	**incanto**	**charm|enchantment**
	il	L'incanto è davvero potente, ma ogni potere ha i suoi limiti.
	[iŋkanto]	-The enchantment is indeed powerful, but all power has its limits.
5022	**insegnamento**	**teaching|tuition**
	il	Il suo metodo di insegnamento dell'inglese è assurdo.
	[inseɲɲamento]	-Your method of teaching English is absurd.
5023	**mimare**	**mimic**
	vb	Mi piace mimare il Presidente Bush.
	[mimare]	-I like to mime President Bush.
5024	**giustificare**	**justify|excuse**

vb
[dʒustifikare]

Può giustificare la sua affermazione?
 -Can you justify your claim?

5025 **criticare**
vb
[kritikare]

criticize | comment

Come regola generale, è facile criticare, ma è difficile produrre delle proposte alternative.
 -As a general rule, it's simple to criticize, but difficult to produce alternative suggestions.

Adjectives

Italian Rank		English Translation Part of Speech
seguente		following|next
	2503	*adj*
scientifico		scientific
	2509	*adj*
single		single; sole
	2515	*il/la; adj*
separato		separate
	2524	*adj*
notevole		considerable
	2530	*adj*
spezzato		broken
	2539	*adj*
globale		global
	2540	*adj*
posteriore		rear; hindquarters
	2541	*adj; il*
spaziale		space
	2550	*adj*
logico		logical; logician
	2555	*adj; il*
misterioso		mysterious|eerie
	2558	*adj*
sorprendente		surprising|amazing
	2561	*adj*
vivente		living|living being
	2562	*adj*
solare		solar
	2576	*adj*
anziano		senior; elderly person
	2577	*adj; lo*
degno		worthy|worth
	2582	*adj*
timido		shy; milksop
	2594	*adj; il*
stabilito		established|set
	2596	*adj*
isolato		isolated; block
	2600	*adj; il*
greco		Greek; Greek
	2602	*adj; il*
chimico		chemical; chemist
	2604	*adj; il*
ammesso		admitted
	2606	*adj*
regolare		regular; adjust
	2610	*adj; vb*
sbattuto		beaten
	2615	*adj*
gemello		twin; twin
	2629	*adj; il*
vitale		vital
	2631	*adj*
nato		born
	2634	*adj*
pilota		pilot; pilot
	2647	*adj; il*
raro		rare; exceptional
	2650	*adj; il*
nazista		Nazi; Nazi
	2652	*adj; il/la*
favoloso		fabulous
	2662	*adj*
acceso		on
	2663	*adj*
avversario		opponent; opposing
	2675	*lo; adj*
doloroso		painful|distressing
	2679	*adj*
potenziale		potential; potential
	2683	*adj; il*
conflitto		conflict; conflicting
	2689	*il; adj*
fondamentale		fundamental|basic
	2690	*adj*
maniaco		maniac; maniac
	2693	*adj; il*
rischioso		risky|chancy
	2699	*adj*
sconfitto		beaten
	2704	*adj*
incantevole		charming|enchanting
	2710	*adj*
solitario		lonely; solitaire
	2714	*adj; il*
pop		pop
	2718	*adj*
rapido		quick|rapid
	2743	*adj*
molare		molar; molar; grind

impressionante	2744 *adj; il; vb* impressive|striking		**volontario**	2875 *adj* voluntary; volunteer
moderno	2748 *adj* modern		**costoso**	2876 *adj; il* expensive|costly
acido	2749 *adj* acid; acid		**insolito**	2878 *adj* unusual|uncommon
onnipotente	2758 *adj; il* omnipotent		**postale**	2886 *adj* postal
confuso	2763 *adj* confused|fuzzy		**latino**	2890 *adj* Latin
bagnato	2766 *adj* wet|damp		**telefonico**	2892 *adj* telephonic
fotografico	2768 *adj* photographic		**estraneo**	2895 *adj* foreign; stranger
onorevole	2772 *adj* honorable		**terrestre**	2898 *adj; lo* terrestrial
dannato	2780 *adj* damned		**divino**	2904 *adj* divine|heavenly
metropolitano	2784 *adj* metropolitan		**psicopatico**	2907 *adj* psychopath; psychopath
cristiano	2789 *adj* Christian; Christian		**interrogatorio**	2913 *adj; lo* interrogation; interrogatory
irlandese	2799 *adj; il* Irish; Irish		**liquido**	2918 *il; adj* liquid; liquid
musicale	2800 *adj; il* musical		**drogato**	2924 *adj; il* junkie; doped
delicato	2806 *adj* delicate|gentle		**svizzero**	2934 *il; adj* Swiss; Helvetian
azzurro	2825 *adj* blue; azure		**laser**	2941 *adj; lo* laser
entusiasta	2827 *adj; lo* enthusiastic; enthusiast		**legato**	2944 *adj* bound; legate
occidentale	2834 *adj; il/la* western; westerner		**affamato**	2947 *adj; gli* hungry
decente	2837 *adj; il/la* decent|reasonable		**statale**	2948 *adj* state
meccanico	2845 *adj* mechanical; mechanic		**impari**	2953 *adj* unequal
economico	2850 *adj; il* economic|cheap		**pulsante**	2960 *adj* button; pulsating
benedetto	2851 *adj* blessed		**messicano**	2963 *il; adj* Mexican; Mexican
tremendo	2853 *adj* terrible|dreadful		**elementare**	2967 *adj; il* elementary|basic
volgare	2872 *adj* vulgar|gross		**sconvolto**	2968 *adj* upset

arrogante	2970	*adj* arrogant|haughty	**differente**	3067	*adj; il* different
romano	2972	*adj* Roman; Roman	**insopportabile**	3071	*adj* unbearable
incapace	2973	*adj; il* unable; incapable person	**domestico**	3079	*adj* domestic; servant
inteso	2978	*adj; il/la* understood	**indipendente**	3080	*adj; il* independent
grigio	2981	*adj* gray; grizzly	**inferiore**	3082	*adj* lower; below
costante	2982	*il; adj* constant|steady	**abituato**	3095	*adj; adv* wont
spirituale	2985	*adj* spiritual|unworldly	**ritirato**	3096	*adj* retired
fisso	2990	*adj* fixed; fixedly	**autografo**	3097	*adj* autograph; autograph
deficiente	2991	*adj; adv* deficient; moron	**muto**	3103	*adj; il* silent; mute
stabile	2997	*adj; il/la* stable|permanent	**attivo**	3112	*adj; il* active; active
rinchiuso	3003	*adj* pent	**umile**	3118	*adj; i* humble|menial
dipendente	3010	*adj* employee; dependent	**unito**	3123	*adj* united
esplosivo	3011	*il/la; adj* explosive	**sottile**	3124	*adj* thin|slim
offeso	3015	*adj* offended	**moro**	3138	*adj* Moor; Moorish
arrosto	3020	*adj* roast; roast meet	**settimo**	3143	*il; adj* seventh|seventh
liscio	3023	*adj; il* smooth; smoothly	**marrone**	3147	*adj* brown; brown
leale	3028	*adj; adv* fair|loyal	**efficace**	3157	*adj; il* effective|effectual
teso	3031	*adj* tense|stretched	**tenero**	3158	*adj* tender|soft
storico	3038	*adj* historical; historian	**supremo**	3159	*adj* supreme
celeste	3048	*adj; lo* heavenly|blue	**indistinto**	3160	*adj* indistinct|vague
inevitabile	3050	*adj* inevitable|unavoidable	**delinquente**	3162	*adj* delinquent; tough
riposato	3057	*adj* rested	**defunto**	3163	*il/la; adj* deceased; deceased
comico	3061	*adj* comic; comic	**sereno**	3171	*adj; il* clear|serene

omicida	3178 *adj* murderous; murderer		**scuro**	3323 *adj* dark|black
valido	3182 *adj; il/la* valid|effective		**drammatico**	3330 *adj* dramatic
opposto	3186 *adj* opposite; opposite		**disgraziato**	3334 *adj* unfortunate|wretch
immobiliare	3199 *adj; il* immovable		**consapevole**	3341 *adj* aware
penale	3204 *adj* criminal; fine		**pallido**	3348 *adj* pale|faint
nano	3219 *adj; la* dwarf; midget		**ulteriore**	3349 *adj* further|later
avvenire	3231 *adj; il* future; future; occur		**intimo**	3355 *adj* intimate|inner
rispettabile	3243 *adj; il; vb* respectable		**cardiaco**	3360 *adj* cardiac; heart attack
sottomarino	3249 *adj* submarine; submarine		**tattico**	3362 *adj; il* tactical
appeso	3254 *adj; il* hanging		**ingiusto**	3366 *adj* unfair|wrongful
marziale	3262 *adj* Martial		**religioso**	3370 *adj* religious
orientale	3265 *adj* eastern|east		**letale**	3372 *adj* lethal|fatal
volto	3267 *adj* face; facing		**binario**	3377 *adj* binary; track
complicato	3277 *il; adj* complicated		**parlamentare**	3404 *adj; il* parliamentary; parley
scarico	3284 *adj* exhaust; unloaded		**immortale**	3405 *adj; vb* immortal
colto	3294 *lo; adj* cultured|learned		**maschile**	3412 *adj* male
regio	3299 *adj* royal		**critico**	3419 *adj* critic; critical
scortese	3301 *adj* rude|impolite		**grazioso**	3422 *il; adj* pretty|gracious; pretty
scacco	3302 *adj* check; chess		**incaricato**	3426 *adj; adv* appointee; delegate
successivo	3306 *lo; adj* following		**alternativo**	3428 *il; adj* alternative
cerebrale	3312 *adj* cerebral		**inquietante**	3430 *adj* disturbing|disquieting
curato	3314 *adj* curate; tidy		**fesso**	3433 *adj* stupid
sentimentale	3317 *lo; adj* sentimental|soulful		**legittimo**	3435 *adj* legitimate|rightful

immediato	3437 *adj* immediate|instant		**piccolino**	3540 *adj; il* teeny
miserabile	3439 *adj* miserable; wretch		**fragile**	3555 *adj* fragile|brittle
gallo	3443 *adj; il* cock; Gallic		**vagabondo**	3562 *adj* tramp; vagabond
depresso	3446 *il; adj* depressed|dull		**interessato**	3563 *il; adj* concerned
fritto	3450 *adj* fried; fry		**notturno**	3565 *adj* night; nocturne
turco	3458 *adj; il* Turkish; Turk		**circolare**	3570 *adj; lo* circular; circular; circulate
alcolico	3467 *adj; il* alcohol; alcoholic		**vincente**	3581 *adj; la; vb* winning
staccato	3469 *il; adj* staccato		**maleducato**	3586 *adj* rude; boor
furioso	3473 *adj* furious|mad		**estremo**	3587 *adj; il* extreme|ultimate
infantile	3477 *adj* infant|infantile		**industriale**	3590 *adj* industrial; industrialist
agitato	3487 *adj* agitated|restless		**sensorio**	3591 *adj; il* sensory
amichevole	3488 *adj* friendly|amicable		**orrendo**	3614 *adj* horrendous|horrible
aggiunto	3489 *adj* adjunct; assistant		**silenzioso**	3615 *adj* silent
immobile	3491 *adj; il* motionless|immobile		**permanente**	3617 *adj* permanent; perm
formidabile	3494 *adj* formidable|tremendous		**imperiale**	3618 *adj; la* imperial
rovescio	3496 *adj* reverse; back		**addetto**	3623 *adj* employee; assigned
dovuto	3511 *adj; il* due; due		**percentuale**	3624 *il; adj* percentage; per cent
improbabile	3518 *adj; il* unlikely		**sovietico**	3626 *la; adj* Soviet
guasto	3519 *adj* fault; broken		**insignificante**	3628 *adj* insignificant|meaningless
tondo	3520 *il; adj* round; round		**autentico**	3630 *adj* authentic|genuine
abile	3528 *adj; il* skillful|able		**impegnato**	3631 *adj* engaged
malinteso	3532 *adj* misunderstanding; mistaken		**fuso**	3633 *adj* mclted; spindle
verbale	3536 *il; adj* verbal; minutes		**borghese**	3636 *adj; il* bourgeois; civilian

	3637	*adj; il/la*
sano		healthy|wholesome
	3643	*adj*
pianto		tears; lamented
	3645	*il; adj*
automatico		automatic; automatic
	3646	*adj; il*
funebre		funeral
	3655	*adj*
apprezzato		valued
	3662	*adj*
rotto		broken
	3666	*adj*
psichiatrico		psychiatric
	3667	*adj*
rituale		ritual
	3671	*adj*
ignorante		ignorant; ignoramus
	3674	*adj; il*
affidabile		reliable
	3675	*adj*
bruciato		burnt
	3676	*adj*
magro		thin|skinny
	3677	*adj*
scolastico		school; schoolman
	3679	*adj; il*
essenziale		essential; essential
	3681	*adj; il*
lucido		polished; shine
	3687	*adj; il*
brutale		brutal|tough
	3691	*adj*
atomico		atomic
	3692	*adj*
opportuno		opportune|proper
	3694	*adj*
privo		without; devoid
	3695	*prp; adj*
intenso		intense|intensive
	3703	*adj*
dipinto		picture; painted
	3720	*il; adj*
astuto		astute|cunning
	3721	*adj*
puntuale		punctual

	3728	*adj*
sobrio		sober
	3732	*adj*
buffo		funny; buffo
	3739	*adj; il*
mariano		marian
	3744	*adj*
fatale		fatal|inevitable
	3746	*adj*
laureato		graduated; graduate
	3757	*adj; il*
desolato		desolate|sorry
	3760	*adj*
pratico		practical|practiced
	3766	*adj*
banale		trivial|banal
	3768	*adj*
lavorato		worked
	3772	*adj*
artificiale		artificial
	3773	*adj*
teatrale		theatrical|stage
	3774	*adj*
paranoico		paranoid; paranoiac
	3775	*il; adj*
ansioso		anxious|agog
	3779	*adj*
invano		in vain; no purpose
	3780	*adv; adj*
cotto		cooked
	3786	*adj*
britannico		British
	3790	*adj*
esemplare		exemplary; specimen
	3797	*adj; il*
iniziale		initial
	3806	*adj*
affermativo		affirmative
	3807	*adj*
modesto		modest|moderate
	3815	*adj*
confesso		avowed
	3822	*adj*
neonato		newborn; baby
	3831	*adj; il*
lurido		filthy

	3837	*adj*
continente		continent; temperate
	3841	*il; adj*
tirato		tight|tense
	3847	*adj*
formico		formic
	3849	*adj*
biondo		blond; blond color
	3853	*adj; il*
scatenato		wild
	3863	*adj*
spiacevole		unpleasant
	3865	*adj*
tragico		tragic
	3870	*adj*
stradale		road
	3871	*adj*
universale		universal|multipurpose
	3873	*adj*
iniziato		initiate
	3876	*adj*
digitale		digital; digitalis
	3878	*adj; le*
operativo		operating
	3900	*adj*
sovrano		sovereign; sovereign
	3902	*adj; il*
testardo		stubborn|headstrong
	3903	*adj*
montano		mountain
	3907	*adj*
ipocrita		hypocritical; hypocrite
	3912	*adj; il/la*
ionio		ionian
	3915	*adj*
tossico		toxic
	3916	*adj*
vago		vague|dreamy
	3917	*adj*
sfortunato		unfortunate|unlucky
	3920	*adj*
altrui		others
	3922	*adj*
mutuo		mutual; loan
	3925	*adj; il*
appassionato		passionate; enthusiast

	3927	*adj; il*
puzzolente		smelly|rank
	3938	*adj*
veterinario		veterinary; vet
	3944	*adj; il*
spettacolare		spectacular
	3951	*adj*
intellettuale		intellectual; intellectual
	3952	*adj; il/la*
ingenuo		naive; ingenue
	3953	*adj; il*
contabile		accountant; counting
	3955	*il/la; adj*
immenso		immense
	3959	*adj*
saggio		wise; test
	3963	*adj; il*
fidato		trustworthy|reliable
	3964	*adj*
tradizionale		traditional
	3977	*adj*
senza tetto		homeless
	3981	*adj*
definitivo		final|definitive
	3994	*adj*
ostile		hostile|inimical
	4002	*adj*
deprimente		depressing
	4004	*adj*
cattolico		Catholic; Catholic
	4006	*adj; il*
distratto		inattentive
	4011	*adj*
elettorale		electoral
	4014	*adj*
vulnerabile		vulnerable
	4016	*adj*
piccante		spicy|piquant
	4017	*adj*
infernale		infernal|devilish
	4022	*adj*
numeroso		numerous
	4025	*adj*
quotidiano		daily|everyday
	4036	*adj*
pio		pious

4037 *adj*
adolescente — teenager; adolescent

4042 *il/la; adj*
frequente — frequent

4052 *adj*
stellare — stellar

4055 *adj*
feroce — fierce|savage

4056 *adj*
sgradevole — unpleasant|disagreeable

4062 *adj*
preservativo — condom; preservative

4067 *il; adj*
assente — absent; absentee

4070 *adj; il/la*
cardinale — cardinal

4071 *adj*
svedese — Swedish; Swede

4086 *adj; il/la*
considerato — considered

4092 *adj*
inventato — made-up

4093 *adj*
genetico — genetic

4096 *adj*
portatile — portable

4098 *adj*
finanziario — financial

4101 *adj*
idraulico — hydraulic; plumber

4102 *adj; il*
fuorilegge — outlaw; illegal

4113 *il/la; adj*
instabile — unstable

4114 *adj*
indispensabile — indispensable

4132 *adj*
canadese — Canadian; Canadian

4137 *adj; il/la*
artistico — artistic

4142 *adj*
dirigente — executive; ruling

4146 *il/la; adj*
audace — bold|daring

4152 *adj*
respinto — failed

4164 *adj*
impaziente — impatient

4169 *adj*
sportivo — sports; sportsman

4171 *adj; lo*
culturale — cultural

4181 *adj*
alimentare — alimentary; feed

4188 *adj; vb*
fascista — fascist; fascist

4194 *adj; il/la*
silvano — sylvan

4202 *adj*
nuziale — wedding

4211 *adj*
gradevole — pleasant|agreeable

4212 *adj*
visuale — visual

4214 *adj*
dorsale — dorsal

4215 *adj*
audio — audio; sound

4216 *adj; gli*
aiutante — helper; assistant

4221 *il/la; adj*
polacco — Polish; Polish

4228 *adj; il*
scapolo — bachelor; single

4229 *lo; adj*
narcotico — narcotic; narcotic

4231 *adj; il*
creativo — creative

4232 *adj*
specifico — specific

4234 *adj*
sostituto — substitute; acting

4237 *il; adj*
aggressivo — aggressive

4239 *adj*
documentario — documentary

4242 *adj*
arancione — orange; orange

4243 *adj; gli*
psicologico — psychological

4245 *adj*
adorato — beloved; beloved

	4248	*adj; il*		4389	*adj; il*
combattente		fighter; combatant	**vigile**		watchful; policeman
	4272	*il; adj*		4391	*adj; il*
emotivo		emotional	**arrabbiato**		angry
	4285	*adj*		4393	*adj*
spietato		ruthless|merciless	**soddisfatto**		satisfied
	4286	*adj*		4394	*adj*
governante		housekeeper; ruling	**beato**		blessed
	4293	*il; adj*		4397	*adj*
bizzarro		bizarre|strange	**indifferente**		indifferent|unconcerned
	4297	*adj*		4403	*adj*
costiero		coastal	**visibile**		visible|evident
	4309	*adj*		4405	*adj*
olandese		Dutch; Dutchman	**casuale**		random|casual
	4311	*adj; il*		4406	*adj*
sotterraneo		underground; basement	**formale**		formal
	4318	*adj; il*		4410	*adj*
escluso		excluding; except	**imminente**		imminent|forthcoming
	4320	*adj; prp*		4411	*adj*
solido		solid; solid	**abbandonato**		abandoned|forsaken
	4325	*adj; il*		4413	*adj*
esecutivo		executive	**annuale**		annual
	4326	*adj*		4422	*adj*
consolare		consular; console	**razionale**		rational
	4330	*adj; vb*		4430	*adj*
musulmano		Muslim; Muslim	**acustico**		acoustic
	4333	*adj; il*		4431	*adj*
anonimo		anonymous; anonym	**commosso**		moved|unrest
	4335	*adj; il*		4434	*adj*
dilettante		amateur; dilettante	**luminoso**		bright|light
	4341	*adj; il/la*		4436	*adj*
orfano		orphan; orphan	**caratteristico**		characteristic
	4343	*adj; il*		4441	*adj*
aeronautico		aeronautic	**tonto**		stupid; booby
	4357	*adj*		4443	*adj; il*
comprensibile		understandable|comprehensible	**esausto**		exhausted|worn
	4360	*adj*		4447	*adj*
operatorio		operating	**limitato**		limited
	4366	*adj*		4461	*adj*
riparato		sheltered	**medicinale**		medicinal; medicine
	4372	*adj*		4463	*adj; il*
squisito		exquisite|delicious	**siciliano**		Sicilian; Sicilian
	4384	*adj*		4466	*adj; il*
pasquale		paschal	**sottosopra**		upside down; topsy-turvy
	4387	*adj*		4472	*adv; adj*
severo		severe; martinet	**ottimista**		optimistic; optimist

presuntuoso	4480 *adj; il/la* presumptuous; jackanapes	**europeo**	4590 *adj* European; European
stento	4485 *adj; il* narrowly; hardship	**viscido**	4592 *adj; lo* slimy
rigido	4489 *adj; lo* rigid; martinet	**diversivo**	4604 *adj* diversion; diversionary
spregevole	4490 *adj; il* despicable	**contrabbando**	4609 *il; adj* smuggling; contraband
gelato	4498 *adj* ice cream; frozen	**innumerevole**	4610 *il; adj* countless|numerous
vile	4499 *il; adj* vile; dastard	**lieve**	4615 *adj* slight|light
parassita	4502 *adj; il* parasite; parasitic	**imprevedibile**	4616 *adj* unpredictable
democratico	4510 *il/la; adj* democratic; democrat	**danese**	4619 *adj* Danish; Dane
morbido	4515 *adj; il* soft	**estivo**	4621 *adj; il/la* estival
atlantico	4516 *adj* Atlantic	**superficiale**	4626 *adj* superficial
bruto	4520 *adj* brute	**irresponsabile**	4629 *adj* irresponsible
impotente	4521 *adj* impotent	**evaso**	4636 *adj* fugitive; escapee
perbene	4524 *adj* proper; respectably	**primario**	4637 *adj; il* primary; head physician
asciutto	4525 *adj; adv* dry|curt	**udibile**	4644 *adj; il* audible
collaterale	4538 *adj* collateral	**coreano**	4645 *adj* Korean; Korean
interiore	4541 *adj* inner; entrails	**irrilevante**	4646 *adj; il* insignificant
concorrente	4543 *adj; il* competitor; concurrent	**insensibile**	4651 *adj* insensitive
infame	4552 *il/la; adj* infamous	**vocale**	4656 *adj* vocal; vowel
cortese	4559 *adj* courteous|polite	**igienico**	4661 *adj; le* hygienic
inaccettabile	4574 *adj* unacceptable; out	**avanzato**	4663 *adj* advanced
angelico	4575 *adj; adv* angelic	**identico**	4667 *adj* identical
gigantesco	4579 *adj* gigantic|huge	**sanitario**	4670 *adj* sanitary
credibile	4587 *adj* credible	**comunale**	4672 *adj* municipal

serbo	4678 *adj* Serbian; Serbian	
terminale	4682 *adj; il* terminal; terminal	
intento	4686 *adj; il* intent; aim	
innocuo	4693 *adj; il* harmless	
vasto	4697 *adj* vast|large	
etico	4713 *adj* ethical	
livido	4715 *adj* bruise; livid	
realistico	4718 *il; adj* realistic	
dorato	4721 *adj* golden|gold-plated	
matrimoniale	4723 *adj* matrimonial	
in vaso	4724 *adj* potted	
cruciale	4725 *adj* crucial	
benefico	4727 *adj* beneficial|beneficent	
accettabile	4729 *adj* acceptable	
umido	4730 *adj* wet|damp	
temporaneo	4744 *adj* temporary|interim	
africano	4747 *adj* African; African	
poster	4748 *adj; il* poster; back	
riconoscente	4751 *i; adj* grateful|appreciative	
anteriore	4774 *adj* front|anterior	
efficiente	4777 *adj* efficient	
elettronico	4782 *adj* clcctronic	
pigro	4785 *adj* lazy; idler	

retto	4788 *adj; il* rectum; right
vano	4791 *il; adj* room; vain
maligno	4792 *il; adj* malignant|malicious
odioso	4794 *adj* hateful|odious
fanatico	4796 *adj* fanatic; fanatic
ironico	4799 *adj; il* ironic|mock
sedativo	4800 *adj* sedative; sedative
diplomatico	4801 *adj; il* diplomatic; diplomat
presidenziale	4807 *adj; il* presidential
sonoro	4810 *adj* sonorous
sbronzo	4820 *adj* drunk
minorenne	4822 *adj* underage; minor
ebraico	4827 *adj; il/la* Jewish
disoccupato	4841 *adj* unemployed; jobless
statistico	4842 *il; adj* statistical
crescente	4851 *adj* growing
scadente	4859 *adj* poor|bad
faticoso	4860 *adj* tiring|hard
atroce	4870 *adj* atrocious|terrible
sensazionale	4876 *adj* sensational
offensivo	4882 *adj* offensive
antincendio	4884 *adj* antifire
ingrato	4887 *adj* ungrateful; ingrate

	4916	*adj; il*		5011	*adj*
reciproco		mutual|relative	**scozzese**		Scottish; Scots
	4920	*adj*		5016	*adj; il*
eccessivo		excessive|extreme	**misericordioso**		merciful
	4922	*adj*		5017	*adj*
biologico		biological			
	4923	*adj*			
manoscritto		manuscript; manuscript; Ms.			
	4928	*adj; il; abr*			
punk		punk; punk			
	4930	*adj; il/la*			
rivale		rival; rival			
	4933	*adj; il/la*			
insolente		insolent|cheeky			
	4936	*adj*			
robusto		sturdy|robust			
	4946	*adj*			
ripugnante		repugnant|repulsive			
	4952	*adj*			
rivoluzionario		revolutionary; revolutionist			
	4955	*adj; il*			
conveniente		convenient|cheap			
	4959	*adj*			
allergico		allergic			
	4963	*adj*			
netto		net; net			
	4969	*adj; il*			
promettente		promising|rising			
	4972	*adj*			
decimo		tenth|tenth			
	4974	*adj*			
bis		seconds; additional			
	4978	*il; adj*			
visivo		visual			
	4979	*adj*			
ambizioso		ambitious			
	4990	*adj*			
imbarazzato		sheepish			
	4996	*adj*			
cubano		Cuban; Cuban			
	4997	*adj; il*			
caricato		loaded			
	5001	*adj*			
navale		naval			
	5004	*adj*			
precipitato		precipitate			

Adverbs

Italian Rank		English Translation Part of Speech
ritirare		withdraw; throw again
	2612	*vb; adv*
letteralmente		literally
	2632	*adv*
duramente		hard|harshly
	2635	*adv*
alquanto		somewhat|a few
	2754	*adv*
effettivamente		actually|effectively
	2809	*adv*
malgrado		despite; notwithstanding
	2861	*prp; adv*
nuovamente		again
	2866	*adv*
evidentemente		evidently|clearly
	2957	*adv*
fisso		fixed; fixedly
	2991	*adj; adv*
attualmente		currently|now
	3009	*adv*
liscio		smooth; smoothly
	3028	*adj; adv*
assai		very
	3051	*adv*
recentemente		lately|newly
	3086	*adv*
inferiore		lower; below
	3095	*adj; adv*
apparentemente		apparently|supposedly
	3152	*adv*
fortunatamente		luckily
	3176	*adv*
precisamente		precisely|true
	3224	*adv*
fisicamente		physically
	3252	*adv*
talvolta		at times
	3315	*adv*
raramente		rarely
	3331	*adv*
leggermente		slightly
	3338	*adv*
gravemente		seriously|sorely

Italian Rank		English Translation Part of Speech
	3347	*adv*
eccetera		and so on; etc.
	3353	*adv; abr*
grazioso		pretty|gracious; pretty
	3426	*adj; adv*
dopodomani		the day after tomorrow
	3503	*adv*
tranquillamente		quietly
	3508	*adv*
regolarmente		regularly
	3593	*adv*
altamente		highly
	3652	*adv*
stranamente		strangely
	3769	*adv*
invano		in vain; no purpose
	3780	*adv; adj*
ugualmente		equally|alike
	3781	*adv*
costantemente		steadily
	3782	*adv*
necessariamente		necessarily|perforce
	3792	*adv*
pertanto		therefore
	3896	*adv*
oggigiorno		nowadays
	3904	*adv*
liberamente		freely
	3932	*adv*
innanzi tutto		first
	3960	*adv*
correttamente		correctly
	4009	*adv*
legalmente		legally
	4021	*adv*
accelerare		accelerate; speed up
	4094	*vb; adv*
maledettamente		damned
	4095	*adv*
incirca		about
	4121	*adv*
perlomeno		at least
	4151	*adv*
purché		provided; even if
	4166	*con; adv*
contemporaneamente		at the same time

	4167	*adv*
sotto terra		underground
	4192	*adv*
principalmente		mainly
	4282	*adv*
definitivamente		definitively
	4299	*adv*
fondamentalmente		basically
	4439	*adv*
sottosopra		upside down; topsy-turvy
	4472	*adv; adj*
apertamente		openly
	4486	*adv*
fortemente		strongly
	4523	*adv*
perbene		proper; respectably
	4525	*adj; adv*
interamente		entirely|fully
	4557	*adv*
inaccettabile		unacceptable; out
	4575	*adj; adv*
daccapo		again|from the beginning
	4717	*adv*
solitamente		usually
	4733	*adv*
pubblicamente		publicly
	4849	*adv*
pienamente		completely
	4950	*adv*

Conjunctions

Italian / Rank	English Translation / Part of Speech			
ovvero	or		*con*	con
3821	*con*	*con*		con
dopo di che	whereupon		*con*	con
4078	*con*	*con*		con
purché	provided; even if		*con; adv*	con; adv
		con; adv		con; adv
4166	*con; adv*			
benché	though		*con*	con
4628	*con*	*con*		con

Prepositions

Pronouns

Nouns

Italian Rank		English Translation Part of Speech
scontro		clash|confrontation
aula	2502 *lo*	classroom|room
atterraggio	2504 *le*	landing
allenamento	2505 *il*	training
sollievo	2506 *lo*	relief|solace
manetta	2507 *il*	handcuff
professione	2508 *la*	profession|occupation
incantesimo	2510 *la*	spell|enchantment
single	2513 *il*	single; sole
forno	2515 *il/la; adj*	oven
zampa	2517 *il*	paw
dose	2518 *la*	dose|amount
commedia	2519 *la*	comedy
sega	2520 *la*	saw
boom	2521 *la*	boom
vicolo	2522 *il*	alley
segreteria	2523 *il*	secretariat|secretary
giuramento	2525 *la*	oath
ricevuta	2526 *il*	receipt
plotone	2527 *la*	platoon
sole	2528 *il*	sun
fascino	2529 *il*	charm|fascination
biancheria	2531 *il*	underwear|laundry
promozione	2532 *la*	promotion|sponsorship
cocaina	2535 *la*	cocaine
dea	2536 *la*	goddess
probabilità	2537 *la*	chance|probability
posteriore	2538 *le*	rear; hindquarters
oscurità	2541 *adj; il*	darkness|obscurity
round	2542 *le*	round
telegramma	2543 *il*	telegram
zoo	2544 *il*	zoo
noia	2545 *lo*	boredom|bore
dispositivo	2547 *la*	device|gadget
salvezza	2548 *il*	salvation|saving
progresso	2549 *la*	progress|advance
parete	2553 *il*	wall
logico	2554 *la*	logical; logician
top	2555 *adj; il*	top
fama	2556 *i*	fame|reputation
sedile	2557 *la*	seat
combinazione	2559 *il*	combination
obiezione	2560 *la*	objection
pervertito	2564 *la*	pervert
avviso	2565 *il*	notice

caramella	2566	*il* candy	sirena	2598	*il* siren
custode	2567	*la* guardian|keeper	isolato	2599	*la* isolated; block
bestiame	2569	*il/la* livestock|cattle	greco	2600	*adj; il* Greek; Greek
volpe	2570	*il* fox	videocamera	2602	*adj; il* video camera
strategia	2571	*la* strategy	chimico	2603	*la* chemical; chemist
fenomeno	2572	*la* phenomenon	esercizio	2604	*adj; il* exercise|exertion
eccezione	2573	*il* exception	solitudine	2607	*i* solitude|loneliness
anziano	2575	*la* senior; elderly person	guanto	2608	*la* glove|gauntlet
impianto	2577	*adj; lo* plant	sentenza	2609	*il* judgment|sentence
altoparlante	2580	*il* speaker	sequenza	2611	*la* sequence
toro	2581	*il* bull	saggezza	2614	*la* wisdom|sageness
trattamento	2583	*il* treatment|processing	appoggio	2617	*la* support|rest
cuoco	2584	*il* cook	disgrazia	2618	*lo* misfortune|disgrace
sede	2585	*il* seat	palude	2619	*la* swamp|marsh
tristezza	2586	*la* sadness|gloom	sopravvivenza	2620	*la* survival
fagiolo	2589	*la* bean	frigo	2621	*la* fridge
democrazia	2590	*il* democracy	scandalo	2622	*il* scandal
ditta	2591	*la* firm|business	won	2623	*lo* won
baracca	2592	*la* shack|barrack	sindacato	2625	*lo* union|syndicate
timido	2593	*la* shy; milksop	tennis	2626	*il* tennis
grano	2594	*adj; il* wheat	gemello	2628	*il* twin; twin
erede	2595	*il* heir	pianoforte	2629	*adj; il* piano
animo	2597	*il/la* mind	condotta	2630	*il* conduct|direction

coperta	2637	*la* blanket|deck	**marzo**	2669 *le* March
polmone	2640	*la* lung	**vaso**	2670 *gli* vase
filosofia	2641	*il* philosophy	**foglia**	2672 *il* leaf
pasta	2644	*la* pasta|paste	**avversario**	2673 *la* opponent; opposing
registro	2645	*la* register	**conclusione**	2675 *lo; adj* conclusion|finding
pilota	2646	*il* pilot; pilot	**mazza**	2677 *la* bat
gangster	2647	*adj; il* gangster	**ballerino**	2678 *la* dancer
omaggio	2648	*i* tribute	**mercoledì**	2681 *il* Wednesday
raro	2649	*il* rare; exceptional	**potenziale**	2682 *il* potential; potential
dignità	2650	*adj; il* dignity	**depressione**	2683 *adj; il* depression
nazista	2651	*la* Nazi; Nazi	**favola**	2685 *la* fable
pagamento	2652	*adj; il/la* payment	**accademia**	2686 *la* academy
costruzione	2653	*il* construction|build	**conflitto**	2688 *le* conflict; conflicting
dieta	2655	*la* diet	**scout**	2689 *il; adj* boy scout
dentista	2656	*la* dentist	**zombie**	2691 *gli* zombie
certezza	2657	*il/la* certainty|assurance	**maniaco**	2692 *il/la* maniac; maniac
commercio	2659	*la* trade	**spedizione**	2693 *adj; il* shipping|shipment
giocattolo	2660	*il* toy	**pallone**	2694 *la* ball
foglio	2661	*il* sheet|leaf	**frutto**	2696 *il* fruit
campana	2664	*il* bell	**sfera**	2698 *il* ball|sphere
ruota	2665	*la* wheel	**guardiano**	2702 *la* guardian|keeper
legna	2667	*la* wood	**mafia**	2705 *il* mafia
alternativa	2668	*la* alternative	**dimensione**	2707 *la* size

marinaio	2708	*la* sailor|seaman	**molare**	2742	*il* molar; molar; grind
compassione	2709	*il* compassion|sympathy	**abilità**	2744	*adj; il; vb* ability|skill
vescovo	2711	*la* bishop	**manicomio**	2745	*le* asylum|madhouse
solitario	2713	*il* lonely; solitaire	**letto**	2747	*il* bed
figa	2714	*adj; il* fanny	**tuono**	2750	*il* thunder
pipì	2715	*la* wee-wee	**maya**	2751	*il* Maya
testimonianza	2716	*la* testimony	**norma**	2753	*il/la* standard|rule
formazione	2717	*la* training|formation	**massacro**	2755	*la* massacre|bloodshed
copertina	2719	*la* cover	**associazione**	2756	*il* association|combination
regione	2720	*la* region	**acido**	2757	*le* acid; acid
modulo	2721	*la* module	**inchiesta**	2758	*adj; il* investigation
tribù	2722	*il* tribe|stem	**tatuaggio**	2759	*le* tattoo
ritiro	2725	*le* withdrawal|retreat	**suite**	2760	*il* suite
soggiorno	2726	*il* stay|living room	**organo**	2761	*la* organ
cicatrice	2728	*il* scar|seam	**squillo**	2762	*lo* ring
invasione	2729	*la* invasion|plague	**durata**	2764	*lo* duration|life
curiosità	2730	*la* curiosity	**sapone**	2765	*la* soap
sparatoria	2731	*la* shooting	**abbraccio**	2767	*il* embrace
cannone	2732	*la* cannon	**tortura**	2770	*lo* torture
circolo	2735	*il* circle|club	**eternità**	2771	*la* eternity|perpetuity
scotch	2737	*il* Scotch	**osservazione**	2774	*la* observation|remark
tosse	2739	*lo* cough	**colonna**	2775	*le* column
avvertimento	2740	*la* warning|caution	**fulmine**	2776	*la* lightning|thunderbolt

cera	2781	*il* wax	**pirata**	2818	*la* pirate|freebooter
testo	2782	*la* text	**lampada**	2820	*il* lamp
bottone	2783	*il* button	**gennaio**	2821	*la* January
formula	2785	*il* · formula	**tabacco**	2822	*gli* tobacco
supermercato	2788	*la* supermarket	**laurea**	2823	*il* degree
bimba	2790	*il* infant	**azzurro**	2824	*la* blue; azure
isolamento	2791	*la* insulation|isolation	**salotto**	2827	*adj; lo* lounge|sitting room
balena	2792	*lo* whale	**pecora**	2828	*il* sheep
staff	2796	*la* staff	**delta**	2829	*la* delta
cristiano	2797	*lo* Christian; Christian	**orbita**	2830	*il* orbit|socket
irlandese	2799	*adj; il* Irish; Irish	**mito**	2831	*la* myth
stupidaggine	2800	*adj; il* stupidity	**collaborazione**	2832	*il* collaboration
battaglione	2801	*la* battalion	**entusiasta**	2833	*la* enthusiastic; enthusiast
creazione	2803	*il* creation|making	**scarica**	2834	*adj; il/la* discharge
dozzina	2804	*la* dozen	**spreco**	2835	*la* waste
galassia	2807	*la* galaxy	**occidentale**	2836	*lo* western; westerner
benedizione	2808	*la* blessing|benison	**illusione**	2837	*adj; il/la* illusion|phantasm
elefante	2810	*la* elephant	**compare**	2838	*la* gaffer
gin	2811	*il* gin	**comprensione**	2839	*gli* understanding|comprehension
bistecca	2812	*il* steak	**tesi**	2840	*la* thesis
profondità	2813	*la* depth|deep	**sostanza**	2841	*la* substance|matter
collana	2815	*la* necklace	**asta**	2842	*la* rod|shaft
capra	2817	*la* goat	**sciopero**	2844	*le* strike

senno	2846	*lo* sense|judgment	**chiusura**	2882	*la* closing|closure
aggressione	2847	*il* aggression	**tregua**	2883	*la* truce|respite
meccanico	2849	*le* mechanical; mechanic	**sorso**	2884	*la* sip|gulp
frontiera	2850	*adj; il* border	**gentilezza**	2885	*lo* kindness|gentleness
sire	2854	*la* Sire	**armadietto**	2887	*la* cabinet
gratitudine	2855	*il* gratitude	**rapimento**	2888	*il* kidnapping|abduction
tuta	2856	*la* suit	**pugnale**	2889	*il* dagger
pollice	2857	*la* inch	**destinazione**	2891	*il* destination
vena	2858	*il* vein	**ringraziamento**	2894	*la* thanksgiving
aquila	2859	*la* eagle	**estraneo**	2897	*il* foreign; stranger
botta	2860	*le* blow|hit	**poker**	2898	*adj; lo* poker
assenza	2864	*la* absence	**perfezione**	2899	*il* perfection
posa	2865	*le* pose|laying	**rappresentante**	2900	*la* representative; Rep
torcia	2867	*la* torch	**raccolta**	2901	*il/la; abr* collection
fungo	2868	*la* mushroom	**entusiasmo**	2902	*la* enthusiasm|zest
gallina	2870	*il* hen	**cuscino**	2903	*il* pillow
disperazione	2871	*la* despair|desolation	**prato**	2905	*il* meadow
complice	2873	*la* accomplice	**cellula**	2906	*il* cell
volontario	2874	*il/la* voluntary; volunteer	**candela**	2908	*la* candle|spark plug
nido	2876	*adj; il* nest	**battito**	2909	*la* beat|beating
oriente	2879	*il* east	**cranio**	2910	*il* skull
festival	2880	*il* festival	**psicopatico**	2911	*il* psychopath; psychopath
freccia	2881	*il* arrow	**assalto**	2913	*adj; lo* assault|attack

candidato	2914 *il*	candidate|applicant
attrezzatura	2915 *il*	equipment|outfit
riscaldamento	2916 *le*	heating
interrogatorio	2917 *il*	interrogation; interrogatory
pompiere	2918 *il; adj*	firefighter
iniezione	2919 *il*	injection|jab
recita	2920 *la*	recital
fascicolo	2921 *la*	file|dossier
mento	2922 *il*	chin
liquido	2923 *il*	liquid; liquid
cauzione	2924 *adj; il*	deposit|bail
tonnellata	2925 *la*	tonne
disordine	2926 *la*	disorder|mess
schianto	2928 *il*	crash
drogato	2929 *lo*	junkie; doped
schema	2934 *il; adj*	scheme|diagram
baffo	2935 *lo*	whiskers
brandy	2936 *il*	brandy
disciplina	2938 *il*	discipline
piattaforma	2939 *la*	platform
svizzero	2940 *la*	Swiss; Helvetian
alibi	2941 *adj; lo*	alibi
ring	2942 *gli*	ring
ricchezza	2943 *il*	wealth|richness
legato	2945 *la*	bound; legate
riporto	2947 *adj; gli*	carry-over
antenato	2950 *lo*	ancestor
pulizia	2951 *il*	cleaning
dimostrazione	2954 *la*	demonstration|proof
raffreddore	2956 *la*	cold
cenere	2959 *il*	ash
pulsante	2961 *la*	button; pulsating
febbraio	2963 *il; adj*	February
terrorismo	2964 *gli*	terrorism
messicano	2966 *il*	Mexican; Mexican
prospettiva	2967 *adj; il*	perspective|prospect
esclusiva	2969 *la*	exclusive right
romano	2971 *la*	Roman; Roman
risparmio	2973 *adj; il*	saving
investigatore	2974 *il*	investigator|inquirer
incapace	2976 *gli*	unable; incapable person
menzogna	2978 *adj; il/la*	lie
arresto	2979 *la*	stop|standstill
grigio	2980 *lo*	gray; grizzly
multa	2982 *il; adj*	fine|forfeit
lampo	2983 *la*	flash

ballo	2984	*il* dance|ball	**vapore**	3021	*la* steam|vapor
chirurgo	2986	*il* surgeon	**arrosto**	3022	*il* roast; roast meet
jazz	2987	*il* jazz	**canyon**	3023	*adj; il* canyon
necessità	2988	*il* need|needs	**stupro**	3024	*i* rape
casinò	2989	*la* casino	**soddisfazione**	3025	*lo* satisfaction|pleasure
turista	2992	*i* tourist	**mancia**	3026	*la* tip
radiazione	2993	*il/la* radiation	**colonia**	3027	*la* colony|cologne
cemento	2994	*la* cement	**salone**	3030	*la* lounge
continuazione	2995	*il* continuation|continuance	**salvataggio**	3032	*il* rescue
deficiente	2996	*la* deficient; moron	**alfa**	3033	*il* alpha
venditore	2997	*adj; il/la* seller|monger	**cassetto**	3034	*le* drawer
notiziario	2998	*il* news	**rospo**	3035	*il* toad
corea	2999	*il* chorea	**curva**	3036	*il* curve|bend
garanzia	3002	*la* guarantee|assurance	**serratura**	3037	*la* lock
cocktail	3004	*la* cocktail	**evoluzione**	3040	*la* evolution|growth
veste	3005	*il* dress|garment	**debolezza**	3041	*la* weakness|debility
dipendente	3006	*la* employee; dependent	**cattura**	3042	*la* capture
impulso	3011	*il/la; adj* pulse|impetus	**rossetto**	3043	*la* lipstick|rouge
radice	3013	*il* root|stem	**professoressa**	3045	*il* schoolmistress
veronica	3014	*la* veronica	**ubriacone**	3046	*la* drunkard|toper
consulente	3016	*la* consultant|counselor	**storico**	3047	*il* historical; historian
sigaro	3017	*il/la* cigar	**alcool**	3048	*adj; lo* alcohol
routine	3019	*il* routine	**barista**	3049	*il* bartender|barmaid

obitorio	3052	*il/la* morgue
reporter	3053	*il* reporter
brivido	3054	*il/la* thrill|prickle
pasticcio	3055	*il* mess|pie
lettura	3056	*il* reading|scanning
lana	3059	*la* wool
stima	3060	*la* estimate|esteem
rotella	3062	*la* roller
rottura	3063	*la* breaking|break
corruzione	3064	*la* corruption|bribery
comico	3065	*la* comic; comic
regolamento	3067	*adj; il* regulation|rule book
virtù	3068	*il* virtue
edizione	3069	*le* edition
mensa	3070	*la* canteen|table
tacchino	3072	*la* turkey
robbia	3074	*il* madder
femminuccia	3075	*la* softy
ira	3077	*la* anger|rage
domestico	3078	*le* domestic; servant
seminterrato	3080	*adj; il* basement
cavalleria	3081	*il* cavalry|chivalry
gravità	3083	*la* severity; G

generatore	3089	*la; abr* generator
perimetro	3091	*il* perimeter
ramo	3092	*il* branch|bough
decollo	3093	*il* take-off
ciccione	3094	*il* fatty
armonia	3100	*il* harmony|keeping
autografo	3102	*le* autograph; autograph
panno	3103	*adj; il* cloth
calzino	3104	*il* sock
pittore	3106	*il* painter
fetta	3107	*il* slice|cut
muto	3111	*la* silent; mute
provincia	3112	*adj; il* province
asciugamano	3113	*la* towel
movente	3115	*il* motive
attivo	3117	*il* active; active
pullman	3118	*adj; i* bus
frequenza	3119	*i* frequency
kit	3120	*la* kit
beneficenza	3125	*il* beneficence
volo	3126	*la* flight
autopsia	3128	*il* autopsy
talpa	3129	*la* mole

terremoto	3130	*la* earthquake	**tessuto**	3164	*la* fabric|tissue
verdetto	3131	*il* verdict|judgment	**violazione**	3168	*il* infringement|breach
capanna	3132	*il* hut|cabin	**azzardo**	3169	*la* chance|gamble
precisione	3133	*la* precision|accuracy	**defunto**	3170	*il* deceased; deceased
archivio	3134	*la* archive	**preoccupazione**	3171	*adj; il* concern|worry
macellaio	3135	*gli* butcher	**duello**	3172	*la* duel
vomito	3136	*il* vomit|sickness	**clown**	3173	*il* clown
calza	3139	*il* stocking	**panino**	3174	*i* sandwich
seme	3140	*la* seed|pip	**ragno**	3175	*il* spider
yankee	3141	*il* Yankee	**sella**	3177	*il* saddle
moro	3142	*il/la* Moor; Moorish	**descrizione**	3179	*la* description|picture
nucleo	3143	*il; adj* nucleus|heart	**omicida**	3181	*la* murderous; murderer
protagonista	3144	*il* protagonist	**facoltà**	3182	*adj; il/la* faculty
riga	3145	*il/la* line|row	**cognato**	3183	*la* brother-in-law
riferimento	3146	*la* reference	**automobile**	3184	*il* car|motor
gelosia	3149	*il* jealousy	**ciclo**	3185	*le* cycle|circle
grana	3150	*la* grain	**lealtà**	3187	*il* loyalty
letteratura	3151	*la* literature	**sosta**	3190	*la* stop|stopover
conforto	3154	*la* comfort|encouragement	**dinamite**	3192	*la* dynamite
coppa	3155	*il* cup	**senato**	3193	*la* senate
marrone	3156	*la* brown; brown	**pellicola**	3195	*il* film
delinquente	3157	*adj; il* delinquent; tough	**carbone**	3196	*la* coal
tana	3163	*il/la; adj* den|burrow	**opposto**	3197	*il* opposite; opposite

corno	3199	*adj; il* horn
artiglieria	3202	*il* artillery|gunnery
fazzoletto	3203	*le* handkerchief
fanciullo	3205	*il* child
cocco	3209	*il* coconut
ispirazione	3210	*il* inspiration
finestrino	3211	*le* window
ago	3213	*il* needle
massaggio	3214	*lo* massage
strappo	3216	*il* strain|tear
sintomo	3217	*lo* symptom
penale	3218	*il* criminal; fine
trauma	3219	*adj; la* trauma
arco	3221	*il* bow
carogna	3222	*lo* carrion
manica	3227	*la* sleeve|bunch
minestra	3228	*la* soup
nano	3230	*la* dwarf; midget
invitato	3231	*adj; il* guest
lenzuolo	3232	*il* sheet
alleanza	3233	*il* alliance
bordello	3236	*le* brothel|bawdy house
infezione	3237	*il* infection
mina	3238	*le* mine
profitto	3239	*la* profit|benefit
lutto	3241	*il* mourning
avvenire	3242	*il* future; future; occur
dramma	3243	*adj; il; vb* drama|dram
sbarra	3244	*le* bar
pisello	3246	*la* pea
marchio	3247	*il* brand|trademark
flusso	3248	*il* flow
elettricità	3250	*il* electricity
bagagliaio	3251	*la* boot|trunk
sottomarino	3253	*il* submarine; submarine
invenzione	3254	*adj; il* invention|fiction
grandezza	3255	*la* size|greatness
sgualdrina	3257	*la* slut
clima	3258	*la* climate
sasso	3259	*il* stone
limone	3261	*il* lemon
crescita	3263	*il* growth|growing
individuo	3273	*la* individual|fellow
pentagono	3274	*il* pentagon
volto	3276	*il* face; facing
cagnolino	3277	*il; adj* puppy|doggie

cervo	3278	*il* deer|stag
checca	3279	*il* pansy
rombo	3281	*il/la* diamond|rumble
gioventù	3283	*il* youth
commento	3286	*la* comment|note
connessione	3288	*il* connection|nexus
pepe	3289	*la* pepper
scarico	3291	*il* exhaust; unloaded
categoria	3294	*lo; adj* category|rating
vigilia	3295	*la* eve
costola	3296	*la* rib
spavento	3298	*la* fright|scare
provvista	3300	*lo* supply|store
eco	3303	*la* echo
zaino	3304	*gli* backpack|pack
scacco	3305	*lo* check; chess
marea	3306	*lo; adj* tide
stalla	3307	*la* stable
scrittura	3308	*la* writing
informatore	3311	*la* informant
gabinetto	3313	*il* toilet; WC
curato	3316	*il; abr* curate; tidy
lotteria	3317	*lo; adj* lottery

calcolo	3318	*la* calculation|calculus
giubbotto	3319	*il* jacket
pi	3320	*il* pi
reggimento	3321	*le* regiment
volano	3322	*il* flywheel
giardiniere	3324	*il* gardener
investimento	3325	*il* investment
hobby	3327	*gli* hobby
apparecchio	3328	*gli* appliance
rabbino	3329	*il* rabbi
grotta	3332	*il* cave
costituzione	3333	*la* constitution|composition
lavanderia	3335	*la* laundry
scheda	3336	*la* card
Pasqua	3339	*la* Easter
lavoretto	3342	*la* chore
cifra	3343	*il* figure|number
spacciatore	3344	*la* seller
nascondiglio	3345	*lo* hiding place|cache
tacco	3350	*il* heel
hockey	3351	*il* hockey
cronaca	3356	*il* chronicle
furia	3357	*la* fury|rampage

sudore	3358	*la* sweat|perspiration
cappella	3359	*il* chapel
cardiaco	3361	*la* cardiac; heart attack
serial	3362	*adj; il* serial
fidanzamento	3363	*il* engagement
approvazione	3364	*il* approval|endorsement
seguito	3367	*la* following|sequel
sandwich	3368	*il* sandwich
consenso	3369	*i* consent
barriera	3371	*il* barrier
pigiama	3373	*la* pajamas
elsa	3374	*il* hilt
sacchetto	3375	*la* bag
incrocio	3376	*il* crossing|intersection
caverna	3382	*lo* cave
postino	3383	*la* postman
anatra	3385	*il* duck
privilegio	3387	*la* privilege|honor
assassina	3388	*il* murderess
ego	3389	*la* ego
avventura	3391	*gli* adventure
tromba	3392	*le* trumpet|bugle
rancore	3393	*la* rancor|spite
fusione	3394	*il* merger|melting
sconto	3395	*la* discount
ape	3396	*lo* bee
banana	3397	*la* banana
cartella	3398	*la* folder
strega	3399	*la* witch|sorceress
protocollo	3400	*la* protocol
tumore	3401	*il* tumor
binario	3402	*il* binary; track
presentimento	3404	*adj; il* presentiment|misgiving
equipaggiamento	3406	*il* equipment|gear
farmaco	3408	*il* drug|medicine
tartaruga	3409	*il* tortoise
oca	3410	*la* goose
asino	3411	*le* ass
deriva	3413	*il* drift
secchio	3416	*la* bucket|bucketful
importo	3418	*il* amount
freno	3420	*il* brake|curb
critico	3421	*il* critic; critical
tango	3422	*il; adj* tango
misericordia	3424	*il* mercy
incaricato	3425	*la* appointee; delegate

libretto	3428	*il; adj* booklet	**jeans**	3462	*il* jeans
bip	3431	*il* beep	**libreria**	3463	*i* bookshop|library
imboscata	3432	*il* ambush|wait	**fato**	3465	*la* fate|kismet
monta	3434	*la* covering	**turco**	3466	*il* Turkish; Turk
prosciutto	3436	*la* ham	**marchese**	3467	*adj; il* marquis
soia	3438	*il* soy	**alcolico**	3468	*il* alcohol; alcoholic
miserabile	3441	*la* miserable; wretch	**gorilla**	3469	*il; adj* gorilla
chirurgia	3443	*adj; il* surgery	**editore**	3470	*i* publisher
residenza	3444	*la* residence|stay	**musicista**	3471	*il* musician
gallo	3445	*la* cock; Gallic	**separazione**	3472	*il/la* separation
roulotte	3446	*il; adj* caravan	**attrazione**	3474	*la* attraction
barbiere	3447	*le* barber	**picnic**	3475	*le* picnic
cristallo	3448	*il* crystal	**polo**	3478	*i* pole
cinepresa	3449	*il* video camera	**specialità**	3479	*il* specialty
splendore	3451	*la* splendor|glory	**cancelliere**	3480	*le* chancellor
marciapiede	3452	*lo* sidewalk|platform	**evacuazione**	3481	*il* evacuation
baule	3455	*il* trunk	**meccanismo**	3484	*la* mechanism
iniziativa	3456	*il* initiative|step	**vernice**	3485	*il* paint|varnish
fritto	3457	*le* fried; fry	**condoglianza**	3486	*la* condolence
priorità	3458	*adj; il* priority	**aggiunto**	3490	*le* adjunct; assistant
timore	3459	*le* fear|awe	**circolazione**	3491	*adj; il* circulation
poltrona	3460	*il* armchair	**graffio**	3492	*la* scratch
ratto	3461	*la* rat	**farfalla**	3493	*il* butterfly

mais	3495	*la* corn|sweet corn		straccio	3531	*la* rag
operatore	3497	*il* operator		buffone	3533	*lo* fool|buffoon
innocenza	3498	*il* innocence		compromesso	3534	*il* compromise
chip	3499	*le* chip		malinteso	3535	*il* misunderstanding; mistaken
offerta	3502	*i* offer|supply		soda	3536	*il; adj* soda
orfanotrofio	3505	*la* orphanage		baio	3538	*la* bay
piombo	3506	*il* lead		verbale	3539	*il* verbal; minutes
padrino	3507	*il* godfather		essenza	3540	*adj; il* essence|spirit
rovescio	3510	*il* reverse; back		inganno	3542	*la* deception|trick
cereale	3511	*adj; il* cereal		Capodanno	3543	*il* New Year
limousine	3512	*il* limousine		Giuda	3544	*il* Judah
immondizia	3513	*la* garbage|dirt		rasoio	3545	*il* razor
armatura	3514	*le* armor|armature		spettatore	3547	*il* viewer|onlooker
mattinata	3515	*la* morning		sfondo	3548	*lo* background|ground
dovuto	3517	*la* due; due		presentazione	3549	*lo* presentation|submission
guasto	3518	*adj; il* fault; broken		eredità	3550	*la* heredity|heritage
vagina	3520	*il; adj* vagina		canaglia	3551	*le* scoundrel|rascal
bue	3521	*la* ox		balletto	3552	*la* ballet
cotone	3522	*il* cotton		macchia	3553	*il* stain|spot
tondo	3527	*il* round; round		stoffa	3554	*la* cloth
lontananza	3528	*adj; il* distance		allucinazione	3556	*la* hallucination|illusion
feccia	3529	*la* scum		razzo	3557	*le* rocket|squib
bontà	3530	*la* goodness		sketch	3558	*il* sketch

protesta	3559	*gli* protest|complaint	**marijuana**	3591	*adj; il* marijuana
ossessione	3560	*la* obsession	**pompa**	3594	*la* pump
vagabondo	3561	*le* tramp; vagabond	**barzelletta**	3596	*la* joke
capolavoro	3563	*il; adj* masterpiece|masterwork	**mattone**	3598	*la* brick
frigorifero	3564	*il* fridge|refrigerator	**baby-sitter**	3600	*il* baby-sitter
tasso	3566	*il* rate	**shopping**	3602	*il/la* shopping
notturno	3568	*il* night; nocturne	**contributo**	3603	*lo* contribution|grant
stregone	3570	*adj; lo* wizard|witch doctor	**Venere**	3606	*il* Venus
maglia	3571	*lo* mesh	**stereo**	3607	*la* stereo
robaccia	3572	*la* rubbish	**sacerdote**	3608	*lo* priest
impiego	3573	*la* use|application	**tornado**	3609	*il* tornado
nostalgia	3575	*il* nostalgia	**sufficienza**	3610	*i* fill
liberazione	3577	*la* liberation|deliverance	**pub**	3612	*la* pub
accampamento	3579	*la* camp|laager	**permanente**	3613	*i* permanent; perm
circolare	3580	*il* circular; circular; circulate	**nodo**	3618	*adj; la* node|knot
casetta	3581	*adj; la; vb* cottage	**addetto**	3619	*il* employee; assigned
pagliaccio	3582	*la* clown|zany	**benessere**	3624	*il; adj* welfare|comfort
occupazione	3583	*il* employment|occupation	**percentuale**	3625	*il* percentage; per cent
approccio	3584	*la* approach	**deposizione**	3626	*la; adj* deposition
maleducato	3585	*lo* rude; boor	**mantello**	3627	*la* cloak|mantle
griglia	3587	*adj; il* grid|grill	**avvicinamento**	3632	*il* approach
fondazione	3588	*la* foundation|establishment	**cagna**	3634	*il* bitch
industriale	3589	*la* industrial; industrialist	**fuso**	3635	*la* melted; spindle

borghese	3636	*adj; il* bourgeois; civilian	**amministratore**	3669	*il* administrator|director
sindrome	3637	*adj; il/la* syndrome	**punteggio**	3672	*gli* score
fedeltà	3639	*la* fidelity|loyalty	**ignorante**	3673	*il* ignorant; ignoramus
maggioranza	3640	*la* majority	**scolastico**	3674	*adj; il* school; schoolman
ragioniere	3641	*la* accountant	**granato**	3679	*adj; il* garnet
trionfo	3642	*la* triumph	**essenziale**	3680	*il* essential; essential
pianto	3644	*il* tears; lamented	**rilascio**	3681	*adj; il* release
automatico	3645	*il; adj* automatic; automatic	**portiera**	3682	*il* door
pugile	3646	*adj; il* boxer|bruiser	**architetto**	3683	*la* architect
litro	3647	*il* liter	**fattore**	3684	*il* factor|consideration
arancia	3648	*il* orange	**competizione**	3685	*il* competition|race
artificio	3649	*la* artifice	**lucido**	3686	*la* polished; shine
agnello	3650	*il* lamb	**riconoscimento**	3687	*adj; il* recognition|acknowledgment
emorragia	3653	*il* hemorrhage	**sperma**	3690	*il* semen
registratore	3654	*la* recorder	**specialista**	3693	*lo* specialist
fax	3656	*il* fax	**infermeria**	3696	*il/la* infirmary|sickbay
irruzione	3658	*il* irruption	**fortezza**	3698	*le* fortress|stronghold
boxe	3660	*le* boxing	**dado**	3699	*la* nut|die
paracadute	3661	*gli* parachute	**gravidanza**	3700	*il* pregnancy
bunker	3663	*il* bunker	**dama**	3701	*la* lady|checkers
giovinezza	3664	*il* youth|girlhood	**surf**	3702	*la* surfing
altare	3665	*la* altar	**garza**	3704	*il* gauze
box	3668	*il* box	**creatore**	3705	*la* maker

compenso	3706	*il* compensation|remuneration	**buffo**	3738	*il* funny; buffo
corvo	3707	*il* crow|rook	**convento**	3739	*adj; il* convent
network	3708	*il* network	**flash**	3740	*il* flash
arbitro	3710	*il* referee|arbitrator	**pro**	3741	*i* advantage
difensore	3711	*il* defender|advocate	**carrello**	3742	*i* cart
suggerimento	3712	*il* suggestion|tip	**motto**	3743	*il* motto
feria	3713	*il* feria	**piega**	3745	*il* fold|turn
fanteria	3714	*la* infantry	**fiammifero**	3747	*la* match
goccio	3716	*la* drop|touch	**catastrofe**	3748	*il* catastrophe
bottino	3717	*il* booty|spoils	**agenda**	3749	*la* agenda
dipinto	3719	*il* picture; painted	**patrimonio**	3750	*le* heritage|assets
spugna	3720	*il; adj* sponge	**cartolina**	3752	*il* postcard|card
cucchiaio	3722	*la* spoon	**rana**	3753	*la* frog
barbecue	3724	*il* barbecue	**dibattito**	3755	*la* debate
lotto	3725	*il* lot	**laureato**	3756	*il* graduated; graduate
banchetto	3726	*il* banquet	**collegio**	3757	*adj; il* college
scampo	3727	*il* escape	**password**	3759	*il* password
camino	3729	*lo* fireplace	**sigillo**	3761	*gli* seal|signet
schiaffo	3730	*il* slap|cuff	**palcoscenico**	3762	*il* stage
crollo	3731	*lo* collapse|fall	**ascia**	3763	*il* ax|adze
serbatoio	3734	*il* tank	**allerta**	3764	*la* alert
scadenza	3735	*il* expiry|maturity	**messaggero**	3767	*le* messenger
disprezzo	3737	*la* contempt	**mazzo**	3770	*il* deck|bunch

paranoico	3771	*il* paranoid; paranoiac	**corriere**	3808	*il* courier|carrier
mulo	3775	*il; adj* mule	**opzione**	3809	*il* option
cecchino	3776	*il* sniper	**visitatore**	3811	*la* visitor|caller
esercitazione	3778	*il* exercise|training	**pupa**	3814	*il* pupa
previsione	3783	*le* forecast|anticipation	**traghetto**	3816	*la* ferry
rum	3784	*la* rum	**bancone**	3817	*il* counter
mascalzone	3785	*il* scoundrel|rascal	**tiratore**	3819	*il* shooter
matita	3787	*il* pencil	**color**	3826	*il* color
sportello	3788	*la* door	**cosmo**	3827	*il* cosmos
zucca	3789	*lo* pumpkin|gourd	**complotto**	3828	*il* plot|conspiracy
diga	3791	*la* dam|breakwater	**neonato**	3829	*il* newborn; baby
delusione	3793	*la* disappointment|frustration	**farina**	3831	*adj; il* flour
spot	3794	*la* spot	**ricevimento**	3832	*la* receipt|receiving
concentrazione	3795	*lo* concentration	**dominio**	3833	*il* domain|dominion
esemplare	3796	*la* exemplary; specimen	**alito**	3834	*il* breath
elio	3797	*adj; il* helium	**dessert**	3835	*il* dessert|pudding
epidemia	3798	*il* epidemic	**fumetto**	3838	*il* cartoon
farmacia	3800	*le* pharmacy	**arca**	3839	*il* ark
ostacolo	3801	*la* obstacle|hurdle	**continente**	3840	*le* continent; temperate
onestà	3802	*il* honesty	**lunghezza**	3841	*il; adj* length|footage
caviglia	3803	*la* ankle	**crepa**	3843	*la* crack|rift
portello	3804	*la* hatch|port	**ricognizione**	3844	*la* reconnaissance
montaggio	3805	*il* mounting	**puttanella**	3845	*la* scrubber

panorama	3846 *la* landscape|panorama	**peccatore**	3882 *le* sinner
calendario	3848 *il* calendar	**tentazione**	3883 *il* temptation
yard	3851 *il* yard	**parrucca**	3884 *la* wig
biondo	3852 *il* blond; blond color	**dialogo**	3885 *la* dialogue|conversation
supervisore	3853 *adj; il* supervisor	**sherry**	3887 *il* sherry
aviazione	3854 *il* aviation	**obbligo**	3888 *lo* obligation|imperative
marmellata	3855 *le* jam	**federazione**	3889 *il* federation
solletico	3856 *la* tickling	**manovra**	3890 *la* maneuver|shunting
ferrovia	3857 *il* railway|rail	**maggiordomo**	3892 *la* butler
signoria	3858 *la* lordship	**banconota**	3894 *il* banknote
accendino	3859 *la* lighter	**etichetta**	3895 *la* label|tag
capsula	3861 *il* capsule|cap	**quarantena**	3898 *la* quarantine
bacino	3864 *la* basin	**discrezione**	3899 *la* discretion
centralino	3866 *il* switchboard	**sovrano**	3901 *la* sovereign; sovereign
vulcano	3867 *il* volcano	**aeroplano**	3902 *adj; il* airplane
preparazione	3868 *il* preparation|preparing	**audizione**	3905 *il* audition
buttata	3869 *la* throw	**pelliccia**	3906 *le* fur|fur coat
pupazzo	3872 *le* puppet	**borsetta**	3909 *la* handbag
predicatore	3874 *il* preacher	**ipocrita**	3910 *la* hypocritical; hypocrite
digitale	3875 *il* digital; digitalis	**aggeggio**	3912 *adj; il/la* contraption|device
tassista	3878 *adj; le* taxi driver	**scatto**	3913 *il* click|burst
valutazione	3879 *il/la* rating|assessment	**interpretazione**	3914 *lo* interpretation|reading
uva	3880 *la* grapes	**mercante**	3918 *la* merchant|dealer

stallone	3919 *il*	stallion
pomodoro	3921 *lo*	tomato
mutuo	3924 *il*	mutual; loan
appassionato	3925 *adj; il*	passionate; enthusiast
tempismo	3927 *adj; il*	timing
tequila	3928 *il*	tequila
psicologia	3929 *la*	psychology
portale	3930 *la*	portal
ombrello	3933 *il*	umbrella
abbondanza	3934 *il*	abundance|plenty
scorciatoia	3935 *le*	shortcut|byway
invito	3937 *la*	invitation
rito	3939 *lo*	rite
biliardo	3941 *il*	pool
ritrovo	3942 *il*	hangout
veterinario	3943 *il*	veterinary; vet
sequestro	3944 *adj; il*	seizure
pericolo	3945 *il*	danger|hazard
lamento	3946 *il*	lament|moan
uragano	3948 *il*	hurricane
bowling	3949 *il*	bowling
intellettuale	3950 *il*	intellectual; intellectual
ingenuo	3952 *adj; il/la*	naive; ingenue
contabile	3953 *adj; il*	accountant; counting
passero	3955 *il/la; adj*	sparrow
manzo	3957 *il*	beef
cospirazione	3958 *il*	conspiracy
saggio	3961 *la*	wise; test
mora	3963 *adj; il*	blackberry
manutenzione	3965 *la*	maintenance|service
formato	3968 *la*	format
margherita	3969 *il*	daisy
lite	3970 *la*	quarrel|argument
semestre	3972 *la*	semester
zecca	3973 *il*	mint
colombo	3974 *la*	pigeon
Apollo	3975 *il*	Apollo
teschio	3976 *lo*	skull
inseguimento	3978 *il*	pursuit
esposizione	3983 *il*	exposure|exhibition
liquore	3984 *la*	liquor|liqueur
pozione	3985 *il*	potion|draft
atrio	3988 *la*	lobby|atrium
copra	3989 *il*	copra
riflesso	3991 *le*	reflection|reflex
perdente	3992 *il*	loser

angoscia	3993 *il* anguish		**Scozia**	4033 *la* Scotland
cestino	3995 *le* basket		**pittura**	4034 *la* painting|paint
schifezza	3996 *il* filth		**prudenza**	4038 *la* prudence|caution
panchina	3997 *la* bench		**gru**	4039 *la* crane
scarafaggio	3999 *la* cockroach|beetle		**tappo**	4040 *le* plug|cork
paesaggio	4000 *lo* landscape|scenery		**adolescente**	4041 *il* teenager; adolescent
melodia	4001 *il* melody|descant		**bolla**	4042 *il/la; adj* bubble|blister
cattolico	4005 *la* Catholic; Catholic		**gestione**	4043 *la* management|administration
profezia	4006 *adj; il* prophecy		**panna**	4044 *la* cream
rene	4007 *la* kidney		**frode**	4045 *la* fraud|deceit
puzzo	4010 *il* stench|smell		**baronessa**	4046 *la* baroness
collera	4012 *il* anger|rage		**definizione**	4047 *la* definition
maglione	4015 *la* sweater|guernsey		**caserma**	4050 *la* barrack
vicepresidente	4018 *il* vice-president		**delfino**	4051 *la* dolphin
timone	4020 *il* rudder		**reattore**	4053 *il* reactor
indipendenza	4024 *il* independence		**recitazione**	4054 *il* acting
berretto	4026 *le* cap		**golfo**	4057 *la* gulf
souvenir	4027 *il* souvenir		**aglio**	4060 *il* garlic
grammo	4028 *i* gram		**locanda**	4064 *il* inn
menu	4029 *il* menu		**inno**	4065 *la* hymn
pentola	4030 *il* pot		**preservativo**	4066 *il* condom; preservative
cantiere	4031 *la* yard		**celebrità**	4067 *il; adj* celebrity|stardom
povertà	4032 *il* poverty|need		**assente**	4069 *le* absent; absentee

orgasmo	4070	*adj; il/la* orgasm|agitation
vela	4073	*il* sailing
mastro	4074	*la* master
piuma	4075	*il* feather|down
macello	4076	*la* slaughterhouse|slaughter
frate	4077	*il* friar
estratto	4080	*il* extract|offprint
sospensione	4081	*il* suspension|stay
galla	4082	*la* gall
grassone	4083	*le* fatty
svedese	4084	*il* Swedish; Swede
imbroglione	4086	*adj; il/la* trickster|swindler
pipistrello	4087	*il* bat
discoteca	4089	*il* disco|record library
noce	4090	*la* walnut
seduta	4099	*la* sitting|freak-out
idraulico	4100	*la* hydraulic; plumber
crociera	4102	*adj; il* cruise
spicciolo	4103	*la* change
indicazione	4104	*lo* indication|sign
diagnosi	4105	*le* diagnosis
accensione	4107	*la* ignition
gamma	4109	*le* range

ventre	4110	*la* stomach
periferia	4111	*il* outskirts
fuorilegge	4112	*la* outlaw; illegal
ghetto	4113	*il/la; adj* ghetto
collare	4115	*il* collar; size
difetto	4116	*il; vb* defect|default
boccone	4117	*il* bite|mouthful
impostore	4118	*il* impostor|humbug
antidoto	4119	*il* antidote
overdose	4120	*il* overdose
vitello	4122	*le* calf
siero	4123	*il* serum
tram	4125	*il* tram
ambizione	4128	*il* ambition
striscia	4129	*le* strip|stripe
soprannome	4130	*la* nickname
valvola	4133	*il* valve
toilette	4134	*la* toilet|restroom
canadese	4136	*le* Canadian; Canadian
reggiseno	4137	*adj; il/la* bra
guancia	4138	*il* cheek
cognac	4139	*la* cognac
interruttore	4141	*il* switch

balcone	4143	*il* balcony	**setta**	4182	*la* sect
decina	4144	*il* ten	**televisore**	4183	*la* television
dirigente	4145	*la* executive; ruling	**riabilitazione**	4184	*il* redemption
verdura	4146	*il/la; adj* vegetable|greens	**gatta**	4186	*la* cat
smoking	4147	*la* tuxedo	**ironia**	4187	*la* irony
moccioso	4148	*lo* snotty kid	**scheletro**	4189	*il/la* skeleton
suora	4149	*il* nun	**penitenziario**	4190	*lo* prison
budello	4150	*la* gut|alley	**telegiornale**	4191	*il* television news
hostess	4154	*il* stewardess	**fascista**	4193	*il* fascist; fascist
funzionario	4156	*le* official|officer	**nube**	4194	*adj; il/la* cloud
drive	4160	*il* drive	**orizzonte**	4195	*la* horizon
convoglio	4161	*la* convoy	**yacht**	4196	*il* yacht
monastero	4162	*il* monastery	**fragola**	4197	*lo* strawberry
allievo	4165	*il* student|learner	**morfina**	4198	*la* morphine
sportivo	4168	*il* sports; sportsman	**tantino**	4199	*la* shade
cartone	4171	*adj; lo* cardboard	**inquadratura**	4201	*il* shot
pappagallo	4172	*il* parrot	**insulto**	4203	*la* insult|affront
guarigione	4173	*il* healing	**banchiere**	4204	*lo* banker
confidenza	4175	*la* confidence|intimacy	**aurora**	4206	*il* aurora
bicchierino	4176	*la* shot	**sierra**	4207	*le* sierra
polizza	4177	*il* bill	**incendio**	4208	*la* fire
precedenza	4178	*la* precedence|right of way	**audio**	4213	*il* audio; sound
gora	4180	*la* millpond	**risveglio**	4216	*adj; gli* awakening

assemblea	4217	*il* assembly|meeting
bottega	4218	*le* shop|parlor
municipio	4219	*la* town hall
aiutante	4220	*il* helper; assistant
officina	4221	*il/la; adj* workshop
oliva	4223	*la* olive
apparizione	4224	*la* appearance
regime	4225	*le* regime|system
giretto	4226	*il* stroll
polacco	4227	*il* Polish; Polish
scapolo	4228	*adj; il* bachelor; single
narcotico	4229	*lo; adj* narcotic; narcotic
schiavitù	4231	*adj; il* slavery|servitude
sostituto	4235	*la* substitute; acting
tesa	4237	*il; adj* brim
uccisione	4238	*le* killing|murder
faraone	4240	*la* Pharaoh
arancione	4241	*il* orange; orange
chiasso	4243	*adj; gli* noise|uproar
coscia	4244	*il* thigh
brodo	4246	*la* broth|soup
adorato	4247	*il* beloved; beloved
santità	4248	*adj; il* holiness|sainthood
affidamento	4249	*la* trust|entrusting
simpatia	4251	*il* sympathy
prefetto	4253	*la* prefect
zar	4254	*il* tsar
bourbon	4256	*lo* bourbon
selezione	4260	*il* selection|screening
parolaccia	4261	*la* dirty word
battesimo	4262	*la* baptism
cartina	4263	*il* scheme
occidente	4264	*la* west
rifornimento	4266	*il* supplying|watering
organismo	4267	*lo* body|organism
braccialetto	4269	*il* bracelet
prua	4270	*il* bow|nose
combattente	4271	*la* fighter; combatant
distributore	4272	*il; adj* distributor
micio	4274	*il* pussy|tomcat
fontana	4275	*il* fountain
velo	4276	*la* veil|film
suocera	4277	*il* mother-in-law
enigma	4278	*la* enigma|puzzle
duchessa	4279	*il* duchess
Vaticano	4280	*la* Vatican

concorrenza	4281	*il* competition	**rivelazione**	4321	*il* revelation|detection
esibizione	4283	*la* exhibition|performance	**proiezione**	4322	*la* projection|screening
beta	4284	*le* beta	**adrenalina**	4323	*la* adrenalin
campanella	4287	*il/la* bluebell	**solido**	4324	*le* solid; solid
gemito	4289	*la* groan|whine	**allegria**	4325	*adj; il* cheerfulness|fun
erezione	4290	*il* erection	**reggia**	4327	*le* royal palace
governante	4291	*la* housekeeper; ruling	**ondata**	4328	*la* wave
tormento	4293	*il; adj* torment|trouble	**tronco**	4329	*le* trunk|torso
vagone	4294	*il* wagon|truck	**materasso**	4331	*il* mattress
tonno	4295	*il* tuna	**musulmano**	4332	*il* Muslim; Muslim
patrigno	4298	*il* stepfather	**aborto**	4333	*adj; il* abortion|freak
abbandono	4300	*il* abandonment|abandon	**anonimo**	4334	*il* anonymous; anonym
goccia	4303	*lo* drop|blob	**spettro**	4335	*adj; il* spectrum|specter
annuncio	4304	*la* ad	**barella**	4336	*lo* stretcher
aspirina	4306	*i* aspirin	**ispezione**	4338	*la* inspection
ciambella	4307	*le* bun	**dilettante**	4339	*le* amateur; dilettante
olandese	4308	*la* Dutch; Dutchman	**propaganda**	4341	*adj; il/la* propaganda
aspettativa	4311	*adj; il* expectation|expectancy	**orfano**	4342	*la* orphan; orphan
ribellione	4312	*le* rebellion	**musical**	4343	*adj; il* musical
preparativo	4313	*la* preparation	**corsia**	4344	*il* lane|aisle
discarica	4314	*il* tip	**timer**	4345	*la* timer
sotterraneo	4317	*la* underground; basement	**castigo**	4346	*il* punishment|chastisement
gattino	4318	*adj; il* kitten	**identificazione**	4347	*il* identification

interruzione	4348 *la* interruption|outage	**tendenza**	4379 *le* trend|propensity
scoiattolo	4349 *la* squirrel	**istruttore**	4380 *la* instructor
salsiccia	4350 *lo* sausage	**accoglienza**	4381 *il* welcome
sacca	4351 *la* bag	**severo**	4388 *le* severe; martinet
coccodrillo	4352 *la* crocodile	**vigile**	4389 *adj; il* watchful; policeman
scrupolo	4354 *il* scruple	**vicinato**	4391 *adj; il* neighborhood|neighbors
dipendenza	4355 *lo* dependence|reliance	**cespuglio**	4392 *il* bush
biologia	4356 *la* biology	**limonata**	4395 *il* lemonade
astronauta	4358 *la* astronaut	**vitamina**	4396 *la* vitamin
vicinanza	4359 *il/la* proximity|closeness	**console**	4398 *la* consul
seguace	4362 *la* follower|disciple	**milord**	4399 *il* milord
predica	4364 *il/la* sermon	**ammissione**	4401 *il* admission|entrance
gomito	4365 *la* elbow	**assaggio**	4402 *la* taste|sample
barattolo	4367 *il* jar|can	**seminario**	4404 *i* seminar
portafortuna	4368 *il* lucky charm	**giurisdizione**	4407 *il* jurisdiction
arnia	4369 *il* hive	**telecomando**	4408 *la* remote control
beneficio	4370 *la* benefit	**salario**	4409 *il* wage|hire
strizzacervelli	4371 *il* shrink	**confraternità**	4412 *il* confraternity
signorino	4373 *lo* Master	**ergastolo**	4414 *la* life sentence
domicilio	4375 *il* domicile	**convinzione**	4416 *il* conviction
crudeltà	4376 *il* cruelty|harshness	**pescatore**	4417 *la* fisherman|angler
congedo	4377 *la* leave|dismissal	**ignoranza**	4418 *il* ignorance
assurdità	4378 *il* absurdity	**nottata**	4419 *le* night

master	4420	*la* master	**neo**	4459	*il* mole
scorta	4421	*il* stock|spare	**pony**	4460	*il* pony
devozione	4424	*la* devotion	**medicinale**	4462	*i* medicinal; medicine
trafficante	4425	*la* trafficker	**torace**	4463	*adj; il* chest
girata	4426	*il/la* turn|endorsement	**siciliano**	4465	*il* Sicilian; Sicilian
farsa	4428	*la* farce	**genero**	4466	*adj; il* son-in-law
particella	4429	*la* part|fleck	**avanguardia**	4467	*il* vanguard|forefront
pianista	4432	*la* pianist	**triangolo**	4468	*le* triangle
vecchiaia	4433	*il/la* old age|oldness	**consapevolezza**	4470	*il* awareness|sensibleness
immigrazione	4435	*la* immigration	**orecchino**	4471	*la* earring
anomalia	4437	*le* anomaly	**pino**	4473	*lo* pine
protettore	4438	*la* protector|patron	**sponsor**	4474	*il* sponsor
tonto	4440	*il* stupid; booby	**interprete**	4476	*gli* interpreter
alleluia	4443	*adj; il* alleluia	**camerino**	4477	*il* dressing room
arcobaleno	4444	*gli* rainbow	**lode**	4478	*il* praise
rosario	4445	*il* rosary	**ottimista**	4479	*la* optimistic; optimist
blues	4446	*il* blues	**western**	4480	*adj; il/la* western
lavandino	4448	*i* sink|washbasin	**morso**	4481	*il* bite|sting
dogana	4452	*il* customs|customhouse	**vetrino**	4482	*il* slide
gancio	4454	*la* hook|hanger	**presuntuoso**	4484	*il* presumptuous; jackanapes
bancarotta	4455	*il* bankruptcy	**mitra**	4485	*adj; il* miter|tommy-gun
bibita	4457	*la* drink	**stento**	4488	*la* narrowly; hardship
farabutto	4458	*la* scoundrel|rascal	**rigido**	4489	*adj; lo* rigid; martinet

sonda	4490	*adj; il*
		probe
rap	4491	*la*
		rap
idrogeno	4492	*il*
		hydrogen
perquisizione	4493	*il*
		search
battello	4494	*la*
		boat
mercurio	4495	*il*
		mercury
traguardo	4496	*il*
		goal|finishing line
gelato	4497	*il*
		ice cream; frozen
rinuncia	4499	*il; adj*
		renunciation
lotta	4500	*la*
		fight|struggle
vile	4501	*la*
		vile; dastard
balia	4502	*adj; il*
		nurse|wet nurse
nomina	4503	*la*
		appointment|nomination
grembo	4504	*la*
		womb
teppista	4505	*il*
		hooligan|thug
piccione	4507	*il*
		pigeon
parassita	4508	*il*
		parasite; parasitic
fiasco	4510	*il/la; adj*
		fiasco
Panama	4511	*il*
		Panama
ingegneria	4512	*le*
		engineering
camper	4513	*le*
		camper
democratico	4514	*i*
		democratic; democrat
divieto	4515	*adj; il*
		prohibition|interdiction

vertigine	4517	*il*
		vertigo
guardaroba	4518	*la*
		wardrobe
calligrafia	4519	*le*
		calligraphy|handwriting
mandria	4526	*la*
		herd
rubinetto	4527	*la*
		tap
cobra	4528	*il*
		cobra
canestro	4529	*il*
		basket
orco	4530	*il*
		ogre
apprendista	4531	*il*
		apprentice|trainee
cenno	4532	*il/la*
		sign
palmo	4534	*il*
		palm
conducente	4535	*il*
		carman
cesto	4536	*il/la*
		basket
brezza	4537	*il*
		breeze
gel	4540	*la*
		gel
interiore	4542	*il*
		inner; entrails
agonia	4543	*adj; il*
		agony
eccesso	4544	*le*
		excess|surplus
bidone	4546	*il*
		bin|drum
pettegolezzo	4547	*il*
		gossip
portone	4548	*il*
		doorway
dormita	4549	*il*
		sleep|shut-eye
concorrente	4551	*la*
		competitor; concurrent

prenotazione	4552	*il/la; adj* booking	**mummia**	4589	*la* mummy
cappuccino	4554	*la* cappuccino	**europeo**	4591	*la* European; European
coyote	4555	*il* coyote	**centimetro**	4592	*adj; lo* centimeter
servitore	4556	*i* servant	**ammiratore**	4593	*il* admirer
partecipazione	4558	*il* participation	**cognata**	4594	*il* sister-in-law
gelatina	4560	*la* jelly|gelatine	**inchino**	4595	*la* bow|curtsy
amichetto	4562	*la* boyfriend	**capezzolo**	4596	*il* nipple|dug
esaurimento	4563	*il* exhaustion	**corrispondenza**	4597	*il* correspondence|mail
competenza	4564	*il* competence|expertise	**analista**	4598	*la* analyst
urgenza	4566	*la* urgency	**granchio**	4599	*il/la* crab
scongiuro	4567	*la* exorcism|spell	**orma**	4600	*il* footprint|trace
tasto	4568	*lo* key|touch	**frittella**	4601	*le* pancake
boia	4569	*il* executioner	**pulce**	4602	*la* flea
capanno	4570	*il* shack	**cofano**	4605	*la* hood|coffer
mascella	4572	*il* jaw|maxilla	**erica**	4606	*il* heather
sincerità	4573	*la* sincerity|candor	**diversivo**	4607	*la* diversion; diversionary
brano	4577	*la* piece|passage	**contrabbando**	4609	*il; adj* smuggling; contraband
pantera	4578	*il* panther	**parrocchia**	4610	*il; adj* parish
globo	4580	*la* globe|orb	**calcagno**	4611	*la* heel
detonatore	4581	*il* detonator	**chiodo**	4612	*il* nail
sessanta	4582	*il* sixty|sixty	**labirinto**	4613	*il* labyrinth
gambero	4584	*i* crayfish	**squartatore**	4614	*il* ripper
paglia	4586	*il* straw|thatch	**cipolla**	4617	*lo* onion

danese	4620	*la* Danish; Dane
bussola	4621	*adj; il/la* compass
ordinanza	4622	*la* order|regulation
status	4623	*le* status
sub	4625	*lo* skindiver
ostrica	4627	*il/la* oyster
sarto	4631	*la* tailor
scenario	4632	*il* scenario
sputo	4633	*lo* spit|sputum
monumento	4634	*lo* monument
evaso	4635	*il* fugitive; escapee
complicazione	4637	*adj; il* complication
simulazione	4638	*la* simulation|faking
dinosauro	4639	*la* dinosaur
slitta	4640	*il* sled|chassis
discepolo	4641	*la* disciple
primario	4642	*il* primary; head physician
coreano	4644	*adj; il* Korean; Korean
guscio	4646	*adj; il* shell|hull
deputato	4647	*il* deputy
culto	4648	*il* worship
capriccio	4649	*il* whim|fancy
caviale	4650	*il* caviar

arcivescovo	4653	*il* archbishop
intuizione	4655	*lo* intuition
trapianto	4657	*la* transplant|graft
martire	4658	*il* martyr
curry	4659	*il* curry
vocale	4660	*il* vocal; vowel
fabbro	4661	*adj; le* smith
seccatura	4665	*il* nuisance|bother
spaccio	4666	*la* shop
ingiustizia	4668	*lo* injustice|wrong
midollo	4671	*la* marrow|medulla
plaza	4673	*il* plaza
sceicco	4675	*la* sheikh
inaugurazione	4676	*lo* inauguration
facciata	4677	*la* facade|front
vassoio	4679	*la* tray
fattorino	4680	*il* messenger
serbo	4681	*il* Serbian; Serbian
boccaccia	4682	*adj; il* trap
veglia	4683	*la* vigil
terminale	4685	*la* terminal; terminal
coprifuoco	4686	*adj; il* curfew
domino	4687	*il* domino

ospitalità	4688	*il* hospitality	contesto	4732	*il* context

ospitalità	4688	*il* hospitality	**contesto**	4732	*il* context
soffio	4690	*le* breath|puff	**umiliazione**	4735	*il* humiliation|snub
santuario	4691	*il* sanctuary	**fattura**	4736	*le* invoice|workmanship
intento	4692	*il* intent; aim	**distribuzione**	4737	*la* distribution
agitazione	4693	*adj; il* agitation|turmoil	**milionario**	4738	*la* millionaire
pisolino	4695	*le* nap|doze	**tic**	4739	*il* tic
permesso	4696	*il* permission|leave	**damigella**	4740	*i* young lady
imperatrice	4699	*il* empress	**evasione**	4742	*la* evasion|get-away
rima	4700	*le* rhyme|poetry	**metafora**	4743	*le* metaphor
dote	4701	*la* dowry|gift	**molestia**	4745	*la* harassment|nuisance
pallina	4702	*la* ball	**africano**	4746	*la* African; African
fregatura	4704	*la* swindle	**fondare**	4748	*adj; il* found; ground floor
zingaro	4706	*la* gypsy|Gipsy	**fondamento**	4749	*vb; lo* foundation|grounding
oltraggio	4707	*lo* insult|offense	**poster**	4750	*il* poster; back
strato	4708	*il* layer|coat	**saloon**	4751	*i; adj* saloon
purezza	4711	*lo* purity|cleanliness	**scellino**	4752	*il* shilling
livido	4712	*la* bruise; livid	**fantascienza**	4753	*lo* science fiction; sci-fi
immersione	4718	*il; adj* dive|immersion	**tombola**	4755	*la; abr* bingo
milizia	4719	*le* militia	**esilio**	4757	*la* exile
baccano	4722	*la* din	**trattato**	4758	*il* treaty
eccitazione	4726	*il* excitement|stimulation	**spionaggio**	4759	*il* espionage
playboy	4728	*le* playboy	**quaderno**	4760	*lo* exercise book
decesso	4731	*il* death|demise	**collasso**	4761	*il* collapse

chiarezza	4763	*il* clarity|vividness
matrigna	4764	*la* stepmother
lavaggio	4765	*la* washing|lavage
iscrizione	4767	*il* entry|registration
geisha	4768	*le* geisha
cometa	4769	*la* comet
vanità	4770	*la* vanity|futility
storiella	4771	*la* joke
corona	4772	*la* crown|wreath
atleta	4773	*la* athlete
rettore	4775	*il/la* rector
fienile	4776	*il* barn
schiuma	4778	*il* foam|lather
generosità	4779	*la* generosity
cammello	4780	*la* camel
rampa	4784	*il* ramp
software	4786	*la* software
pigro	4787	*il* lazy; idler
documentazione	4788	*adj; il* documentation
retto	4790	*la* rectum; right
vano	4791	*il; adj* room; vain
margine	4792	*il; adj* margin|edge
bacon	4793	*il* bacon
sbornia	4795	*il* drunkenness
architettura	4797	*la* architecture
fanatico	4798	*la* fanatic; fanatic
sedativo	4799	*adj; il* sedative; sedative
ernia	4801	*adj; il* hernia
covo	4802	*le* den|nest
procedimento	4803	*il* proceedings
gilda	4804	*il* guild
diplomatico	4806	*la* diplomatic; diplomat
navetta	4807	*adj; il* shuttle
fregata	4808	*la* frigate
somiglianza	4811	*la* similarity
sciarpa	4812	*la* scarf
pennello	4813	*la* brush
ruscello	4814	*il* stream|brook
dispetto	4815	*il* spite|annoyance
marmo	4817	*lo* marble
fiocco	4818	*il* bow
portaerei	4821	*il* aircraft carrier
testata	4824	*la* head|headboard
minorenne	4825	*la* underage; minor
attico	4827	*adj; il/la* penthouse
scintilla	4828	*il* spark

salmone	4829	*la* salmon	benda	4863	*le* bandage|blindfold
abbigliamento	4830	*il* clothing|apparel	raduno	4864	*la* gathering
basto	4831	*il* packsaddle	trasformazione	4868	*il* transformation
francobollo	4832	*gli* stamp	tino	4869	*la* vat|tun
arachide	4833	*il* peanut	comunismo	4871	*il* Communism
uccellino	4835	*la* birdie	abisso	4872	*il* abyss|gulf
veranda	4839	*il* veranda|porch	karatè	4874	*il* karate
disoccupato	4840	*la* unemployed; jobless	sopracciglio	4875	*il* eyebrow
congegno	4842	*il; adj* device|mechanism	pannello	4877	*il* panel
eminenza	4843	*il* eminence	topolino	4878	*il* baby mouse
avvenimento	4844	*la* event|incident	gufo	4879	*il* owl
cattedrale	4845	*lo* cathedral	testicolo	4880	*il* testicle
dintorno	4846	*la* vicinity	cresta	4881	*lo* crest
design	4847	*il* design	barile	4883	*la* barrel|butt
gradino	4848	*il* step|rung	respirazione	4885	*il* breathing
bolletta	4850	*il* bill	apparenza	4886	*la* appearance|guise
tragitto	4852	*la* way	ricambio	4888	*le* replacement
acceleratore	4854	*il* accelerator	rango	4889	*il* rank
manifestazione	4855	*il* manifestation|show	donazione	4890	*il* donation
reception	4856	*la* reception	cigno	4891	*la* swan
tela	4858	*la* canvas	lettore	4892	*il* reader
pila	4861	*la* stack|battery	intervallo	4893	*il* interval|range
asma	4862	*la* asthma	bombardamento	4895	*il* bombing|bombardment

delegato	4896 *il* delegate	**brigata**	4925 *il* brigade|company
arroganza	4897 *il* arrogance	**rottame**	4926 *la* scrap
spilla	4898 *le* brooch	**manoscritto**	4927 *il* manuscript; manuscript; Ms.
precauzione	4901 *la* precaution	**Islam**	4928 *adj; il; abr* Islam
cuoio	4902 *la* leather	**punk**	4929 *il* punk; punk
flora	4903 *il* flora	**coinvolgimento**	4930 *adj; il/la* implication
intimità	4904 *la* intimacy	**rivale**	4931 *il* rival; rival
pettine	4905 *le* comb	**scogliera**	4933 *adj; il/la* cliff
shampoo	4906 *il* shampoo	**stirpe**	4934 *la* stock|family
carbonio	4907 *lo* carbon	**disonore**	4935 *la* dishonor|disgrace
ormone	4908 *il* hormone	**pala**	4937 *il* shovel
psicologo	4909 *il* psychologist	**formalità**	4938 *la* formality
lobo	4911 *lo* lobe	**cioccolatino**	4939 *le* chocolate
tutore	4912 *il* guardian	**compositore**	4941 *il* composer
resurrezione	4913 *il* resurrection	**navigazione**	4943 *il* navigation
spray	4914 *la* spray	**guinzaglio**	4945 *la* leash
ingrato	4915 *lo* ungrateful; ingrate	**trofeo**	4947 *il* trophy
riformatorio	4916 *adj; il* reformatory	**hangar**	4948 *il* hangar
talento	4917 *il* talent|skill	**detenzione**	4949 *gli* detention|holding
finzione	4918 *il* fiction|pretense	**dedica**	4951 *la* dedication|consecration
sensibilità	4919 *la* feeling|sensibility	**fratellanza**	4953 *la* brotherhood|brotherliness
ciotola	4921 *la* bowl	**rivoluzionario**	4954 *la* revolutionary; revolutionist
sultano	4924 *la* sultan	**varco**	4955 *adj; il* passage|gap

valzer	4956	*il* waltz	**catalogo**	4994	*il/la* catalog|list
acquario	4957	*il* aquarium	**cubano**	4995	*il* Cuban; Cuban
cattiveria	4958	*gli* wickedness|malice	**contenitore**	4997	*adj; il* container
conserva	4961	*la* preserve|preservation	**slogan**	4999	*il* slogan
sciroppo	4962	*la* syrup|squash	**portavoce**	5000	*lo* spokesman
antenna	4964	*lo* antenna|feeler	**sauna**	5006	*il* sauna
consumo	4966	*le* consumption|wear	**strage**	5008	*la* massacre|heartbreaker
navicella	4967	*il* nacelle	**shuttle**	5009	*la* space shuttle
netto	4968	*la* net; net	**traiettoria**	5010	*lo* trajectory|path
ripostiglio	4969	*adj; il* closet	**asse**	5013	*la* axis|axle
lamentela	4970	*il* complaint	**Messia**	5014	*il* Messiah
tirannia	4975	*la* tyranny	**scozzese**	5015	*il* Scottish; Scots
bis	4976	*la* seconds; additional	**tuffo**	5016	*adj; il* dip|dive
carabiniere	4978	*il; adj* carabineer	**bombardiere**	5019	*il* bomber
spogliarellista	4981	*il* stripper	**incanto**	5020	*il* charm|enchantment
presidenza	4982	*il/la* presidency	**insegnamento**	5021	*il* teaching|tuition
casella	4983	*la* pigeonhole		5022	*il*
carretto	4985	*la* trolley			
apocalisse	4986	*il* apocalypse			
tempesta	4989	*la* storm|gale			
valuta	4991	*la* currency			
nonnina	4992	*la* granny			
cronista	4993	*la* chronicler			

Verbs

Italian Rank	English Translation Part of Speech
riflettere	reflect
2501	*vb*
addormentare	fall asleep
2511	*vb*
attrezzare	equip|rig
2512	*vb*
domandare	ask|request
2514	*vb*
interrompere	stop|interrupt
2516	*vb*
livellare	level|level out
2533	*vb*
isolare	isolate|single out
2534	*vb*
esprimere	express|voice
2551	*vb*
innamorare	fall in love|enamor
2552	*vb*
supplicare	beg|plead
2563	*vb*
pacificare	pacify|reconcile
2568	*vb*
impedire	prevent|impede
2574	*vb*
garantire	ensure|warrant
2578	*vb*
somigliare	resemble
2579	*vb*
ricettare	fence
2587	*vb*
sconfiggere	defeat|overthrow
2588	*vb*
sprecare	waste|loiter
2601	*vb*
obbligare	oblige|force
2605	*vb*
regolare	regular; adjust
2610	*adj; vb*
ritirare	withdraw; throw again
2612	*vb; adv*
atterrare	land|touch down
2613	*vb*
trasformare	transform|turn

sforzare	strain|force
2616	*vb*
realizzare	realize|achieve
2624	*vb*
cancellare	cancel|delete
2627	*vb*
rivolgere	turn|direct
2633	*vb*
dettare	dictate
2636	*vb*
apparire	appear|show
2638	*vb*
allontanare	remove|avert
2639	*vb*
dividere	divide|share
2642	*vb*
puntare	point|aim
2643	*vb*
contattare	contact
2654	*vb*
pestare	pound|beat
2658	*vb*
detenere	hold
2666	*vb*
sfuggire	escape
2671	*vb*
filmare	film
2674	*vb*
minacciare	threaten|impend
2676	*vb*
suggerire	suggest|hint
2680	*vb*
risparmiare	save|spare
2684	*vb*
ritenere	believe|feel
2687	*vb*
testimoniare	witness|testify
2695	*vb*
circondare	surround|encircle
2697	*vb*
prudere	itch
2700	*vb*
riservare	reserve|keep
2701	*vb*
fotografare	photograph|take a picture
2703	*vb*

stabilire	2706	*vb* establish|set	**costare**	2798	*vb* cost
sconvolgere	2712	*vb* upset|unsettle	**rilasciare**	2802	*vb* release|grant
osservare	2723	*vb* observe|see	**cascare**	2814	*vb* fall
vergognare	2724	*vb* make ashamed	**campeggiare**	2816	*vb* camp
trascorrere	2727	*vb* spend|elapse	**ritardare**	2819	*vb* delay|defer
pendere	2733	*vb* hang|tip	**eccitare**	2826	*vb* excite|energize
sostenere	2734	*vb* support|bear	**guarire**	2843	*vb* heal|recover
dedicare	2736	*vb* devote|spend	**confessare**	2848	*vb* confess|admit
vociare	2738	*vb* shout	**pesare**	2852	*vb* weigh
molare	2741	*vb* molar; molar; grind	**nominare**	2862	*vb* appoint|name
pescare	2744	*adj; il; vb* fish	**provenire**	2863	*vb* originate|come from
compiere	2746	*vb* fulfill|make	**calibrare**	2869	*vb* calibrate
individuare	2752	*vb* identify|locate	**violare**	2877	*vb* violate|infringe
scorrere	2769	*vb* slide|flow	**aumentare**	2893	*vb* increase|raise
profilare	2773	*vb* profile	**pompare**	2896	*vb* pump
assistere	2777	*vb* assist|attend	**riempire**	2912	*vb* fill
conquistare	2778	*vb* conquer|win	**indicare**	2927	*vb* indicate|show
orchestrare	2779	*vb* orchestrate	**prenotare**	2930	*vb* book|bespeak
condurre	2786	*vb* lead|carry out	**concludere**	2931	*vb* conclude|finish
disturbare	2787	*vb* disturb|disrupt	**strappare**	2932	*vb* rip|tear
rimediare	2793	*vb* remedy|make up for	**eleggere**	2933	*vb* elect
cuocere	2794	*vb* cook	**coordinare**	2937	*vb* coordinate
riavere	2795	*vb* get back	**fissare**	2946	*vb* fix|secure

abbaiare	2949	*vb* bark	**punire**	3087	*vb* punish
ingannare	2952	*vb* deceive|fool	**prestare**	3088	*vb* loan|give
premere	2955	*vb* press|depress	**bussare**	3090	*vb* knock|knock at
infrangere	2958	*vb* break|infringe	**scaricare**	3098	*vb* discharge|unload
onorare	2962	*vb* honor|be honored	**alleare**	3099	*vb* ally
concorrere	2965	*vb* contribute	**terminare**	3101	*vb* end|conclude
sbattere	2975	*vb* slam|beat	**ubriacare**	3105	*vb* intoxicate|make drunk
spaccare	2977	*vb* split|break	**aggredire**	3108	*vb* attack|snap off
esigere	3000	*vb* require|demand	**progettare**	3109	*vb* design|devise
nauseare	3001	*vb* disgust|feel sick	**modellare**	3110	*vb* model|shape
negare	3007	*vb* deny|negate	**proseguire**	3114	*vb* continue|pursue
ricercare	3008	*vb* search|search for	**collaborare**	3116	*vb* collaborate|contribute
assegnare	3012	*vb* assign|allocate	**lamentare**	3121	*vb* complain|complain about
diplomare	3018	*vb* award a diploma to	**fischiare**	3122	*vb* whistle|boo
chiarire	3029	*vb* clarify|clear	**certificare**	3127	*vb* certify
presumere	3039	*vb* assume|think	**scadere**	3137	*vb* expire|mature
scattare	3044	*vb* take|click	**corrompere**	3148	*vb* corrupt|pervert
sballare	3058	*vb* unpack	**rimettere**	3153	*vb* replace|return
sputare	3066	*vb* spit	**intervenire**	3161	*vb* intervene|attend
ammirare	3073	*vb* admire	**soffiare**	3165	*vb* blow
rivelare	3076	*vb* reveal|detect	**basare**	3166	*vb* base|be founded
riunire	3084	*vb* gather|reunite	**comporre**	3167	*vb* compose|dial
colare	3085	*vb* strain|drip	**svoltare**	3180	*vb* turn

ragionare	3188	*vb* reason
impiccare	3189	*vb* hang
tubare	3191	*vb* coo
segnare	3194	*vb* score|sign
provocare	3198	*vb* cause|provoke
aggiustare	3200	*vb* adjust|fix
commentare	3201	*vb* comment
trasportare	3206	*vb* carry|move
esaminare	3207	*vb* examine|study
attirare	3208	*vb* attract|catch
bollire	3212	*vb* boil
dorare	3215	*vb* gild
trascinare	3220	*vb* drag|draw
udire	3223	*vb* hear
distare	3226	*vb* be distant
verificare	3229	*vb* check|verify
versare	3234	*vb* pour|spill
svenire	3235	*vb* faint
avvenire	3240	*vb* future; future; occur
programmare	3243	*adj; il; vb* program|plan
durare	3245	*vb* last|continue
bandire	3256	*vb* ban|outlaw
evacuare	3260	*vb* evacuate
stendere	3264	*vb* spread|lay
pubblicare	3266	*vb* publish|post
divorziare	3268	*vb* divorce
insistere	3270	*vb* insist
chiacchierare	3271	*vb* chat|talk
recintare	3272	*vb* fence
sanguinare	3275	*vb* bleed
afferrare	3280	*vb* grab|grasp
serrare	3282	*vb* tighten|close
rimandare	3285	*vb* postpone|delay
scemare	3287	*vb* decline
includere	3290	*vb* include|incorporate
affidare	3292	*vb* entrust|leave
tostare	3293	*vb* toast
precisare	3297	*vb* specify|tell precisely
addestrare	3309	*vb* train|drill
marcare	3310	*vb* mark|brand
ridare	3326	*vb* give back
riferire	3337	*vb* report|refer
scontare	3340	*vb* serve
inseguire	3346	*vb* chase|pursue
avvelenare	3352	*vb* poison
destinare	3354	*vb* devote|earmark

accostare	3365	*vb* approach|juxtapose	disegnare	3482	*vb* draw|sketch
iscrivere	3378	*vb* enter|register	fornire	3483	*vb* provide|give
scuotere	3379	*vb* shake|shook	richiamare	3500	*vb* call|recall
indagare	3380	*vb* investigate|inquire into	cedere	3501	*vb* give|assign
dimorare	3381	*vb* dwell|reside	fallire	3504	*vb* fail|miss
cavare	3384	*vb* get|dig	crollare	3509	*vb* collapse|crumble
rintracciare	3386	*vb* trace|search out	difettare	3516	*vb* be lacking
venare	3390	*vb* streak	contrarre	3523	*vb* contract
parlamentare	3403	*vb* parliamentary; parley	attivare	3524	*vb* activate
frenare	3405	*adj; vb* curb|brake	avvisare	3525	*vb* warn|advise
stufare	3407	*vb* stew	parare	3526	*vb* parry|ward off
eseguire	3414	*vb* perform|execute	obbedire	3537	*vb* obey
reagire	3415	*vb* react	annullare	3541	*vb* cancel|annul
scoppiare	3417	*vb* burst|break out	terrorizzare	3546	*vb* terrorize|petrify
restituire	3423	*vb* return|restore	montare	3567	*vb* mount|assemble
pianificare	3427	*vb* plan	caricare	3569	*vb* load|upload
educare	3429	*vb* educate|bring up	frodare	3574	*vb* defraud|cheat
alloggiare	3440	*vb* house|accommodate	celebrare	3576	*vb* celebrate|perform
brindare	3442	*vb* toast	circolare	3578	*vb* circular; circular; circulate
cavalcare	3453	*vb* ride	appropriare	3581	*adj; la; vb* pocket
frequentare	3454	*vb* frequent|associate with	sdraiarsi	3592	*vb* lie down
riscattare	3464	*vb* redeem	inviare	3595	*vb* send|forward
strisciare	3476	*vb* crawl|slither	promuovere	3597	*vb* promote|further

sviluppare	3599 *vb* develop|expand	
esaurire	3601 *vb* exhaust|run out	
donare	3604 *vb* donate|give	
abbattere	3605 *vb* break down|down	
intrappolare	3611 *vb* trap|catch	
tossire	3616 *vb* cough	
truffare	3620 *vb* cheat|defraud	
tesserare	3621 *vb* ration	
assaggiare	3622 *vb* taste|assay	
reggere	3638 *vb* hold|stand	
ridacchiare	3651 *vb* giggle|chuckle	
ispirare	3657 *vb* inspire	
ignorare	3659 *vb* ignore|be unaware of	
distinguere	3670 *vb* distinguish|differentiate	
derubare	3678 *vb* rob	
invidiare	3688 *vb* envy|grudge	
omettere	3689 *vb* omit|skip	
espellere	3697 *vb* eject|excrete	
inserire	3709 *vb* enter|include	
corrispondere	3715 *vb* correspond|pay	
discendere	3718 *vb* descend|drop	
procurare	3723 *vb* procure|obtain	
scottare	3733 *vb* burn|scald	

godere	3736 *vb* enjoy
interrogare	3751 *vb* query|interrogate
sollevare	3754 *vb* lift|raise
seppellire	3758 *vb* bury|overwhelm
stupefare	3777 *vb* stupefy|stun
tremare	3810 *vb* tremble|shake
ansimare	3812 *vb* pant|wheeze
violentare	3813 *vb* rape|do violence to
denunciare	3818 *vb* denounce|declare
emozionare	3820 *vb* excite
accedere	3823 *vb* enter|approach
rifare	3824 *vb* redo|rebuild
dragare	3825 *vb* dredge|sweep
ingaggiare	3830 *vb* engage|hire
descrivere	3836 *vb* describe
testare	3842 *vb* test
affermare	3850 *vb* say|affirm
scambiare	3860 *vb* exchange|swap
vuotare	3862 *vb* empty|deplete
utilizzare	3877 *vb* use|make use of
interferire	3881 *vb* interfere|meddle
ripulire	3886 *vb* clean|clean up
operare	3891 *vb* operate|work

approvare	3893	*vb* approve|adopt	**concentrare**	4008	*vb* concentrate|gather
viziare	3897	*vb* spoil|vitiate	**sostituire**	4013	*vb* replace|substitute for
rimuovere	3908	*vb* remove|dislodge	**competere**	4019	*vb* compete|rival
commuovere	3911	*vb* move|touch	**affamare**	4023	*vb* starve
condizionare	3923	*vb* condition	**formare**	4035	*vb* form|train
terrificare	3926	*vb* terrify	**ricostruire**	4048	*vb* rebuild|piece together
trattenere	3931	*vb* hold|keep	**apporre**	4049	*vb* affix|put
negoziare	3936	*vb* negotiate	**bisognare**	4058	*vb* must
figurare	3940	*vb* appear|figure	**imbarcare**	4059	*vb* embark|take on board
definire	3947	*vb* determine|settle	**determinare**	4061	*vb* determine|cause
stupire	3954	*vb* amaze|astonish	**sfidare**	4063	*vb* challenge|defy
avanzare	3956	*vb* advance|put forward	**infilare**	4068	*vb* insert|thread
ossessionare	3962	*vb* obsess|torment	**esercitare**	4079	*vb* exercise|exert
sfruttare	3966	*vb* exploit|take advantage of	**turbare**	4085	*vb* disturb|perturb
danneggiare	3967	*vb* damage|harm	**conservare**	4088	*vb* keep|preserve
stagnare	3979	*vb* stagnate	**accelerare**	4091	*vb* accelerate; speed up
rimordere	3980	*vb* prick	**pranzare**	4094	*vb; adv* lunch
informare	3982	*vb* inform|tell	**interpretare**	4097	*vb* interpret|play
governare	3986	*vb* govern|steer	**leccare**	4106	*vb* lick
dotare	3987	*vb* provide|endow	**collare**	4108	*vb* collar; size
pronunciare	3990	*vb* pronounce|utter	**preavvisare**	4116	*il; vb* forewarn
rapinare	3998	*vb* rob	**acquistare**	4124	*vb* buy|acquire
agitare	4003	*vb* shake|stir	**discernere**	4126	*vb* discern|descry

intuire	4127 *vb* guess	
risalire	4131 *vb* go back|go up	
giacere	4135 *vb* lie	
attrarre	4140 *vb* attract|appeal	
correggere	4153 *vb* correct|amend	
trasmettere	4155 *vb* transmit|convey	
marcire	4157 *vb* rot	
cullare	4159 *vb* rock	
voltare	4163 *vb* turn	
maturare	4170 *vb* mature|ripen	
torturare	4174 *vb* torture|worry	
frammentare	4179 *vb* fragment|split	
alimentare	4185 *vb* alimentary; feed	
disarmare	4188 *adj; vb* disarm|dismantle	
ripartire	4200 *vb* restart	
spaziare	4205 *vb* space	
valutare	4209 *vb* assess|consider	
consentire	4210 *vb* allow|consent	
sorvegliare	4222 *vb* supervise|watch	
staccare	4230 *vb* remove|separate	
tramare	4233 *vb* plot|conspire	
travestire	4236 *vb* disguise	
parcheggiare	4250 *vb* park	

lodare	4252 *vb* praise|commend	
sacrificare	4255 *vb* sacrifice|offer sacrifices	
quadrare	4257 *vb* square|balance	
brillare	4258 *vb* shine|glitter	
gradire	4259 *vb* like	
esplorare	4268 *vb* explore	
decollare	4273 *vb* take off|decollate	
scivolare	4288 *vb* slip|slide	
poppare	4292 *vb* suck	
menzionare	4296 *vb* mention	
tradurre	4301 *vb* translate|express	
conciare	4302 *vb* tan	
vendicare	4305 *vb* avenge|pay back	
ereditare	4310 *vb* inherit	
pasticciare	4315 *vb* mess up|mull	
estrarre	4316 *vb* extract|pull out	
consolare	4319 *vb* consular; console	
arruolare	4330 *adj; vb* enlist|recruit	
subire	4337 *vb* suffer|undergo	
ricattare	4340 *vb* blackmail	
frustare	4353 *vb* whip|frustrate	
abusare	4361 *vb* misuse|take advantage	
biasimare	4374 *vb* blame|censure	

cogliere	4382	*vb* take|catch
abbracciare	4383	*vb* embrace|include
accogliere	4385	*vb* welcome|accept
tormentare	4386	*vb* torment|harass
vigilare	4390	*vb* watch|supervise
spacciare	4400	*vb* peddle
esporre	4415	*vb* expose|show
sfilare	4423	*vb* parade
tifare	4442	*vb* be a fan of
incolpare	4449	*vb* blame|accuse
fasciare	4450	*vb* bind|wrap
spogliare	4453	*vb* strip|undress
canticchiare	4456	*vb* hum
succhiare	4464	*vb* suck
pentirsi	4469	*vb* repent
approfittare	4475	*vb* take advantage
suicidarsi	4483	*vb* commit suicide
masticare	4487	*vb* chew|munch
salivare	4506	*vb* salivate
tardare	4509	*vb* delay
calcolare	4522	*vb* calculate|compute
congelare	4533	*vb* freeze|congeal
consigliare	4539	*vb* recommend|advise

analizzare	4545	*vb* analyze
rilevare	4550	*vb* observe|take over
schiacciare	4553	*vb* crush|press
consistere	4561	*vb* consist
esitare	4565	*vb* hesitate|falter
insultare	4571	*vb* insult|abuse
mutare	4576	*vb* change|slough
fraintendere	4583	*vb* misunderstand|mistake
spezzare	4585	*vb* break
orlare	4588	*vb* hem
dominare	4608	*vb* dominate|master
castrare	4618	*vb* castrate|geld
svolgere	4624	*vb* perform|develop
riprovare	4630	*vb* try again
separare	4643	*vb* separate|sunder
implorare	4652	*vb* implore|plead
artigliare	4654	*vb* claw
limitare	4662	*vb* limit|narrow
invecchiare	4664	*vb* age
accennare	4669	*vb* hint|allude
pugnalare	4674	*vb* stab|jab
vergognarsi	4684	*vb* be ashamed
tessere	4689	*vb* weave

opporre	4694 *vb* offer|object	
piazzare	4698 *vb* place|be placed	
pappare	4703 *vb* gobble	
forare	4705 *vb* pierce	
pretendere	4709 *vb* claim|expect	
emettere	4710 *vb* issue|emit	
spuntare	4714 *vb* check|appear	
bagnare	4716 *vb* wet|soak	
avvistare	4720 *vb* sight	
convocare	4734 *vb* convene|summon	
fondare	4741 *vb* found; ground floor	
estasiare	4749 *vb; lo* ravish	
impressionare	4754 *vb* impress|shock	
sfondare	4756 *vb* break through|stave	
concordare	4762 *vb* agree|arrange	
sciogliere	4766 *vb* dissolve|loosen	
investigare	4781 *vb* investigate|burrow	
fratturare	4783 *vb* fracture	
partorire	4789 *vb* give birth to|deliver	
sudare	4805 *vb* sweat	
gemma	4816 *vb* gem	
scuoiare	4819 *vb* flay	
sfamare	4823 *vb* feed	

umiliare	4826 *vb* humiliate|lower	
fiutare	4834 *vb* sniff|smell	
affondare	4836 *vb* sink|founder	
giustiziare	4837 *vb* execute	
adottare	4838 *vb* adopt	
trillare	4853 *vb* trill	
comparire	4857 *vb* appear	
ripensare	4865 *vb* think back	
inventariare	4866 *vb* inventory	
necessitare	4867 *vb* need|be required	
incrociare	4873 *vb* cross|meet	
lesionare	4894 *vb* damage|injure	
decedere	4899 *vb* decease	
bendare	4900 *vb* bandage	
affezionare	4910 *vb* attach	
introdurre	4932 *vb* introduce|usher	
spazzolare	4940 *vb* brush	
noleggiare	4942 *vb* rent|hire out	
ficcare	4944 *vb* poke|stick	
intercettare	4960 *vb* intercept|eavesdrop	
stampare	4965 *vb* print|print out	
nutrire	4971 *vb* feed|nourish	
incidere	4973 *vb* influence|engrave	

	4977	*vb*
costellare		constellate
	4984	*vb*
stimare		estimate|assess
	4987	*vb*
crepare		crack
	4988	*vb*
penetrare		penetrate|enter
	4998	*vb*
annusare		smell
	5002	*vb*
imbrogliare		cheat|fool
	5003	*vb*
insinuare		insinuate
	5005	*vb*
bastonare		beat|club
	5007	*vb*
percorrere		travel|walk
	5018	*vb*
mimare		mimic
	5023	*vb*
giustificare		justify|excuse
	5024	*vb*
criticare		criticize|comment
	5025	*vb*

Alphabetical order

A

abbaiare		bark
	2952	*vb*
abbandonato		abandoned|forsaken
	4413	*adj*
abbandono		abandonment|abandon
	4303	*lo*
abbattere		break down|down
	3611	*vb*
abbigliamento		clothing|apparel
	4831	*il*
abbondanza		abundance|plenty
	3935	*le*
abbracciare		embrace|include
	4385	*vb*
abbraccio		embrace
	2770	*lo*
abile		skillful|able
	3532	*adj*
abilità		ability|skill
	2745	*le*
abisso		abyss|gulf
	4874	*il*
abituato		wont
	3096	*adj*
aborto		abortion|freak
	4334	*il*
abusare		misuse|take advantage
	4374	*vb*
accademia		academy
	2688	*le*
accampamento		camp|laager
	3580	*il*
accedere		enter|approach
	3824	*vb*
accelerare		accelerate; speed up
	4094	*vb; adv*
acceleratore		accelerator
	4855	*il*
accendino		lighter
	3861	*il*
accennare		hint|allude

	4674	*vb*
accensione		ignition
	4109	*le*
acceso		on
	2663	*adj*
accettabile		acceptable
	4730	*adj*
accoglienza		welcome
	4388	*le*
accogliere		welcome|accept
	4386	*vb*
accostare		approach|juxtapose
	3378	*vb*
acido		acid; acid
	2758	*adj; il*
acquario		aquarium
	4958	*gli*
acquistare		buy|acquire
	4126	*vb*
acustico		acoustic
	4431	*adj*
addestrare		train|drill
	3310	*vb*
addetto		employee; assigned
	3624	*il; adj*
addormentare		fall asleep
	2511	*vb*
adolescente		teenager; adolescent
	4042	*il/la; adj*
adorato		beloved; beloved
	4248	*adj; il*
adottare		adopt
	4853	*vb*
adrenalina		adrenalin
	4324	*le*
aeronautico		aeronautic
	4357	*adj*
aeroplano		airplane
	3905	*il*
affamare		starve
	4035	*vb*
affamato		hungry
	2948	*adj*
affermare		say|affirm
	3860	*vb*
affermativo		affirmative

afferrare	3807	*adj* grab|grasp
affezionare	3282	*vb* attach
affidabile	4932	*vb* reliable
affidamento	3675	*adj* trust|entrusting
affidare	4251	*il* entrust|leave
affondare	3293	*vb* sink|founder
africano	4837	*vb* African; African
agenda	4748	*adj; il* agenda
aggeggio	3750	*le* contraption|device
aggiunto	3913	*il* adjunct; assistant
aggiustare	3491	*adj; il* adjust|fix
aggredire	3201	*vb* attack|snap off
aggressione	3109	*vb* aggression
aggressivo	2849	*le* aggressive
agitare	4239	*adj* shake|stir
agitato	4008	*vb* agitated|restless
agitazione	3488	*adj* agitation|turmoil
aglio	4695	*le* garlic
agnello	4064	*il* lamb
ago	3653	*il* needle
agonia	3214	*lo* agony
aiutante	4544	*le* helper; assistant
alcolico	4221	*il/la; adj* alcohol; alcoholic

alcool	3469	*il; adj* alcohol
alfa	3049	*il* alpha
alibi	3034	*le* alibi
alimentare	2942	*gli* alimentary; feed
alito	4188	*adj; vb* breath
alleanza	3835	*il* alliance
alleare	3236	*le* ally
allegria	3101	*vb* cheerfulness|fun
alleluia	4327	*le* alleluia
allenamento	4444	*gli* training
allergico	2506	*lo* allergic
allerta	4963	*adj* alert
allievo	3767	*le* student|learner
alloggiare	4168	*il* house|accommodate
allontanare	3442	*vb* remove|avert
allucinazione	2642	*vb* hallucination|illusion
alquanto	3557	*le* somewhat|a few
altamente	2754	*adv* highly
altare	3652	*adv* altar
alternativa	3668	*il* alternative
alternativo	2669	*le* alternative
altoparlante	3430	*adj* speaker
altrui	2581	*il* others

ambizione	3922	*adj* ambition	**antenato**	3779	*adj* ancestor
ambizioso	4129	*le* ambitious	**antenna**	2951	*il* antenna|feeler
amichetto	4990	*adj* boyfriend	**anteriore**	4966	*le* front|anterior
amichevole	4563	*il* friendly|amicable	**antidoto**	4777	*adj* antidote
ammesso	3489	*adj* admitted	**antincendio**	4120	*il* antifire
amministratore	2606	*adj* administrator|director	**anziano**	4887	*adj* senior; elderly person
ammirare	3672	*gli* admire	**ape**	2577	*adj; lo* bee
ammiratore	3076	*vb* admirer	**apertamente**	3397	*la* openly
ammissione	4594	*il* admission|entrance	**apocalisse**	4486	*adv* apocalypse
analista	4402	*la* analyst	**Apollo**	4989	*la* Apollo
analizzare	4599	*il/la* analyze	**apparecchio**	3976	*lo* appliance
anatra	4550	*vb* duck	**apparentemente**	3329	*il* apparently|supposedly
angelico	3387	*la* angelic	**apparenza**	3152	*adv* appearance|guise
angoscia	4579	*adj* anguish	**apparire**	4888	*le* appear|show
animo	3995	*le* mind	**apparizione**	2639	*vb* appearance
annuale	2598	*il* annual	**appassionato**	4225	*le* passionate; enthusiast
annullare	4422	*adj* cancel|annul	**appeso**	3927	*adj; il* hanging
annuncio	3546	*vb* ad	**appoggio**	3262	*adj* support|rest
annusare	4306	*i* smell	**apporre**	2618	*lo* affix|put
anomalia	5002	*vb* anomaly	**apprendista**	4058	*vb* apprentice|trainee
anonimo	4438	*la* anonymous; anonym	**apprezzato**	4532	*il/la* valued
ansimare	4335	*adj; il* pant|wheeze	**approccio**	3662	*adj* approach
ansioso	3813	*vb* anxious|agog	**approfittare**	3585	*lo* take advantage

appropriare	4483	*vb* pocket	**arroganza**	2972	*adj* arrogance
approvare	3592	*vb* approve|adopt	**arrosto**	4898	*le* roast; roast meet
approvazione	3897	*vb* approval|endorsement	**arruolare**	3023	*adj; il* enlist|recruit
aquila	3367	*la* eagle	**artificiale**	4337	*vb* artificial
arachide	2860	*le* peanut	**artificio**	3773	*adj* artifice
arancia	4835	*la* orange	**artigliare**	3650	*il* claw
arancione	3649	*la* orange; orange	**artiglieria**	4662	*vb* artillery|gunnery
arbitro	4243	*adj; gli* referee|arbitrator	**artistico**	3203	*le* artistic
arca	3711	*il* ark	**ascia**	4142	*adj* ax|adze
architetto	3840	*le* architect	**asciugamano**	3764	*la* towel
architettura	3684	*il* architecture	**asciutto**	3115	*il* dry|curt
archivio	4798	*la* archive	**asino**	4538	*adj* ass
arcivescovo	3135	*gli* archbishop	**asma**	3413	*il* asthma
arco	4655	*lo* bow	**aspettativa**	4863	*le* expectation|expectancy
arcobaleno	3222	*lo* rainbow	**aspirina**	4312	*le* aspirin
armadietto	4445	*il* cabinet	**assaggiare**	4307	*le* taste|assay
armatura	2888	*il* armor|armature	**assaggio**	3638	*vb* taste|sample
armonia	3515	*la* harmony|keeping	**assai**	4404	*i* very
arnia	3102	*le* hive	**assalto**	3051	*adv* assault|attack
arrabbiato	4370	*la* angry	**assassina**	2914	*il* murderess
arresto	4393	*adj* stop|standstill	**asse**	3389	*la* axis|axle
Arrivederla!	2980	*lo* Bye-Bye!	**assegnare**	5014	*il* assign|allocate
arrogante	4603	*int* arrogant|haughty	**assemblea**	3018	*vb* assembly|meeting

assente	4218	*le* absent; absentee	**attualmente**	2916	*le* currently|now
assenza	4070	*adj; il/la* absence	**audace**	3009	*adv* bold|daring
assistere	2865	*le* assist|attend	**audio**	4152	*adj* audio; sound
associazione	2778	*vb* association|combination	**audizione**	4216	*adj; gli* audition
assurdità	2757	*le* absurdity	**aula**	3906	*le* classroom|room
asta	4379	*le* rod|shaft	**aumentare**	2504	*le* increase|raise
astronauta	2844	*le* astronaut	**aurora**	2896	*vb* aurora
astuto	4359	*il/la* astute|cunning	**autentico**	4207	*le* authentic|genuine
atlantico	3721	*adj* Atlantic	**autografo**	3631	*adj* autograph; autograph
atleta	4520	*adj* athlete	**automatico**	3103	*adj; il* automatic; automatic
atomico	4775	*il/la* atomic	**automobile**	3646	*adj; il* car|motor
atrio	3692	*adj* lobby|atrium	**autopsia**	3185	*le* autopsy
atroce	3989	*il* atrocious|terrible	**avanguardia**	3129	*la* vanguard|forefront
atterraggio	4876	*adj* landing	**avanzare**	4468	*le* advance|put forward
atterrare	2505	*il* land|touch down	**avanzato**	3962	*vb* advanced
attico	2613	*vb* penthouse	**aviazione**	4667	*adj* aviation
attirare	4828	*il* attract|catch	**avvelenare**	3855	*le* poison
attivare	3212	*vb* activate	**avvenimento**	3354	*vb* event|incident
attivo	3525	*vb* active; active	**avvenire**	4845	*lo* future; future; occur
attrarre	3118	*adj; i* attract|appeal	**avventura**	3243	*adj; il; vb* adventure
attrazione	4153	*vb* attraction	**avversario**	3392	*le* opponent; opposing
attrezzare	3475	*le* equip|rig	**avvertimento**	2675	*lo; adj* warning|caution
attrezzatura	2512	*vb* equipment|outfit	**avvicinamento**	2742	*il* approach

avvisare warn|advise
3634 *il*
3526 *vb*

avviso notice
2566 *il*

avvistare sight
4734 *vb*

azzardo chance|gamble
3170 *il*

azzurro blue; azure
2827 *adj; lo*

B

baby-sitter baby-sitter
3602 *il/la*

baccano din
4726 *il*

bacino basin
3866 *il*

bacon bacon
4795 *il*

baffo whiskers
2936 *il*

bagagliaio boot|trunk
3253 *il*

bagnare wet|soak
4720 *vb*

bagnato wet|damp
2768 *adj*

baio bay
3539 *il*

balcone balcony
4144 *il*

balena whale
2796 *la*

balia nurse|wet nurse
4503 *la*

ballerino dancer
2681 *il*

balletto ballet
3553 *il*

ballo dance|ball
2986 *il*

banale trivial|banal
3768 *adj*

banana banana
3398 *la*

bancarotta bankruptcy
4457 *la*

banchetto banquet
3727 *il*

banchiere banker
4206 *il*

bancone counter
3819 *il*

banconota banknote
3895 *la*

bandire ban|outlaw
3260 *vb*

baracca shack|barrack
2593 *la*

barattolo jar|can
4368 *il*

barbecue barbecue
3725 *il*

barbiere barber
3448 *il*

barella stretcher
4338 *la*

barile barrel|butt
4885 *il*

barista bartender|barmaid
3052 *il/la*

baronessa baroness
4047 *la*

barriera barrier
3373 *la*

barzelletta joke
3598 *la*

basare base|be founded
3167 *vb*

basto packsaddle
4832 *gli*

bastonare beat|club
5007 *vb*

battaglione battalion
2803 *il*

battello boat
4495 *il*

battesimo baptism
4263 *il*

battito		beat|beating	
	2910	*il*	
baule		trunk	
	3456	*il*	
beato		blessed	
	4397	*adj*	
benché		though	
	4628	*con*	
benda		bandage|blindfold	
	4864	*la*	
bendare		bandage	
	4910	*vb*	
benedetto		blessed	
	2853	*adj*	
benedizione		blessing|benison	
	2810	*la*	
beneficenza		beneficence	
	3126	*la*	
beneficio		benefit	
	4371	*il*	
benefico		beneficial|beneficent	
	4729	*adj*	
benessere		welfare|comfort	
	3625	*il*	
berretto		cap	
	4027	*il*	
bestiame		livestock|cattle	
	2570	*il*	
beta		beta	
	4287	*il/la*	
biancheria		linen	
	2532	*la*	
biasimare		blame|censure	
	4382	*vb*	
bibita		drink	
	4458	*la*	
bicchierino		shot	
	4177	*il*	
bidone		bin|drum	
	4547	*il*	
biliardo		pool	
	3942	*il*	
bimba		infant	
	2791	*la*	
binario		binary; track	
	3404	*adj; il*	

biologia		biology	
	4358	*la*	
biologico		biological	
	4923	*adj*	
biondo		blond; blond color	
	3853	*adj; il*	
bip		beep	
	3432	*il*	
bis		seconds; additional	
	4978	*il; adj*	
bisognare		must	
	4059	*vb*	
bistecca		steak	
	2813	*la*	
bizzarro		bizarre|strange	
	4297	*adj*	
blues		blues	
	4448	*i*	
boccaccia		trap	
	4683	*la*	
boccone		bite|mouthful	
	4118	*il*	
boia		executioner	
	4570	*il*	
bolla		bubble|blister	
	4043	*la*	
bolletta		bill	
	4852	*la*	
bollire		boil	
	3215	*vb*	
bombardamento		bombing|bombardment	
	4896	*il*	
bombardiere		bomber	
	5020	*il*	
bontà		goodness	
	3531	*la*	
boom		boom	
	2522	*il*	
bordello		brothel|bawdy house	
	3237	*il*	
borghese		bourgeois; civilian	
	3637	*adj; il/la*	
borsetta		handbag	
	3910	*la*	
botta		blow|hit	
	2864	*la*	

bottega		shop|parlor
	4219	*la*
bottino		booty|spoils
	3719	*il*
bottone		button
	2785	*il*
bourbon		bourbon
	4260	*il*
bowling		bowling
	3950	*il*
box		box
	3669	*il*
boxe		boxing
	3661	*gli*
braccialetto		bracelet
	4270	*il*
brandy		brandy
	2938	*il*
brano		piece|passage
	4578	*il*
brezza		breeze
	4540	*la*
brigata		brigade|company
	4926	*la*
brillare		shine|glitter
	4259	*vb*
brindare		toast
	3453	*vb*
britannico		British
	3790	*adj*
brivido		thrill|prickle
	3055	*il*
brodo		broth|soup
	4247	*il*
bruciato		burnt
	3676	*adj*
brutale		brutal|tough
	3691	*adj*
bruto		brute
	4521	*adj*
budello		gut|alley
	4154	*il*
bue		ox
	3522	*il*
buffo		funny; buffo
	3739	*adj; il*

buffone		fool|buffoon
	3534	*il*
bunker		bunker
	3664	*il*
bussare		knock|knock at
	3098	*vb*
bussola		compass
	4622	*la*
buttata		throw
	3872	*le*
C		
cagna		bitch
	3635	*la*
cagnolino		puppy|doggie
	3278	*il*
calcagno		heel
	4612	*il*
calcolare		calculate|compute
	4533	*vb*
calcolo		calculation|calculus
	3319	*il*
calendario		calendar
	3851	*il*
calibrare		calibrate
	2877	*vb*
calligrafia		calligraphy|handwriting
	4526	*la*
calza		stocking
	3140	*la*
calzino		sock
	3106	*il*
camerino		dressing room
	4478	*il*
camino		fireplace
	3730	*il*
cammello		camel
	4784	*il*
campana		bell
	2665	*la*
campanella		bluebell
	4289	*la*
campeggiare		camp
	2819	*vb*
camper		camper

canadese	4514	*i*
		Canadian; Canadian
canaglia	4137	*adj; il/la*
		scoundrel|rascal
cancellare	3552	*la*
		cancel|delete
cancelliere	2633	*vb*
		chancellor
candela	3481	*il*
		candle|spark plug
candidato	2909	*la*
		candidate|applicant
canestro	2915	*il*
		basket
cannone	4530	*il*
		cannon
canticchiare	2735	*il*
		hum
cantiere	4464	*vb*
		yard
canyon	4032	*il*
		canyon
capanna	3024	*i*
		hut|cabin
capanno	3133	*la*
		shack
capezzolo	4572	*il*
		nipple|dug
Capodanno	4597	*il*
		New Year
capolavoro	3544	*il*
		masterpiece|masterwork
cappella	3564	*il*
		chapel
cappuccino	3361	*la*
		cappuccino
capra	4555	*il*
		goat
capriccio	2818	*la*
		whim|fancy
capsula	4650	*il*
		capsule|cap
carabiniere	3864	*la*
		carabineer
caramella	4981	*il*
		candy

caratteristico	2567	*la*
		characteristic
carbone	4441	*adj*
		coal
carbonio	3197	*il*
		carbon
cardiaco	4908	*il*
		cardiac; heart attack
cardinale	3362	*adj; il*
		cardinal
caricare	4071	*adj*
		load|upload
caricato	3574	*vb*
		loaded
carogna	5001	*adj*
		carrion
carrello	3227	*la*
		cart
carretto	3743	*il*
		trolley
cartella	4986	*il*
		folder
cartina	3399	*la*
		scheme
cartolina	4264	*la*
		postcard|card
cartone	3753	*la*
		cardboard
cascare	4172	*il*
		fall
casella	2816	*vb*
		pigeonhole
caserma	4985	*la*
		barrack
casetta	4051	*la*
		cottage
casinò	3582	*la*
		casino
cassetto	2992	*i*
		drawer
castigo	3035	*il*
		punishment|chastisement
castrare	4347	*il*
		castrate|geld
casuale	4624	*vb*
		random|casual

catalogo	4406	*adj* catalog|list
catastrofe	4995	*il* catastrophe
categoria	3749	*la* category|rating
cattedrale	3295	*la* cathedral
cattiveria	4846	*la* wickedness|malice
cattolico	4961	*la* Catholic; Catholic
cattura	4006	*adj; il* capture
cauzione	3043	*la* deposit|bail
cavalcare	2925	*la* ride
cavalleria	3454	*vb* cavalry|chivalry
cavare	3083	*la* get|dig
caverna	3386	*vb* cave
caviale	3383	*la* caviar
caviglia	4653	*il* ankle
CD	3804	*la* CD
cecchino	2805	*abr* sniper
cedere	3778	*il* give|assign
celebrare	3504	*vb* celebrate|perform
celebrità	3578	*vb* celebrity|stardom
celeste	4069	*le* heavenly|blue
cellula	3050	*adj* cell
cemento	2908	*la* cement
cenere	2995	*il* ash

cenno	2961	*la* sign
centimetro	4534	*il* centimeter
centomila	4593	*il* hundred thousand
centralino	4980	*num* switchboard
cera	3867	*il* wax
cereale	2782	*la* cereal
cerebrale	3512	*il* cerebral
certezza	3314	*adj* certainty|assurance
certificare	2659	*la* certify
cervo	3137	*vb* deer|stag
cespuglio	3279	*il* bush
cestino	4395	*il* basket
cesto	3996	*il* basket
checca	4537	*il* pansy
chiacchierare	3281	*il/la* chat|talk
chiarezza	3272	*vb* clarity|vividness
chiarire	4764	*la* clarify|clear
chiasso	3039	*vb* noise|uproar
chimico	4244	*il* chemical; chemist
chiodo	2604	*adj; il* nail
chip	4613	*il* chip
chirurgia	3502	*i* surgery
chirurgo	3444	*la* surgeon

chiusura	2987	*il* closing|closure	cocktail	4354	*il* cocktail
ciambella	2883	*la* bun	cofano	3005	*il* hood|coffer
cicatrice	4308	*la* scar|seam	cogliere	4606	*il* take|catch
ciccione	2729	*la* fatty	cognac	4383	*vb* cognac
ciclo	3100	*il* cycle|circle	cognata	4141	*il* sister-in-law
cifra	3187	*il* figure|number	cognato	4595	*la* brother-in-law
cigno	3344	*la* swan	coinvolgimento	3184	*il* implication
cinepresa	4892	*il* video camera	colare	4931	*il* strain|drip
cinquanta	3451	*la* fifty	collaborare	3087	*vb* collaborate|contribute
cinquecento	2546	*num* five hundred	collaborazione	3121	*vb* collaboration
cioccolatino	5012	*num* chocolate	collana	2833	*la* necklace
ciotola	4941	*il* bowl	collare	2817	*la* collar; size
cipolla	4924	*la* onion	collasso	4116	*il; vb* collapse
circolare	4620	*la* circular; circular; circulate	collaterale	4763	*il* collateral
circolazione	3581	*adj; la; vb* circulation	collegio	4541	*adj* college
circolo	3492	*la* circle|club	collera	3759	*il* anger|rage
circondare	2737	*il* surround|encircle	colombo	4015	*la* pigeon
clima	2700	*vb* climate	colonia	3975	*il* colony|cologne
clown	3259	*il* clown	colonna	3030	*la* column
cobra	3174	*i* cobra	color	2776	*la* color
cocaina	4529	*il* cocaine	colto	3827	*il* cultured|learned
cocco	2536	*la* coconut	combattente	3299	*adj* fighter; combatant
coccodrillo	3210	*il* crocodile	combinazione	4272	*il; adj* combination

cometa	2560	*la* comet
comico	4770	*la* comic; comic
commedia	3067	*adj; il* comedy
commentare	2520	*la* comment
commento	3206	*vb* comment|note
commercio	3288	*il* trade
commosso	2660	*il* moved|unrest
commuovere	4434	*adj* move|touch
compare	3923	*vb* gaffer
comparire	2839	*gli* appear
compassione	4865	*vb* compassion|sympathy
compenso	2711	*la* compensation|remuneration
competenza	3707	*il* competence|expertise
competere	4566	*la* compete|rival
competizione	4023	*vb* competition|race
compiere	3686	*la* fulfill|make
complicato	2752	*vb* complicated
complicazione	3284	*adj* complication
complice	4638	*la* accomplice
complotto	2874	*il/la* plot|conspiracy
comporre	3829	*il* compose|dial
compositore	3180	*vb* composer
comprensibile	4943	*il* understandable|comprehensible
comprensione	4360	*adj* understanding|comprehension
compromesso	2840	*la* compromise
comunale	3535	*il* municipal
comunismo	4678	*adj* Communism
concentrare	4872	*il* concentrate|gather
concentrazione	4013	*vb* concentration
conciare	3796	*la* tan
concludere	4305	*vb* conclude|finish
conclusione	2932	*vb* conclusion|finding
concordare	2677	*la* agree|arrange
concorrente	4766	*vb* competitor; concurrent
concorrenza	4552	*il/la; adj* competition
concorrere	4283	*la* contribute
condizionare	2975	*vb* condition
condoglianza	3926	*vb* condolence
condotta	3490	*le* conduct|direction
conducente	2637	*la* carman
condurre	4536	*il/la* lead|carry out
confessare	2787	*vb* confess|admit
confesso	2852	*vb* avowed
confidenza	3822	*adj* confidence|intimacy
conflitto	4176	*la* conflict; conflicting
conforto	2689	*il; adj* comfort|encouragement

confraternità	3155	*il* confraternity	**contenitore**	4167	*adv* container
confuso	4414	*la* confused|fuzzy	**contesto**	4999	*il* context
congedo	2766	*adj* leave|dismissal	**continente**	4735	*il* continent; temperate
congegno	4378	*il* device|mechanism	**continuazione**	3841	*il; adj* continuation|continuance
congelare	4843	*il* freeze|congeal	**contrabbando**	2996	*la* smuggling; contraband
connessione	4539	*vb* connection|nexus	**contrarre**	4610	*il; adj* contract
conquistare	3289	*la* conquer|win	**contributo**	3524	*vb* contribution|grant
consapevole	2779	*vb* aware	**conveniente**	3606	*il* convenient|cheap
consapevolezza	3348	*adj* awareness|sensibleness	**convento**	4959	*adj* convent
consenso	4471	*la* consent	**convinzione**	3740	*il* conviction
consentire	3371	*il* allow|consent	**convocare**	4417	*la* convene|summon
conserva	4222	*vb* preserve|preservation	**convoglio**	4741	*vb* convoy
conservare	4962	*la* keep|preserve	**coordinare**	4162	*il* coordinate
considerato	4091	*vb* considered	**coperta**	2946	*vb* blanket|deck
consigliare	4092	*adj* recommend|advise	**copertina**	2640	*la* cover
consistere	4545	*vb* consist	**coppa**	2720	*la* cup
consolare	4565	*vb* consular; console	**copra**	3156	*la* copra
console	4330	*adj; vb* consul	**coprifuoco**	3991	*le* curfew
consulente	4399	*il* consultant|counselor	**corea**	4687	*il* chorea
consumo	3017	*il/la* consumption|wear	**coreano**	3002	*la* Korean; Korean
contabile	4967	*il* accountant; counting	**corno**	4646	*adj; il* horn
contattare	3955	*il/la; adj* contact	**corona**	3202	*il* crown|wreath
contemporaneamente	2658	*vb* at the same time	**correggere**	4773	*la* correct|amend

correttamente	4155	*vb* correctly	**covo**	3786	*adj* den|nest
corriere	4009	*adv* courier|carrier	**coyote**	4803	*il* coyote
corrispondenza	3809	*il* correspondence|mail	**cranio**	4556	*i* skull
corrispondere	4598	*la* correspond|pay	**creativo**	2911	*il* creative
corrompere	3718	*vb* corrupt|pervert	**creatore**	4232	*adj* maker
corruzione	3153	*vb* corruption|bribery	**creazione**	3706	*il* creation|making
corsia	3065	*la* lane|aisle	**credibile**	2804	*la* credible
cortese	4345	*la* courteous|polite	**crepa**	4590	*adj* crack|rift
corvo	4574	*adj* crow|rook	**crepare**	3844	*la* crack
coscia	3708	*il* thigh	**crescente**	4988	*vb* growing
cosmo	4246	*la* cosmos	**crescita**	4859	*adj* growth|growing
cospirazione	3828	*il* conspiracy	**cresta**	3273	*la* crest
costante	3961	*la* constant|steady	**cristallo**	4883	*la* crystal
costantemente	2985	*adj* steadily	**cristiano**	3449	*il* Christian; Christian
costare	3782	*adv* cost	**criticare**	2799	*adj; il* criticize|comment
costellare	2802	*vb* constellate	**critico**	5025	*vb* critic; critical
costiero	4984	*vb* coastal	**crociera**	3422	*il; adj* cruise
costituzione	4309	*adj* constitution|composition	**crollare**	4103	*la* collapse|crumble
costola	3335	*la* rib	**crollo**	3516	*vb* collapse|fall
costoso	3298	*la* expensive|costly	**cronaca**	3734	*il* chronicle
costruzione	2878	*adj* construction|build	**cronista**	3357	*la* chronicler
cotone	2655	*la* cotton	**cruciale**	4994	*il/la* crucial
cotto	3527	*il* cooked	**crudeltà**	4727	*adj* cruelty|harshness

cubano	4377	*la* Cuban; Cuban
cucchiaio	4997	*adj; il* spoon
cullare	3724	*il* rock
culto	4163	*vb* worship
culturale	4649	*il* cultural
cuocere	4181	*adj* cook
cuoco	2795	*vb* cook
cuoio	2585	*il* leather
curato	4903	*il* curate; tidy
curiosità	3317	*lo; adj* curiosity
curry	2731	*la* curry
curva	4660	*il* curve|bend
cuscino	3037	*la* pillow
custode	2905	*il* guardian|keeper
	2569	*il/la*

C

daccapo		again|from the beginning
dado	4717	*adv* nut|die
dama	3700	*il* lady|checkers
damigella	3702	*la* young lady
danese	4742	*la* Danish; Dane
dannato	4621	*adj; il/la* damned
danneggiare	2784	*adj* damage|harm
	3979	*vb*

dea		goddess
debolezza	2537	*la* weakness|debility
decedere	3042	*la* decease
decente	4900	*vb* decent|reasonable
decesso	2845	*adj* death|demise
decimo	4732	*il* tenth|tenth
decina	4974	*adj* ten
decollare	4145	*la* take off|decollate
decollo	4288	*vb* take-off
dedica	3094	*il* dedication|consecration
dedicare	4953	*la* devote|spend
deficiente	2738	*vb* deficient; moron
definire	2997	*adj; il/la* determine|settle
definitivamente	3954	*vb* definitively
definitivo	4299	*adv* final|definitive
definizione	3994	*adj* definition
defunto	4050	*la* deceased; deceased
degno	3171	*adj; il* worthy|worth
delegato	2582	*adj* delegate
delfino	4897	*il* dolphin
delicato	4053	*il* delicate|gentle
delinquente	2825	*adj* delinquent; tough
delta	3163	*il/la; adj* delta
	2830	*il*

delusione		disappointment|frustration	**dettare**		dictate
	3794	*la*		2638	*vb*
democratico		democratic; democrat	**devozione**		devotion
	4515	*adj; il*		4425	*la*
democrazia		democracy	**diagnosi**		diagnosis
	2591	*la*		4107	*la*
dentista		dentist	**dialogo**		dialogue|conversation
	2657	*il/la*		3887	*il*
denunciare		denounce|declare	**dibattito**		debate
	3820	*vb*		3756	*il*
deposizione		deposition	**diciassette**		seventeen
	3627	*la*		4363	*num*
depressione		depression	**diciotto**		eighteen
	2685	*la*		4427	*num*
depresso		depressed|dull	**dieta**		diet
	3450	*adj*		2656	*la*
deprimente		depressing	**difensore**		defender|advocate
	4004	*adj*		3712	*il*
deputato		deputy	**difettare**		be lacking
	4648	*il*		3523	*vb*
deriva		drift	**difetto**		defect|default
	3416	*la*		4117	*il*
derubare		rob	**differente**		different
	3688	*vb*		3071	*adj*
descrivere		describe	**diga**		dam|breakwater
	3842	*vb*		3793	*la*
descrizione		description|picture	**digitale**		digital; digitalis
	3181	*la*		3878	*adj; le*
design		design	**dignità**		dignity
	4848	*il*		2651	*la*
desolato		desolate|sorry	**dilettante**		amateur; dilettante
	3760	*adj*		4341	*adj; il/la*
dessert		dessert|pudding	**dimensione**		size
	3838	*il*		2708	*la*
destinare		devote|earmark	**dimorare**		dwell|reside
	3365	*vb*		3384	*vb*
destinazione		destination	**dimostrazione**		demonstration|proof
	2894	*la*		2956	*la*
detenere		hold	**dinamite**		dynamite
	2671	*vb*		3193	*la*
detenzione		detention|holding	**dinosauro**		dinosaur
	4951	*la*		4640	*il*
determinare		determine|cause	**dintorno**		vicinity
	4063	*vb*		4847	*il*
detonatore		detonator	**dipendente**		employee; dependent
	4582	*il*		3011	*il/la; adj*

dipendenza		dependence|reliance
	4356	*la*
dipinto		picture; painted
	3720	*il; adj*
diplomare		award a diploma to
	3029	*vb*
diplomatico		diplomatic; diplomat
	4807	*adj; il*
dirigente		executive; ruling
	4146	*il/la; adj*
disarmare		disarm|dismantle
	4200	*vb*
discarica		tip
	4317	*la*
discendere		descend|drop
	3723	*vb*
discepolo		disciple
	4642	*il*
discernere		discern|descry
	4127	*vb*
disciplina		discipline
	2939	*la*
discoteca		disco|record library
	4090	*la*
discrezione		discretion
	3901	*la*
disegnare		draw|sketch
	3483	*vb*
disgrazia		misfortune|disgrace
	2619	*la*
disgraziato		unfortunate|wretch
	3341	*adj*
disoccupato		unemployed; jobless
	4842	*il; adj*
disonore		dishonor|disgrace
	4937	*il*
disordine		disorder|mess
	2928	*il*
disperazione		despair|desolation
	2873	*la*
dispetto		spite|annoyance
	4817	*lo*
dispositivo		device|gadget
	2548	*Il*
disprezzo		contempt
	3738	*il*

distare		be distant
	3229	*vb*
distinguere		distinguish|differentiate
	3678	*vb*
distratto		inattentive
	4011	*adj*
distributore		distributor
	4274	*il*
distribuzione		distribution
	4738	*la*
disturbare		disturb|disrupt
	2793	*vb*
ditta		firm|business
	2592	*la*
diversivo		diversion; diversionary
	4609	*il; adj*
dividere		divide|share
	2643	*vb*
divieto		prohibition|interdiction
	4517	*il*
divino		divine|heavenly
	2907	*adj*
divorziare		divorce
	3270	*vb*
documentario		documentary
	4242	*adj*
documentazione		documentation
	4790	*la*
dogana		customs|customhouse
	4454	*la*
doloroso		painful|distressing
	2679	*adj*
domandare		ask|request
	2514	*vb*
domestico		domestic; servant
	3080	*adj; il*
domicilio		domicile
	4376	*il*
dominare		dominate|master
	4618	*vb*
dominio		domain|dominion
	3834	*il*
domino		domino
	4688	*il*
donare		donate|give
	3605	*vb*

donazione		donation
	4891	*la*
dopo di che		whereupon
	4078	*con*
dopodomani		the day after tomorrow
	3503	*adv*
dorare		gild
	3220	*vb*
dorato		golden|gold-plated
	4723	*adj*
dormita		sleep|shut-eye
	4551	*la*
dorsale		dorsal
	4215	*adj*
dose		dose|amount
	2519	*la*
dotare		provide|endow
	3990	*vb*
dote		dowry|gift
	4702	*la*
dovuto		due; due
	3518	*adj; il*
dozzina		dozen
	2807	*la*
dragare		dredge|sweep
	3830	*vb*
dramma		drama|dram
	3244	*le*
drammatico		dramatic
	3334	*adj*
drive		drive
	4161	*la*
drogato		junkie; doped
	2934	*il; adj*
duchessa		duchess
	4280	*la*
duello		duel
	3173	*il*
duemila		two thousand
	4809	*num*
duramente		hard|harshly
	2635	*adv*
durare		last|continue
	3256	*vb*
durata		duration|life
	2765	*la*

E

ebraico		Jewish
	4841	*adj*
eccessivo		excessive|extreme
	4922	*adj*
eccesso		excess|surplus
	4546	*il*
eccetera		and so on; etc.
	3353	*adv; abr*
eccezione		exception
	2575	*la*
eccitare		excite|energize
	2843	*vb*
eccitazione		excitement|stimulation
	4728	*le*
eco		echo
	3304	*gli*
economico		economic|cheap
	2851	*adj*
editore		publisher
	3471	*il*
edizione		edition
	3070	*la*
educare		educate|bring up
	3440	*vb*
effettivamente		actually|effectively
	2809	*adv*
efficace		effective|effectual
	3158	*adj*
efficiente		efficient
	4782	*adj*
ego		ego
	3391	*gli*
elefante		elephant
	2811	*il*
eleggere		elect
	2937	*vb*
elementare		elementary|basic
	2968	*adj*
elettorale		electoral
	4014	*adj*
elettricità		electricity
	3251	*la*
elettronico		electronic

elio	4785	*adj* helium	**esclusiva**	4447	*adj* exclusive right
elsa	3798	*il* hilt	**escluso**	2971	*la* excluding; except
emettere	3375	*la* issue|emit	**esecutivo**	4320	*adj; prp* executive
eminenza	4714	*vb* eminence	**eseguire**	4326	*adj* perform|execute
emorragia	4844	*la* hemorrhage	**esemplare**	3415	*vb* exemplary; specimen
emotivo	3654	*la* emotional	**esercitare**	3797	*adj; il* exercise|exert
emozionare	4285	*adj* excite	**esercitazione**	4085	*vb* exercise|training
enigma	3823	*vb* enigma|puzzle	**esercizio**	3783	*le* exercise|exertion
entusiasmo	4279	*il* enthusiasm|zest	**esibizione**	2607	*i* exhibition|performance
entusiasta	2903	*il* enthusiastic; enthusiast	**esigere**	4284	*le* require|demand
epidemia	2834	*adj; il/la* epidemic	**esilio**	3001	*vb* exile
equipaggiamento	3800	*le* equipment|gear	**esitare**	4758	*il* hesitate|falter
erede	3408	*il* heir	**espellere**	4571	*vb* eject|excrete
eredità	2597	*il/la* heredity|heritage	**esplorare**	3709	*vb* explore
ereditare	3551	*le* inherit	**esplosivo**	4273	*vb* explosive
erezione	4315	*vb* erection	**esporre**	3015	*adj* expose|show
ergastolo	4291	*la* life sentence	**esposizione**	4423	*vb* exposure|exhibition
erica	4416	*il* heather	**esprimere**	3984	*la* express|voice
ernia	4607	*la* hernia	**esse**	2551	*vb* they
esaminare	4802	*le* examine|study	**essenza**	3225	*prn* essence|spirit
esaurimento	3208	*vb* exhaustion	**essenziale**	3542	*la* essential; essential
esaurlre	4564	*il* exhaust|run out	**estasiare**	3681	*adj; il* ravish
esausto	3604	*vb* exhausted|worn	**estivo**	4754	*vb* estival

estraneo	4626	*adj* foreign; stranger
estrarre	2898	*adj; lo* extract|pull out
estratto	4319	*vb* extract|offprint
estremo	4081	*il* extreme|ultimate
eternità	3590	*adj* eternity|perpetuity
etichetta	2774	*la* label|tag
etico	3898	*la* ethical
europeo	4715	*adj* European; European
evacuare	4592	*adj; lo* evacuate
evacuazione	3264	*vb* evacuation
evasione	3484	*la* evasion|get-away
evaso	4743	*le* fugitive; escapee
evidentemente	4637	*adj; il* evidently|clearly
evoluzione	2957	*adv* evolution|growth
	3041	*la*

F

fabbro		smith
facciata	4665	*il* facade|front
facoltà	4679	*la* faculty
fagiolo	3183	*la* bean
fallire	2590	*il* fail|miss
fama	3509	*vb* fame|reputation
fanatico	2557	*la* fanatic; fanatic
	4799	*adj; il*

fanciullo		child
fantascienza	3209	*il* science fiction; sci-fi
fanteria	4755	*la; abr* infantry
farabutto	3716	*la* scoundrel|rascal
faraone	4459	*il* Pharaoh
farfalla	4241	*il* butterfly
farina	3495	*la* flour
farmacia	3832	*la* pharmacy
farmaco	3801	*la* drug|medicine
farsa	3409	*il* farce
fasciare	4429	*la* bind|wrap
fascicolo	4453	*vb* file|dossier
fascino	2922	*il* charm|fascination
fascista	2531	*il* fascist; fascist
fatale	4194	*adj; il/la* fatal|inevitable
faticoso	3746	*adj* tiring|hard
fato	4870	*adj* fate|kismet
fattore	3466	*il* factor|consideration
fattorino	3685	*il* messenger
fattura	4681	*il* invoice|workmanship
favola	4737	*la* fable
favoloso	2686	*la* fabulous
fax	2662	*adj* fax
	3658	*il*

fazzoletto	handkerchief	**finanziario**	financial
3205	*il*	4101	*adj*
febbraio	February	**finestrino**	window
2964	*gli*	3213	*il*
feccia	scum	**finzione**	fiction|pretense
3530	*la*	4919	*la*
fedeltà	fidelity|loyalty	**fiocco**	bow
3640	*la*	4821	*il*
federazione	federation	**fischiare**	whistle|boo
3890	*la*	3127	*vb*
femminuccia	softy	**fisicamente**	physically
3077	*la*	3252	*adv*
fenomeno	phenomenon	**fissare**	fix|secure
2573	*il*	2949	*vb*
feria	feria	**fisso**	fixed; fixedly
3714	*la*	2991	*adj; adv*
feroce	fierce|savage	**fiutare**	sniff|smell
4056	*adj*	4836	*vb*
ferrovia	railway|rail	**flash**	flash
3858	*la*	3741	*i*
fesso	stupid	**flora**	flora
3435	*adj*	4904	*la*
festival	festival	**flusso**	flow
2881	*il*	3250	*il*
fetta	slice|cut	**foglia**	leaf
3111	*la*	2673	*la*
fiammifero	match	**foglio**	sheet|leaf
3748	*il*	2664	*il*
fiasco	fiasco	**fondamentale**	fundamental|basic
4511	*il*	2690	*adj*
ficcare	poke|stick	**fondamentalmente**	basically
4960	*vb*	4439	*adv*
fidanzamento	engagement	**fondamento**	foundation|grounding
3364	*il*	4750	*il*
fidato	trustworthy|reliable	**fondare**	found; ground floor
3964	*adj*	4749	*vb; lo*
fienile	barn	**fondazione**	foundation|establishment
4778	*il*	3589	*la*
figa	fanny	**fontana**	fountain
2715	*la*	4276	*la*
figurare	appear|figure	**forare**	pierce
3947	*vb*	4709	*vb*
filmare	film	**formale**	formal
2676	*vb*	4410	*adj*
filosofia	philosophy	**formalità**	formality
2644	*la*	4939	*le*

formare		form|train
	4048	*vb*
formato		format
	3969	*il*
formazione		training|formation
	2719	*la*
formico		formic
	3849	*adj*
formidabile		formidable|tremendous
	3496	*adj*
formula		formula
	2788	*la*
fornire		provide|give
	3500	*vb*
forno		oven
	2517	*il*
fortemente		strongly
	4523	*adv*
fortezza		fortress|stronghold
	3699	*la*
fortunatamente		luckily
	3176	*adv*
fotografare		photograph|take a picture
	2706	*vb*
fotografico		photographic
	2772	*adj*
fragile		fragile|brittle
	3562	*adj*
fragola		strawberry
	4198	*la*
fraintendere		misunderstand|mistake
	4585	*vb*
frammentare		fragment|split
	4185	*vb*
francobollo		stamp
	4833	*il*
frate		friar
	4080	*il*
fratellanza		brotherhood|brotherliness
	4954	*la*
fratturare		fracture
	4789	*vb*
freccia		arrow
	2882	*la*
fregata		frigate
	4811	*la*

fregatura		swindle
	4706	*la*
frenare		curb|brake
	3407	*vb*
freno		brake|curb
	3421	*il*
frequentare		frequent|associate with
	3464	*vb*
frequente		frequent
	4052	*adj*
frequenza		frequency
	3120	*la*
frigo		fridge
	2622	*il*
frigorifero		fridge|refrigerator
	3566	*il*
frittella		pancake
	4602	*la*
fritto		fried; fry
	3458	*adj; il*
frodare		defraud|cheat
	3576	*vb*
frode		fraud|deceit
	4046	*la*
frontiera		border
	2854	*la*
frustare		whip|frustrate
	4361	*vb*
frutto		fruit
	2698	*il*
fulmine		lightning|thunderbolt
	2781	*il*
fumetto		cartoon
	3839	*il*
funebre		funeral
	3655	*adj*
fungo		mushroom
	2870	*il*
funzionario		official|officer
	4160	*il*
fuorilegge		outlaw; illegal
	4113	*il/la; adj*
furia		fury|rampage
	3358	*la*
furioso		furious|mad
	3477	*adj*

fusione		merger|melting		2629	*adj; il*
	3395	*la*	**gemito**		groan|whine
fuso		melted; spindle		4290	*il*
	3636	*adj; il*	**gemma**		gem
				4819	*vb*
G			**generatore**		generator
				3091	*il*
gabinetto		toilet; WC	**genero**		son-in-law
	3316	*il; abr*		4467	*il*
galassia		galaxy	**generosità**		generosity
	2808	*la*		4780	*la*
galla		gall	**genetico**		genetic
	4083	*le*		4096	*adj*
gallina		hen	**gennaio**		January
	2871	*la*		2822	*gli*
gallo		cock; Gallic	**gentilezza**		kindness|gentleness
	3446	*il; adj*		2887	*la*
gambero		crayfish	**gestione**		management|administration
	4586	*il*		4044	*la*
gamma		range	**ghetto**		ghetto
	4110	*la*		4115	*il*
gancio		hook|hanger	**giacere**		lie
	4455	*il*		4140	*vb*
gangster		gangster	**giardiniere**		gardener
	2648	*i*		3325	*il*
garantire		ensure|warrant	**gigantesco**		gigantic|huge
	2578	*vb*		4587	*adj*
garanzia		guarantee|assurance	**gilda**		guild
	3004	*la*		4806	*la*
garza		gauze	**gin**		gin
	3705	*la*		2812	*il*
gatta		cat	**giocattolo**		toy
	4187	*la*		2661	*il*
gattino		kitten	**gioventù**		youth
	4321	*il*		3286	*la*
geisha		geisha	**giovinezza**		youth|girlhood
	4769	*la*		3665	*la*
gel		gel	**girata**		turn|endorsement
	4542	*il*		4428	*la*
gelatina		jelly|gelatine	**giretto**		stroll
	4562	*la*		4227	*il*
gelato		ice cream; frozen	**giubbotto**		jacket
	4499	*il; adj*		3320	*il*
gelosia		jealousy	**Giuda**		Judah
	3150	*la*		3545	*il*
gemello		twin; twin	**giuramento**		oath

giurisdizione	2526	*il* jurisdiction
giustificare	4408	*la* justify|excuse
giustiziare	5024	*vb* execute
globale	4838	*vb* global
globo	2540	*adj* globe|orb
goccia	4581	*il* drop|blob
goccio	4304	*la* drop|touch
godere	3717	*il* enjoy
golfo	3751	*vb* gulf
gomito	4060	*il* elbow
gora	4367	*il* millpond
gorilla	4182	*la* gorilla
governante	3470	*i* housekeeper; ruling
governare	4293	*il; adj* govern|steer
gradevole	3987	*vb* pleasant|agreeable
gradino	4212	*adj* step|rung
gradire	4850	*il* like
graffio	4268	*vb* scratch
grammo	3493	*il* gram
grana	4029	*il* grain
granato	3151	*la* garnet
granchio	3680	*il* crab
grandezza	4600	*il* size|greatness

grano	3257	*la* wheat
grassone	2595	*il* fatty
gratitudine	4084	*il* gratitude
gravemente	2856	*la* seriously|sorely
gravidanza	3347	*adv* pregnancy
gravità	3701	*la* severity|gravity
grazioso	3089	*la* pretty|gracious; pretty
greco	3426	*adj; adv* Greek; Greek
grembo	2602	*adj; il* womb
grigio	4505	*il* gray; grizzly
griglia	2982	*il; adj* grid|grill
grotta	3588	*la* cave
gru	3333	*la* crane
guancia	4040	*le* cheek
guanto	4139	*la* glove|gauntlet
guardaroba	2609	*il* wardrobe
guardiano	4519	*le* guardian|keeper
guarigione	2705	*il* healing
guarire	4175	*la* heal|recover
guasto	2848	*vb* fault; broken
gufo	3520	*il; adj* owl
guinzaglio	4880	*il* leash
guscio	4947	*il* shell|hull

	4647	*il*

H

hangar		hangar
	4949	*gli*
hobby		hobby
	3328	*gli*
hockey		hockey
	3356	*il*
hostess		stewardess
	4156	*le*

I

identico		identical
	4670	*adj*
identificazione		identification
	4348	*la*
idraulico		hydraulic; plumber
	4102	*adj; il*
idrogeno		hydrogen
	4493	*il*
igienico		hygienic
	4663	*adj*
ignorante		ignorant; ignoramus
	3674	*adj; il*
ignoranza		ignorance
	4419	*le*
ignorare		ignore|be unaware of
	3670	*vb*
illusione		illusion|phantasm
	2838	*la*
imbarazzato		sheepish
	4996	*adj*
imbarcare		embark|take on board
	4061	*vb*
imboscata		ambush|wait
	3434	*la*
imbrogliare		cheat|fool
	5003	*vb*
imbroglione		trickster|swindler
	4087	*il*
immediato		immediate|instant
	3439	*adj*
immenso		immense

	3959	*adj*
immersione		dive|immersion
	4719	*le*
immigrazione		immigration
	4437	*le*
imminente		imminent|forthcoming
	4411	*adj*
immobile		motionless|immobile
	3494	*adj*
immobiliare		immovable
	3204	*adj*
immondizia		garbage|dirt
	3514	*le*
immortale		immortal
	3412	*adj*
impari		unequal
	2960	*adj*
impaziente		impatient
	4169	*adj*
impedire		prevent|impede
	2574	*vb*
impegnato		engaged
	3633	*adj*
imperatrice		empress
	4700	*le*
imperiale		imperial
	3623	*adj*
impianto		plant
	2580	*il*
impiccare		hang
	3191	*vb*
impiego		use|application
	3575	*il*
implorare		implore|plead
	4654	*vb*
importo		amount
	3420	*il*
impostore		impostor|humbug
	4119	*il*
impotente		impotent
	4524	*adj*
impressionante		impressive|striking
	2748	*adj*
impressionare		impress|shock
	4756	*vb*
imprevedibile		unpredictable

improbabile	4619 *adj*	unlikely
impulso	3519 *adj*	pulse|impetus
in vaso	3013 *il*	potted
inaccettabile	4725 *adj*	unacceptable; out
inaugurazione	4575 *adj; adv*	inauguration
incantesimo	4677 *la*	spell|enchantment
incantevole	2513 *il*	charming|enchanting
incanto	2710 *adj*	charm|enchantment
incapace	5021 *il*	unable; incapable person
incaricato	2978 *adj; il/la*	appointee; delegate
incendio	3428 *il; adj*	fire
inchiesta	4213 *il*	investigation
inchino	2759 *le*	bow|curtsy
incidere	4596 *il*	influence|engrave
incirca	4977 *vb*	about
includere	4121 *adv*	include|incorporate
incolpare	3292 *vb*	blame|accuse
incrociare	4450 *vb*	cross|meet
incrocio	4894 *vb*	crossing|intersection
indagare	3382 *lo*	investigate|inquire into
indicare	3381 *vb*	indicate|show
indicazione	2930 *vb*	indication|sign
indifferente	4105 *le*	indifferent|unconcerned

indipendente	4403 *adj*	independent
indipendenza	3082 *adj*	independence
indispensabile	4026 *le*	indispensable
indistinto	4132 *adj*	indistinct|vague
individuare	3162 *adj*	identify|locate
individuo	2769 *vb*	individual|fellow
industriale	3274 *il*	industrial; industrialist
inevitabile	3591 *adj; il*	inevitable|unavoidable
infame	3057 *adj*	infamous
infantile	4559 *adj*	infant|infantile
inferiore	3487 *adj*	lower; below
infermeria	3095 *adj; adv*	infirmary|sickbay
infernale	3698 *le*	infernal|devilish
infezione	4022 *adj*	infection
infilare	3238 *le*	insert|thread
informare	4079 *vb*	inform|tell
informatore	3986 *vb*	informant
infrangere	3313 *il*	break|infringe
ingaggiare	2962 *vb*	engage|hire
ingannare	3836 *vb*	deceive|fool
inganno	2955 *vb*	deception|trick
ingegneria	3543 *il*	engineering
ingenuo	4513 *le*	naive; ingenue

ingiustizia	3953	*adj; il* injustice|wrong	**insolente**	3271	*vb* insolent|cheeky

ingiustizia 3953 *adj; il* injustice|wrong

ingiusto 4671 *la* unfair|wrongful

ingrato 3370 *adj* ungrateful; ingrate

iniezione 4916 *adj; il* injection|jab

iniziale 2920 *la* initial

iniziativa 3806 *adj* initiative|step

iniziato 3457 *le* initiate

innamorare 3876 *adj* fall in love|enamor

innanzi tutto 2552 *vb* first

inno 3960 *adv* hymn

innocenza 4066 *il* innocence

innocuo 3499 *le* harmless

innumerevole 4697 *adj* countless|numerous

inquadratura 4615 *adj* shot

inquietante 4203 *la* disturbing|disquieting

insegnamento 3433 *adj* teaching|tuition

inseguimento 5022 *il* pursuit

inseguire 3983 *il* chase|pursue

insensibile 3352 *vb* insensitive

inserire 4656 *adj* enter|include

insignificante 3715 *vb* insignificant|meaningless

insinuare 3630 *adj* insinuate

insistere 5005 *vb* insist

insolente 3271 *vb* insolent|cheeky

insolito 4936 *adj* unusual|uncommon

insopportabile 2886 *adj* unbearable

instabile 3079 *adj* unstable

insultare 4114 *adj* insult|abuse

insulto 4576 *vb* insult|affront

intellettuale 4204 *lo* intellectual; intellectual

intenso 3952 *adj; il/la* intense|intensive

intento 3703 *adj* intent; aim

interamente 4693 *adj; il* entirely|fully

intercettare 4557 *adv* intercept|eavesdrop

interessato 4965 *vb* concerned

interferire 3565 *adj* interfere|meddle

interiore 3886 *vb* inner; entrails

interpretare 4543 *adj; il* interpret|play

interpretazione 4106 *vb* interpretation|reading

interprete 3918 *la* interpreter

interrogare 4477 *il* query|interrogate

interrogatorio 3754 *vb* interrogation; interrogatory

interrompere 2918 *il; adj* stop|interrupt

interruttore 2516 *vb* switch

interruzione 4143 *il* interruption|outage

intervallo 4349 *la* interval|range

intervenire	4895	*il* intervene|attend	ira	3912	*adj; il/la* anger|rage
inteso	3165	*vb* understood	irlandese	3078	*le* Irish; Irish
intimità	2981	*adj* intimacy	ironia	2800	*adj; il* irony
intimo	4905	*le* intimate|inner	ironico	4189	*il/la* ironic|mock
intrappolare	3360	*adj* trap|catch	irresponsabile	4800	*adj* irresponsible
introdurre	3616	*vb* introduce|usher	irrilevante	4636	*adj* insignificant
intuire	4940	*vb* guess	irruzione	4651	*adj* irruption
intuizione	4131	*vb* intuition	iscrivere	3660	*le* enter|register
invano	4657	*la* in vain; no purpose	iscrizione	3379	*vb* entry|registration
invasione	3780	*adv; adj* invasion|plague	Islam	4768	*le* Islam
invecchiare	2730	*la* age	isolamento	4929	*il* insulation|isolation
inventariare	4669	*vb* inventory	isolare	2792	*lo* isolate|single out
inventato	4867	*vb* made-up	isolato	2534	*vb* isolated; block
invenzione	4093	*adj* invention|fiction	ispezione	2600	*adj; il* inspection
investigare	3255	*la* investigate|burrow	ispirare	4339	*le* inspire
investigatore	4783	*vb* investigator|inquirer	ispirazione	3659	*vb* inspiration
investimento	2976	*gli* investment	istruttore	3211	*le* instructor
inviare	3327	*gli* send|forward		4381	*il*
invidiare	3597	*vb* envy|grudge	J		
invitato	3689	*vb* guest	jazz		jazz
invito	3232	*il* invitation	jeans	2988	*il* jeans
ionio	3939	*lo* ionian		3463	*i*
ipocrita	3915	*adj* hypocritical; hypocrite	K		
			karatè		karate

kit	4875	*il*	
		kit	
	3125	*il*	
L			
labirinto		labyrinth	
	4614	*il*	
lamentare		complain|complain about	
	3122	*vb*	
lamentela		complaint	
	4975	*la*	
lamento		lament|moan	
	3948	*il*	
lampada		lamp	
	2821	*la*	
lampo		flash	
	2984	*il*	
lana		wool	
	3060	*la*	
laser		laser	
	2944	*adj*	
latino		Latin	
	2892	*adj*	
laurea		degree	
	2824	*la*	
laureato		graduated; graduate	
	3757	*adj; il*	
lavaggio		washing|lavage	
	4767	*il*	
lavanderia		laundry	
	3336	*la*	
lavandino		sink|washbasin	
	4452	*il*	
lavorato		worked	
	3772	*adj*	
lavoretto		chore	
	3343	*il*	
leale		fair|loyal	
	3031	*adj*	
lealtà		loyalty	
	3190	*la*	
leccare		lick	
	4108	*vb*	
legalmente		legally	
	4021	*adv*	

legato		bound; legate
	2947	*adj; gli*
leggermente		slightly
	3338	*adv*
legittimo		legitimate|rightful
	3437	*adj*
legna		wood
	2668	*la*
lenzuolo		sheet
	3233	*il*
lesionare		damage|injure
	4899	*vb*
letale		lethal|fatal
	3377	*adj*
letteralmente		literally
	2632	*adv*
letteratura		literature
	3154	*la*
letto		bed
	2750	*il*
lettore		reader
	4893	*il*
lettura		reading|scanning
	3059	*la*
liberamente		freely
	3932	*adv*
liberazione		liberation|deliverance
	3579	*la*
libreria		bookshop|library
	3465	*la*
libretto		booklet
	3431	*il*
lieve		slight|light
	4616	*adj*
limitare		limit|narrow
	4664	*vb*
limitato		limited
	4461	*adj*
limonata		lemonade
	4396	*la*
limone		lemon
	3263	*il*
limousine		limousine
	3513	*la*
liquido		liquid; liquid
	2924	*adj; il*

liquore		**macello**	3136
	liquor|liqueur		il
	3985		slaughterhouse|slaughter
	il	**mafia**	4077
liscio			il
	smooth; smoothly		mafia
	3028	**maggioranza**	2707
	adj; adv		la
lite			majority
	quarrel|argument	**maggiordomo**	3641
	3972		la
	la		butler
litro		**maglia**	3894
	liter		il
	3648		mesh
	il	**maglione**	3572
livellare			la
	level|level out		sweater|guernsey
	2533	**magro**	4018
	vb		il
livido			thin|skinny
	bruise; livid	**mais**	3677
	4718		adj
	il; adj		corn|sweet corn
lobo		**maledettamente**	3497
	lobe		il
	4912		damned
	il	**maleducato**	4095
locanda			adv
	inn		rude; boor
	4065	**malgrado**	3587
	la		adj; il
lodare			despite; notwithstanding
	praise|commend	**maligno**	2861
	4255		prp; adv
	vb		malignant|malicious
lode		**malinteso**	4794
	praise		adj
	4479		misunderstanding; mistaken
	la	**mancia**	3536
logico			il; adj
	logical; logician		tip
	2555	**mandria**	3027
	adj; il		la
lontananza			herd
	distance	**manetta**	4527
	3529		la
	la		handcuff
lotta		**maniaco**	2508
	fight|struggle		la
	4501		maniac; maniac
	la	**manica**	2693
lotteria			adj; il
	lottery		sleeve|bunch
	3318	**manicomio**	3228
	la		la
lotto			asylum|madhouse
	lot	**manifestazione**	2747
	3726		il
	il		manifestation|show
lucido		**manoscritto**	4856
	polished; shine		la
	3687		manuscript; manuscript; Ms.
	adj; il	**manovra**	4928
luminoso			adj; il; abr
	bright|light		maneuver|shunting
	4436	**mantello**	3892
	adj		la
lunghezza			cloak|mantle
	length|footage		
	3843		
	la		
lurido			
	filthy		
	3837		
	adj		
lutto			
	mourning		
	3242		
	il		

M

macchia	
	stain|spot
	3554
	la
macellaio	
	butcher

manutenzione	3632	*il* maintenance|service	**massaggio**	2756	*il* massage
manzo	3968	*la* beef	**master**	3216	*il* master
marcare	3958	*il* mark|brand	**masticare**	4421	*il* chew|munch
marchese	3326	*vb* marquis	**mastro**	4506	*vb* master
marchio	3468	*il* brand|trademark	**materasso**	4075	*il* mattress
marciapiede	3248	*il* sidewalk|platform	**matita**	4332	*il* pencil
marcire	3455	*il* rot	**matrigna**	3788	*la* stepmother
marea	4159	*vb* tide	**matrimoniale**	4765	*la* matrimonial
margherita	3307	*la* daisy	**mattinata**	4724	*adj* morning
margine	3970	*la* margin|edge	**mattone**	3517	*la* brick
mariano	4793	*il* marian	**maturare**	3600	*il* mature|ripen
marijuana	3744	*adj* marijuana	**maya**	4174	*vb* Maya
marinaio	3594	*la* sailor|seaman	**mazza**	2753	*il/la* bat
marmellata	2709	*il* jam	**mazzo**	2678	*la* deck|bunch
marmo	3856	*la* marble	**meccanico**	3771	*il* mechanical; mechanic
marrone	4818	*il* brown; brown	**meccanismo**	2850	*adj; il* mechanism
martire	3157	*adj; il* martyr	**medicinale**	3485	*il* medicinal; medicine
marziale	4659	*il* Martial	**melodia**	4463	*adj; il* melody|descant
marzo	3265	*adj* March	**mensa**	4005	*la* canteen|table
mascalzone	2670	*gli* scoundrel|rascal	**mento**	3072	*la* chin
mascella	3787	*il* jaw|maxilla	**menu**	2923	*il* menu
maschile	4573	*la* male	**menzionare**	4030	*il* mention
massacro	3419	*adj* massacre|bloodshed	**menzogna**	4301	*vb* lie

mercante	2979 *la* merchant|dealer	mitra	2832 *il* miter|tommy-gun
mercoledì	3919 *il* Wednesday	moccioso	4488 *la* snotty kid
mercurio	2682 *il* mercury	modellare	4149 *il* model|shape
messaggero	4496 *il* messenger	moderno	3114 *vb* modern
Messia	3770 *il* Messiah	modesto	2749 *adj* modest|moderate
messicano	5015 *il* Mexican; Mexican	modulo	3815 *adj* module
metafora	2967 *adj; il* metaphor	molare	2722 *il* molar; molar; grind
metropolitano	4745 *la* metropolitan	molestia	2744 *adj; il; vb* harassment|nuisance
micio	2789 *adj* pussy|tomcat	monastero	4746 *la* monastery
midollo	4275 *il* marrow|medulla	monta	4165 *il* covering
milionario	4673 *il* millionaire	montaggio	3436 *la* mounting
milizia	4739 *il* militia	montano	3808 *il* mountain
milord	4722 *la* milord	montare	3907 *adj* mount|assemble
mimare	4401 *il* mimic	monumento	3569 *vb* monument
mina	5023 *vb* mine	mora	4635 *il* blackberry
minacciare	3239 *la* threaten|impend	morbido	3965 *la* soft
minestra	2680 *vb* soup	morfina	4516 *adj* morphine
minorenne	3230 *la* underage; minor	moro	4199 *la* Moor; Moorish
miserabile	4827 *adj; il/la* miserable; wretch	morso	3143 *il; adj* bite|sting
misericordia	3443 *adj; il* mercy	motto	4482 *il* motto
misericordioso	3425 *la* merciful	movente	3745 *il* motive
misterioso	5017 *adj* mysterious|eerie	mulo	3117 *il* mule
mito	2558 *adj* myth	multa	3776 *il* fine|forfeit

mummia	2983	*la* mummy
municipio	4591	*la* town hall
musical	4220	*il* musical
musicale	4344	*il* musical
musicista	2806	*adj* musician
musulmano	3472	*il/la* Muslim; Muslim
mutare	4333	*adj; il* change|slough
muto	4583	*vb* silent; mute
mutuo	3112	*adj; il* mutual; loan
	3925	*adj; il*

N

nano		dwarf; midget
narcotico	3231	*adj; il* narcotic; narcotic
nascondiglio	4231	*adj; il* hiding place|cache
nato	3350	*il* born
nauseare	2634	*adj* disgust|feel sick
navale	3007	*vb* naval
navetta	5004	*adj* shuttle
navicella	4808	*la* nacelle
navigazione	4968	*la* navigation
nazista	4945	*la* Nazi; Nazi
necessariamente	2652	*adj; il/la* necessarily|perforce
necessità	3792	*adv* need|needs
	2989	*la*

necessitare		need|be required
negare	4873	*vb* deny|negate
negoziare	3008	*vb* negotiate
neo	3940	*vb* mole
neonato	4460	*il* newborn; baby
netto	3831	*adj; il* net; net
network	4969	*adj; il* network
nido	3710	*il* nest
noce	2879	*il* walnut
nodo	4099	*la* node|knot
noia	3619	*il* boredom|bore
noleggiare	2547	*la* rent|hire out
nomina	4944	*vb* appointment|nomination
nominare	4504	*la* appoint|name
nonnina	2863	*vb* granny
norma	4993	*la* standard|rule
nostalgia	2755	*la* nostalgia
notevole	3577	*la* considerable
notiziario	2530	*adj* news
nottata	2999	*il* night
notturno	4420	*la* night; nocturne
nube	3570	*adj; lo* cloud
nucleo	4195	*la* nucleus|heart
	3144	*il*

numeroso		numerous
	4025	*adj*
nuovamente		again
	2866	*adv*
nutrire		feed|nourish
	4973	*vb*
nuziale		wedding
	4211	*adj*

O

obbedire		obey
	3541	*vb*
obbligare		oblige|force
	2605	*vb*
obbligo		obligation|imperative
	3889	*il*
obiezione		objection
	2564	*la*
obitorio		morgue
	3053	*il*
oca		goose
	3411	*le*
occidentale		western; westerner
	2837	*adj; il/la*
occidente		west
	4266	*il*
occupazione		employment|occupation
	3584	*la*
odioso		hateful|odious
	4796	*adj*
offensivo		offensive
	4884	*adj*
offerta		offer|supply
	3505	*la*
offeso		offended
	3020	*adj*
officina		workshop
	4223	*la*
oggigiorno		nowadays
	3904	*adv*
Ohi!		Ouch!
	4265	*int*
olandese		Dutch; Dutchman
	4311	*adj; il*
oliva		olive

oltraggio	4224	*la*
		insult|offense
omaggio	4708	*il*
		tribute
ombrello	2649	*il*
		umbrella
omettere	3934	*il*
		omit|skip
omicida	3697	*vb*
		murderous; murderer
ondata	3182	*adj; il/la*
		wave
onestà	4329	*le*
		honesty
onnipotente	3803	*la*
		omnipotent
onorare	2763	*adj*
		honor|be honored
onorevole	2965	*vb*
		honorable
operare	2780	*adj*
		operate|work
operativo	3893	*vb*
		operating
operatore	3900	*adj*
		operator
operatorio	3498	*il*
		operating
opporre	4366	*adj*
		offer|object
opportuno	4698	*vb*
		opportune|proper
opposto	3694	*adj*
		opposite; opposite
opzione	3199	*adj; il*
		option
orbita	3811	*la*
		orbit|socket
orchestrare	2831	*la*
		orchestrate
orco	2786	*vb*
		ogre
ordinanza	4531	*il*
		order|regulation
orecchino	4623	*le*
		earring

orfano	4473	*lo* orphan; orphan	
orfanotrofio	4343	*adj; il* orphanage	
organismo	3506	*il* body|organism	
organo	4269	*il* organ	
orgasmo	2762	*lo* orgasm|agitation	
orientale	4073	*il* eastern|east	
oriente	3267	*adj* east	
orizzonte	2880	*il* horizon	
orlare	4196	*il* hem	
orma	4608	*vb* footprint|trace	
ormone	4601	*le* hormone	
orrendo	4909	*il* horrendous|horrible	
oscurità	3615	*adj* darkness|obscurity	
ospitalità	2542	*le* hospitality	
osservare	4690	*le* observe|see	
osservazione	2724	*vb* observation|remark	
ossessionare	2775	*le* obsess|torment	
ossessione	3966	*vb* obsession	
ostacolo	3561	*le* obstacle|hurdle	
ostile	3802	*il* hostile|inimical	
ostrica	4002	*adj* oyster	
ottavo	4631	*la* eighth	
ottimista	4451	*num* optimistic; optimist	

overdose	4480	*adj; il/la* overdose	
ovvero	4122	*le* or	
	3821	*con*	
P			
pacificare		pacify|reconcile	
padrino	2568	*vb* godfather	
paesaggio	3510	*il* landscape|scenery	
pagamento	4001	*il* payment	
paglia	2653	*il* straw|thatch	
pagliaccio	4589	*la* clown|zany	
pala	3583	*il* shovel	
palcoscenico	4938	*la* stage	
pallido	3763	*il* pale|faint	
pallina	3349	*adj* ball	
pallone	4704	*la* ball	
palmo	2696	*il* palm	
palude	4535	*il* swamp|marsh	
Panama	2620	*la* Panama	
panchina	4512	*le* bench	
panino	3999	*la* sandwich	
panna	3175	*il* cream	
pannello	4045	*la* panel	
panno	4878	*il* cloth	
	3104	*il*	

panorama		**pasticcio**	
3848	*il* landscape|panorama	3056	mess|pie
pantera	panther	**patrigno**	stepfather
4580	*la*	4300	*il*
pappagallo	parrot	**patrimonio**	heritage|assets
4173	*il*	3752	*il*
pappare	gobble	**peccatore**	sinner
4705	*vb*	3883	*il*
paracadute	parachute	**pecora**	sheep
3663	*il*	2829	*la*
paranoico	paranoid; paranoiac	**pelliccia**	fur|fur coat
3775	*il; adj*	3909	*la*
parare	parry|ward off	**pellicola**	film
3537	*vb*	3196	*la*
parassita	parasite; parasitic	**penale**	criminal; fine
4510	*il/la; adj*	3219	*adj; la*
parcheggiare	park	**pendere**	hang|tip
4252	*vb*	2734	*vb*
parete	wall	**penetrare**	penetrate|enter
2554	*la*	4998	*vb*
parlamentare	parliamentary; parley	**penitenziario**	prison
3405	*adj; vb*	4191	*il*
parolaccia	dirty word	**pennello**	brush
4262	*la*	4814	*il*
parrocchia	parish	**pentagono**	pentagon
4611	*la*	3276	*il*
parrucca	wig	**pentirsi**	repent
3885	*la*	4475	*vb*
partecipazione	participation	**pentola**	pot
4560	*la*	4031	*la*
particella	part|fleck	**pepe**	pepper
4432	*la*	3291	*il*
partorire	give birth to|deliver	**Perbacco!**	Say!
4805	*vb*	3799	*int*
Pasqua	Easter	**perbene**	proper; respectably
3342	*la*	4525	*adj; adv*
pasquale	paschal	**percentuale**	percentage; per cent
4387	*adj*	3626	*la; adj*
passero	sparrow	**percorrere**	travel|walk
3957	*il*	5018	*vb*
password	password	**perdente**	loser
3761	*gli*	3993	*il*
pasta	pasta|paste	**perfezione**	perfection
2645	*la*	2900	*la*
pasticciare	mess up|mull	**pericolo**	danger|hazard
4316	*vb*	3946	*il*

periferia		outskirts	**piccolino**		teeny	
	4112	*la*		3555	*adj*	
perimetro		perimeter	**picnic**		picnic	
	3092	*il*		3478	*i*	
perlomeno		at least	**piega**		fold|turn	
	4151	*adv*		3747	*la*	
permanente		permanent; perm	**pienamente**		completely	
	3618	*adj; la*		4950	*adv*	
permesso		permission|leave	**pigiama**		pajamas	
	4699	*il*		3374	*il*	
perquisizione		search	**pigro**		lazy; idler	
	4494	*la*		4788	*adj; il*	
pertanto		therefore	**pila**		stack|battery	
	3896	*adv*		4862	*la*	
pervertito		pervert	**pilota**		pilot; pilot	
	2565	*il*		2647	*adj; il*	
pesare		weigh	**pino**		pine	
	2862	*vb*		4474	*il*	
pescare		fish	**pio**		pious	
	2746	*vb*		4037	*adj*	
pescatore		fisherman|angler	**piombo**		lead	
	4418	*il*		3507	*il*	
pestare		pound|beat	**pipì**		wee-wee	
	2666	*vb*		2716	*la*	
pettegolezzo		gossip	**pipistrello**		bat	
	4548	*il*		4089	*il*	
pettine		comb	**pirata**		pirate|freebooter	
	4906	*il*		2820	*il*	
pi		pi	**pisello**		pea	
	3321	*le*		3247	*il*	
pianificare		plan	**pisolino**		nap|doze	
	3429	*vb*		4696	*il*	
pianista		pianist	**pittore**		painter	
	4433	*il/la*		3107	*il*	
pianoforte		piano	**pittura**		painting|paint	
	2630	*il*		4038	*la*	
pianto		tears; lamented	**piuma**		feather|down	
	3645	*il; adj*		4076	*la*	
piattaforma		platform	**playboy**		playboy	
	2940	*la*		4731	*il*	
piazzare		place|be placed	**plaza**		plaza	
	4703	*vb*		4675	*la*	
piccante		spicy|piquant	**plotone**		platoon	
	4017	*adj*		2528	*il*	
piccione		pigeon	**poker**		poker	
	4508	*il*		2899	*il*	

polacco		Polish; Polish
	4228	adj; il
polizza		bill
	4178	la
pollice		inch
	2858	il
polmone		lung
	2641	il
polo		pole
	3479	il
poltrona		armchair
	3461	la
pomodoro		tomato
	3924	il
pompa		pump
	3596	la
pompare		pump
	2912	vb
pompiere		firefighter
	2919	il
pony		pony
	4462	i
pop		pop
	2718	adj
poppare		suck
	4296	vb
portaerei		aircraft carrier
	4824	la
portafortuna		lucky charm
	4369	il
portale		portal
	3933	il
portatile		portable
	4098	adj
portavoce		spokesman
	5006	il
portello		hatch|port
	3805	il
portiera		door
	3683	la
portone		doorway
	4549	il
posa		pose|laying
	2867	la
postale		postal
	2890	adj

poster		poster; back
	4751	i; adj
posteriore		rear; hindquarters
	2541	adj; il
postino		postman
	3385	il
potenziale		potential; potential
	2683	adj; il
povertà		poverty|need
	4033	la
pozione		potion|draft
	3988	la
pranzare		lunch
	4097	vb
pratico		practical|practiced
	3766	adj
prato		meadow
	2906	il
preavvisare		forewarn
	4124	vb
precauzione		precaution
	4902	la
precedenza		precedence|right of way
	4180	la
precipitato		precipitate
	5011	adj
precisamente		precisely|true
	3224	adv
precisare		specify|tell precisely
	3309	vb
precisione		precision|accuracy
	3134	la
predica		sermon
	4365	la
predicatore		preacher
	3875	il
prefetto		prefect
	4254	il
premere		press|depress
	2958	vb
prenotare		book|bespeak
	2931	vb
prenotazione		booking
	4554	la
preoccupazione		concern|worry
	3172	la

preparativo		preparation
	4314	*il*
preparazione		preparation|preparing
	3869	*la*
presentazione		presentation|submission
	3550	*la*
presentimento		presentiment|misgiving
	3406	*il*
preservativo		condom; preservative
	4067	*il; adj*
presidenza		presidency
	4983	*la*
presidenziale		presidential
	4810	*adj*
prestare		loan|give
	3090	*vb*
presumere		assume|think
	3044	*vb*
presuntuoso		presumptuous; jackanapes
	4485	*adj; il*
pretendere		claim|expect
	4710	*vb*
previsione		forecast|anticipation
	3784	*la*
primario		primary; head physician
	4644	*adj; il*
principalmente		mainly
	4282	*adv*
priorità		priority
	3459	*le*
privilegio		privilege|honor
	3388	*il*
privo		without; devoid
	3695	*prp; adj*
pro		advantage
	3742	*i*
probabilità		chance|probability
	2538	*le*
procedimento		proceedings
	4804	*il*
procurare		procure|obtain
	3733	*vb*
professione		profession|occupation
	2510	*la*
professoressa		schoolmistress
	3046	*la*

profezia		prophecy
	4007	*la*
profilare		profile
	2777	*vb*
profitto		profit|benefit
	3241	*il*
profondità		depth|deep
	2815	*la*
progettare		design|devise
	3110	*vb*
programmare		program|plan
	3245	*vb*
progresso		progress|advance
	2553	*il*
proiezione		projection|screening
	4323	*la*
promettente		promising|rising
	4972	*adj*
promozione		promotion|sponsorship
	2535	*la*
promuovere		promote|further
	3599	*vb*
pronunciare		pronounce|utter
	3998	*vb*
propaganda		propaganda
	4342	*la*
prosciutto		ham
	3438	*il*
proseguire		continue|pursue
	3116	*vb*
prospettiva		perspective|prospect
	2969	*la*
protagonista		protagonist
	3145	*il/la*
protesta		protest|complaint
	3560	*la*
protettore		protector|patron
	4440	*il*
protocollo		protocol
	3401	*il*
provenire		originate|come from
	2869	*vb*
provincia		province
	3113	*la*
provocare		cause|provoke
	3200	*vb*

provvista		supply|store
	3303	*la*
prua		bow|nose
	4271	*la*
prudenza		prudence|caution
	4039	*la*
prudere		itch
	2701	*vb*
psichiatrico		psychiatric
	3667	*adj*
psicologia		psychology
	3930	*la*
psicologico		psychological
	4245	*adj*
psicologo		psychologist
	4911	*lo*
psicopatico		psychopath; psychopath
	2913	*adj; lo*
pub		pub
	3613	*i*
pubblicamente		publicly
	4849	*adv*
pubblicare		publish|post
	3268	*vb*
pugile		boxer|bruiser
	3647	*il*
pugnalare		stab|jab
	4684	*vb*
pugnale		dagger
	2891	*il*
pulce		flea
	4605	*la*
pulizia		cleaning
	2954	*la*
pullman		bus
	3119	*i*
pulsante		button; pulsating
	2963	*il; adj*
punire		punish
	3088	*vb*
punk		punk; punk
	4930	*adj; il/la*
puntare		point|aim
	2654	*vb*
punteggio		score
	3673	*il*

puntuale		punctual
	3728	*adj*
pupa		pupa
	3816	*la*
pupazzo		puppet
	3874	*il*
purché		provided; even if
	4166	*con; adv*
purezza		purity|cleanliness
	4712	*la*
puttanella		scrubber
	3846	*la*
puzzo		stench|smell
	4012	*il*
puzzolente		smelly|rank
	3938	*adj*

Q

quaderno		exercise book
	4761	*il*
quadrare		square|balance
	4258	*vb*
quaranta		forty
	3629	*num*
quarantena		quarantine
	3899	*la*
quattordici		fourteen
	3971	*num*
quotidiano		daily|everyday
	4036	*adj*

R

rabbino		rabbi
	3332	*il*
raccolta		collection
	2902	*la*
radiazione		radiation
	2994	*la*
radice		root|stem
	3014	*la*
raduno		gathering
	4868	*il*
raffreddore		cold
	2959	*il*

ragionare		reason	**recentemente**	lately|newly
	3189	*vb*		3086 *adv*
ragioniere		accountant	**reception**	reception
	3642	*la*		4858 *la*
ragno		spider	**recintare**	fence
	3177	*il*		3275 *vb*
ramo		branch|bough	**reciproco**	mutual|relative
	3093	*il*		4920 *adj*
rampa		ramp	**recita**	recital
	4786	*la*		2921 *la*
rana		frog	**recitazione**	acting
	3755	*la*		4057 *la*
rancore		rancor|spite	**reggere**	hold|stand
	3394	*il*		3651 *vb*
rango		rank	**reggia**	royal palace
	4890	*il*		4328 *la*
rap		rap	**reggimento**	regiment
	4492	*il*		3322 *il*
rapido		quick|rapid	**reggiseno**	bra
	2743	*adj*		4138 *il*
rapimento		kidnapping|abduction	**regime**	regime|system
	2889	*il*		4226 *il*
rapinare		rob	**regio**	royal
	4003	*vb*		3301 *adj*
rappresentante		representative; Rep	**regione**	region
	2901	*il/la; abr*		2721 *la*
raramente		rarely	**registratore**	recorder
	3331	*adv*		3656 *il*
raro		rare; exceptional	**registro**	register
	2650	*adj; il*		2646 *il*
rasoio		razor	**regolamento**	regulation|rule book
	3547	*il*		3068 *il*
ratto		rat	**regolare**	regular; adjust
	3462	*il*		2610 *adj; vb*
razionale		rational	**regolarmente**	regularly
	4430	*adj*		3593 *adv*
razzo		rocket|squib	**religioso**	religious
	3558	*il*		3372 *adj*
reagire		react	**rene**	kidney
	3417	*vb*		4010 *il*
realistico		realistic	**reporter**	reporter
	4721	*adj*		3054 *il/la*
realizzare		realize|achieve	**residenza**	residence|stay
	2627	*vb*		3445 *la*
reattore		reactor	**respinto**	failed
	4054	*il*		4164 *adj*

respirazione		breathing	**rifare**	redo|rebuild
	4886	*la*	3825	*vb*
restituire		return|restore	**riferimento**	reference
	3427	*vb*	3149	*il*
resurrezione		resurrection	**riferire**	report|refer
	4914	*la*	3340	*vb*
retto		rectum; right	**riflesso**	reflection|reflex
	4791	*il; adj*	3992	*il*
rettore		rector	**riflettere**	reflect
	4776	*il*	2501	*vb*
riabilitazione		redemption	**riformatorio**	reformatory
	4186	*la*	4917	*il*
riavere		get back	**rifornimento**	supplying|watering
	2798	*vb*	4267	*lo*
ribellione		rebellion	**riga**	line|row
	4313	*la*	3146	*la*
ricambio		replacement	**rigido**	rigid; martinet
	4889	*il*	4490	*adj; il*
ricattare		blackmail	**rilasciare**	release|grant
	4353	*vb*	2814	*vb*
ricchezza		wealth|richness	**rilascio**	release
	2945	*la*	3682	*il*
ricercare		search|search for	**rilevare**	observe|take over
	3012	*vb*	4553	*vb*
ricettare		fence	**rima**	rhyme|poetry
	2587	*vb*	4701	*la*
ricevimento		receipt|receiving	**rimandare**	postpone|delay
	3833	*il*	3287	*vb*
ricevuta		receipt	**rimediare**	remedy|make up for
	2527	*la*	2794	*vb*
richiamare		call|recall	**rimettere**	replace|return
	3501	*vb*	3161	*vb*
ricognizione		reconnaissance	**rimordere**	prick
	3845	*la*	3982	*vb*
riconoscente		grateful|appreciative	**rimuovere**	remove|dislodge
	4774	*adj*	3911	*vb*
riconoscimento		recognition|acknowledgment	**rinchiuso**	pent
	3690	*il*	3010	*adj*
ricostruire		rebuild|piece together	**ring**	ring
	4049	*vb*	2943	*il*
ridacchiare		giggle|chuckle	**ringraziamento**	thanksgiving
	3657	*vb*	2897	*il*
ridare		give back	**rintracciare**	trace|search out
	3337	*vb*	3390	*vb*
riempire		fill	**rinuncia**	renunciation
	2927	*vb*	4500	*la*

riparato		sheltered	**rito**	rite
	4372	*adj*	3941	*il*
ripartire		restart	**ritrovo**	hangout
	4205	*vb*	3943	*il*
ripensare		think back	**rituale**	ritual
	4866	*vb*	3671	*adj*
riporto		carry-over	**riunire**	gather|reunite
	2950	*lo*	3085	*vb*
riposato		rested	**rivale**	rival; rival
	3061	*adj*	4933	*adj; il/la*
ripostiglio		closet	**rivelare**	reveal|detect
	4970	*il*	3084	*vb*
riprovare		try again	**rivelazione**	revelation|detection
	4643	*vb*	4322	*la*
ripugnante		repugnant|repulsive	**rivolgere**	turn|direct
	4952	*adj*	2636	*vb*
ripulire		clean|clean up	**rivoluzionario**	revolutionary; revolutionist
	3891	*vb*	4955	*adj; il*
risalire		go back|go up	**robaccia**	rubbish
	4135	*vb*	3573	*la*
riscaldamento		heating	**robbia**	madder
	2917	*il*	3075	*la*
riscattare		redeem	**robusto**	sturdy|robust
	3476	*vb*	4946	*adj*
rischioso		risky|chancy	**romano**	Roman; Roman
	2699	*adj*	2973	*adj; il*
riservare		reserve|keep	**rombo**	diamond|rumble
	2703	*vb*	3283	*il*
risparmiare		save|spare	**rosario**	rosary
	2687	*vb*	4446	*il*
risparmio		saving	**rospo**	toad
	2974	*il*	3036	*il*
rispettabile		respectable	**rossetto**	lipstick|rouge
	3249	*adj*	3045	*il*
risveglio		awakening	**rotella**	roller
	4217	*il*	3063	*la*
ritardare		delay|defer	**rottame**	scrap
	2826	*vb*	4927	*il*
ritenere		believe|feel	**rotto**	broken
	2695	*vb*	3666	*adj*
ritirare		withdraw; throw again	**rottura**	breaking|break
	2612	*vb; adv*	3064	*la*
ritirato		retired	**roulotte**	caravan
	3097	*adj*	3447	*le*
ritiro		withdrawal|retreat	**round**	round
	2726	*il*	2543	*il*

routine		routine
	3021	*la*
rovescio		reverse; back
	3511	*adj; il*
rubinetto		tap
	4528	*il*
rum		rum
	3785	*il*
ruota		wheel
	2667	*la*
ruscello		stream|brook
	4815	*il*
S		
sacca		bag
	4352	*la*
sacchetto		bag
	3376	*il*
sacerdote		priest
	3609	*il*
sacrificare		sacrifice|offer sacrifices
	4257	*vb*
saggezza		wisdom|sageness
	2617	*la*
saggio		wise; test
	3963	*adj; il*
salario		wage|hire
	4412	*il*
salivare		salivate
	4509	*vb*
salmone		salmon
	4830	*il*
salone		lounge
	3032	*il*
saloon		saloon
	4752	*il*
salotto		lounge|sitting room
	2828	*il*
salsiccia		sausage
	4351	*la*
salvataggio		rescue
	3033	*il*
salvezza		salvation|saving
	2549	*la*
sandwich		sandwich

sanguinare		i
	3280	*vb*
sanitario		sanitary
	4672	*adj*
sano		healthy|wholesome
	3643	*adj*
santità		holiness|sainthood
	4249	*la*
santuario		sanctuary
	4692	*il*
sapone		soap
	2767	*il*
sarto		tailor
	4632	*il*
sasso		stone
	3261	*il*
sauna		sauna
	5008	*la*
sballare		unpack
	3066	*vb*
sbarra		bar
	3246	*la*
sbattere		slam|beat
	2977	*vb*
sbattuto		beaten
	2615	*adj*
sbornia		drunkenness
	4797	*la*
sbronzo		drunk
	4822	*adj*
scacco		check; chess
	3306	*lo; adj*
scadente		poor|bad
	4860	*adj*
scadenza		expiry|maturity
	3737	*la*
scadere		expire|mature
	3148	*vb*
scambiare		exchange|swap
	3862	*vb*
scampo		escape
	3729	*lo*
scandalo		scandal
	2623	*lo*
scapolo		bachelor; single

3369

i
bleed

Word	Rank	POS	Translation
scarafaggio	4229	lo; adj	cockroach|beetle
scarica	4000	lo	discharge
scaricare	2835	la	discharge|unload
scarico	3099	vb	exhaust; unloaded
scatenato	3294	lo; adj	wild
scattare	3863	adj	take|click
scatto	3058	vb	click|burst
sceicco	3914	lo	sheikh
scellino	4676	lo	shilling
scemare	4753	lo	decline
scenario	3290	vb	scenario
scheda	4633	lo	card
scheletro	3339	la	skeleton
schema	4190	lo	scheme|diagram
schiacciare	2935	lo	crush|press
schiaffo	4561	vb	slap|cuff
schianto	3731	lo	crash
schiavitù	2929	lo	slavery|servitude
schifezza	4235	la	filth
schiuma	3997	la	foam|lather
sciarpa	4779	la	scarf
scientifico	4813	la	scientific
scintilla	2509	adj	spark
sciogliere	4829	la	dissolve|loosen
sciopero	4781	vb	strike
sciroppo	2846	lo	syrup|squash
scivolare	4964	lo	slip|slide
scogliera	4292	vb	cliff
scoiattolo	4934	la	squirrel
scolastico	4350	lo	school; schoolman
sconfiggere	3679	adj; il	defeat|overthrow
sconfitto	2588	vb	beaten
scongiuro	2704	adj	exorcism|spell
scontare	4568	lo	serve
sconto	3346	vb	discount
scontro	3396	lo	clash|confrontation
sconvolgere	2502	lo	upset|unsettle
sconvolto	2723	vb	upset
scoppiare	2970	adj	burst|break out
scorciatoia	3423	vb	shortcut|byway
scorrere	3937	la	slide|flow
scorta	2773	vb	stock|spare
scortese	4424	la	rude|impolite
scotch	3302	adj	Scotch
scottare	2739	lo	burn|scald
scout	3736	vb	boy scout

Scozia	2691	gli Scotland	**seme**	3179	la seed|pip
scozzese	4034	la Scottish; Scots	**semestre**	3141	il semester
scrittura	5016	adj; il writing	**seminario**	3973	il seminar
scrupolo	3311	la scruple	**seminterrato**	4407	il basement
scuoiare	4355	lo flay	**senato**	3081	il senate
scuotere	4823	vb shake|shook	**senno**	3195	il sense|judgment
scuro	3380	vb dark|black	**sensazionale**	2847	il sensational
sdraiarsi	3330	adj lie down	**sensibilità**	4882	adj feeling|sensibility
seccatura	3595	vb nuisance|bother	**sensorio**	4921	la sensory
secchio	4666	la bucket|bucketful	**sentenza**	3614	adj judgment|sentence
sedativo	3418	il sedative; sedative	**sentimentale**	2611	la sentimental|soulful
sede	4801	adj; il seat	**senza tetto**	3323	adj homeless
sedici	2586	la sixteen	**separare**	3981	adj separate|sunder
sedile	3269	num seat	**separato**	4652	vb separate
seduta	2559	il sitting|freak-out	**separazione**	2524	adj separation
sega	4100	la saw	**seppellire**	3474	la bury|overwhelm
segnare	2521	la score|sign	**sequenza**	3777	vb sequence
segreteria	3198	vb secretariat|secretary	**sequestro**	2614	la seizure
seguace	2525	la follower|disciple	**serbatoio**	3945	il tank
seguente	4364	il/la following|next	**serbo**	3735	il Serbian; Serbian
seguito	2503	adj following|sequel	**sereno**	4682	adj; il clear|serene
selezione	3368	il selection|screening	**serial**	3178	adj serial
sella	4261	la saddle	**serrare**	3363	il tighten|close

serratura	3285 *vb*	lock
servitore	3040 *la*	servant
sessanta	4558 *il*	sixty|sixty
setta	4584 *i*	sect
settimo	4183 *la*	seventh|seventh
severo	3147 *adj*	severe; martinet
sfamare	4389 *adj; il*	feed
sfera	4826 *vb*	ball|sphere
sfidare	2702 *la*	challenge|defy
sfilare	4068 *vb*	parade
sfondare	4442 *vb*	break through|stave
sfondo	4762 *vb*	background|ground
sfortunato	3549 *lo*	unfortunate|unlucky
sforzare	3920 *adj*	strain|force
sfruttare	2624 *vb*	exploit|take advantage of
sfuggire	3967 *vb*	escape
sgradevole	2674 *vb*	unpleasant|disagreeable
sgualdrina	4062 *adj*	slut
shampoo	3258 *la*	shampoo
sherry	4907 *lo*	sherry
shopping	3888 *lo*	shopping
shuttle	3603 *lo*	space shuttle
siciliano	5010 *lo*	Sicilian; Sicilian

siero	4466 *adj; il*	serum
sierra	4125 *il*	sierra
sigaro	4208 *la*	cigar
sigillo	3019 *il*	seal|signet
signoria	3762 *il*	lordship
signorino	3859 *la*	Master
silenzioso	4375 *il*	silent
silvano	3617 *adj*	sylvan
simpatia	4202 *adj*	sympathy
simulazione	4253 *la*	simulation|faking
sincerità	4639 *la*	sincerity|candor
sindacato	4577 *la*	union|syndicate
sindrome	2626 *il*	syndrome
single	3639 *la*	single; sole
sintomo	2515 *il/la; adj*	symptom
sire	3218 *il*	Sire
sirena	2855 *il*	siren
sketch	2599 *la*	sketch
slitta	3559 *gli*	sled|chassis
slogan	4641 *la*	slogan
smoking	5000 *lo*	tuxedo
sobrio	4148 *lo*	sober
soda	3732 *adj*	soda

soddisfatto	3538	*la* satisfied
soddisfazione	4394	*adj* satisfaction|pleasure
soffiare	3026	*la* blow
soffio	3166	*vb* breath|puff
software	4691	*il* software
soggiorno	4787	*il* stay|living room
soia	2728	*il* soy
solare	3441	*la* solar
sole	2576	*adj* sun
solido	2529	*il* solid; solid
solitamente	4325	*adj; il* usually
solitario	4733	*adv* lonely; solitaire
solitudine	2714	*adj; il* solitude|loneliness
solletico	2608	*la* tickling
sollevare	3857	*il* lift|raise
sollievo	3758	*vb* relief|solace
somiglianza	2507	*il* similarity
somigliare	4812	*la* resemble
sonda	2579	*vb* probe
sonoro	4491	*la* sonorous
sopracciglio	4820	*adj* eyebrow
soprannome	4877	*il* nickname
sopravvivenza	4133	*il* survival

sorprendente	2621	*la* surprising|amazing
sorso	2561	*adj* sip|gulp
sorvegliare	2885	*lo* supervise|watch
sospensione	4230	*vb* suspension|stay
sosta	4082	*la* stop|stopover
sostanza	3192	*la* substance|matter
sostenere	2842	*la* support|bear
sostituire	2736	*vb* replace|substitute for
sostituto	4019	*vb* substitute; acting
sotterraneo	4237	*il; adj* underground; basement
sottile	4318	*adj; il* thin|slim
sotto terra	3138	*adj* underground
sottomarino	4192	*adv* submarine; submarine
sottosopra	3254	*adj; il* upside down; topsy-turvy
souvenir	4472	*adv; adj* souvenir
sovietico	4028	*i* Soviet
sovrano	3628	*adj* sovereign; sovereign
spaccare	3902	*adj; il* split|break
spacciare	3000	*vb* peddle
spacciatore	4415	*vb* seller
spaccio	3345	*lo* shop
sparatoria	4668	*lo* shooting
spavento	2732	*la* fright|scare

spaziale	3300	lo / space	**sportello**	4476	gli / door
spaziare	2550	adj / space	**sportivo**	3789	lo / sports; sportsman
spazzolare	4209	vb / brush	**spot**	4171	adj; lo / spot
specialista	4942	vb / specialist	**spray**	3795	lo / spray
specialità	3696	il/la / specialty	**sprecare**	4915	lo / waste|loiter
specifico	3480	le / specific	**spreco**	2601	vb / waste
spedizione	4234	adj / shipping|shipment	**spregevole**	2836	lo / despicable
sperma	2694	la / semen	**spugna**	4498	adj / sponge
spettacolare	3693	lo / spectacular	**spuntare**	3722	la / check|appear
spettatore	3951	adj / viewer|onlooker	**sputare**	4716	vb / spit
spettro	3548	lo / spectrum|specter	**sputo**	3073	vb / spit|sputum
spezzare	4336	lo / break	**squartatore**	4634	lo / ripper
spezzato	4588	vb / broken	**squillo**	4617	lo / ring
spiacevole	2539	adj / unpleasant	**squisito**	2764	lo / exquisite|delicious
spicciolo	3865	adj / change	**stabile**	4384	adj / stable|permanent
spietato	4104	lo / ruthless|merciless	**stabilire**	3003	adj / establish|set
spilla	4286	adj / brooch	**stabilito**	2712	vb / established|set
spionaggio	4901	la / espionage	**staccare**	2596	adj / remove|separate
spirituale	4760	lo / spiritual|unworldly	**staccato**	4233	vb / staccato
splendore	2990	adj / splendor|glory	**staff**	3473	adj / staff
spogliare	3452	lo / strip|undress	**stagnare**	2797	lo / stagnate
spogliarellista	4456	vb / stripper	**stalla**	3980	vb / stable
sponsor	4982	il/la / sponsor	**stallone**	3308	la / stallion

stampare	3921	*lo* print|print out
statale	4971	*vb* state
statistico	2953	*adj* statistical
status	4851	*adj* status
stellare	4625	*lo* stellar
stendere	4055	*adj* spread|lay
stento	3266	*vb* narrowly; hardship
stereo	4489	*adj; lo* stereo
stima	3608	*lo* estimate|esteem
stimare	3062	*la* estimate|assess
stirpe	4987	*vb* stock|family
stoffa	4935	*la* cloth
storico	3556	*la* historical; historian
storiella	3048	*adj; lo* joke
straccio	4772	*la* rag
stradale	3533	*lo* road
strage	3871	*adj* massacre|heartbreaker
stranamente	5009	*la* strangely
strappare	3769	*adv* rip|tear
strappo	2933	*vb* strain|tear
strategia	3217	*lo* strategy
strato	2572	*la* layer|coat
strega	4711	*lo* witch|sorceress

stregone	3400	*la* wizard|witch doctor
striscia	3571	*lo* strip|stripe
strisciare	4130	*la* crawl|slither
strizzacervelli	3482	*vb* shrink
stufare	4373	*lo* stew
stupefare	3414	*vb* stupefy|stun
stupidaggine	3810	*vb* stupidity
stupire	2801	*la* amaze|astonish
stupro	3956	*vb* rape
sub	3025	*lo* skindiver
subire	4627	*il/la* suffer|undergo
successivo	4340	*vb* following
succhiare	3312	*adj* suck
sudare	4469	*vb* sweat
sudore	4816	*vb* sweat|perspiration
sufficienza	3359	*il* fill
suggerimento	3612	*la* suggestion|tip
suggerire	3713	*il* suggest|hint
suicidarsi	2684	*vb* commit suicide
suite	4487	*vb* suite
sultano	2761	*la* sultan
suocera	4925	*il* mother-in-law
suora	4278	*la* nun

superficiale	4150	*la*
		superficial
	4629	*adj*
supermercato		supermarket
	2790	*il*
supervisore		supervisor
	3854	*il*
supplicare		beg|plead
	2563	*vb*
supremo		supreme
	3160	*adj*
surf		surfing
	3704	*il*
svedese		Swedish; Swede
	4086	*adj; il/la*
svenire		faint
	3240	*vb*
sviluppare		develop|expand
	3601	*vb*
svizzero		Swiss; Helvetian
	2941	*adj; lo*
svolgere		perform|develop
	4630	*vb*
svoltare		turn
	3188	*vb*

T

tabacco		tobacco
	2823	*il*
tacchino		turkey
	3074	*il*
tacco		heel
	3351	*il*
talento		talent|skill
	4918	*il*
talpa		mole
	3130	*la*
talvolta		at times
	3315	*adv*
tana		den|burrow
	3164	*la*
tango		tango
	3424	*il*
tantino		shade
	4201	*il*

tappo		plug|cork
	4041	*il*
tardare		delay
	4522	*vb*
tartaruga		tortoise
	3410	*la*
tassista		taxi driver
	3879	*il/la*
tasso		rate
	3568	*il*
tasto		key|touch
	4569	*il*
tattico		tactical
	3366	*adj*
tatuaggio		tattoo
	2760	*il*
teatrale		theatrical|stage
	3774	*adj*
tela		canvas
	4861	*la*
telecomando		remote control
	4409	*il*
telefonico		telephonic
	2895	*adj*
telegiornale		television news
	4193	*il*
telegramma		telegram
	2544	*il*
televisore		television
	4184	*il*
tempesta		storm|gale
	4991	*la*
tempismo		timing
	3928	*il*
temporaneo		temporary|interim
	4747	*adj*
tendenza		trend|propensity
	4380	*la*
tenero		tender|soft
	3159	*adj*
tennis		tennis
	2628	*il*
tentazione		temptation
	3884	*la*
teppista		hooligan|thug
	4507	*il*

tequila		**tifare**	be a fan of
	tequila		
	3929 *la*	4449 *vb*	
terminale	terminal; terminal	**timer**	timer
	4686 *adj; il*	4346 *il*	
terminare	end|conclude	**timido**	shy; milksop
	3105 *vb*	2594 *adj; il*	
terremoto	earthquake	**timone**	rudder
	3131 *il*	4024 *il*	
terrestre	terrestrial	**timore**	fear|awe
	2904 *adj*	3460 *il*	
terrificare	terrify	**tino**	vat|tun
	3931 *vb*	4871 *il*	
terrorismo	terrorism	**tirannia**	tyranny
	2966 *il*	4976 *la*	
terrorizzare	terrorize|petrify	**tirato**	tight|tense
	3567 *vb*	3847 *adj*	
tesa	brim	**tiratore**	shooter
	4238 *le*	3826 *il*	
teschio	skull	**toilette**	toilet|restroom
	3978 *il*	4136 *le*	
tesi	thesis	**tombola**	bingo
	2841 *la*	4757 *la*	
teso	tense|stretched	**tondo**	round; round
	3038 *adj*	3528 *adj; il*	
tesserare	ration	**tonnellata**	tonne
	3622 *vb*	2926 *la*	
tessere	weave	**tonno**	tuna
	4694 *vb*	4298 *il*	
tessuto	fabric|tissue	**tonto**	stupid; booby
	3168 *il*	4443 *adj; il*	
testardo	stubborn|headstrong	**top**	top
	3903 *adj*	2556 *i*	
testare	test	**topolino**	baby mouse
	3850 *vb*	4879 *il*	
testata	head|headboard	**torace**	chest
	4825 *la*	4465 *il*	
testicolo	testicle	**torcia**	torch
	4881 *lo*	2868 *la*	
testimonianza	testimony	**tormentare**	torment|harass
	2717 *la*	4390 *vb*	
testimoniare	witness|testify	**tormento**	torment|trouble
	2697 *vb*	4294 *il*	
testo	text	**tornado**	tornado
	2783 *il*	3610 *i*	
tic	tic	**toro**	bull
	4740 *i*	2583 *il*	

tortura		torture	**trasportare**		carry|move
	2771	*la*		3207	*vb*
torturare		torture|worry	**trattamento**		treatment|processing
	4179	*vb*		2584	*il*
tosse		cough	**trattato**		treaty
	2740	*la*		4759	*il*
tossico		toxic	**trattenere**		hold|keep
	3916	*adj*		3936	*vb*
tossire		cough	**trauma**		trauma
	3620	*vb*		3221	*il*
tostare		toast	**travestire**		disguise
	3297	*vb*		4250	*vb*
tradizionale		traditional	**tredici**		thirteen
	3977	*adj*		3765	*num*
tradurre		translate|express	**tregua**		truce|respite
	4302	*vb*		2884	*la*
trafficante		trafficker	**tremare**		tremble|shake
	4426	*il/la*		3812	*vb*
traghetto		ferry	**tremendo**		terrible|dreadful
	3817	*il*		2872	*adj*
tragico		tragic	**triangolo**		triangle
	3870	*adj*		4470	*il*
tragitto		way	**tribù**		tribe|stem
	4854	*il*		2725	*le*
traguardo		goal|finishing line	**trillare**		trill
	4497	*il*		4857	*vb*
traiettoria		trajectory|path	**trionfo**		triumph
	5013	*la*		3644	*il*
tram		tram	**tristezza**		sadness|gloom
	4128	*il*		2589	*la*
tramare		plot|conspire	**trofeo**		trophy
	4236	*vb*		4948	*il*
tranquillamente		quietly	**tromba**		trumpet|bugle
	3508	*adv*		3393	*la*
trapianto		transplant|graft	**tronco**		trunk|torso
	4658	*il*		4331	*il*
trascinare		drag|draw	**truffare**		cheat|defraud
	3223	*vb*		3621	*vb*
trascorrere		spend|elapse	**tubare**		coo
	2733	*vb*		3194	*vb*
trasformare		transform|turn	**tuffo**		dip|dive
	2616	*vb*		5019	*il*
trasformazione		transformation	**tumore**		tumor
	4869	*la*		3402	*il*
trasmettere		transmit|convey	**tuono**		thunder
	4157	*vb*		2751	*il*

turbare		disturb|perturb
	4088	*vb*
turco		Turkish; Turk
	3467	*adj; il*
turista		tourist
	2993	*il/la*
tuta		suit
	2857	*la*
tutore		guardian
	4913	*il*

U

ubriacare		intoxicate|make drunk
	3108	*vb*
ubriacone		drunkard|toper
	3047	*il*
uccellino		birdie
	4839	*il*
uccisione		killing|murder
	4240	*la*
udibile		audible
	4645	*adj*
udire		hear
	3226	*vb*
ufo		UFO
	4072	*abr*
ugualmente		equally|alike
	3781	*adv*
ulteriore		further|later
	3355	*adj*
umido		wet|damp
	4744	*adj*
umile		humble|menial
	3123	*adj*
umiliare		humiliate|lower
	4834	*vb*
umiliazione		humiliation|snub
	4736	*le*
unito		united
	3124	*adj*
universale		universal|multipurpose
	3873	*adj*
uragano		hurricane
	3949	*il*
urgenza		urgency

	4567	*la*
Urrà!		Hooray!
	4158	*int*
utilizzare		use|make use of
	3881	*vb*
uva		grapes
	3882	*le*

V

vagabondo		tramp; vagabond
	3563	*il; adj*
vagina		vagina
	3521	*la*
vago		vague|dreamy
	3917	*adj*
vagone		wagon|truck
	4295	*il*
valido		valid|effective
	3186	*adj*
valuta		currency
	4992	*la*
valutare		assess|consider
	4210	*vb*
valutazione		rating|assessment
	3880	*la*
valvola		valve
	4134	*la*
valzer		waltz
	4957	*il*
vanità		vanity|futility
	4771	*la*
vano		room; vain
	4792	*il; adj*
vapore		steam|vapor
	3022	*il*
varco		passage|gap
	4956	*il*
vaso		vase
	2672	*il*
vassoio		tray
	4680	*il*
vasto		vast|large
	4713	*adj*
Vaticano		Vatican
	4281	*il*

vecchiaia		old age|oldness
	4435	*la*
veglia		vigil
	4685	*la*
vela		sailing
	4074	*la*
velo		veil|film
	4277	*il*
vena		vein
	2859	*la*
venare		streak
	3403	*vb*
vendicare		avenge|pay back
	4310	*vb*
venditore		seller|monger
	2998	*il*
Venere		Venus
	3607	*la*
ventre		stomach
	4111	*il*
veranda		veranda|porch
	4840	*la*
verbale		verbal; minutes
	3540	*adj; il*
verdetto		verdict|judgment
	3132	*il*
verdura		vegetable|greens
	4147	*la*
vergognare		make ashamed
	2727	*vb*
vergognarsi		be ashamed
	4689	*vb*
verificare		check|verify
	3234	*vb*
vernice		paint|varnish
	3486	*la*
veronica		veronica
	3016	*la*
versare		pour|spill
	3235	*vb*
vertigine		vertigo
	4518	*la*
vescovo		bishop
	2713	*il*
veste		dress|garment
	3006	*la*

veterinario		veterinary; vet
	3944	*adj; il*
vetrino		slide
	4484	*il*
vicepresidente		vice-president
	4020	*il*
vicinanza		proximity|closeness
	4362	*la*
vicinato		neighborhood|neighbors
	4392	*il*
vicolo		alley
	2523	*il*
videocamera		video camera
	2603	*la*
vigilare		watch|supervise
	4400	*vb*
vigile		watchful; policeman
	4391	*adj; il*
vigilia		eve
	3296	*la*
vile		vile; dastard
	4502	*adj; il*
vincente		winning
	3586	*adj*
violare		violate|infringe
	2893	*vb*
violazione		infringement|breach
	3169	*la*
violentare		rape|do violence to
	3818	*vb*
virtù		virtue
	3069	*le*
viscido		slimy
	4604	*adj*
visibile		visible|evident
	4405	*adj*
visitatore		visitor|caller
	3814	*il*
visivo		visual
	4979	*adj*
visuale		visual
	4214	*adj*
vitale		vital
	2631	*adj*
vitamina		vitamin
	4398	*la*

vitello		calf
	4123	*il*
vivente		living|living being
	2562	*adj*
viziare		spoil|vitiate
	3908	*vb*
vocale		vocal; vowel
	4661	*adj; le*
vociare		shout
	2741	*vb*
volano		flywheel
	3324	*il*
volgare		vulgar|gross
	2875	*adj*
volo		flight
	3128	*il*
volontario		voluntary; volunteer
	2876	*adj; il*
volpe		fox
	2571	*la*
voltare		turn
	4170	*vb*
volto		face; facing
	3277	*il; adj*
vomito		vomit|sickness
	3139	*il*
vulcano		volcano
	3868	*il*
vulnerabile		vulnerable
	4016	*adj*
vuotare		empty|deplete
	3877	*vb*

W

western		western
	4481	*il*
won		won
	2625	*lo*

Y

yacht		yacht
	4197	*lo*
yankee		Yankee
	3142	*il/la*
yard		yard
	3852	*il*

Z

zaino		backpack|pack
	3305	*lo*
zampa		paw
	2518	*la*
zar		tsar
	4256	*lo*
zecca		mint
	3974	*la*
zingaro		gypsy|Gipsy
	4707	*lo*
zombie		zombie
	2692	*il/la*
zoo		zoo
	2545	*lo*
zucca		pumpkin|gourd
	3791	*la*

Contact, Further Reading and Resources

For more tools, tips & tricks visit our site www.mostusedwords.com. We publish various language learning resources.

If you have a great idea you want to pitch us, please send an e-mail to info@mostusedwords.com.

Frequency Dictionaries

Frequency Dictionaries in this series:

Italian Frequency Dictionary 1 – Essential Vocabulary – 2500 Most Common Italian Words
Italian Frequency Dictionary 2 - Intermediate Vocabulary – 2501-5000 Most Common Italian Words
Italian Frequency Dictionary 3 - Advanced Vocabulary – 5001-7500 Most Common Italian Words
Italian Frequency Dictionary 4 - Intermediate Vocabulary – 7500-10000 Most Common Italian Words

Please visit our website www.mostusedwords.com/frequency-dictionary/italian for more inforation.

Our goal is to provide language learnings with frequency dictionaries for every major and minor language there is to be found on this planet. You can view our selection on www.mostusedwords.com/frequency-dictionary

Bilingual books

We're creating a selection of parallel texts, and our selection is ever expanding.

To further help you in your language learning journey, all our bilingual books come with a dictionary included, created for that particular book.

Current bilingual books available are English, Spanish, Portuguese, Italian, French, and German

For more information, check www.mostusedwords.com/parallel-texts. Check back regularly for new books and languages.

Other language learning methods

You'll find reviews of other 3rd party language learning applications, software, audio courses, and apps. There are so many available, and some are (much) better than others.

Check out our reviews at www.mostusedwords.com/reviews.

Contact

If you have any questions, you can contact us through e-mail info@mostusedwords.com.

www.ingramcontent.com/pod-product-compliance
Lightning Source LLC
Chambersburg PA
CBHW081529120626
46550CB00009B/2655